JN086046

正倉院宝物を10倍楽しむ

山本忠尚 著

吉川弘文館

はしがき

本書は，故山本忠尚先生が公益財団法人古代学協会発行の季刊『古代文化』に連載されていた「正倉院宝物を十倍楽しむ」を，一書にまとめたものです。山本先生は，奈良国立文化財研究所で平城宮跡をはじめ多くの寺社・遺跡の調査研究に従事されたのち，天理大学で教鞭をとられました。本書も，その豊かな経験と知識，広くユーラシアに目配りされる視野に裏うちされています。先生が古稀を迎えた2013年から続けられていた連載は，2019年に逝去されたことにより残念ながら未完に終わりましたが，このたび正倉院宝物をより詳しく知るために最適なガイドブックとして生まれ変わることになりました。

正倉院宝物のはじまりは，天平勝宝8歳（756）聖武天皇の崩御後，その四十九日にご遺愛品を光明皇后が献納したこととされます。そのご，皇族や貴族たちが献納した品々や，東大寺で用いられた仏具類や文書が納められ，9,000点に及ぶ宝物が，校倉造りの正倉で厳重に管理されてきました。

そんな宝物の数々は，当時の技術の粋をあつめた至高の名品とされますが，そのじつ，メッキや寄木の技法により稀少な材料を節約したり，高価な素材をほかの素材で代用したりといった，ユニークな工夫がこらされてもいます。

また，ほどこされた装飾や文様には，日本列島には生息していなかった外来の生物や，多くの空想上の動物をみてとることができます。本書では，そんなさまざまな動物を紹介し，唐の文物と対比しながら，奈良時代の工人たちが見たことのない動物の形象をどのようにして表現したのか，考察していきます。

収蔵品には，唐や新羅，さらにはシルクロードを経て伝来した西アジア諸国からの請来品も多く，中国大陸・朝鮮半島と古代日本の交流を反映しています。

このような正倉院宝物の特異性や，素材の豊富さについて知ったうえで鑑賞すると，それぞれの品がさらに輝きをまし，面白みをもって見えてくることうけあいです。これまでの名品解説とはひと味ちがった練達のガイドを，是非お楽しみください。

2022年8月

吉川弘文館編集部

凡　　例

1．本書は，著者山本忠尚先生が，『古代文化』第65巻第3号～第70巻第4号（2013～19年）連載した「正倉院宝物を十倍楽しむ」（計21回）をまとめたものである。

2．収載にあたっては初出通りとすることを原則とし，用字・用語・仮名遣い等の統一は最小限に留めたが，ルビは適宜編集部で付し閲読の便に供することとした。また，図版についても一部差し替え，省略したものもある。

3．著者の逝去により連載が未完に終わったため，章のタイトルを一部調整した。

4．正倉院宝物等の名称に著者の見解が含まれているものがあり，通常用いられている名称と一致しないものもある。

5．正倉院宝物の図版については（　）に倉名と宝物番号を記した。正倉院以外が所蔵する資料の図版については（　）に所蔵者名，出土地などを記した。

6．本書では，主として以下に列記する調査報告書と正倉院展の図録，および『正倉院宝物』全10巻（毎日新聞社，1994～97年）を参考にした。調査報告書は，宮内庁正倉院事務所が編集した正式な調査報告であり，材質，員数や大きさなどの数値はこれらに拠っている。

　『正倉院の書蹟』（日本経済新聞社，1964年）
　『正倉院のガラス』（日本経済新聞社，1965年）
　『正倉院の楽器』（日本経済新聞社，1967年）
　『正倉院の陶器』（日本経済新聞社，1971年）
　『正倉院の刀剣』（日本経済新聞社，1974年）
　『正倉院の紙』（日本経済新聞社，1975年）
　『正倉院の漆工』（平凡社，1975年）
　『正倉院の金工』（日本経済新聞社，1976年）
　『正倉院の大刀外装』（小学館，1977年）
　『正倉院の木工』（日本経済新聞社，1978年）

これら報告書以降の調査成果は『正倉院年報』・『正倉院紀要』による。また，他に参照した論文・書物については，その都度本文中に記した。

目　次

Ⅲ章　正倉院鏡はかなり特異である

Ⅳ章 材　質

Ⅴ章　鈴・鐸と鼓

Ⅵ章　年中行事と仏事

付論 櫃

I章　正倉院は代用品の宝庫である

はじめに

かつてまだ尺貫法（しゃっかんほう）が生きていたころ（尺貫法からメートル法への移行は1959年のこと，筆者は1943年生まれですから，その時分は中学生でした），肉屋で，「こまぎれ200匁（もんめ）」と注文すると，乾燥した竹皮に包んでくれたものです。なかほどに肉をのせて両はじから折りたたみ，片方のふちの硬い部分を細く裂いてこれを紐（ひも）がわりにしてくくるのです。こまぎれは「細切（こまぎ）れ（小間切れ）」のこと，すなわち精肉を切ったきれはし（今は「切りおとし」というようです），200匁は750g，５人家族用でありました。

『値段の明治・大正・昭和風俗史』（朝日文庫，1987年）によると，1960年，東京における精肉100gあたりの年平均小売り価格は59円，こまぎれはもう少し安かったはずですが，それでもずいぶんな出費だったと記憶しています。

行楽時のおむすびも竹皮で包みました。おむすびの中には梅干しやほぐした塩ジャケ，醬油をからめたおかかなんかが入っており，海苔（のり）なし，細く切った海苔を帯のように巻く，全体を海苔で包む，などとランクがありました。遠足や運動会は格上。いずれにしろ，昼食時まで，海苔とご飯は乾くことなくしんなり感が保たれていました。

「おかか」は削り鰹節のこと。『広辞苑』（第５版，以下同じ）は，「(女房詞) 鰹節（かつぶし）」と説明しますが，これだとかたまりだけを指すことになる。『大辞泉』は鰹節に「また，それを削ったもの」を加えています。この方が丁寧ですね。

田辺聖子さんは大阪生まれの関西人ですから，おかかと聞いて東京人の幼稚さを揶揄（やゆ）しています（「中国式朝食」『ラーメン煮えたもご存じない』新潮文庫，1980年）。

> 白粥にお醬油と花かつお（かつおぶしをうすく削ったもの。あれを袋に入れたのを関西では花かつおといって売っているが，ナゼか東京ではオカカといっている。あれは，関西ではないことばで，料理番組で大の男が，オカカなどといっていると，幼児語のようで面白い）を混ぜ合せてたべる。

この伝でいくと「おむすび」も槍玉にあげないといけないようですが，もうおしまい。時に，いなり寿司には竹皮はだめだったと思います。油ぶんがにじむからでしょう。おかずはどうやって持っていったのか。菓子折など厚めの経木の箱をとりおいておき，それを再利用したはず。

今ではタッパウェアーやサランラップあるいはポリ袋が取ってかわり，竹皮や経木製品の実物を目にすることはほとんどなくなりましたが，海苔巻や昆布の佃煮などを買った際に，竹皮の模様を印刷した耐水性の紙に包んでくれることがあります。「竹皮もどき」です。羊羹の箱も同様（鶴屋八幡のばあいです，虎屋はどうでしょうか）。単なる紙でもかまわないのに，竹皮を使っていた時の伝統に固執しているのです。紙といったって，これも石油製品なのかも知れません。似非経木もあるし，コンビニ弁当の容器には磁器まで印刷してある。合板の床材に木目を印刷するのも同類。

もっとも，竹皮の使用はまったく絶えてしまったわけではなく，2013年４月末，神戸南京街の食材店では１枚ずつ販売しておりました。もちろん20枚くらいの束でも売っている。百円均一ショップでも５枚１セットで手に入ります。

ところで，先ほど「もどき」という語を使いました。がんもどきとか，あげはもどきといったように，似て非なるもの，まがいものの意で使う。キノコの名に多いように思いますが，魚や昆虫にもあります。『逆引き広辞苑』を引くと19語採用していました。がんもどきは漢字で書くと「雁擬き」。田辺さんなら「ひりょうず（飛竜頭）」と呼ぶはず。梅もどきのある庭なんていいでしょうね。ついでながら，発泡酒とか第三のビールなんていわずに「ビールもどき」とか「似非ビール」と呼べばいいのではないか。いずれにしろ飲みませんが。

上のように材質はかわるが機能としては同じもの，あるいは見てくれは似ているが粗略化したり本来の機能を失いつつあるもの，などを広く「代用品」と呼びましょう。ガセねたの「ガセ」やニセものの「ニセ」より，「エセ」や「モドキ」の方がなんとなく可愛らしく，マガイモノとしての度合が低いように感じられるが，如何。

遺物，すなわち発掘によって地中から出土したものや，伝世品，すなわち神社や寺などが長く伝えてきたもの（その代表が正倉院宝物です）の中にも多くの代用品が存在します。これからどのような代用品があるのか，どのように代用したのかなどについて，主として正倉院宝物を素材にして，考えてみましょう。正倉院宝物に代用品が存在することは，関根真隆『正倉院への道―天平美術への招待―』（吉川弘文館，1991年）がすでに指摘しているところであります。竹皮に似せた包装材は考古学用語でいう痕跡器官のようなものでしょう。代用品であることを明らかにできれば，本来のものより後出であることがわかるはずです。

代用品というと，敗戦直後の食糧難を経験した筆者にとっては，「代用食」という言葉が思い出され，ほろ苦い感慨がつきまとうのではありますが。そういえば人絹とかスフという代用品もありました。人絹は「人造絹糸」の，スフは「スチープル・ファイバー（人造綿花）」の略称，どちらもきわめて粗悪，すぐに穴があいたものでした。ただし，スフは製法の改良によって，ビニロンなどとして衣服の素材ばかりでなく，ロープなど多方面で活用されるようになりました。市販されている「片栗粉」には馬鈴薯澱粉100%と書いてありますが，片栗の根を精製した本来の片栗粉の代用品なのです。

『広辞苑』を引くと，ほかに「代用教員」，「代用監獄」，「代用血漿」，「代用証券」が出てきます。戦中生まれの筆者は代用教員は知らない世代です。もちろん，代用監獄も知りません。

代用の仕方にはいくつかのパターンがあり，役割にもいささか違いがあると考えますので，分類しつつ実例を示していきましょう。できるだけ正倉院宝物から選ぶつもりですが，該当するモノがないばあいはご容赦下さい。

1　手を加えて本物に似せる

1）蘇芳染と蘇芳地

正倉院宝物には，黒柿材などに蘇芳という染料を浸みこませて，やや赤味がかった紫色に染める「蘇芳染」を施した器物が十数点あります。遠い異国産の貴重材であった紫檀の代用，といえましょう。蘇芳はマメ科の灌木で，この心材と莢を煮沸した煎汁が染料になる。このままだと赤褐色ですが，媒染剤を加えると紫にかわります。

正倉院には以下のような例がありますが，ほとんどが中倉・南倉に収められていて，**北倉**には蘇芳地１例しかないところに注目したいと思います（以下，「**北倉**」をゴシック体で記します）。まずはカキ材から。

黒柿蘇芳染小櫃（中倉84）　カキ材を蘇芳で染めた小櫃に付属の台がつく。櫃本体は被印籠蓋造。

黒柿蘇芳染六角台（中倉85）　カキを材とし，蘇芳で染めてある。天板・畳摺ともに平面六花形で，各入隅部に床脚を立て，その間を格狭間とする。

黒柿蘇芳染金銀山水絵箱（中倉156第32号）　カキ材を蘇芳で染め，金銀泥を用いて山水，花鳥をあらわした長方形，印籠蓋造，床脚つきの箱。

黒柿蘇芳染金絵長花形几（中倉177第４号）　天板はカキ材の木表三枚矧ぎ，猪目形の刳りのある長四葉形にかたどり，全面を蘇芳染とする。華足４脚も同材。

黒柿蘇芳染金銀絵如意箱（南倉51）　長方形床脚つきの印籠蓋造箱。内外面のすべてを蘇芳染とする。

などです。また，カキ材以外のものとして，

細長櫃（**北倉**179）　スギ材，被蓋造の細長い箱。２合あり，それぞれ漆塗鞘御杖刀・呉竹鞘御杖刀２口を入れてある。全面を蘇芳塗としている。

蘇芳地金銀絵箱（中倉152第26号・27号）　サクラ材，長方形，被印籠蓋造の箱。

蘇芳地金銀絵箱（中倉152第28号，図１）　ヒノキ材，長方形，逆印籠蓋造の箱。蓋・身ともにその外面を蘇芳色地とし，金銀泥で紋様を描いてある。

蘇芳地彩絵箱（中倉153第29号）　スギ材，長方形床脚付印籠蓋造箱。蓋・身の外面を蘇芳地とし，朱・胡粉・緑青で大花紋を描いてある。各稜角には金箔を押し，墨彩で斑紋を描いた玳瑁貼に擬す（仮玳瑁）。

蘇芳地金銀絵花形方几（中倉177第３号）　天板はヒノキ材の一枚板，長十六花形にかたどり，蘇芳地に金銀泥で花紋などを描く。華足４脚はホオ

材。

蘇芳地六角几（中倉177第27号）　天板はヒノキ材一枚板の板目木表。六稜形にかたどり，周縁のみを蘇芳地としてある。

螺鈿楓琵琶（南倉101第１号）　背面の槽から転手，覆手にかけての主体部に蘇芳染のカエデを用い，螺鈿や琥珀を嵌めこんで飾っている。

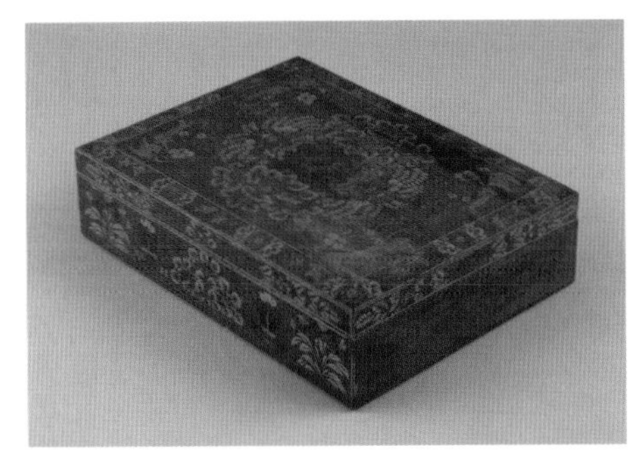

図１　蘇芳地金銀絵箱（中倉152第28号）

などがあります。黒柿材のばあい「蘇芳染」と呼ぶのに対して，別材であると「蘇芳地」と表現しているのに何か意味があるでしょうか。

法隆寺献納宝物にも蘇芳染したものが１点あります。玳瑁張経台（N70）がそれで，天板は黒柿蘇芳染の板を矧ぎあわせ，下に格座間をつくった低い床脚をつけてあります。

2）赤漆

赤漆も蘇芳染の一種です。木地に蘇芳を塗って，その上に生漆または透漆をかける。木地の木目を生かしつつ，赤みがかった色合いを楽しむこともできます。こちらは北倉にも結構あります。

赤漆文欟木御厨子（**北倉２**）　文欟木とは木目の美しいケヤキ材のこと。この材を用いた床脚つきで観音開きの扉をもつ収納具。蘇芳で染めその上から生漆を塗って仕上げてある。これは北倉に収められており，中に聖武天皇の宸筆や光明皇后の御書のほか，刀子，笏や尺，遊戯具など多数の宝物が収納されていたことは，米田雄介「覚書　東大寺献物帳（七）～（十）」（『古代文化』第61巻第3・4号，第62巻第1・3号，2009～10年）に詳しい。

赤漆八角小櫃（**北倉**157）　スギ材六角形被蓋造の筒形箱。すべて赤漆塗。

赤漆六角小櫃（**北倉**157）　スギ材八角形印籠蓋造の筒形箱。すべて赤漆塗。前者は聖武天皇の，後者は光明皇后の御冠を納めた櫃である。

赤漆小櫃（**北倉**180）　カヤ（榧）材の唐櫃。3櫃あり，それぞれ青斑鎮石（**北倉**155），御床覆（**北倉**49）が納められていた。

赤漆欟木小櫃（中倉83）　ケヤキ（欅）材の印籠蓋造の長方形の箱。

赤漆桐小櫃（中倉200）　キリ材でつくった被蓋造の細長い箱。鏁子を備える。素地の全面に蘇芳を塗り，透漆をかける。

赤漆柳箱（南倉61）　ヤナギの枝を編んでつくり，編み面に蘇芳を塗った上に漆をかけ，縁は黒漆塗りとする。

赤漆欟木胡床（南倉67）　大型の四脚倚子。ケヤキ材を用い，木地を蘇芳で着色してから透漆を塗り重ねてある。

密陀絵雲兎形赤漆櫃（南倉170第1号，図2）のほか，唐櫃に多い。

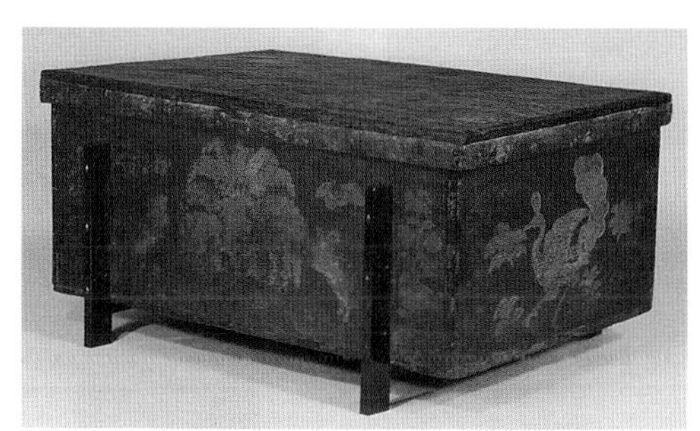

図2　密陀絵雲兎形赤漆櫃（南倉170第1号）

赤漆塗したものには櫃や厨子・箱など，宝物を入れた収納具類に多い。蘇芳で着色すると防虫効果があるそうです。それゆえ，北倉でも用いたのでしょう。なお，赤漆小櫃（**北倉**180）のように，同じ「赤漆」でも赤漆塗も存在しますから，注意を要します。

3）金銀絵木理

金銀泥あるいは蘇芳で人工的に木理を描いた器物があります。装飾として施したのでしょうが，これも代用の一種と捉えられます。

沈香木画箱（中倉142第10号）　カキ材に沈香の薄板を貼った長方形の箱。各面を紫檀の帯状材で内外二区に分け，蓋表には沈香貼の部分に金銀泥で木理を描いている。

金銀絵木理箱（中倉149第22号，図3）　サクラ材，蘇芳染，長方形床脚付印籠蓋造箱。蓋表および身の四周に白梅の樹肌を朽木貼のように貼り，その上に金泥で木理紋を描いてある。

桑木木画棊局（中倉174第1号，図4）　盤はアカマツ材の一枚板木裏を使い，紫檀材の床脚を付す。床脚と地摺には金泥をもって木理紋を描いてある。

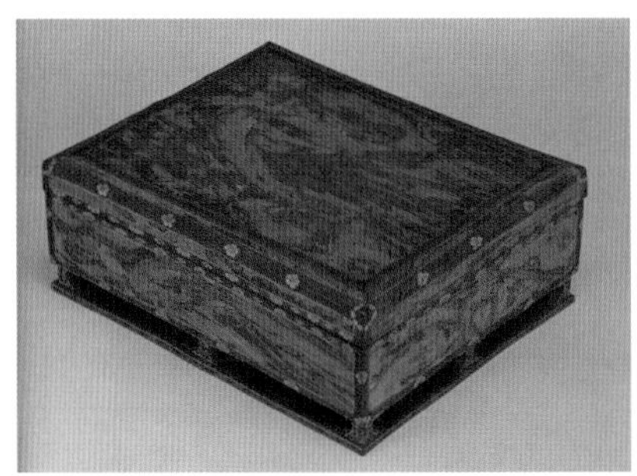

図3　金銀絵木理箱（中倉149第22号）

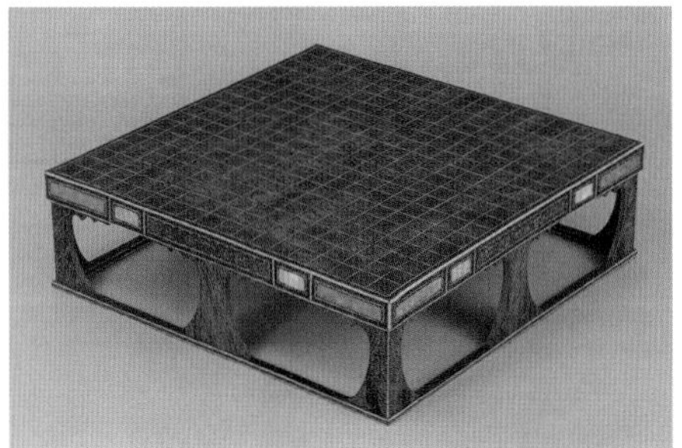

図4　桑木木画棊局（中倉174第1号）

4）仮作黒柿

黒柿材も貴重なので，檜の板の表裏に黒柿材特有の斑紋を墨で描いた「仮作黒柿」まであります。

仮作黒柿長方几（中倉177第16号，図５）　長さ70.9cm，幅33.0cmの長方形の机。天板はヒノキ材，表裏ともに墨で黒柿に似せた斑紋を描いてある。両脚は黒柿蘇芳染の一枚板。

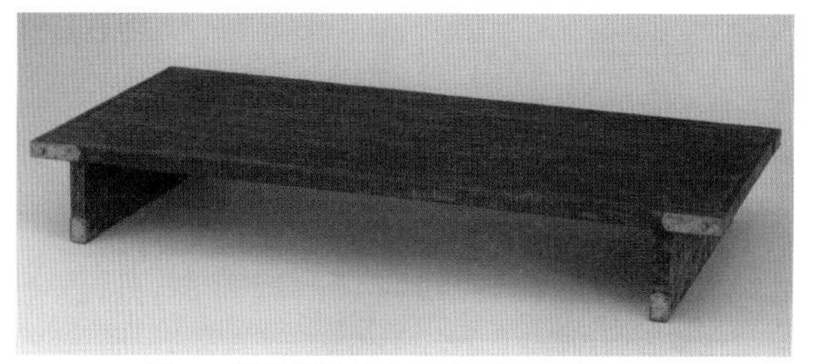

図５　仮作黒柿長方几（中倉177第16号）

本体を別材でつくり，黒柿の薄板を貼りつけたものもあります。

檜八角長几（中倉177第23号）　天板はヒノキ材，長八稜形をなし，表面の周縁および側面にホオノキ・紫檀・黒柿の薄板を貼る。八脚の華足は後補。

5）仮斑竹

彩色によって無紋の竹に斑竹の斑紋を描き，珍しい斑竹にみせた人工の斑竹を「仮斑竹」と呼びます。正倉院には18本の筆が保存されていますが，筆管には梅羅紋（中倉37第１・２号），豹紋（中倉37第７号），本物の斑竹を用いたもの（中倉37第３～６号，８～13号，図６）と，仮斑竹製（中倉37第15～17号）の４種に加え，未造了沈香木画筆管１があります。

天平宝物筆（中倉35，図７）　管長が56.6cm，径4.3cmもある最大の筆で，天平勝宝４年（752）の大仏開眼会に使用された。管は淡竹を用い，これに同心楕円紋を描いて，仮斑竹に仕立ててある。

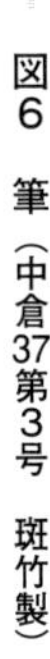

図6　筆（中倉37第3号　斑竹製）

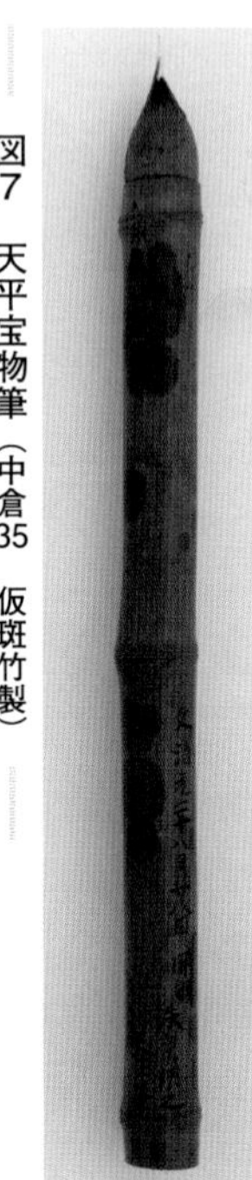

図7　天平宝物筆（中倉35　仮斑竹製）

筆以外にも以下の器物があります。

仮斑竹笙（南倉109第2号）　木製の壺の上に竹製の管を多数円形に植えた管楽器。総長57.7cm。17本の管はハチク製で仮斑竹仕立てとしてある。

仮斑竹竽（南倉109第2号）　竽は笙に似るが，全長91.8cmとより大型で低音域を出す楽器。鳳凰の形に組み上げた17本の竹管と木製漆塗りの吹き口と壺から成る。壺の側面に銀平脱で笙を吹く人物をあらわしてある。

仮斑竹杖（南倉65第3号）　材はメダケ。上下を逆に用い，4つある節に金泥を塗り，節に近い部分に籐巻・樺巻を施し，杖頭と石突に水晶を埋めこんである。

仮斑竹箱（中倉43）　黒柿製の方形，印籠蓋造，床脚つきの箱で，墨の容器として用いられていた。外面の仕上げに，渦状の斑紋をつけた仮斑竹を貼ってある。

6）仮玳瑁

わずか数例ですが「仮玳瑁」もあります。別の素材に彩色や箔押しをすることによって玳瑁に似た斑紋をあらわす技法。玳瑁は瑇瑁とも書き，『和名類聚抄』は瑇瑁の方を採用しています。ウミガメ科の亀のことで，その甲羅が鼈甲。古代においてはベッコウではなくタイマイと呼んでいました。

正倉院にはもちろん本物の玳瑁製品もあります。玳瑁竹形杖（南倉65），玳瑁竹形如意（南倉51第1号），玳瑁螺鈿八角箱（中倉146第19号）などです。玳瑁は，熱帯・亜熱帯の海に住んでいる亀ですから，手に入れにくい。しかも遠くから運んでこなければなりません。大変珍重されました。正倉院ではこんなところに仮玳瑁が用いられています。

> 蘇芳地彩絵箱（中倉153第29号）　スギ材，長方形床脚付印籠蓋造箱。各稜角には金箔を押し，墨彩の斑紋を描いた押縁を貼り，玳瑁貼りに擬してある。
>
> 緑地彩絵箱（みどりじさいえのはこ）（中倉155第31号）　スギ材，印籠蓋造の正方形に近い形状の箱。蓋と身の稜の周縁には押縁を貼り，金箔地に蘇芳色と黒とで玳瑁に似せた紋様をあらわしてある。

鼈甲（べっこう）はつい最近まで櫛（くし）・笄（こうがい）や眼鏡の縁（ふち）に用いられていました。今でもあるのでしょうが，高級品ですから筆者には縁がありません。

ところで，かつてロイド眼鏡という円形太縁の眼鏡がありました。ハロルド・ロイドというアメリカの喜劇役者がかけていたからこの名がついた，という説がありますが，材質であるセルロイドの省略形でもあるのでしょう。セルロイドはニトロセルロースに樟脳をまぜて製したプラスティックの一種。主にキューピー人形などの玩具や下敷・筆箱などの文房具，そししてフィルムの原料でもありました。燃えやすい素材です。ロイド眼鏡には淡い褐色にベッコウに似せて濃い斑を施してありました。セルロイドはベッコウの代用なのです。

先の仮作黒柿・仮斑竹とあわせ，「仮」がついていれば代用品と見なすことができるといえましょう。正倉院はまさに代用品の宝庫なのです。関根真隆によると，床脚に金箔を貼り，上に墨で唐草紋を描いて金銅透彫（こんどうすかしぼり）のように見せた「仮作金銅透彫」と称すべきものもある，とのこと。「仮」を付した宝物が北倉に１点もないことに注目です。

2 | 稀少な材料を節約する

1）木画

紫檀・黒檀・カリン・ツゲなどの色の異なる木材や，色染めの鹿角・象牙をモザイク風に組みあわせて象嵌する「木画」という技法があります。寄木細工の一種ですが，別材で本体をつくり，その表面に薄板を貼るのです。

色ちがいの材料を組み合わせて花鳥や市松紋・矢筈紋などをつくる「寄木木画」と，木地の木理を利用して菱形などに組み合わせた「木地木画」とがあり，正倉院には双方の実例がたくさんあります。

紫檀木画棊局（北倉36）
紫檀木画挟軾（北倉48）
紫檀木画琵琶（南倉101）
紫檀木画双六局（中倉172，図8）　本体は紫檀，その表面に象牙，ツゲ，緑に染めた鹿角，水牛角，竹など，さまざまな色の材料を嵌めこんで，唐草の間に鳥，雲，鳥にのる人物などをあらわしてある。
桑木木画棊局（中倉174）
沈香木画箱（中倉142第10号）
沈香亀甲形木画箱（中倉142第11号）
檳榔木画箱（中倉147第20号）

などなどです。たとえば箱のばあい，本体を国産材で造って，その表面に沈香，檳榔などを薄板の小片として貼りつける。竹・牙・角などや，染料を浸みこませた木材を使うこともありました。

檳榔木画箱（中倉147第20号，図9）　蓋の四周を面取りした長方形，印籠蓋造の箱。床脚・畳摺がつく。檳榔・檜・桑などの木材を三角あるいは菱形に切り，木目の方向を交互にかえて貼りつめてある。

貴重な外来材を節約して使う，これも代用の一種でしょう。ただし，木画の技法は単に貴重な異国の材を節約するためだけでなく，重要な加飾技法のひとつでもありました。他の代用品とちがって，北倉の品々にも用いられています。

なお，『広辞苑』がどのような説明をしているか楽しみにしていたのですが，残念ながら仮斑竹も木画ものっていませんでした。

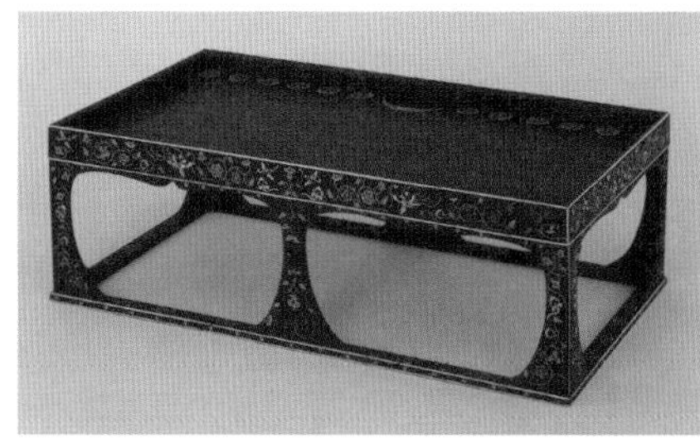

図８　紫檀木画双六局（中倉172）

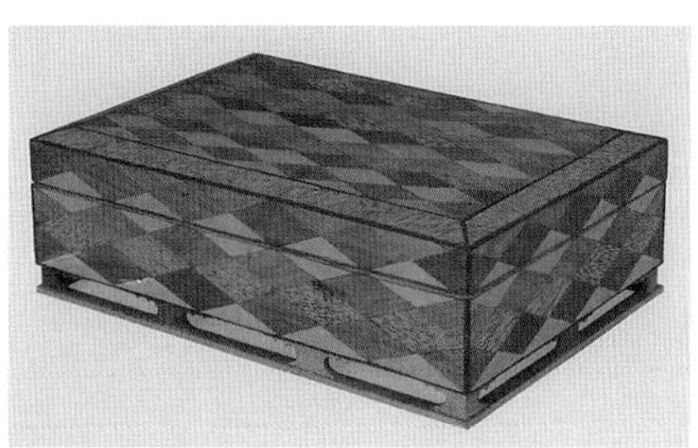

図９　檳榔木画箱（中倉147第20号）

2）鍍銀・鍍錫と銀貼り

考古資料としては青銅製品などに鍍銀，すなわち銀メッキしたものがあり，近年になって鍍錫の存在も知られるようになりました。中国の北部，黄河が屈曲するあたりで戦国時代～漢代に作られたオルドス青銅器に認められます。ただし，中国の研究者は「鍍錫」とは断定せず，表面に錫分が多い青銅器としています。

錫をメッキする方法についてはN・D・ミークスらが実験考古学的な検討をしていますが，そんな難しいことをやらなくても，われわれの身近に実例がある。銅のオロシガネです。銅板を適当な形に切って，その表面に溶けた錫を流して薄く延ばせばもうできあがり。その後，タガネでたたいてトゲトゲをつくり出す。京都は錦市場の料理道具屋さんで売っています。ただし，びっくりするくらい値がはります。

別材でつくった胎に，細工を加えた銀板を貼りつけた，「銀貼り」は銀器の代用でありましょう。たたき出しによる浮彫，線刻，魚々子打ちなどで紋様をあらわし，さらに鍍金を加えたものがあります。

正倉院には，白銅の胎に銀板を貼り，紋様の要所に鍍金をほどこした銀貼鏡，金銀山水八卦背八角鏡（南倉70）が１面あるだけで，鍍銀した器物はありません。ただし，金銅水瓶（南倉24）は，成分分析の結果，銅に鍍銀を施しその上に鍍金したものか，と考えられています。

3）金銀

銀に鍍金したもの，つまり銀胎鍍金を金銀といいます。全面に施す場合と，紋様部のみに鍍金して銀色と金色の対比によって装飾効果を増す工夫をしたものがある。この技法はササン朝ペルシアで生まれ，ソグドを経由して唐代の中国に伝わり，中国でも盛んに使われました。生まれ故郷のササン朝ペルシアでは銀を打ち出してつくり，部分的に鍍金したものですが，唐代の中国や正倉院のものは鋳造で，全体に鍍金したものもある。つくりはペルシア製のほうが格段に優れています。

正倉院には以下の諸例があります。

銀盤（南倉14・15）　銀製品の紋様部だけに鍍金。

金銀花盤（南倉18，図10）　盤は皿形を数本の足で支えた盛器。六花形，径61.5cmの大型品である。内面中央に花のような角をもつ鹿を，外周には各弁に添うよう花紋をあらわし，紋様部分だけ鍍金してある。

金銀匙（南倉43）　匙面が木葉形をした銀製大型の匙で，全面に鍍金してある。

金銀箸（南倉86）　銀製で全体に鍍金が施されている。長さ25.8cm，丸棒状を呈し，太さは中ほどで4～5mm，両端を2mmと細くした中太先細タイプである。

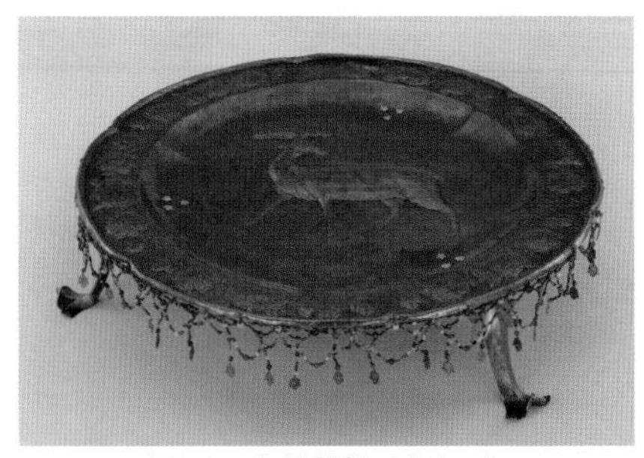

図10　金銀花盤（南倉18）

正倉院以外に，興福寺金堂鎮壇具の中に「銀製鍍金唐花文鋺」が２点と「銀製鍍金唐草文脚杯残欠」が，東大寺金堂鎮壇具に「銀製鍍金狩猟文小壺」があります。

なお，金と銀を混ぜた合金はエレクトラムelectrumです。金鉱石は通常10%程度の銀を含んでいますが，これが20%を超えるとエレクトラムという。「琥珀金」という訳語があります。古代エジプトやギリシアなどで愛好されましたが，東アジア文化圏にはあまり縁がないようです。

4）金銅

正倉院には純金製の器物はきわめて少なく，御冠残欠（**北倉**157）のうち鳳凰形・葛形・金雲形金具をあげることができるだけ。これは光明皇后の御冠ですから特別なのでしょう。ほかに平脱鏡の紋様片，刀子・杖刀の刀身に施された金象嵌など，部分的に少量用いることはありました。前節で取りあげた金銀とこれから取りあげる金銅も，金を少量使用するだけで金に似せた代用品と捉えることができます。

金銅は青銅の地にアマルガム法によって鍍金すなわち金メッキしたもの。金は水銀と仲が良いので（原子番号は金79，水銀80で隣どうし），常温で液体である水銀に溶ける。水銀に金箔や金粉をまぜて溶かした液を青銅の表面に塗布し，加熱してやると水銀は気化し，金だけが残ります。これを布などでこすって定着させ，光沢を出せばできあがり。

ここで再び『広辞苑』に登場してもらいましょう。まず「金銅」。

　銅に金鍍金（きんメッキ）したもの。「釈迦仏一像」

とある。ついで「鍍金」を引くと，

　金を用いて銅に焼き付けメッキをすること。焼き付けたものを金銅（こんどう）という。また，銀を焼き付けることを鍍銀という。

と説明しています。鍍金する対象はふつうは青銅あるいは白銅ですが，前節で取りあげた「金銀」のように銀もある。「焼き付け」が３回も出てきますが，疑問あり。なにより水銀を用いたアマルガム法に触れていない点が不充分です。では『大辞泉』はどうか。

　銅や青銅に金メッキをしたり，金箔を押したもの。仏像の鋳造などに用いた。

とあります。銅ばかりでなく青銅を加えたのは可として，「鋳造などに用いた」とするのは誤りです。鋳造してできあがった製品に金メッキしたのですから。「金箔を押したもの」という説明はいかがなものでしょうか。

この「金箔を押したもの」を金銅に含める考え方はかなり広まっていて，専門的な辞書，たとえば『新潮世界美術辞典』（1985年），三省堂『日本考古学事典』（2002年）なども同じように記しています。なぜ，いつからこうなってしまったのでしょうか。

東京創元社『図解考古学辞典』（1959年）は金銅を次のように説明しています。

> 青銅器のうえに鍍金したもの。主として仏像，仏具に対していうが，べつに鎏金（りゅうきん）ということばもある。これは主として仏像に対してつかわれている。また，わが古墳時代後期の馬具には鍍金の青銅をはった鉄製品があり，鉄地金銅ばりという。鍍金は水銀のアマルガム法で，漢代には鍍よりも塗の字がつかわれた。漆器の刻文には「黄塗」といい，『説文解字』には「金塗」とも言う。また，後者によると，いま象嵌のように解されている錯の字も鍍金の意味である。

中国では「鍍金」ではなく「鎏金」を使います。つまり塗るところ，流れるところに意味があり，箔を貼ることは想定していません。

小林行雄『古代の技術』（塙書房，1962年）は次のように解説します。

> 古代の鍍金の方法は，水銀が金銀および各種の銅合金ないし銅と常温で化合してアマルガムを生ずることを利用したものであって，工程には若干の異同がありうる。いま基本的な場合を言えば，水銀と金薄板を小片にしたものを化合させて金アマルガムを作り，あらかじめ研磨して梅醋（うめず）などの酸で清浄にした銅製品の表面に，これを塗布して，350℃ぐらいの温度で熱して，水銀を蒸発させたのち，布などで磨いて仕上げるのである。

どうです。きっぱりとして，しかもわかりやすい文章でしょう。やはり箔を貼りつけることは含めていません。ただし小林は，砥粉（とのこ）と水銀を混和したものを器面にすりつけたうえに金箔をおいたり，梅醋の中に水銀と器物を入れてかきまわし，表面が銀白色にかわった器物をとりだしてよくかわかしたのち金箔をおき，火であぶり，刷子でくりかえし磨く方法も「近世にはとられた」，ということもちゃんとつけ加えています。

『世界考古学事典』(平凡社，1979年）の「鍍金」の項を見ると，

金属・木・象牙などの表面にほかの金属の薄膜を固着させ被覆する技法。

滅金とも書くところから，「めっき」と言うようになった。

からはじめて，かなり長い記述がつづきます。金属面に水銀を薄く塗り，そのうえに金・銀箔を押したり金・銀粉をおき，焼きつける箔鍍金法，銅製品などの表面を金・銀板でおおって鎚打ちで展着させる金着までも鍍金に含めている。どうやら1970年代末ごろに，近世にはじまる新しい技法を組みこんでしまったのでした。

正倉院には実に多くの金銅製品があります。でも，ほとんどは南倉に収められており，中倉には火舎1例のみ，北倉には1点もないところに注目して下さい。

金銅火舎（中倉165） 銅鋳造のやや腰高の盤形の炉に獣脚をつけ，全体に鍍金。

金銅花形合子（南倉19） 甲と乙の2点あり。銅板を打ち出してつくった横長八葉形の盤形の身に，唐花紋を透彫した蓋をかぶせた合子。

金銅八曲長坏（南倉20） 第1号から第3号まで3口ある。上から見ると八花形，下から見ると5つの曲面をもつ細長い酒杯。表面は無紋で，全面に鍍金が施されている。

金銅六曲花形坏（南倉21） 銅板を鍛金によって成形し，外縁の6ヵ所に稜を立てて六曲としてある。各花形の一面に花樹を配し，樹上にて奏楽する天人をあらわす。

金銅小盤（南倉22） 菱形の各稜に2弧を加えて十二曲形とした小盤。銅鍛造に鍍金。

金銅六角盤（南倉23） 六稜形の盤で華足が6脚つく（図11－1)。

金銅水瓶（南倉24） 長い注口の先端に鳥頭をつけた水瓶。全面に鍍金（図11－2)。

金銅大合子（南倉27）　相輪形の鈕をもつ大型の合子。

金銅合子（南倉28）　蓋には宝珠形の鈕をつけ，身に台脚を付した塔碗形の合子。

金銅幡（南倉156）　第1号から第4号まで4旒ある。

金銅鳳形裁文（南倉163）・金銅円形虎裁文（南倉165）など多数の裁文。

金銅鎮鐸（南倉164）　19口ある。うち10口は同型で，聖武天皇御一周忌の法会の際，幡にさげられたものである。

金銅磬形（南倉165第4号）　銅板を切り抜いた磬形板の表裏に唐草紋を線彫。

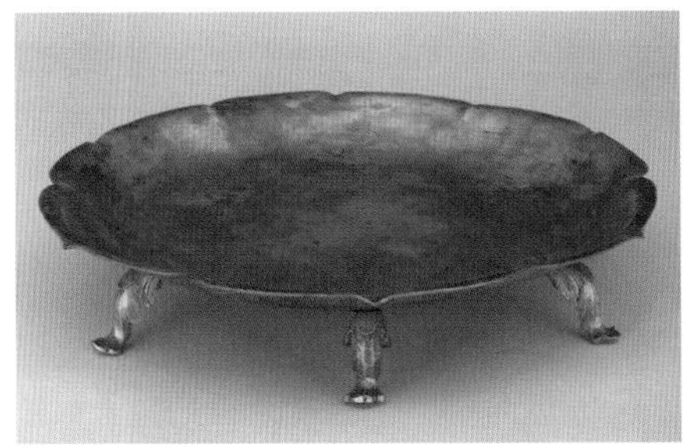

1　金銅六角盤(南倉23)

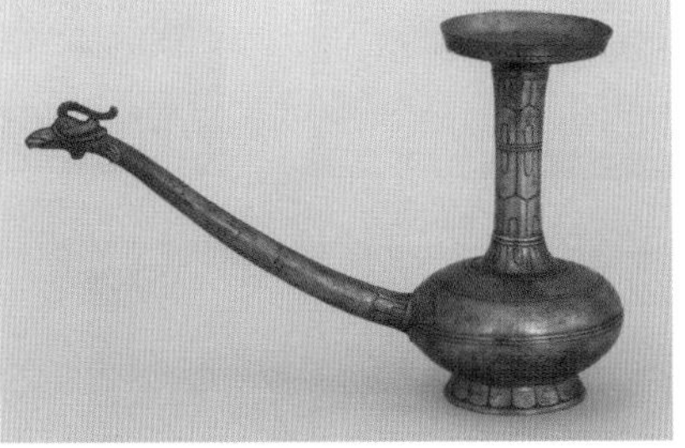

2　金銅水瓶(南倉24)

図11　金銅製品

5）佐波理

金銅は少量ながら金を必要としますが，金をまったく使わずに金銅製品に似た外観を与えたのが佐波理です。つまり佐波理は金銅の代用と捉えられるでしょう。

銅合金には赤銅，青銅，白銅，黄銅と佐波理があります。赤銅はほぼ純粋な銅，銅と少量の錫との合金が青銅，錫の割合が増えると白銅，黄銅は銅・亜鉛の合金，すなわち真鍮です。ところが佐波理についてはわからないことが多い。白銅よりも錫の割合を数％ほど低くし，そのぶん少量の鉛を加えたのが佐波理，と考えるのが一案です。このばあい表面は黄白色を呈し，金銅の代用にふさわしい。ところが，正倉院の佐波理を分析すると，銅80％，錫20％だけで鉛を欠くばあいが結構あり，これは白銅に他なりません。色は銀白色。

もうひとつ，たたくと良い音がするように配合し，蠟型鋳造ののち轆轤で削って器壁を薄くした金属器である，とする考えがあります。佐波理は本来，シンバルのような打楽器をつくるための合金であったとする，佐波理＝響銅説です。

その名の由来については，『和名抄』飲食部に，

鈔鑼　唐韻云鈔鑼　二音典沙鑼同俗云沙布羅今案或説云新羅金椀出新羅国後人謂之雑羅者新之訛也正説未詳　銅器也

とあるところから，新羅音の「サフラ」が転化したものと考えられています。しかし，李蘭暎によると，佐波理は韓国語で発音すると「サバル」で，「沙鉢」すなわち飯用器のことで，夏は陶器，冬は鍮器を用いる。冬用の鍮器で作られた器皿とか匙が佐波理であるそうです（李蘭暎・中野政樹「正倉院の新羅文物」『正倉院の金工』日本の美術141，至文堂，1978年）。とすれば，佐波理は金属材料ではないことになりますが，ここでは銅錫鉛の合金として話を進めます。

さて７世紀初頭以来，徐々に官僚制度が拡充整備されました。官人が増えると，宴会の際に食事を供するにあたって，位階の差を見た目で判るようにあらわす必要が生じます。服装や位置でも差を表現できるでしょうが，食事でも差をつける。そのためには，

①品数，つまり椀・皿などの数を違える

②食器の大きさに差をつける

③食器の材質を違える—銀，金銅，佐波理，木器，漆器，陶器，土器

などの方法が考えられます。

仏教文化の一要素として，朝鮮三国からわが国に将来された佐波理製の食器類は，６世紀にはもっぱら古墳から出土します。つまり供献用であったのですが，７世紀になると僧や官人用の食器として利用されるようになりました。法隆寺や正倉院に佐波理の食器がたくさん遺っているのがその証拠。

中国では，皇帝の食器は銀製でした。銀は砒素・青酸といった毒に反応して変色するからです。日本でも天皇をはじめ皇族たちの食器は銀製，匙も箸も銀製だったはずで，正倉院に金銀の箸・匙が残る。貴族や高級官僚たちの所用

だったのが佐波理と思われます。

正倉院には皿700口，匙346本，水瓶２のほかに「重鋺」・「加盤」と呼ばれる入れ子にした佐波理の鋺が多数納められています。総計86組，436口もあります。これらはすべて南倉に収納されており，北倉には１点もありません。ただし，先述のように，鉛を含まず銅80%，錫20%だけのばあいも結構あり，それらは「白銅」と呼ぶべきでしょう。

佐波理重鋺（南倉47第15号～86号，図12－4）　口縁内側を肥厚させ器壁をほぼ垂直に立てた高台のない平底の鋺。同器形で大小の鋺５ないし３口を入れ子にして収納してある。最外のもので口径16cm前後，高７cm内外，加盤よりやや深い。胴部に刻線が巡るものと無いものとがある。

佐波理加盤（南倉47第１号～14号，図13）　同一器形で大きさの違う鋺10口を入れ子式に重ね，盤形の蓋をかぶせた（これがすなわち「加盤」の語義でしょう）１組の鋺。最外の第１鋺は口縁を外反させた端反で，胴部はほぼ直立，体部半ばに稜を設けて面取りし，1.5cmほどの高い高台を造り出している。口径17cm内外。第２鋺以下は同型で徐々に径と高さを減じ，口縁は端反であるが胴部の面取りは極めて小さく，高台は１～３mmと申し訳程度につく。入れ子で収納するための工夫であろう。以上の他に，これらには属さない蓋が２点ある。

重鋺と加盤は同じ鋺の仲間ですが，大きさと形がいささか異なる，といえましょう。

食器としての機能が異なるのか，時期差か，あるいは製作地や技術の系統が違うのか，いろいろな可能性が考えられます。以下，「重鋺タイプ」・「加盤タイプ」と呼び，来歴を探りましょう。

毎日新聞社版『正倉院宝物』も正倉院展図録も両者を「加盤」と呼称しています。第４～８・10・12号の蓋に墨書で「九重加盤」などと記してあり，加盤タイプが当時「加盤」と呼ばれていたことは確か。しかし15号以降，すなわち重鋺タイプにその名を記したものはありません（「唐金鉢」が１例あります）。わたしは両者を区別するべき，と考えます。

なお，法隆寺献納宝物と寺蔵品にも重鋺と蓋鋺（加盤の最外のものが単独です）がそれぞれ数点あります（図14－2）。

重鋺タイプ

中国には出土例がありません。

朝鮮半島では，７世紀代の重鋺タイプが慶州皇龍寺から出土し（図12－1），また伝慶尚南道高霊出土品と出土地不詳のものが小倉コレクションにあります（口径12.3cmと15.4cm）。これらは正倉院のものよりやや小型で，口縁が直立せずに開き加減，口縁部ないし胴部に沈線を有します。

日本では，６世紀の鋺は高台つきでしたが，６世紀末から７世紀初頭になると，丸底で胴部に２ないし１条の沈線をめぐらせた鋺が出現しました。埼玉県行田市将軍山古墳からその典型例が出土しています（図12－2）。口径16.4cm。

千葉県木更津市金鈴塚古墳　　口径19.0cm
広島県竹原市横大道第８号古墳　口径約15cm（図12－3）
群馬県高崎市八幡観音塚古墳　　口径17.4cm
京都府京丹後市湯舟坂２号墳　　口径15.4cm

などはいずれも古墳の副葬品ですが，同じころ寺院でも用い始めました。毛利光俊彦の法隆寺蔵品にもとづく研究によると，重鋺タイプに７世紀前半の若草伽藍所用と考えられる例があります（毛利光俊彦『古代東アジアの金属製容器Ⅱ〈朝鮮・日本編〉』奈良文化財研究所，2005年）。

この重鋺タイプは，645年の皇龍寺から８世紀中ごろの正倉院まで，口縁部を肥厚させるという特徴は保持し続けますが，開き気味だった口縁が徐々に直立するようになり，丸底から平底へと変化しました。また，口縁部と胴部にあった刻線が少なくなり，正倉院の段階にはまったくなくなります（図12参照）。

天平勝宝４年（752）の『買新羅物解』に白銅製の匙箸・香炉・錫杖とともに「白銅五重鋺」，「迊羅五重鋺」，「□羅盤」の記載があることを根拠に，正倉院の佐波理製品は新羅からもたらされた，と考えるのが大勢です。たしかに重鋺タイプについては新羅製であるとしても矛盾はありません。しかし加盤タイプはどうでしょうか。

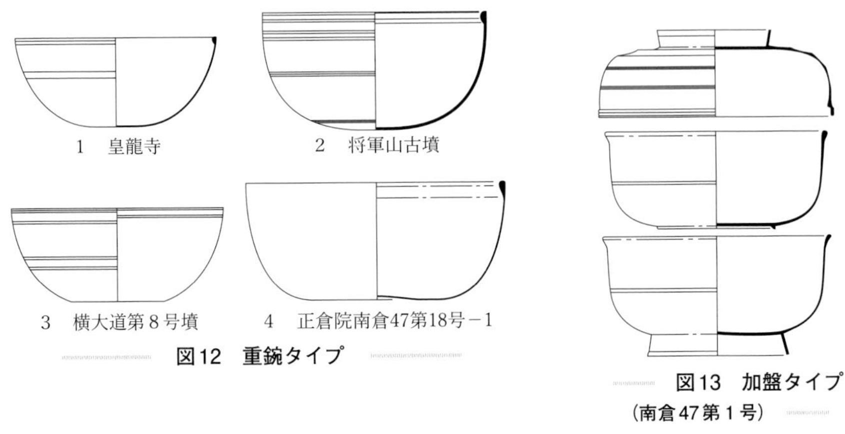

図12　重鋺タイプ

図13　加盤タイプ
（南倉47第１号）

加盤タイプ

中国では，南北朝時代の鋺はいくつか知られるものの，初唐期にその存在を確認できません。鋺の実例は発見されていないけれど，加盤タイプは７世紀末には出現している，と思われます。というのは，後に触れるように，同型の陶器が８世紀初頭の墓から出土しているからです。加盤タイプの鋺としては８世紀後半の銀器が知られ，「折腹銀碗」あるいは「銀蓋碗」と呼ばれています。

陝西省西安南郊何家村窖蔵「素面折腹銀碗」２点
口径20.1cm，17.0cm（図14－3）

同　上　「鎏金折枝花紋銀蓋碗」２点
口径21.0cm，21.8cm

陝西省西安沙坡村「銀碗２号」　口径18.0cm

これらは銀製で，沙坡村のものは９曲，明らかに西方の影響下で成立したものです。

韓国では，論山表井のほか雁鴨池出土品が知られる程度。前者は８世紀中頃，後者は８世紀後半に下がり，しかも雁鴨池の加盤タイプは8.3cmの小型品です（図14－4）。これらが正倉院加盤の元とは考え難い。

日本で加盤タイプが出現するのは８世紀前半のことで，当初から高台つきでありました。長崎県矢立山２号墳出土品が最古の例（毛利光前掲書）。

どうやら口が内側に肥厚し５重までしか入れ子にできない重鋺タイプの方が

古く，器壁が薄く10重まで入れ子可能な加盤タイプが遅れて出現したことは確実，つまり両者の違いは時期差に起因すると考えてよさそうです。

化学分析の結果，7世紀代の鋺は銅80%＋錫20%程度の銅錫合金製で，他の成分が少ないのが特徴でしたが，8世紀に入ると錫の量が減る一方，鉛の量が増加し，また砒素と銀の含有が認められます。正倉院宝物のうち，分析された限り，重鋺タイプのばあい第39号2・3・4に鉛が2～3%含まれるだけで，他は銅80%＋錫20%である。これに対して加盤タイプは，鉛を1～3%含むものが多く，第5号・第9号のようにさらに砒素を混じたものもある。重鋺が先，加盤が後であることは，成分からも窺えます。

正倉院の加盤タイプについては，新羅ではなく中国との直接的かかわりを想定すべきではないでしょうか。両者の違いは技術の系統の差ともいえそうです。

なお，中国では入れ子になった重鋺も加盤も知られておりません。朝鮮の皇龍寺例は3個体が入れ子の状態で重なって出土しましたが，3点は微妙に形が違い，当初から入れ子にすることを想定していたか，疑問が残ります。こうした入れ子にして重ねて収納する工夫は，日本において案出された可能性があります。このように収納しておけば，一人前の食器がすぐ揃う。7世紀段階では5重，すなわち料理の数が5種であったが，8世紀になると品数が増え，10鋺セットが必要になったのだと。あるいは仏事用から宮廷宴会用へと使用形態がかわった結果かも知れません。盤で蓋をしておけば，これも食器として使える。とすれば1人あて11品もの菜や汁が供されたことになります。なにしろ貴族や高級官僚の食事ですから豪華なのです。

6）金属製品を模した土器・陶器

前節ですでに触れたように，金属製の食器や仏器を模倣した須恵器（すえき）・三彩（さんさい）・白磁（はくじ）などの存在が知られます。これは，日本だけでなく，中国・朝鮮にもあって，鋺以外にも水瓶，鉄鉢などがあります。

7世紀前半（飛鳥Ⅱ），須恵器および土師器（はじき）の食器類に金属製容器の模倣品が出現しました。重鋺のように，形は同じだが大きさが違うものまでつくられています。しかも土師器埦・皿においては，精選された緻密な胎土を使用，外面をヘラミガキし，内外両面を暗紋で飾るようになります。土師器のヘラミガキ・暗紋の盛行は金属器特有の光沢をもった器面とその質感を得ようとした努力のあらわれ，と考えます。こうした暗紋を有する土師器埦・皿は主として宮京から出土するので「宮廷様式」と呼ばれますが，貴族の本貫地などでも出土しました（たとえば奈良県布留遺跡など）。下級官人や貴族の家人たちは，宴会の際にこうした土器類で酒食を供されたのでしょう。ただし，奈良時代の遺跡からは木胎漆器がかなり出土しますし，やがて陶器が登場する。漆器の役割は無視できませんし，徐々に土器から陶器へとかわったはずです。

中国では，緑釉・三彩・白磁に加盤と同器形のものが存在します。口径は正倉院加盤とほぼ同じ17cm前後。

陝西省乾陵陪塚永泰公主墓「三彩折腹碗」　口径17.3cm　神龍２年（706）（図14－6）
同　上「緑釉椀」　口径13.8cm　同上（図14－5）
陝西省西安西北区国棉五廠墓「瓷椀」　開元６年（718）
陝西省昭陵陪塚李貞墓出土「三彩折腹碗」　口径17.2cm　開元６年（718）
陝西省西安東郊韋美美墓出土「三彩椀」　口径9.4cm　開元21年（733）
河南省黄冶小黄冶Ⅱ区T10出土「白瓷稜碗」　口径17.9cm（図14－7）

このように，加盤と酷似した陶器が西安や洛陽の周辺で，８世紀前半につくられ使われていたことになる。胴部に稜をつける特徴は金属器に特有のものですから，同時期に金属製の加盤タイプが存在した，と考えます。日本でも加盤に似せた須恵器が平城京跡等から出土しており（図14－9），この点でも中国の動向に沿っているのです。なお，小川真理子が加盤に似せた須恵器を「稜椀」と呼び，播磨におけるその消長と平城宮への供給について論じています（「稜椀研究の再検討」『瓦衣千年』森郁夫先生還暦記念論文集刊行会，1999年）。

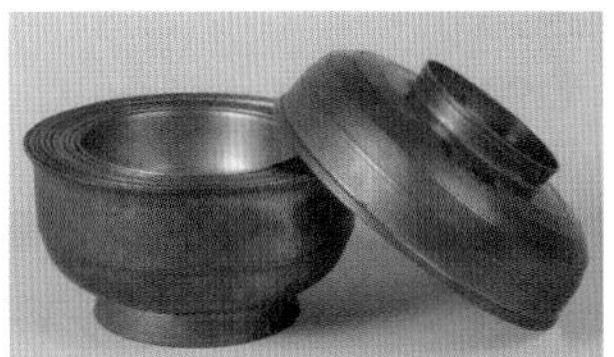
1　正倉院　佐波理加盤第1号　口径14.2cm

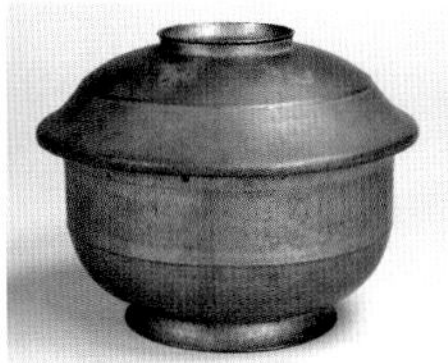
2　法隆寺献納宝物　蓋鋺　口径19.4cm

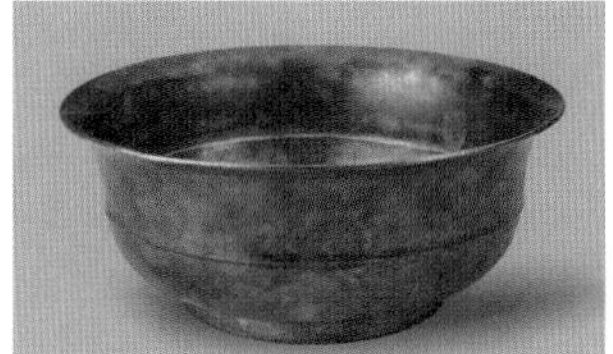
3　何家村窖蔵出土素面折腹銀碗　口径20.1cm

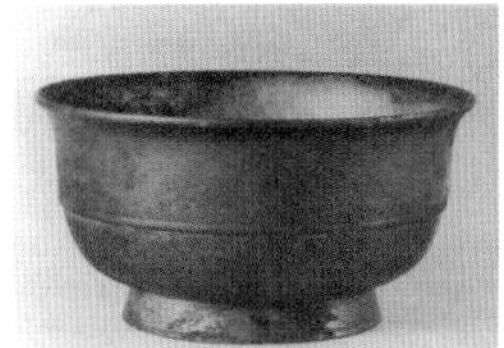
4　雁鴨池出土鋺　口径10.4cm

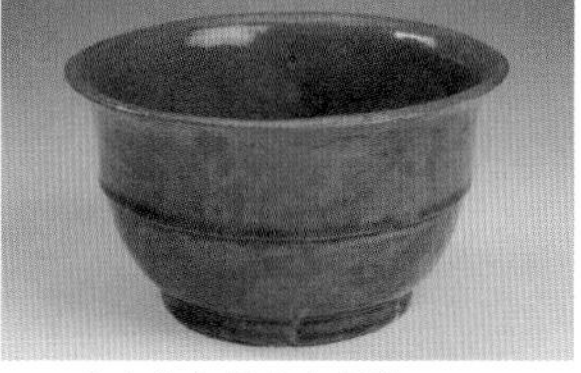
5　永泰公主墓出土緑釉

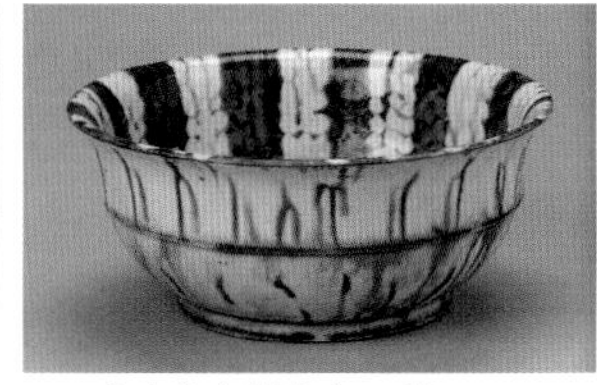
6　永泰公主墓出土三彩

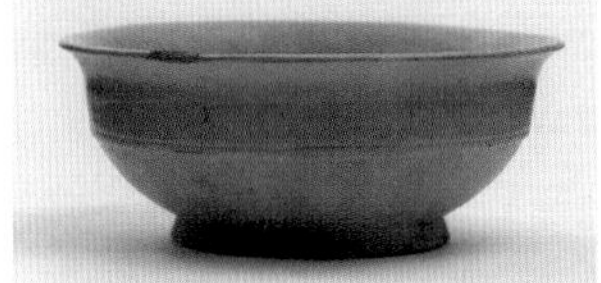
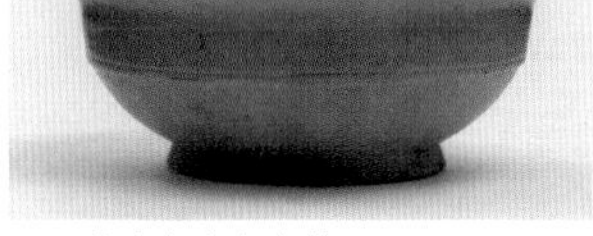
7　黄冶窯出土白磁

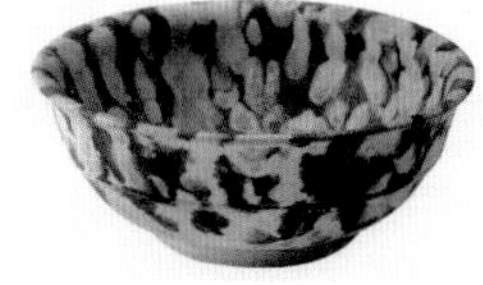
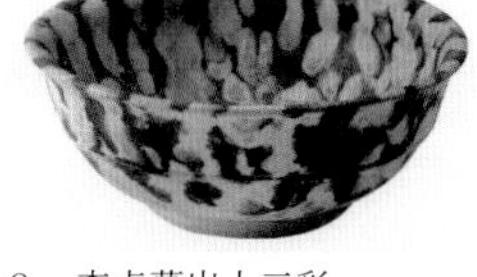
8　李貞墓出土三彩

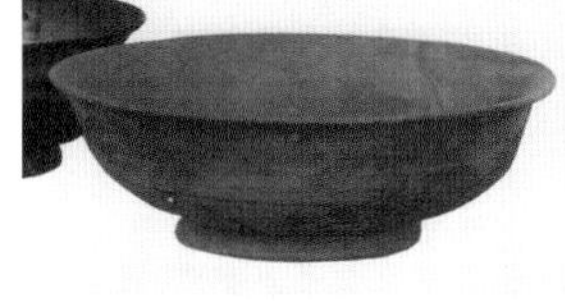
9　平城京跡出土須恵器

図14　加盤とその模倣器

加盤タイプの鋺ばかりでなく，金銀器の他の器種も陶器で模しました。たとえば蓋付三足罐，水瓶などです（図15）。国棉五廠65号墓は開元6年（718）の葬，8世紀初頭にこうした金属器の模倣が盛行したことが窺えます。

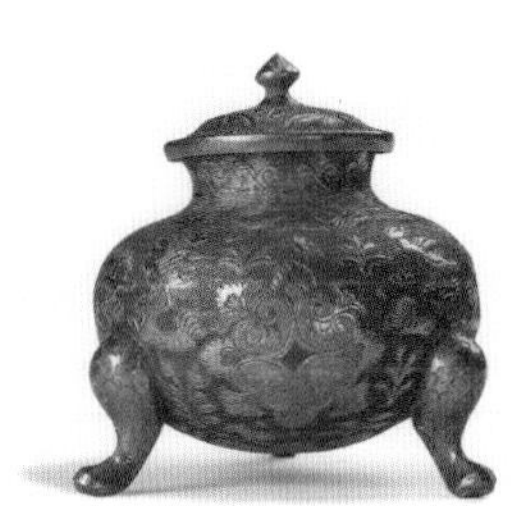
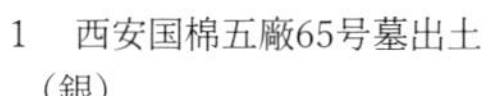
1　西安国棉五廠65号墓出土（銀）

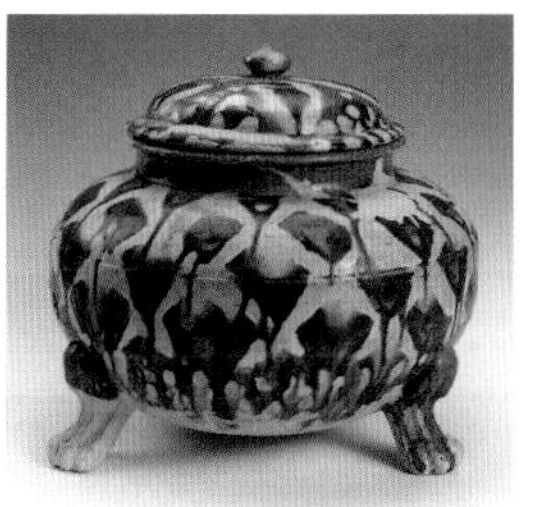
2　西安郊区唐墓出土（三彩）

図15　蓋付三足罐

7）少なかった金の産出量

日本列島で金を産するようになったのは奈良時代になってから。東大寺の大仏をつくっている最中に陸奥で金が見つかり，献上され（749年），これによってめでたく黄金色にかがやく大仏が完成した，とされています。ところが実は，文武天皇5年（701），対馬嶋が金を貢上，これを賀して大宝に改元したという記事や，陸奥に沙金を産することも知られていました（いずれも『続日本紀』）。どうも大仏にかかわる陸奥産金の話には脚色が施されているようなのです。新たに沙金が見つかったことを利用して大仏建立の促進を図ったのではないでしょうか。いずれにしろ，古墳時代や飛鳥時代には，金はもっぱら輸入にたよっており，稀少で高価なものであったはずです。『日本書紀』によると，持統朝およびそれ以前は，金は新羅の朝貢品でありました。それゆえ6・7世紀の日本では，鍍金・金象嵌・細金細工という少量の金で足る技法が発達したのでしょう。正倉院に金器はごくわずかしかないことは先述しました。

金以外の金属に金をメッキする理由としては，

①純金であれば重くて柔らかすぎる

②軽くて強い銅などにメッキして外観を同じくする，つまり見てくれをよくする

③銹びにくくする

などが考えられますが，もっとも大きな理由は，

④稀少な貴金属を節約する

であったといえるでしょう。今日，金にまぜものをした18金が重用されているように，金銅製品は金製品の代用品でした。つまり②と④がおもな理由だったのです。佐波理はさらにその金銅の代用であり，つまり金をまったく使いません。土器・陶器はさらに佐波理の代用でありました。

このように稀少な金を節約した金銅，まったく使わずに似せた佐波理，こうした器物は本邦製と考えて良いでしょう。北倉に1点もないことが傍証です。

8）玉を石や貝で代用

玉とは，硬くて緻密な半透明の石のことで，軟玉と硬玉があります。その美

しい色によって，中国でも，日本でも，はやくから装身具として使われました。玉とは別の概念であります。したがって，玉製の玉という表現はあり得る。珠がどちらかというと動物に由来する真珠・珊瑚，あるいは樹脂が地中で石化してできた琥珀などを指すのに対して，玉は岩石・鉱物なのです。『広辞苑』で玉の項を引くと，

> ①たま。宝石。珠に対して，美しい石をいう。硬玉・軟玉の併称。白玉・翡翠（ひすい）・黄玉の類。「玉石・宝玉」

とあって，「ぎょく」と「たま」とを混同しています。『大辞泉』は「美しく価値のある石の類」とあっさりしており，次の説明を加えます。『大辞泉』に座布団一枚。

> 硬度6.0～6.5のものを軟玉（nephrite），7.0のものを硬玉（jadeite）と言う。比重は2.9～3.1と3.2～3.4で，区別できる。色彩は，軟玉は乳白色が多く，緑，黄，紅色のものもあり，硬玉は緑と白色である。

玉は中国人がことのほか愛好するもので，装身具や置物など玉製品が多様な場面で使われてきました。いまでも香港や上海の繁華街を歩くとかならず玉製品を売る店が目につきます。皇帝が用いる印は玉製なので「玉璽」といいます。玉座も同じ。

「昆侖の玉」が著名です。タクラマカン砂漠の南，昆侖山脈で産する玉という意味ですが，明末の宋応星が著した『天工開物』は「中国に運ばれ珍重される玉のすべては于闐の葱嶺に産する」としています。于闐は今日の新疆ウィグル自治区和田のこと，じつは昆侖山脈から流れ出る川で採れるのです。ホータン河，ヤールカンド河などです。これらは軟玉，ここから原石のまま運んで都で加工しました。「玉門関」とはこうした玉が通過したがゆえについた名であります（陳舜臣『西域余聞』朝日文庫，1984年）。翡翠などの硬玉は雲南から北ミャンマーの地で産します。軟玉も硬玉も遠くから運ばれた稀少，貴重なものでありました。

日本ではわずかに糸魚川の翡翠など数種を産するのみ。翡翠は縄紋時代から勾玉の素材になりました。「まがたま」は『日本書紀』では「勾玉」，『古事記』では「曲玉」の字を用いており，どちらでも可。碧玉は石英の一変種で，弥生時代から曲玉や管玉の素材になりました。島根県八束郡玉湯村玉造の碧玉

が特に有名で，出雲石という別名があります。

ところが，古墳時代前期の「碧玉製腕飾類」と呼ばれる石製品の多くは，実は緑色凝灰岩製なのです。その点を斟酌して「石製腕輪形祭器」と称するのが昨今の情勢。このばあいは碧玉の質感に近い緑色の石が選ばれており，稀少な碧玉の代用といえます。古墳時代前期に多く，腕輪のほかにも玉杖，琴柱形石製品などがある。なかには純正な碧玉製品もありますが，高貴な石である玉を普通の石で代用するのはまさに「玉石混淆」ですね。

種子島の広田遺跡や南島諸遺跡から出土する貝符は，長方形や蝶の形をした板状の貝製品で，さまざまな彫刻が施されています。装身具のように身につけたものと，死者を葬る習俗にともなう葬具に2大別できます。金関恕が「広田遺跡の遺物が代表する貝文化は，中国新石器時代の江南に発した玉文化の一支脈ではないだろうか」と説いたとおり（「東アジアの中の広田遺跡」『サンゴ礁をわたる碧の風―南西諸島の中の弥生文化―』大阪府立弥生文化博物館，1994年），貝符は玉製品の代用です。

なお，ヤコウガイやアワビの貝殻を漆地や木地に嵌めこんだり貼りつけた螺鈿は，玉の代用ではなく，独立した工芸と捉えるべきです。ガラスも玉の代用であった可能性がありますが，ガラス自体が貴重品であったと考えますので，この章では取りあげません。

正倉院には玉製品自体が少なく，貝による代用品も認められません。翡翠と碧玉がほんのわずか使われているだけです。唐王朝は玉の持ち出しを許さなかったのではないでしょうか。これに準ずる材として水晶（水精），孔雀石，紺玉（ラピスラズリ），瑪瑙，琥珀，真珠が使用されています。ほかに石としてトルコ石，青斑石，大理石を挙げておきましょう。

幢幡鉸具（南倉164第4号）　金銅製の雲形1枚と杏葉形7を連ねた垂飾。間に翡翠・碧玉・瑪瑙でつくった勾玉を吊している。

琥碧誦数（南倉55第1号）　誦数（数珠）は108箇あるいは54箇の珠を紐に通した仏具。正倉院には25連の数珠が伝わる。本例は，琥珀の珠を中心に，紫水晶，真珠，瑪瑙などを用いている。

雑玉誦数（南倉56第14号） 琥珀，水晶，ガラスの珠玉36箇を連ねた数珠。

9）帯金具と石帯

7世紀，律令制が整ってゆくにつれ，官人たちの位階が複雑になりました。603年に「官位十二階」を制定しましたが，664年には「官位二十六階」，685年には「諸臣四十八階」と段階的に増えたのです。そこで位階がヴィジュアルにわかるように，冠帽，衣服の色などを規定するようになる。腰帯もそのひとつであります。

制度がととのったのは『大宝律令』(701年）によってですが，これは現存していないので次の『養老律令』(718年)「衣服令」の定めによると，礼服のばあいは「條帯」「綺帯」という組紐の帯を用いたが，朝服・制服のばあいは，一位以下五位以上は「金銀荘腰帯」，六位以下は「烏油腰帯」を着けることになっていました。これらは革帯で，金属製の銙を飾りとして取りつけてあるものです。両端にあたる鉸具（バックル）と鉈尾，革帯の部分につける巡方と丸鞆から成ります。巡方は四角形，丸鞆は蒲鉾を切った断面のような形です。平城宮跡などの発掘で青銅製の帯金具がしばしば出土しますが，もともと黒漆が塗ってあり，これをつけた革帯が下級官人用の「烏油腰帯」にあたります。大きさにいくつかのヴァリエーションがあるので，位に応じて大きさを変えていたと考えられます。

「礼服」は元旦朝賀などの儀式の時，皇太子以下五位以上の者が着，「朝服」は初位以上の官人が朝廷の公事にたずさわる時に着用します。「制服」は無位者が公務に服する時に着る服，いま学校で着用させられる制服はもともとは庶民の服だったのです。『広辞苑』にはこのような由来は記されていません。なお，天皇が着るのを「冕服」といいますが，天皇は位を超越した存在であるので，令に定めがあったわけではありません。

正倉院には完全な姿の腰帯が15条，復元不可能な残欠が29条分残っています。

斑犀偃鼠皮御帯（**北倉4**）　巡方・丸鞆は斑犀，一部に偃鼠（もぐら）の皮残存。

斑貝御帯残欠（**北倉6**）　夜光貝製の巡方と丸鞆。

紺玉帯残欠（中倉88，図16）　銅ではなくラピスラズリの巡方・丸鞆をつけた革帯，つまり玉帯である。

斑犀帯残欠（中倉89）　巡方・丸鞆は犀角製。

『唐会要』に見る唐の服制では玉帯が金銀帯の上に位置しており，太子クラスは玉帯を着けたはずです。何家村窖蔵には，多数の金銀器とともに，獅紋白玉帯板，更白玉帯，斑玉帯，深斑玉帯など10副の玉帯が収めてありました（図17）。西安南郊のこの地は，第3代皇帝高宗の孫，邠王・李守礼の邸宅跡で，安史の乱（755～763年）に際して埋納された，と目されています。日本において「衣服令」には玉帯についての規定はありませんが，中国に倣ったとすれば，玉帯は皇子クラスが着けるものだったことになる。斑犀と斑貝をつけた帯は赤漆文欟木御厨子（**北倉2**）に納められており，聖武天皇あるいは光明皇后が身に着けていた可能性があります。

上に対して，以下の諸例のほとんどは楽装束にともないます。

革帯（中倉90第1号・第2号）　鉸具・巡方・丸鞆・鉈尾・裏座すべて銅製黒漆塗。

唐古楽革帯（南倉119第17号）　巡方・丸鞆・鉈尾・裏座は銅製鍍金，黒漆塗。

唐散楽革帯残欠（南倉121第10号）　丸鞆1のみ，銅製鍍金，黒漆塗。

狛楽革帯（南倉122第16号其1・其2），呉楽革帯（124第80号），革帯（南倉141第1号～第15号）　銅製黒漆塗。

延暦15年（796）の銅銙廃止にともなって，石製の銙を用いるようになりましたが，形はかわりません。石の色によって五位以上と六位以下を区別していたようで，長岡京から黒色石材を用いた石銙が出土しています。石銙の制はほんの一時期（807年まで）おこなわれただけで，すぐに旧に復したのでしたが，810年には再度復活，上級官人のあいだでは玉銙のほかに角（斑犀帯），瑪瑙，

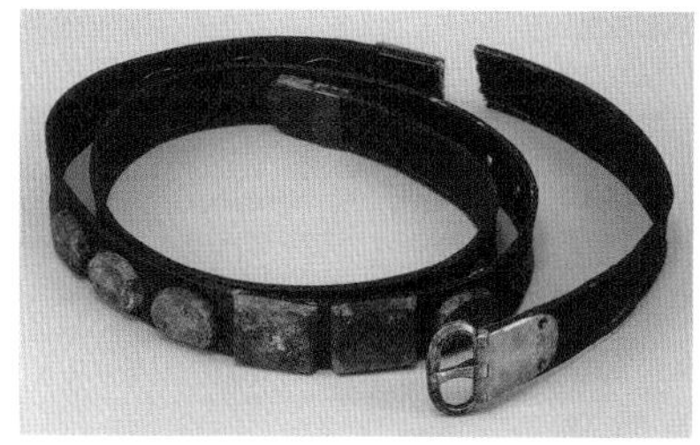
図16　紺玉帯残欠（中倉88）

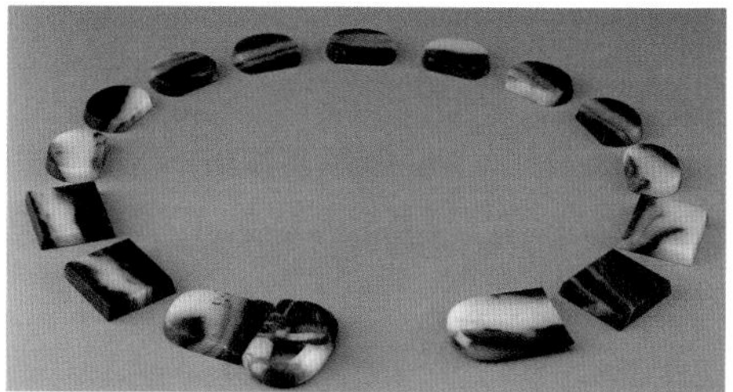
図17　深斑玉帯（何家村窖蔵出土）

玳瑁，瑠璃など珍奇な材を求める風が強くなり，その影響を受けて下級官人も角を多用するとともに選石するようになりました。そして官位の象徴としての意義が次第に薄くなり，ついには単なる装身具に堕してしまいます。

3｜材質はかわらないが，外観・使用法が違う

高島俊男氏が耳寄りな話を書いています。「代用漢字」というものがあって，氏はこれを「正露丸式」と呼んでいる，というのです（『同期の桜　お言葉ですが…⑧』文春文庫，2007年）。

正露丸はもう皆さんご存じ，あのラッパのマークで有名なクレオソート製剤，下痢止めの丸薬です。日露戦争の時に，質の悪い水を飲んで腹をくだす兵士のためにつくられました。これを飲んで腹痛をいやし「露（ロシア）」をやっつけよう，というので「征露丸」と名づけたそうです。昭和の戦後，「彳」をはずして「正露丸」と改名しましたが，「征露」つまりロシアを征するから意味をなすのであって，「正露」じゃ正しいロシアになってしまう。

これよりひどいのが無理な「表内字」による書き換え・言い換えです。表内字とは『常用漢字表』に入っている漢字のことで，「萎縮」の萎は表にないので「委」で代用する，「詭弁」の詭を「奇」で代用する，「貫禄」を「貫録」，「風光明媚」を「風光明美」とするなど，このような用例が新聞などにまかり通っているのだそうです。

代用漢字とは，文部省がなかば押しつけた，とにかく音さえ同じなら置き換えてもよい，というやり方，つまり正露丸式なのです。1961年の文書では「交叉→交差」，「頽廃→退廃」など実に341語がならんでいるとのこと。そのうち

のいくつかについては『広辞苑』クラスの規範的辞書も追認する状況にあって，代用漢字の使用に賛成する者も多いということです。しかし，「合祀」を「合祭」とするようなものは代用とすらいえません。

モノにも，代用漢字のように，材質は同じだが外観がいささか異なり，使用法も違う代用品があります。

1）奈良三彩

土器や炻器（陶質土器，須恵器はこの仲間）に水や酒を入れれば，すぐに外へ浸み出てくる。焼物はこの浸みをなくす方向で発達しました。土器から炻器へ，そして奈良時代には陶器が出現し，近世になって磁器が生み出されたのです。

陶器は長石を含んだ陶土（カオリン）という特殊な粘土でつくり，それに釉薬をかけたもの。長石が溶けて粒子と粒子をつなぐとともに，表面をガラス質の釉で覆いますから，水分が浸み出ることはまずありません。

奈良時代の陶器は低火度で溶ける鉛釉陶器（緑釉・三彩・二彩）です。まず7世紀後半に緑釉の塼が出現，やや遅れて平城京遷都後まもなく三彩の容器が製作されるようになりました。高火度釉である灰釉の誕生は平安時代を待たねばなりません（自然釉はありましたが）。

日本で出土し，あるいは伝世されてきた奈良時代の陶器には，輸入陶器（中国製・朝鮮製など）と日本製とがあります。国産の三彩を「奈良三彩」と呼びます。奈良三彩の白の部分は実は透明釉であり，生地の白さが浮き出たもの。生地を白く焼き上げるには，鉄分・有機質の少ない粘土を選び，水簸をおこない，素焼きの際には還元炎で焼成する必要がありました（巽淳一郎『陶磁　原始・古代編』日本の美術235，至文堂，1985年）。

さて，正倉院には三彩，二彩，緑釉，黄釉・白釉のかかった焼物があわせて57点あります。器形としては塔（三彩1），瓶（二彩1），大皿（二彩9・白釉1），大平鉢（二彩3），平鉢（二彩6），鉄鉢（磁鉢：三彩2・二彩12・緑釉11），碗（三彩1・二彩4・緑釉1・黄釉3・白釉1），鼓胴（磁壺：三彩1）であり，同じ形のものは唐三彩にはありません。図18−1に代表として三彩鉄鉢を掲げました。

磁鼓（南倉114，図18－2）　これだけが他と違う。「磁」と呼んでいるけれど，磁器ではなく三彩陶製の鼓胴である。胎土は他の三彩陶器と比べて精良で，焼きあがりも硬く仕上がっている。素地は黄色味を帯びた白色で，彩釉の下地に化粧土は用いていない。彩釉の順序は，はじめに白釉で鹿の子状に斑紋を散らし，つぎに黄釉で上下各4段に飛鳥のような十字形を描く。最後に緑釉で残りの素地面を塗りつぶしている。他の三彩陶器とは異なる施釉法なのである。

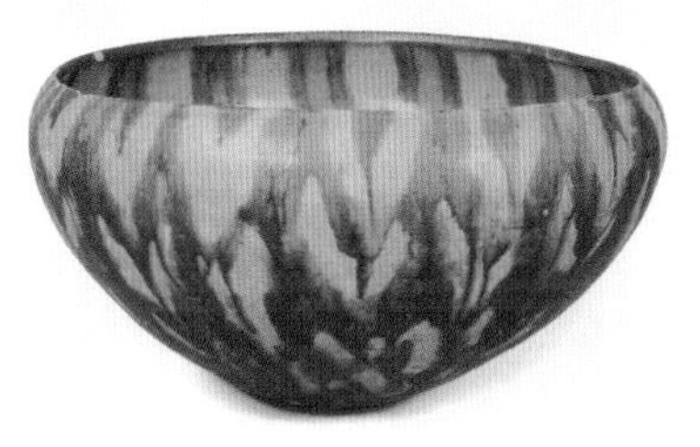

1　磁鉢（南倉9丙第3号）

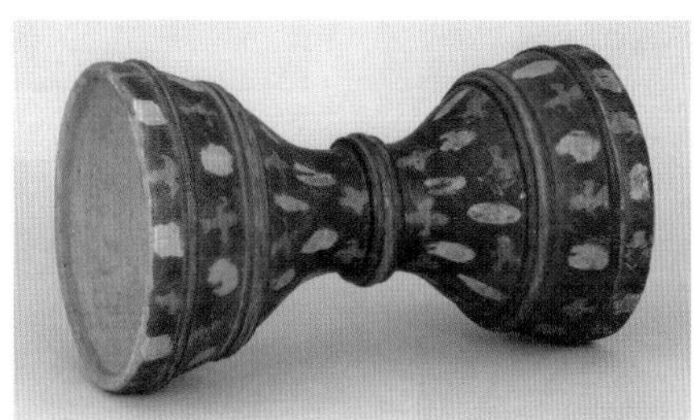

2　磁鼓（南倉114）

図18　奈良三彩と唐三彩

この三彩鼓胴が唐三彩であるとすれば，他は日本製の可能性が強い。製作技術の基本は中国から学んだが，施釉法を簡略化し，器形は日本独自のものをつくり出したことになります。また，用途も違いました。唐三彩の大半は墓に副葬するための明器です。圧倒的に多いのは俑，人物・天王・鎮墓獣・動物・生活用具・建築模型など，その種類は豊富です。そして藍色を好みました。一方，奈良三彩はほとんどが仏前への供養具，他に少々の骨蔵器が存在します。正倉院に伝来する奈良三彩は，東大寺における仏事に使われたもので，すべて南倉に収められています。また，藍色はまったく使っていません。

なお，中国で「陶」というのは低火度で焼いた土器のことです。「黒陶」とか「彩陶」，「夾砂灰陶」などは日本でいう陶器ではありません。日本でいう陶器のことは「瓷」といいます。古代の日本でも低火度焼成で釉のかかったやきものを瓷と呼んだことがあります。正倉院陶器の呼称にはすべて「磁」がつきますが，実体は陶器，磁器は近世になってつくられた別の焼物です。

2）書見台

冊子本を読む時，平たい机の上に置くよりも，手前に向かって傾斜するか，両側から中央へ下る斜面をつくった台に載せた方が読みやすいのではないでしょうか。老眼になるとそのように感じるはず。時代劇で見た知識によれば，江戸時代の武士たち，学者たちは皆，読書に際して書見台を使用していたように思います。

では巻子本（かんすぼん）はどうやって読んだか。絵巻は，床に広げて大勢でのぞき見るもの，だったはずです。ところが，正倉院には巻子本を読むための木製書見台があります。

紫檀金銀絵書几（したんきんぎんえのしょき）（南倉174　古櫃第206号櫃納物其４，図19）　総高58.0cm。方形の台上に蕪形の柱座を置いて支柱を立て，柱頭に腕木を取りつける。腕木の左右端に細木を立て，下底部に巻子を支える金銅製円形の受けを，上下２ヵ所に金銅の鐶（かん）をつける。左の鐶に巻子を差しこんで受けに置き，細木の間に紙面を渡し，右の鐶と受けで紙面を巻き取りながら読み進むのである。

これは代用品とはいえませんが，機能にあわせて形をかえることもあった，その例として挙げておきます。

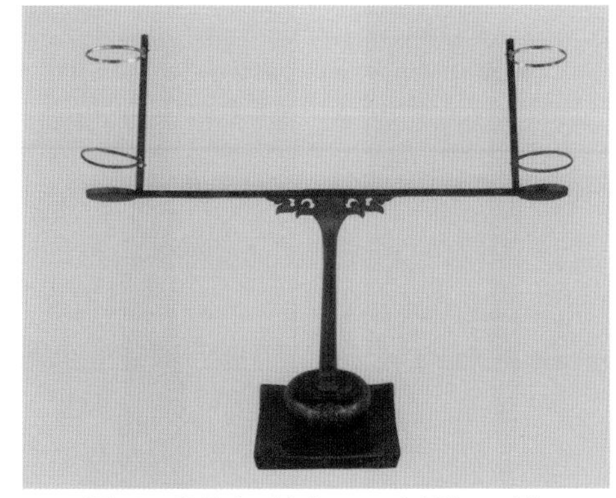

図19　書見台（南倉174　古櫃第206号）

4｜材質はかわるが，外観を似せ，機能は踏襲する

竹皮もどきのように，材質はかえたけれど外観は模倣して元に近づけ，しかも機能は踏襲した代用品もあります。

1）花形献物几

献物几とは，仏前に品物を献ずる際，品々を置く台のこと。中倉に27枚伝わり，そのうち9枚は褥という上敷をともないます。いずれも木製，ヒノキ材が多い。

盤面の形には長方形もありますが，方形の各辺3ヵ所に繰りこみを入れて花形状にしたもの，円形に繰りこみを加えて八花形・八稜形にしたものなど，さまざまな曲線で構成したものが多い。またそれらの脚には，両側に横木をあてた板脚，その板脚に刳形を加えたもの，あるいは立体的な葉状・獣足形の華足などがあります。実例を挙げると，

黒柿蘇芳染金絵長花形几（中倉177第4号，図20－2）
粉地銀絵花形几（中倉177第7号）
彩絵長花形几（中倉177第18号）

などです。

黒柿蘇芳染六角台（中倉85）
沈香木画双六局（中倉172）

も同類でしょう。

このうち盤が花形で脚が華足の几は，あきらかに同時代の金属器，たとえば金銅小盤（南倉22，図20－1）などを意識しており，つまり金・銀あるいは金銅でつくるところを手近に存在する木材で代用したと評価できます。

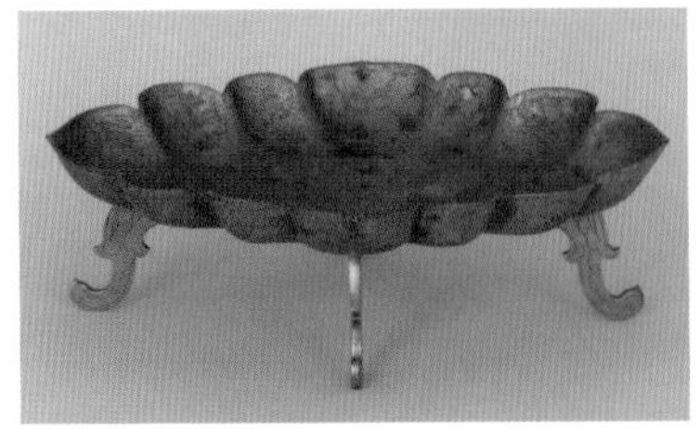

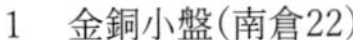

1　金銅小盤(南倉22)

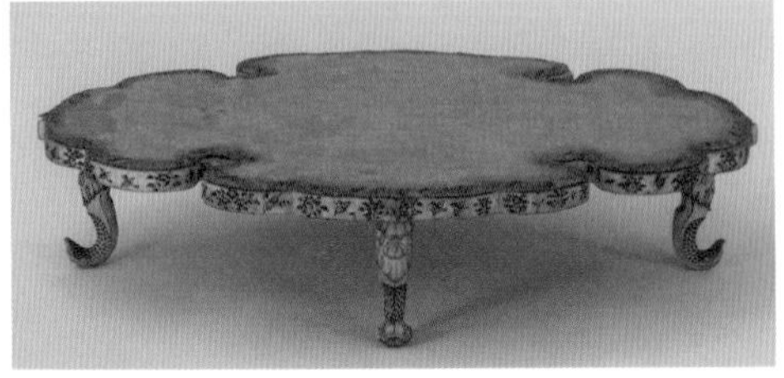

2　黒柿蘇芳染金絵長花形几(中倉177第4号)

図20　献物几

2）木簡は紙の代用

「帛書(はくしょ)」とは平織の絹布に文字を記したもの。紙が普及する前，写書の材料に絹布を使いました。そこに絵を描けば「帛画」という。絹布は非常に高価なので，普段の文章のやりとりや文書の受け渡しの際には竹に書きました。竹をまず油抜きし（これが肝心)，薄くそいで細長い板にし，これに墨で文字を記したのです。竹簡(ちくかん)であります。

馬王堆漢墓(まおうたいかんぼ)の竹簡は長さ27.6cm，幅0.7cm，厚さ1mmほど。27.6cmは漢尺の1尺2寸です。薄く，細く，なるべくかさばらないようにしたので幅が狭く，1行しか書けません。そこで，長い文章のばあいは何枚もの簡を紐でたばねて巻きました。これが「冊(さつ)」。いま，書物を数える時に何冊といいますが，本来は巻いた竹簡の束の数なのです。紙ができると複数枚を継いで横に長い紙をつくり，巻き取りますからこれが「巻」。

竹のかわりに木の板も用いました。これを札(さつ)とか牘(とく)と呼んだ。日本では木簡といいますが，これは字義からすると木に竹をついだ表現ですね。もっとも，幅の狭いのを簡，広いのを牘ということもあって，さほど厳密に考える必要はないでしょう。

ところで，紙の発明者は蔡倫(さいりん)であると学校で習いませんでしたか。この通説はあやしくなってきました。というのは，蔡倫は後漢の人ですが，前漢にさかのぼる紙があちこちで見つかるようになったからです。スウェン・ヘディンの『さまよえる湖』で著名なロプノールで見つかったロプノール紙をはじめとして，灞橋紙(はきょうし)，金関紙，放馬灘紙(ほうばたんし)，懸泉置紙(けんせんちし)など，中には写書にふさわしくない

「紙」もありますが，良質で，墨文字が残るものもあり，前漢中頃に麻紙があったことはもはや疑いようがない。蔡倫は紙の発明者ではなく，製紙法の改良者だったと言い直すべきでしょう。紙の歴史については，陳舜臣（ちんしゅんしん）『紙の道』（集英社文庫，1997年）が面白く，かつためになります。

そのように発達した紙でありましたが，奈良時代にはまだ貴重品でした。日常のやりとりには木簡を使用し，不必要になった文書，すなわち反故紙（ほごがみ）は習書（しゅうしょ）に再利用し，さらに詰め物としました。漆紙（うるしがみ）文書は，反故紙を漆容器の蓋として用いたために漆が付着し，それがために今日まで遺ったものです。

正倉院は紙の宝庫であり，『東大寺献物帳（とうだいじけんもつちょう）』，『詩序（しじょ）』をはじめとする数々の書巻，いわゆる『正倉院文書』，『東南院（とうなんいん）文書』のほか，新品の紙が大量に遺っています。

絵紙（えがみ）（中倉45）・吹絵紙（ふきえがみ）（中倉46）　白紙に筆で図様を描き，あるいは型を置いて色を吹きつけ，白抜きの紋様を浮き出させた，装飾料紙の一種。40枚巻，37枚巻の2巻が伝わる。

色麻紙（いろまし）（中倉47）　さまざまな色の麻紙を，100枚前後を1巻として，全部で19巻伝わる。すべて未使用の料紙である。

正倉院には木簡もたくさんあります。その多くは「牌」とか「札」で，上端に孔を穿ち，ここに紐を通して宝物にくくりつけた「献物牌（けんもつはい）」，あるいは両側からV字の切れ込みを入れ，ここを紐でくくる「付札（つけふだ）」。たとえば，

礼服櫃木牌（もくはい）（北倉157）
経帙牌（中倉65）
漆小櫃木札（中倉79）

であります。何行にもわたる文書木簡も少ないながらあります。図21に掲げたのはその1例。

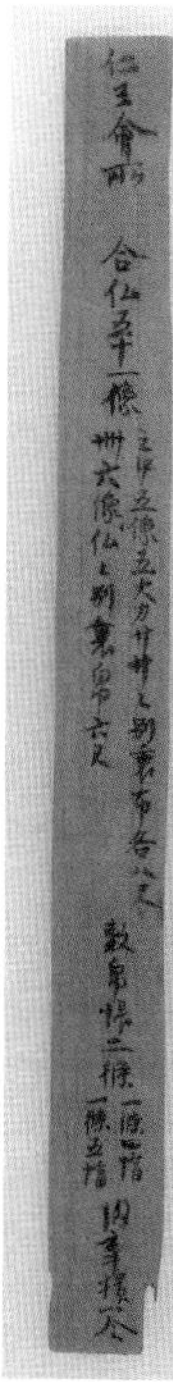

図21　木簡（中倉21　雑札第3号）

5｜手抜き，あるいは見せかけ

代用とはちょっと違うけれど，よく似たやり方に「手抜き」あるいは「見せかけ」があります。江國滋『あそびましょ』（新しい芸能研究室，1996年）を読んでいたら，南部名物わんこ蕎麦についてこんな風に語っているところにめぐり会いました。

> お酒も蕎麦も大好きな江國さん，ちびちびやりながら蕎麦もすすりたい。けれど，わんこのばあいは，ほんのひとくちかふたくちの蕎麦を，つるつる，とすすりおえるかおえないうちに，おかわりの蕎麦が肩ごしに降ってくる。一杯やっている余地はない。でも文句は言わないのです，江國さんは。わんこそばの値打ちは，つぎつぎと放りこんでくるあのリズムにあるのだから。

ところが，中尊寺の近くで一杯やりながら食えるわんこそばにめぐり会ったんだそうです。２段重ねのお盆に12杯ずつ計24杯のわんこそばが，どさっと出てきた。「元祖盛り出し式」というのだそうですが，江國さんは人件費節約のための，早い話が手抜きだろう，と見抜きました。手抜きでもなんでも，一杯やりながら食えるのがありがたい，という感想には同感。

1）透彫を毛彫で代用

6～7世紀の馬具や仏教美術の金工品には透彫や毛彫（けぼり）の技法が多用されています。透彫とは地の部分を切り欠いて，紋様の部位だけを残す技法。毛彫とはタガネで筋状の線を彫る，毛のように細い線だから毛彫。蹴彫（けりぼり）は，タガネを蹴るように使って楔（くさび）状の線分を彫り，これを繋いで線をつくる，８世紀になって出現した新しい技法です。

藤ノ木古墳出土の馬具，沖ノ島７号遺跡の金銅装帯金具，法隆寺の玉虫厨子，法隆寺献納宝物の灌頂幡（かんじょうばん）などが丁寧な透彫の例。紋様部にさらに線刻を加え，細部を表現してあります。

ところが，６世紀末～７世紀初頭になると，本来透彫にして空間にするべき箇所をたんに毛彫線で囲っただけの製品が出現しました。

群馬県前橋市道上古墳出土の帯先金具・鉸具

天理参考館所蔵の杏葉・帯先金具

山梨県笛吹市御崎(みさき)古墳出土の金銅装杏葉

山梨県甲斐市竜王２号墳の金銅装杏葉

愛知県豊橋市上向嶋(かみむかいじま)２号墳出土の杏葉

旧法隆寺献納宝物「七星文銅大刀」 金堂須弥壇(しゅみだん)の四隅に安置されている四天王のうち，持国天が持つ大刀。身は銅製。鎺(はばき)の金具に線刻紋様がある。

などです（山本忠尚「桃形・猪目形透彫考」『日中美術考古学研究』吉川弘文館，2008年）。

地の部位を切り欠いて紋様部を目立たせるのが透彫，それに対して細い線を彫って囲うことで紋様をあらわすわけですから，これは手抜き以外の何物でもありません。

なお，道上古墳と天理参考館のものは透彫と毛彫が併用されているので，移行期に位置づけることができる，と考えます。

仏像の宝冠にも毛彫で紋様を表現したものがあります。上の馬具などと関連があるでしょう。

菩薩半跏像(ぼさつはんかぞう)（法隆寺献納宝物155号）

菩薩立像(ぼさつりゅうぞう)（法隆寺） 大振りの三山冠に宝珠などが線刻されている。

釈迦如来及脇侍像(しゃかにょらいおよびわきじぞう)（法隆寺）の脇侍 光背裏に銘文が刻まれ「戊子」の紀年があり，これは推古36年（628）に該当すると考えられている。

この手抜き技法はすぐに廃れたようで，正倉院宝物には１点も認められません。

2）魚々子は剔地の代用

魚々子(ななこ)（「魚子」と表記することもあります）は金工における施紋技法のひとつ。金属製品の表面に紋様を線刻・浅浮彫などで表現し，地の部分を埋めるように筒状の鏨(たがね)を打って，小さな環状の溝を多数刻みます。イクラ（筋子）などの魚卵に似ているので魚の子と呼ぶのです。

魚々子打ちはササン朝ペルシアで創案されたとされてきました。しかし近年，ササン朝起源説に疑義が呈され，むしろソグドの関わりが大きい，との考えに傾いてきたようです。調べてみたところ，ササン朝の金銀器は叩き出しでつくり，紋様は浅浮彫で表現，魚々子はあったとしても紋様内部に限られます。図22－1では魚々子で魚鱗を表現しています。

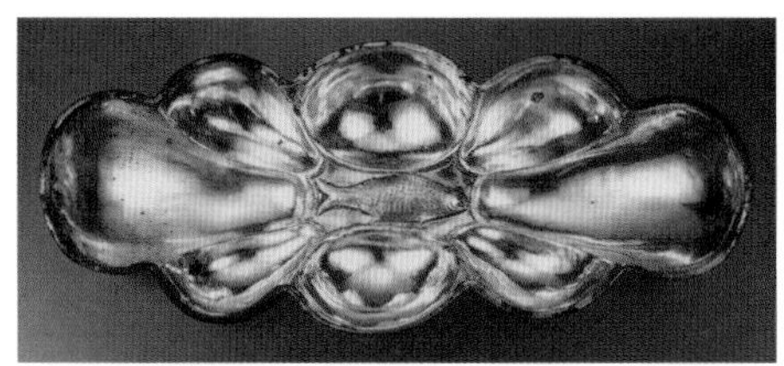
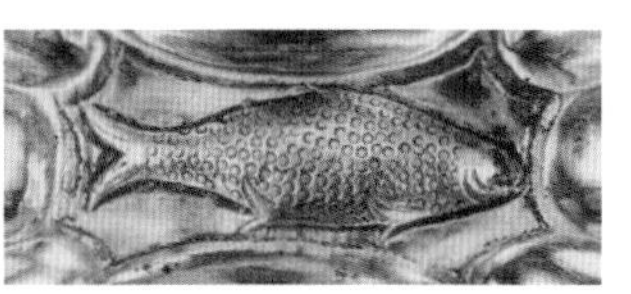

1　魚紋銀製八曲長杯(ササン)

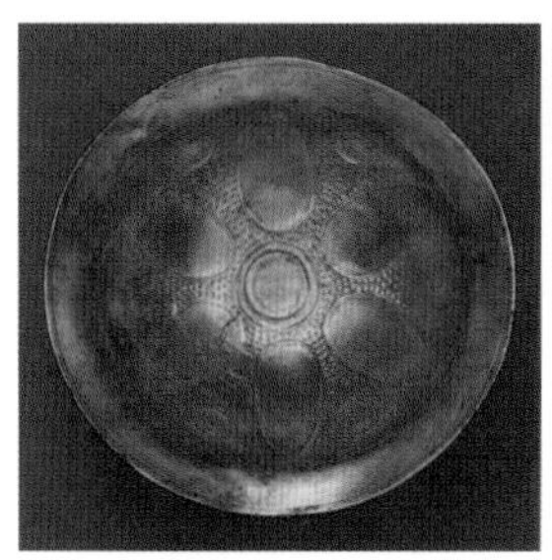
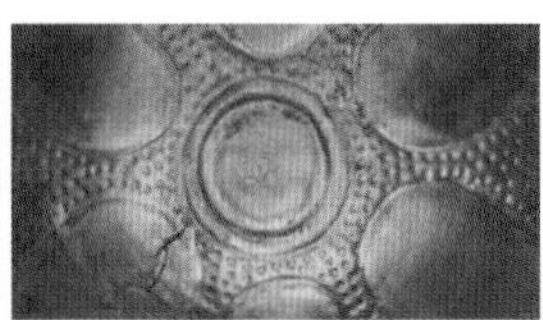

2　鍍金銀製高脚杯(ポスト・ササン)

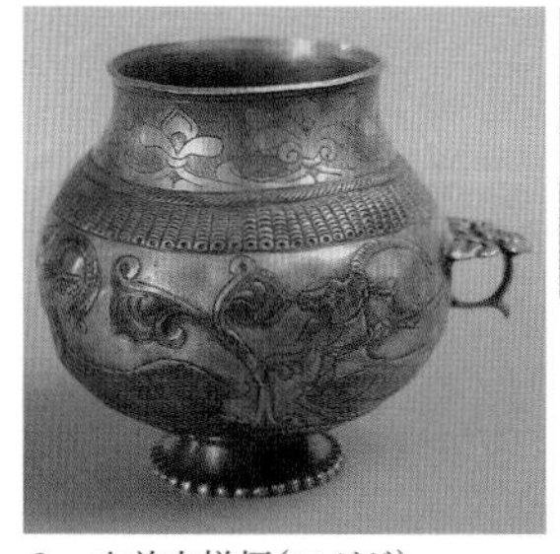
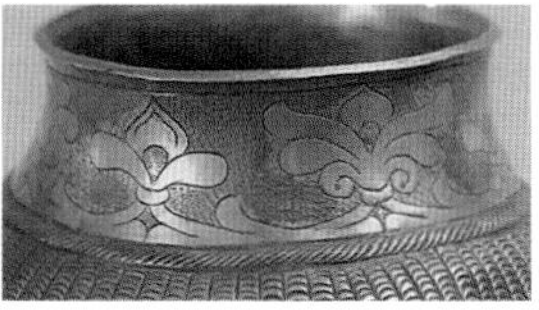

3　山羊文様杯(ソグド)

図22　ササンとソグドの魚々子

地に魚々子を打つ技法は，ポスト・ササン期になってようやく認められます(図22－2)。ただ，頸・脚・胴など器の一部に限定しています。ソグドの金銀器も同様（図22－3)。

地の全面にまんべんなく魚々子を打つようになったのは中国唐代においてのことでした。これは，漢代の画像石にはじまり南北朝期に石彫技法としておおいに流行した，「剔地線刻（てきじせんこく）」という伝統を引き継いだから，ではないでしょうか。剔地とは地の部分全体を浅く彫りさげること。地を全部彫りさげるかわりに魚々子を打つ，つまり魚々子は剔地線刻のかわりに施した手抜きの一種と見て差しつかえないでしょう。

この流れが日本にまで及びました。中野政樹は7・8世紀の魚々子地をもつ作例を集成し，大きく2タイプに分類しました（「日本の魚々子―受容と展開―」『MUSEUM』393号，1983年)。

A系：魚々子地が，小珠を全体に密に敷きつめたように隙間なく，しかも1列に並べたように整然と打たれており，作域は精妙である

B系：魚々子が統一なく，ばらばらと打たれ，小円文と小円文の間に隙間が見られ，打痕も重なったり，抜けていたり，鏨（のみ）をやや斜めに打ち込んだために○型をした円文ではなく∩型をした鱗文のように見えるところなどがあり，かなり稚拙である

私は銀壺と投壺の魚々子にはかなり違いがあると見ますので，中野説のA系をa類・b類に2分し，B系をc類と呼びます。すなわち，

a類：密で整かつ面積が広い

b類：密で面積も広いけれど乱れあり

c類：疎で雑かつ面積が狭い

であります。これによると銀壺はa類，投壺はb類，金銅六曲花形坏はc類となりますが，銀壺の良い写真が見つからないので，金銀山水八卦背八角鏡（南倉70第1号）をa類の代表としましょう。

正倉院には魚々子を打った銀器・青銅器がいくつかと，魚々子を打つ鏨があります。b・c類はすべて中倉・南倉のもので，北倉にはありません。

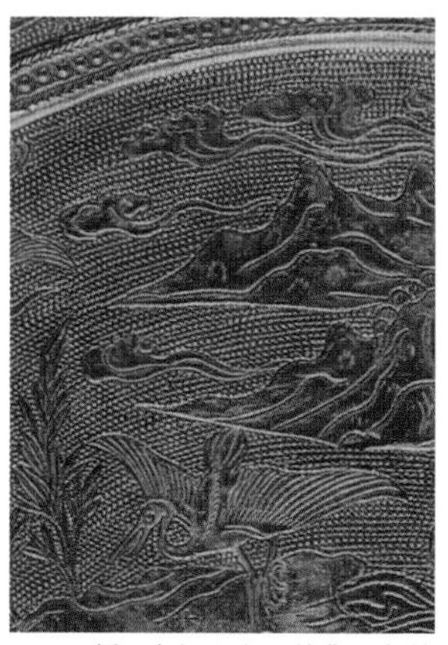

1　a 類：金銀山水八卦背八角鏡（南倉70第1号）

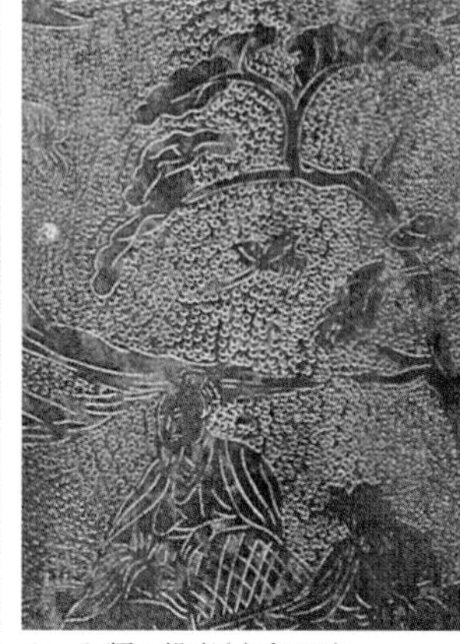

2　b 類：投壺(中倉170)

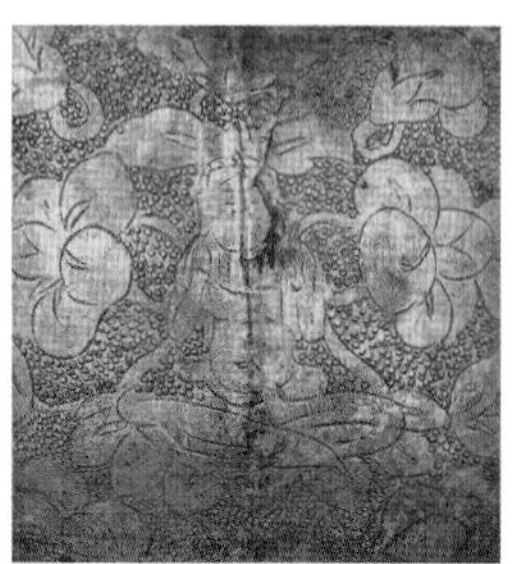

3　c 類：金銅六曲花形坏（南倉21）

図23　魚々子の分類

i　a類

金銀鈿荘唐大刀（**北倉**38）　金銀製の把頭・縁金・懸鐶・筋目貫・口金・帯執付鐶が魚々子地。

黄金荘大刀（中倉８第１号）　把および鞘の金具は，鞘尾の銀覆輪を除き，すべて金製で，唐草を毛彫し，地に魚々子を打ってある。

金銀鈿荘唐大刀（中倉８第２号・第３号・第４号）　銀地に鍍金した鐔・鞆・帯執足金具に線刻で唐花をあらわし，地に魚々子を打つ。

筆（中倉37第１号）　管は斑のある唐竹。その両端に金の飾金具を巻きつけ，毛彫で鳥・雲などをあらわし，細かな魚々子が打たれている。

銀壺（南倉13）　鉄鉢形，銀鋳造の壺。甲乙２点あり，法量・形姿・技法が類似しているので，１対と考えられる。元は蓋があった。側面には山野に展開して羊や鹿を追う12人の騎馬人物を線刻であらわし，地には魚々子を密に打ってある。

金銀山水八卦背八角鏡（南倉70第１号，図23－1）　白銅製の八稜鏡の背面に，紋様を線刻し，地に魚々子を打った銀板を貼って鍍金したもの。

ii　b類

馬鞍（中倉12第2号）　鞍橋金具にb類の魚々子がある。

黒柿両面厨子（中倉162）　カキ材の斑縞，前後両面に観音開きの扉を設け，床脚を付した厨子。扉の蝶番金具と四隅の金銅角金具には線刻紋様と魚々子地がある。

投壺（中倉170，図23－2）　中国古来の遊戯である投壺に用いた壺で，銅製鍍金。頸部上段に瑞雲中に2頭の獅子，中段に山水中の高士，下段に唐草の帯，胴部に唐草の帯を挟んでその上をくまなく魚々子で埋めつくす。密だけれど整っていない箇所がある。

金銅花形合子（南倉19甲・乙）　2点とも銅槌造，鍍金を施す。全体は八弁の長花形，蓋には透彫，身と高台には線刻で紋様をあらわし，紋様の周囲を魚々子地とする。

金銅磬形（南倉165第4号）　銅板を切り抜いた磬形板の表裏に唐草紋を線刻し，地に魚々子を打ち，全面に鍍金している。

iii　c類

瑠璃坏（中倉70）　ワイングラスのような形の紺色のガラス器。銀製鍍金の台脚の裾には龍のような紋様を線刻，周囲を粗い魚々子地としている。

杏葉（中倉13号）

金銅六曲花形坏（南倉21，図23－3）　銅板を鍛金によって成形した坏で，外縁の6ヵ所に稜をつくり六花弁形にしている。外側と底面には草花と人物を線刻し，地に魚々子鏨をまばらに打っている。

金銅小盤（南倉22）　銅の打物の十二曲の小盤で，4本の足がある。全面に鍍金。

佐波理蓋（南倉47第2号）　身をともなわない加盤の蓋。中区外区に対葉花紋を含む唐草を毛彫であらわし，地を魚々子地としてある。

金銅柄麈尾（南倉50第4号）　金銅製の柄の部分を残す麈尾。花卉，雲，蝶などを線刻し，間地に魚々子を散らす。

黄金瑠璃鈿背十二稜鏡（南倉70第６号）　鏡背一面を七宝装飾とした豪華な鏡。対葉花紋の花弁先端の間に魚々子鏨によって霰のような粒を打ち出した三角形金板を嵌めている。

ほかにも，魚々子の存在は確認できても，その類の判別ができないものがたくさんあります。

献物箱（中倉142第11号），黄楊木几（中倉177第１号），仮作黒柿長方几（中倉177第16号）　いずれも隅金具に魚々子。

銅鉄雑鉸具（南倉166第66号１～３，第67号１～７）　屏風や椅子の帖角。

法隆寺献納宝物にも２点，魚々子の資料があります。

墨台（N80）　上面と脚とを別々に鋳造し両者を蠟付した金銅製品。上面は透彫と線刻によって複雑な六花形を形づくってあり，周縁がわずかに反りあがる。脚部は円筒状で，線刻により花枝をあらわし，地に魚々子を打つ。b類。

水滴（N81）　銅板を打ち出して小壺形に成形し，獣足形の３脚を鋲留してある。蓋も鍛造。器側の３面に楕円形の区画を設け，それぞれの中央に鳳凰，そのまわりに花紋を線刻し，地に魚々子を打っている。b類。

ほかにも奈良時代の遺品として，

薬師寺「矩形唐草紋金具」（b類，図24－2）
東大寺「銀製鍍金狩猟文小壺（金堂鎮壇具）」（b類，図24－3）
「二月堂本尊光背」（b類）
「灌仏盤」（b類）
興福寺「銀製鍍金唐花紋鋺」（３点いずれもb類）
「銀製鍍金唐草紋脚杯残欠（中金堂鎮壇具）」（b類）
法隆寺「香水壺」（c類）

護国之寺（岐阜県）「金銅獅子唐草文鉢」（c類）

などが挙げられます。

日本の魚々子は，正倉院の銀壺・金銀山水八卦背八角鏡と大刀外装など一部を除くと，b類またはc類に限られる。中国のものはほとんどa類ですから（たとえば何家村出土「狩猟紋高足銀杯」，図24－1），b・c類であれば日本製，といえるかも知れません。とすると投壺は日本製となるのです。ただし，中国の魚々子でも晩唐（9世紀）以降のものにはc類が散見されるので，要注意。法門寺地宮の「鎏金伎楽紋銀香宝子」，「銀鍍金双蜂団花紋薫球」などです（図24－5）。

長谷寺「銅板法華説相図」の2力士と銘文のある下段，その外帯底部に22個，両側に3＋3個の升目状区画を設け，そのひとつひとつに天人奏楽図を線刻しています。そして間地を魚々子で埋めているのですが，大きく粗い魚々子で，明らかにc類であります（図24－4）。下段にある造像記に，「降婁」すなわち戌年に「飛鳥清御原大宮治天下天皇」のためにこの「千仏多宝仏塔」を製作したと記してあります。戌年には朱鳥元年（686），文武2年（698），和銅3年（710），養老6年（722）などの諸説があり，前2説が有力。どちらを採用するにしても，これが日本における魚々子の初現となるのです。いきなりc類が登場したことになってしまう。この点について中野政樹は新羅との関係を重視します。

> すなわち日本の魚々子は新羅の魚々子技法の伝統を色濃く反映させているのである。このことは7世紀後半において，わが国が魚々子技法を受容したその直接の導入先は中国の唐ではなく，朝鮮半島の新羅からであることを推測させるのである。

と結論づけました（「日本の魚々子」前掲）。

その根拠としたのは雁鴨池出土の金銅製鋏（はさみ）でありますが，これが8世紀後半に下ることは明らかで，中野説は成立し難い。ほかにも新羅には，

慶州羅原里五層石塔納置金銅舎利容器（国立中央博物館蔵）　一辺15cm強の立方体，浅い被蓋造の蓋を有する。身の各側面とも四周に無紋帯をめ

ぐらし，内部に四天王像を毛彫，地にb類の魚々子を打つ。７世紀後半とされるが，疑問。

伝慶州南山出土金銅舎利容器（小倉コレクション）　銅鋳造，轆轤挽き仕上げ，鍍金の，低い円筒形合子である。総高9.8cm，径12.7cm。蓋側面と身側面にわたって同形の三重塔を３段にわたって線刻，間を魚々子地としている。魚々子はc類。８世紀半ばと推定。

など，地にb・c類の魚々子を打った製品がありますが，いずれも７世紀後半のものではありません。何より魚々子が中国で定着してゆく過程をたどれば，a類からb類，さらにc類へと変化したことは明らかであり，新羅でのみc類が先行したとは考え難い。

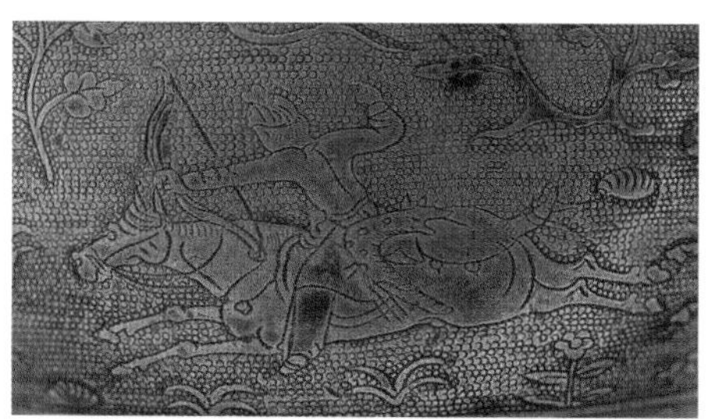

1　a類：狩猟紋高足銀杯（何家村出土）

2　b類：矩形唐草紋金具（薬師寺蔵）

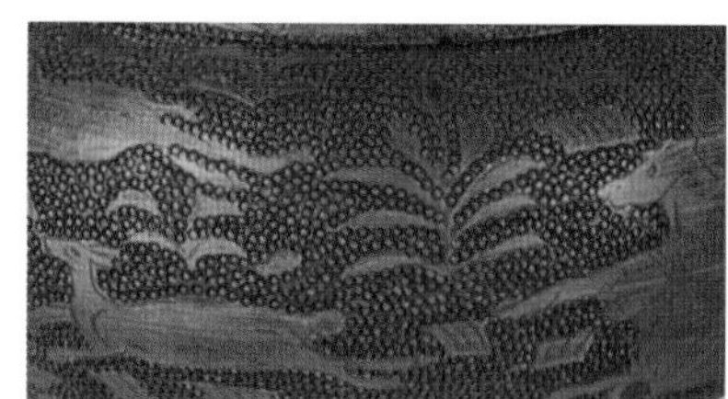

3　b類：銀製鍍金狩猟文小壺（東大寺蔵）

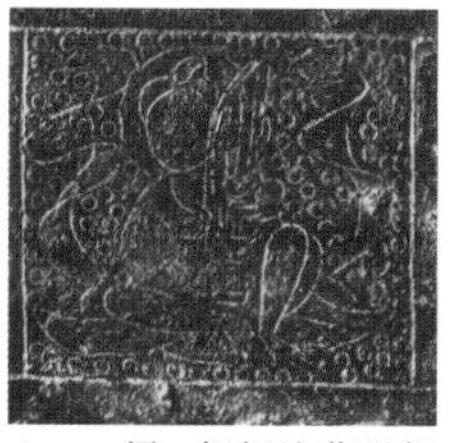

4　c類：銅板法華説相図（長谷寺蔵）

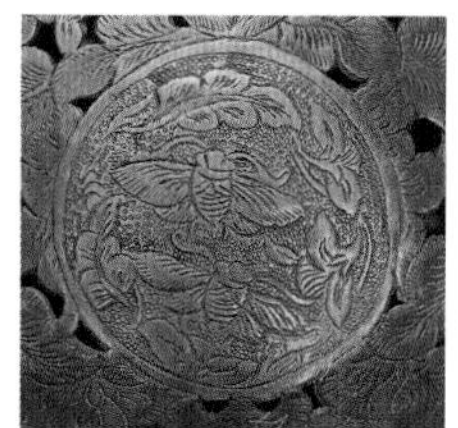

5　c類：双蜂団花紋薫球（法門寺蔵）

図24　正倉院以外の魚々子

長谷寺銅板の魚々子について，地に魚々子を打つことは学んだが，整った並びでまんべんなく打つところまでは気が回らなかった，とも考え得るでしょうが，それは不自然。この部分の彫刻は後に加えられた，と見るべきであります。

片岡直樹『長谷寺銅板法華説相図の研究』（中央公論美術出版，2012年）は，三重県夏見廃寺や奈良県二光寺廃寺から出土した塼仏下底部――すなわち須弥壇の羽目に相当――に同様な区画があって，奏楽天人像を配しているところに着目。このような須弥壇の羽目部分に奏楽天人を置く様式は，北斉に出現，唐代に盛行，これが7世紀末に至って日本に伝えられた，と考えました。

須弥壇形塼では須弥壇の羽目に相当する部分にのみ升状区画を設けているのですが，銅板ではさらに側縁部分まで区画を設けてある，つまり「コ」字形に下底部を囲んでいるのです。しかも，上段・中段の縁は，宝塔・仏像群と同様，鋳造による浅浮彫で表現されているのに，この下段の縁に限って線刻なのです。これはもともと無地であったところに手を加えたから生じた現象である，のではないでしょうか。

3）踏み返し

奈良時代末から平安時代にかけて，「踏み返し」技法を用いて多くの鏡の複製品がつくられました。

青銅鏡を鋳るためには鋳型が必要です。石や粘土で笵という雌型をつくり，ここに溶けた銅と錫を流しこんで，冷えて固まれば型からはずし，調整を加えればできあがり。粘土の型を作る時に，生乾きの段階で彫刻するのが本来のやり方ですが，すでにできあがった鏡を押しあててつくる方法があります。これが踏み返しです。元の型，すなわち原型鏡は対鳥鏡，伯牙弾琴鏡など盛唐以降の鏡が主で，正倉院では，

仙人花虫背八角鏡（南倉70第34・35・36号，図25－1）

花背六花鏡（南倉70第37号，図25－2）　間地を霰地にしているのは，銀貼鏡を原型に，踏み返したから。同型鏡として東大寺大仏殿鎮壇具，岡山県笠岡市大飛島祭祀遺跡，宮崎県東臼杵郡神門神社伝世が知られる。

が踏み返しであり，鏡以外でも，杏葉（中倉13）が踏み返しでつくられています。

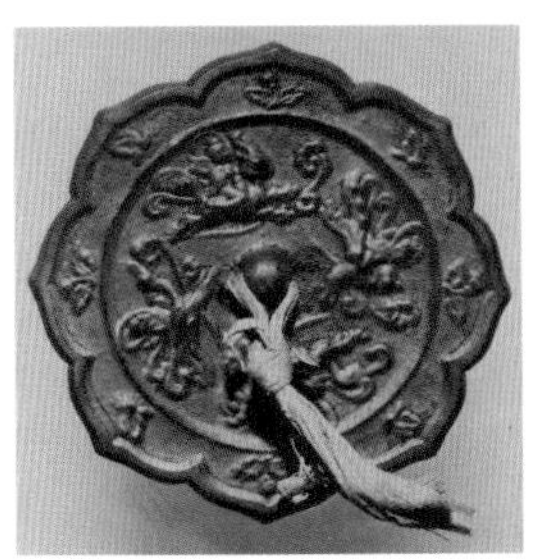

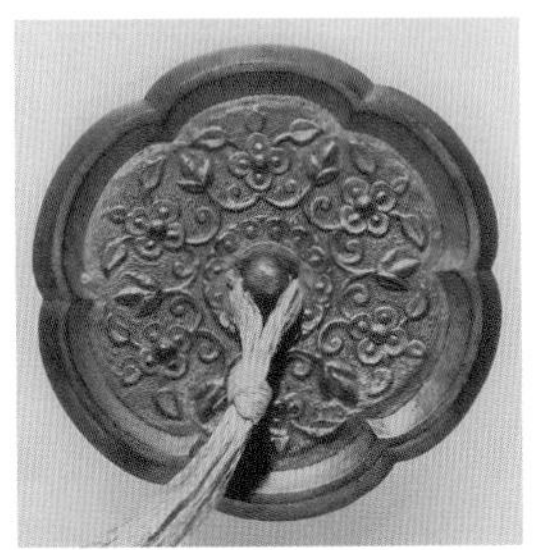

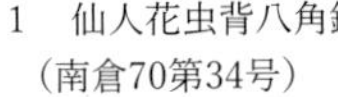

1　仙人花虫背八角鏡（南倉70第34号）　2　花背六角鏡（南倉70第37号）

図25　正倉院の踏み返し鏡

杉山洋の研究によると，瑞雲双鸞八花鏡には，4段階もの踏み返しが次々とおこなわれ，そのたびに面径を減じ，紋様が不鮮明になり，笵傷が増えたものがあるそうです（杉山洋「唐式鏡の生産と流通」『生産と流通の考古学　横山浩一先生退官記念論文集Ⅰ』1989年)。粘土は乾燥すると収縮する。これを焼いて笵を作るのでさらに縮む。できあがった製品は原型より約1割小さくなるので，この工程を繰り返せばどんどん小さくなるのです。当然，紋様はだんだん不鮮明になってゆく。たとえ原型鏡を用いたとしても，踏み返しそのものが笵を作る手抜き技法なのですが，そのさらに上をゆく何段階もの手抜きがあったのですね。

なぜ平安時代に踏み返しという手抜き技法によって大量の鏡を作るようになったのか。当然のことながら，需要が増したからです。その理由のひとつは，寺社が多くの鏡を使用するようになったことにあります。それまでは，鏡は権力の象徴，神の依代（よりしろ），あるいは辟邪（へきじゃ）の道具，つまり祭祀性が強かった。もうひとつの理由は鏡が実用品となり，化粧道具として欠かせぬものとなったところにあるでしょう。姿見として鏡が一般化したのでした。

6　「代用品」概念の有効性

「代用品」という概念を導入すると，正倉院宝物をより多角的に見ることができるのではないでしょうか。代用品と認定できれば日本製の可能性が強くなる，つまり製作地を判断するに際してひとつの有効な手段となるはずです。

たとえば，螺鈿楓琵琶（南倉101第1号）。すでに触れたように，腹板には革製の捍撥（かんばち）が貼られているが，そこに描かれた図様は山岳を背景に白象に乗る胡人や唐子の楽人たちでした。きわめて異国情緒たっぷりなので，一見すると中国製あるいは西域製のように思えます。ところが，近年の調査により，下絵顔料に日本固有の白色顔料を用いていることが判明しました。また正倉院宝物の螺鈿はふつうヤコウガイを用いますが，この琵琶ではアワビを使用している。このような用材の特徴は，本品が日本製であることを物語っているそうです。本体を蘇芳染のカエデ材で作ってあることも，その傍証となるのではないでしょうか。図様にも破綻した部分が認められます（次章56ページで取りあげます）。こうした諸要素を多角的に再検討する必要があるでしょう。

ただし，代用品の実力には限界があって，金銅，魚々子a類，踏み返しは中国にもありますから，中国にない材料や技法を抽出し直す必要があります。蘇芳染，赤漆，仮斑竹，仮玳瑁と魚々子b・c類は初唐・盛唐にはありません。こうしたちまちました技法は日本特有のものでしょう。もともと中国になかったのか，それとも遺存していないだけなのか，という問題が残りますが。

もうひとつ指摘できるのは，上に挙げた代用品の大半が中倉・南倉に収められており，北倉にはほとんどないこと。上で触れた器物のうち，紫檀木画挟軾と紫檀木画棊局，そして赤漆文欟木御厨子と赤漆六角小櫃だけが北倉に収められているのです。北倉の宝物は『東大寺献物帳（国家珍宝帳）』に掲載されたものであり，すなわち聖武天皇が生前愛用していた品々です。ほとんどが中国から将来された優品で，代用品のような「まがいもの」は入っていない，と考えるのが自然でしょう。櫃や厨子は宝物を収納する容器ですから，中身は中国製であっても，器は日本製で別に不思議ではない。赤漆文欟木御厨子については，天武天皇の皇統に伝えられたとされ，特殊な背景を考慮する必要があります。

【註】

本章は，金関恕先生の古稀をお祝いする会編『宗教と考古学』（勉誠社，1997年）に，「代用品の考古学―序論―」と題して発表した小文を，正倉院宝物とのかかわりに重点を置いて改稿したものです。一部，前稿と同じような表現があると思いますが，ご容赦ください。

II章

正倉院は空想動物園である

はじめに

正倉院には多くの宝物が収蔵されています。その全貌は毎日新聞社『正倉院宝物』全10巻で見てとれます。それらにほどこされた装飾には，植物紋系・幾何学紋系とならんで，結構な数の動物紋系が認められる。獣・鳥・爬虫類・魚・昆虫などです。中には日本の固有種ではない，つまりもともと日本列島には生息していない動物，たとえば象，駱駝（らくだ），犀（さい），獅子，孔雀（くじゃく），鸚鵡（おうむ）なども見ることができます。これこそ動物園に行くかのような楽しみのひとつですね。さすがにパンダやコアラはいませんが。他にも実在しない空想上の動物がかなりいるし，狩猟場面には狩の対象となる動物が描かれ，さらには動物闘争意匠もあります。

上のような珍奇な動物を当時の日本人が目にしたはずはない，と思っていました。ところが，『日本書紀』によると，推古７年（599）・26年（618），斉明３年（657），天武８年（679）の４度，百済あるいは新羅（しらぎ）が駱駝を献上していて，飛鳥の人々はラクダを一見したことがあるかも知れないのです。山崎健によると，奈良県橿原市でラクダの臼歯が出土しているそうです（「研究余録　飛鳥・奈良時代の舶来珍獣」『文化財論叢IV』奈良文化財研究所，2013年）。

孔雀・鸚鵡・鵲（かささぎ）・驢馬（ろば）・水牛・騾馬（らば）・羊も朝貢品の中に含まれています。同じく山崎によると，正倉院文書「園地司解」に「孔雀一羽日料，米二合五勺」とあって，天皇の庭園でクジャクが飼育されていたことがわかるそうです。奈良時代の１升は尺貫法の１升とは違って約729mlですから，２合５勺は182ml強に相当します。米を牛乳瓶１本ぶん毎日与えなければならない，クジャク１羽飼うのも大変だったのです。そういえば，牛乳瓶を見かけなくなりましたね。今は200ml入りなのだそうです。

以下においては，正倉院宝物に見えるさまざまな動物をご紹介するとともに，唐の文物と対比させ，どのような経緯でこのような動物が表現されたのか，考えてみます。

絵師たちが，馬あるいは鹿のように，彼ら自身の目で見て描いたのならば何も問題はありません。見たこともない動物，不可思議な存在を描こうとした時，彼らはどのように感じたでしょう。また，鑑賞する側として，獅子かと思ったら頭上に角が生えている，そんな動物に興をそそられませんか。さあ「正倉院動物園」に行って楽しみましょう。

1｜外来の獣畜

本来日本列島には生息していなかった獣類を中心に，まず個別に取りあげ，次いで特殊な扱い，たとえば器物の脚として利用された「獣脚」などにも焦点をあてます。

1）象

中国で象はかなり古くから知られ，湖南省醴陵（れいりょう）県出土の「象尊」は商のもの。後漢の画像石や魏晋代の鏡にも見え，その後南北朝時代になると仏教美術に頻繁に登場しました。唐代には林邑（りんゆう）国などから馴象（じゅんぞう）が献上されていますが，三彩俑（さんさいよう）・金銀器などの工芸品に象を見ることはほとんどありません。

陝西（せんせい）省西安交通大学出土「都管七国人物紋六花形盒」（図1－5）

陝西省西安国棉五廠65号墓出土「円形銀盒」

山西省万栄県薛儆墓「石槨外７」 剔地線刻（てきじせんこく）された象。

陝西省藍田（らんでん）県法池寺趾出土「舎利容器」 側面②に彫刻された「壺に入れた舎利を辺境の地へ送り届ける」場面。

陝西省西安市製薬廠出土「象形座付壺」（図1－6） 象の背に蓮華座がのり，その上に壺が置かれている。壺の四周に象頭の飾りが付く。

が数少ない例として挙げられます。

石窟寺院の壁画や彫刻には何頭か認められます。たとえば，

甘粛省敦煌莫高窟（とんこうばっこうくつ）	417窟	隋
同	321窟	初唐
甘粛省楡林窟（ゆりんくつ）	25窟	中唐

などです。これより西，中央ユーラシアから西アジアに至る象の造形については田辺勝美「白象の東伝」『ガンダーラから正倉院へ』（同朋舎，1988年）に詳しく書かれています。

正倉院動物園には4頭の象がいます。いずれも田辺が言うところの「白象」で，色の白いところが共通します。

銀平脱合子（ぎんへいだつのごうす）（**北倉**25第4号，図1−1）　碁石の容器。同型異紋のものが対をなす。一方は花鳥紋を，他方が象紋を平脱であらわし，花鳥紋の合子には白の碁石，象紋の方には紅牙撥鏤（こうげばちる）の碁石を納めていた。

象木臈纈屏風（ぞうきろうけちのびょうぶ）（**北倉**44，図2−2）　絁（あしぎぬ）製。上段に飛鳥の列，樹木に猿がとまり，中段に象，下段に草がはえた岩と猪を臈纈であらわす。

赤紫地象文錦（中倉202第90号，図1−3）　赤紫の地に象紋を織りこんだ錦。

螺鈿楓琵琶（らでんかえでのびわ）（南倉101第1号，図1−4）　腹板に貼られた捍撥（かんばち）には，山岳を背景に，胡人1人と唐子3人の楽人が乗る白象が描かれている。下絵顔料に日本固有の白色顔料が用いられ，また螺鈿にアワビを使用しているところから，日本製とされる。

このほか，西川明彦は木画紫檀棊局（もくがしたんのききょく）にも象が表現されているとしますが（「正倉院宝物の意匠にみる国際的展開」『正倉院への道―天平の至宝―』雄山閣，1999年），いくら探しても見つかりません。

かつて日本列島にも長鼻目（ゾウ）の仲間が生息していました。マンモスとナウマンゾウです。マンモスは完新世を待たずに，ナウマンゾウは完新世になって絶滅しました。したがって奈良時代の日本人は象を見たことがないはず。螺鈿楓琵琶は日本製とされますが，人物の仕草や表情などは複雑で，粉本（ふんぽん）があったとしてもなかなか描き難い題材であります。

どのようにして絵師たちは象の形状や細部の特徴といった情報を得たのでしょうか。

最も可能性があるのは，

①中国から粉本が伝わり，それを忠実に模した

ケースでしょう。当時の絵師たちの中にはかなりのデッサン力を備えた者がおりました。ほかにも，

②絵師本人が見，しかもスケッチしたことがある

③かつて見たことのある人から伝え聞いた

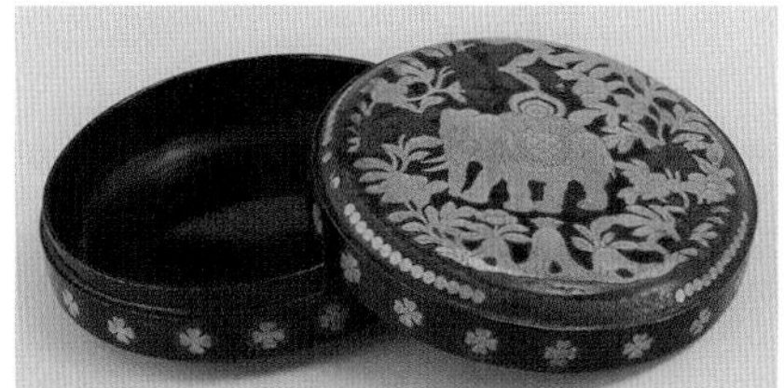

1　銀平脱合子(北倉25第４号)

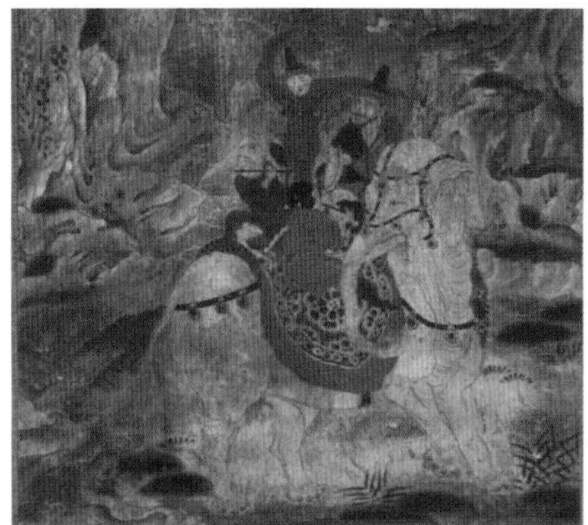

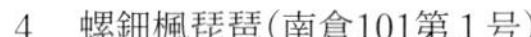

4　螺鈿楓琵琶(南倉101第１号)

2　象木臈纈屏風(北倉44)

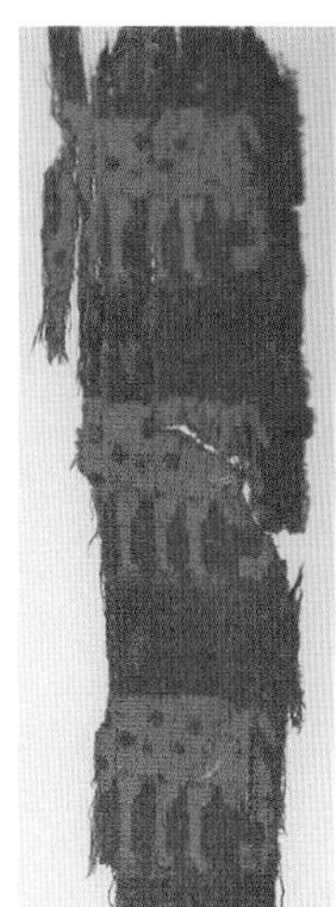

3　赤紫地象文錦(中倉202第90号)

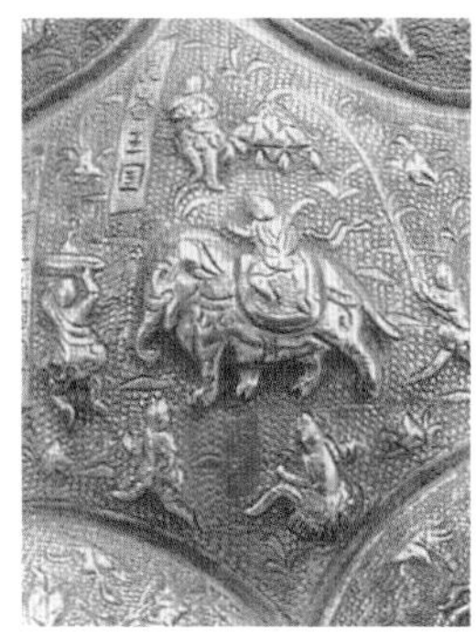

5　都管七国人物紋六花形盒(西安交通大学出土)

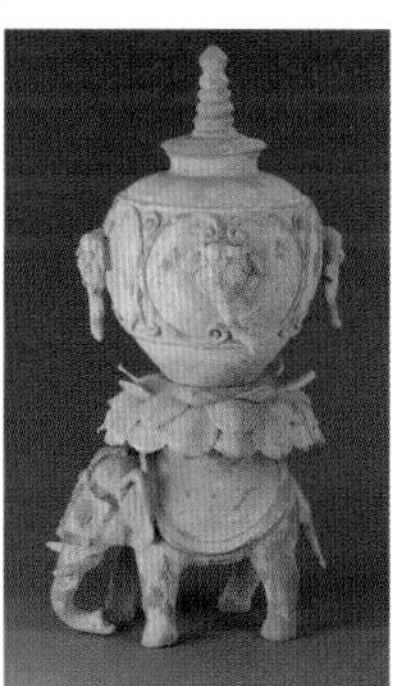

6　象形座付壺(西安製薬廠出土)

図1　象

④全体は粉本の通りに描いたが，判らない部分はごまかした

⑤適当に想像で描いた

が想定できます。②③はちょっと考えにくい。⑤は挙げてみただけで，あり得

ないと思います。④であるとすると，図像のどこかに破綻が認められるはず。螺鈿楓琵琶捍撥の絵画のばあいは如何でしょうか。

まず，象の体部に比して頭部が小さいように思えます。そして鼻が細く短い。何よりの疑問は「象の背に４人も乗れるか」です。手前で縦笛を吹く後ろ向き，赤服の人物は象の背から落ちそうになっている，というより空中に浮かんでいます。しかも髪はみずらを結っているように見える。陝西省西安西郊中堡村唐墓出土の「三彩楽人騎駝俑」のばあい，６人が駱駝の背に乗っていますが，四角い台のようなものを介している（図2－1)。このような乗り方が実際に可能かどうか，私には判りません。赤服の人物は粉本には描かれておらず，後から加えたと想像するのですが，如何。この琵琶は南倉に収蔵されております。

2）駱駝八態

正倉院動物園には駱駝が２例の器物に計９頭認められます。どちらも北倉の収納品です。

螺鈿紫檀五絃琵琶（**北倉**29，図2－2）　絃門が屈曲しない直頸の琵琶。捍撥には，琵琶を奏でる胡人を乗せた駱駝を，螺鈿であらわしてある。本体は五絃なのに，駱駝の背に乗る胡人が奏でているのは曲頸の四絃琵琶なのだ。

木画紫檀棊局（**北倉**36，図３）　格狭間透しの床脚を有する碁盤。側面は盤面四周と同じ菱形繫紋で各４区に分け，毛彫に淡彩を加えた象牙裁紋を象嵌する。裁紋は花・鳥・獣などさまざまであるが，駱駝を引く人物や狩猟意匠のような西方由来のデザインもある。

中でも注目したいのは，駱駝が４区画に各２頭，計８頭表現され，しかも１頭ごとに仕草の違いを巧みに描き分けているところ。まず画面 a では，それぞれ荷を負うて横向きに歩むものと後向きに尻を見せた駱駝を手綱を持った人物が御しています。画面 b は四肢を折って座ったものと横向き立位。画面 c は中央に人が座し，左右から寄る駱駝を眺めている。画面 d では人が手綱を引いて後向きの駱駝を御し，もう１頭は草を銜むように下を向いております。

駱駝は唐人が美術作品の主題として大いに好んだところで，三彩俑など多くの器物やその飾りとして採用されました。人とともに表現されることも多い。あらわされたのはすべて中央ユーラシアやシベリアに生息する双瘤（ふたこぶ）（中国では「双峰」）駱駝。長安では日常的に見かける動物だったのでしょう。

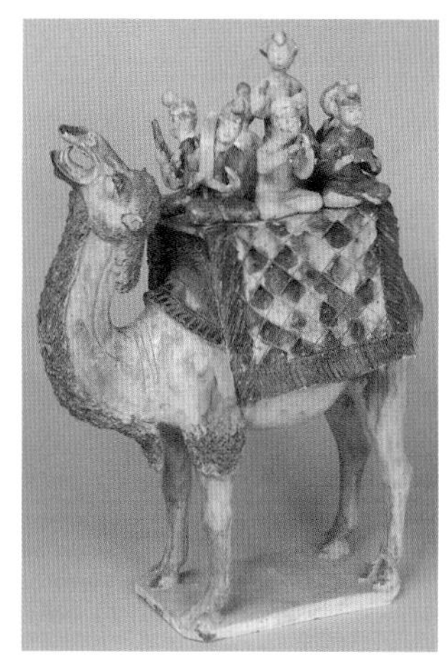

1　三彩楽人騎駝俑（西安中堡村唐墓出土）

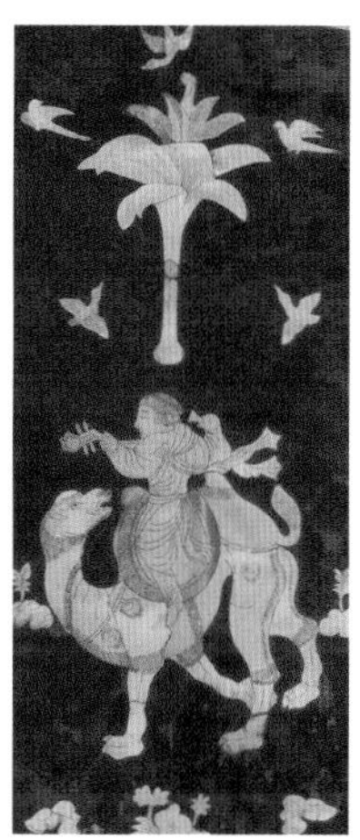

2　螺鈿紫檀五絃琵琶（北倉29）

図2　駱駝

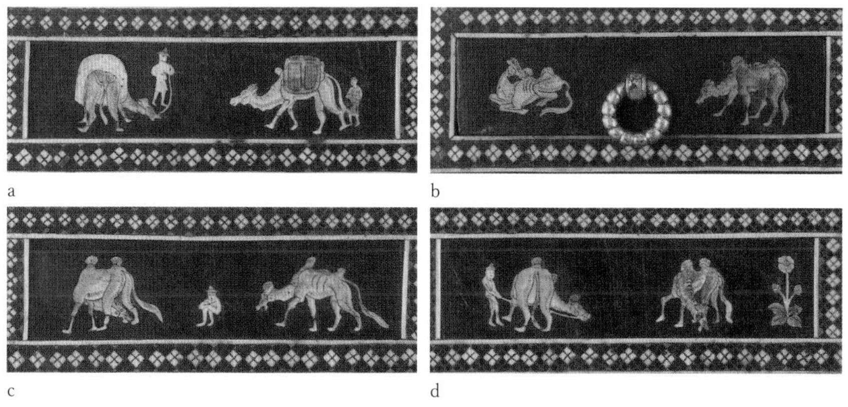

a　b　c　d

図3　木画紫檀棊局（北倉36）

3）犀

化石骨が出土するので，サイ科の動物がかつて日本列島に生息していたことは確実。しかし，奈良時代の人々は見たことがないでしょう。中国では商周時代から独角と双角の「犀牛」を表現しました。唐代には波斯や林邑から度々献じられていますが，造形されることは稀で，献陵石犀が知られるくらい。

正倉院にはかろうじて２例が認められます。

赤地犀連珠文錦（中倉202　帖装古裂第６号，図4－2）　連珠円で囲まれた空間に，聖樹を間に２頭の犀がうずくまって対面する。その下には四肢を踏ん張った獅子が顔をそむけつつも向い合う。

平螺鈿背円鏡（南倉70第５号，図4－1）　正倉院に伝わる螺鈿鏡９面のうち最も保存状態が良い。花紋の間に上から双鳥，獅子，双鴛鴦，そして一角犀を対向させる。

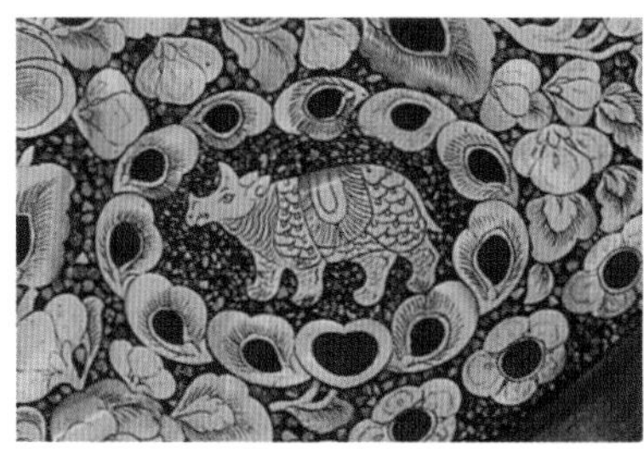

1　平螺鈿背円鏡（南倉70第５号）

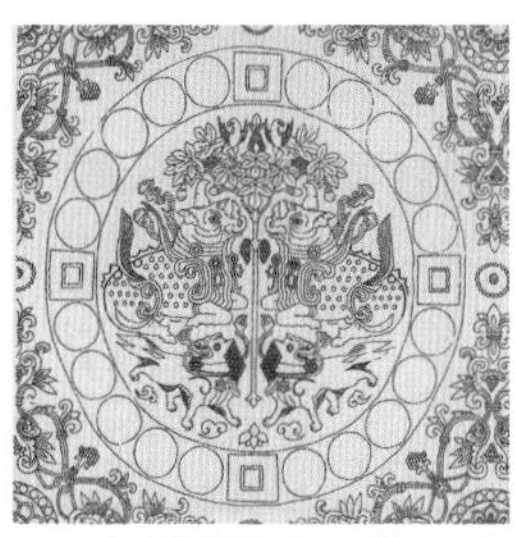

2　犀円紋錦（中倉202第６号）

図4　犀

4）獅子

正倉院で一番多い獣は獅子，ただし，獅子か他の獣なのか判別できないものも含めての話です。確実に獅子と比定できる以下を代表として挙げましょう。

銀薫炉（北倉153，図5－4）
金銀荘横刀（中倉８，図5－2）
紫地獅子奏楽文錦（中倉202第20号，図5－5）

銀壺（ぎんこ）（南倉13，図5－1）
曝布彩絵半臂（ばくふさいえのはんぴ）（南倉134第9号，図5－3）
白橡綾錦几褥（しろつるばみあやにしきのきじょく）（南倉150第30号，図5－6）

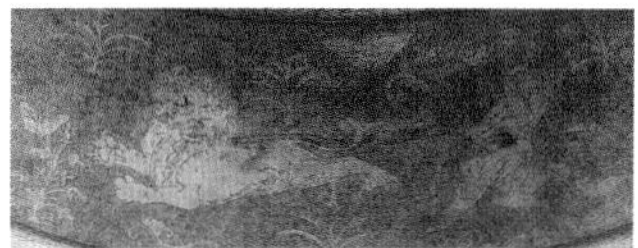
1　銀壺（南倉13）

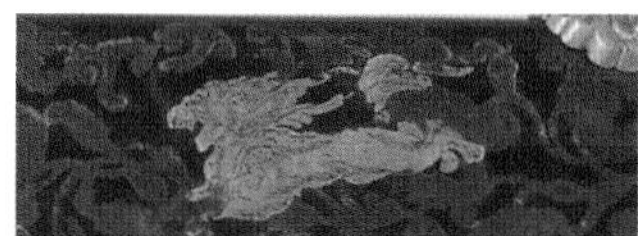
2　金銀荘横刀（中倉8）

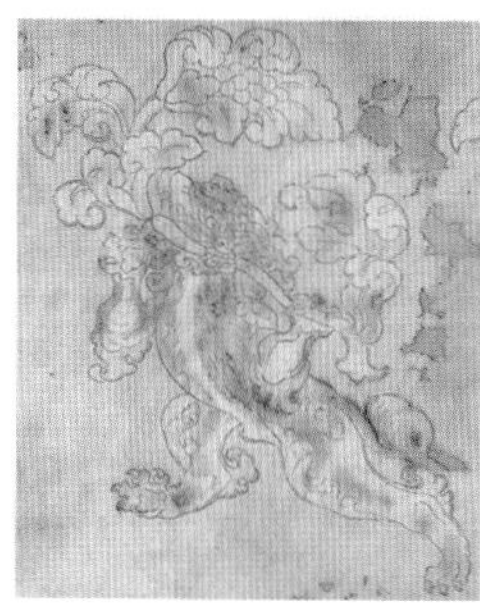
3　曝布彩絵半臂（南倉134第9号）

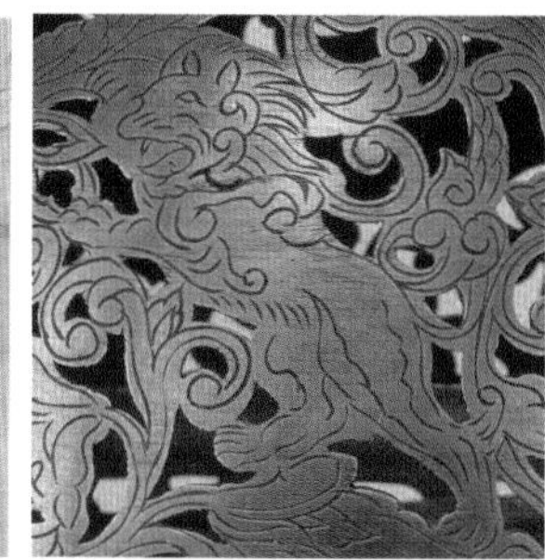
4　銀薫炉（北倉153）

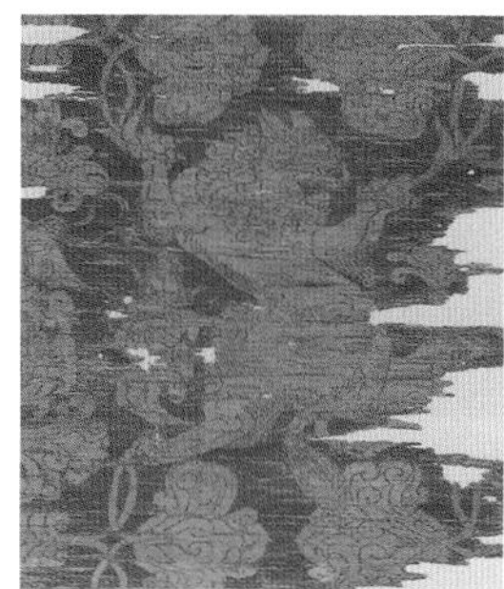
5　紫地獅子奏楽文錦（中倉202第20号）

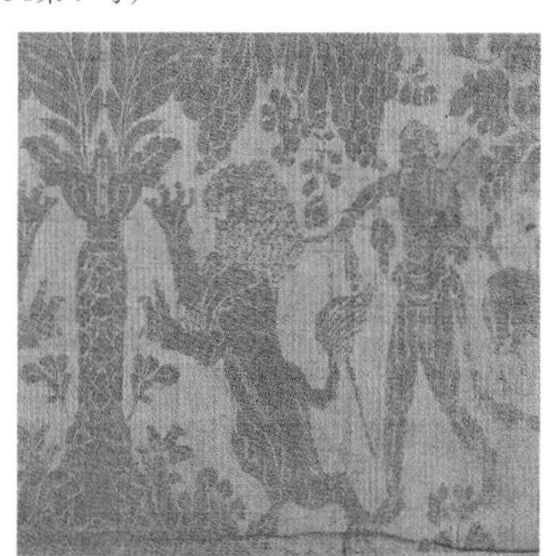
6　白橡綾錦几褥（南倉150第30号）

図5　獅子

先秦時代から中国人は獅子の存在とその特性を知っていたと思われ，当時は「狻猊（さんげい）」と呼称・表記していたようです。林梅村によると，狻猊はサンスクリット語の“simha”，インドの古音“suangi”に由来するものではなく，サカ（塞）語“sarau”を語源とするそうな（「獅子与狻猊」『漢唐西域輿中国文明』文物出版社，1998年）。

漢代になると，狻猊は詩歌にのみ用いる言葉となり，トカラ語に由来する「師子」という新しい呼称を使用するようになりました。『漢書』，『続漢書』，

『後漢書』どちらも師子を用いています。

西方からの師子入貢記事は後漢時代から認められます。

『東観漢記』「陽嘉中，疏勒国献**師子**，犎牛，師子形似虎，正黄，有髯耏，尾端茸毛大如斗。」

『続漢書』「安息国……章帝章和元年，遣使献**師子**，符抜。符抜形似麟而無角。」

『後漢書』西域伝「安息王満屈復献**師子**及条支大鳥。」

などで，疏勒国や安息国，月氏国から献じられました。

大阪府柏原市国分茶臼塚古墳から出土した三角縁神獣鏡に次のような銘文があり，このころも「師子」と表記していたことが判ります。

新作明竟　幽律三剛　銅出徐州　師出洛陽　彫文刻鏤　皆作文章　配徳君子　清而且明　左龍右乕　轉世有名　**師子**辟邪集会弁（以下略）

南北朝時代以降も獅子の造形はなされ，表記は「師子」から「獅子」にかわりました。ことに仏教美術に多く採用され，獅子座など２頭が対になったものが目立ちます。仏教美術以外では，表現された動物は伝統的な「畏獣」がほとんど。隋代になると，墓誌や石槨などにおいては畏獣も表現され続けますが，「瑞獣」を好むようになりました。天馬，鸚鵡，駱駝など，西方からやって来た新しい獣たちであり，その中に獅子に似た獣もおります。

唐代になると，康国・安国・米国などのソグド諸国と吐火羅，波斯国，大食国などから獅子が献上されました。現代の研究者が「狻猊」にこだわるのは，古称を使うと格調が高くなるとでも思っているからなのでしょうか。隋唐の図像を扱うのであれば「獅子」を用いるべきです。

5）虎・豹

正倉院には虎と思われる図像資料がいくつか存在します。横縞があるので間違いないでしょう。どれも小さい表現ですが，尾を後ろに伸ばし，全力で走る姿をしています。

紅牙撥鏤尺（中倉51第２号，図6－2）
紫檀木画槽琵琶（南倉101第２号，図6－1）

朴木粉絵高坏（南倉38第4号）

前掲の田辺勝美『ガンダーラから正倉院へ』は，その第5章「正倉院「緑地狩猟文」の源流」において，玄宗の開元8年（720）以降，西域諸国からの献上品が獅子から豹にかわったことを論証しました。図像の上でも同様の現象があるそうです。このことは獅子が激減したことと関わりがあるようで，要するに獲り過ぎなのですね。今日の絶滅危惧種の問題と軌を一にしています。

銀壺（南倉13，図6－3）　台に彫刻された狩猟紋のうちの一場面。まさに矢を射られようとしている獣は，斑紋があるので，豹の可能性が強い。

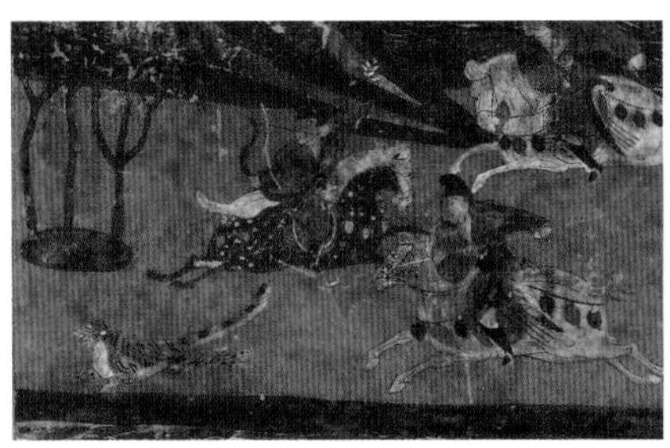

1　紫檀木画槽琵琶（南倉101第2号）

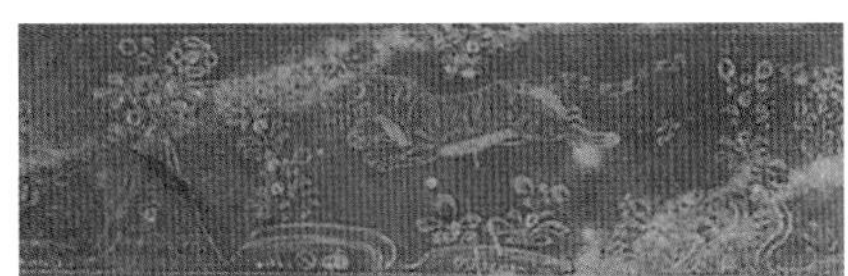

2　紅牙撥鏤尺（中倉51第2号）

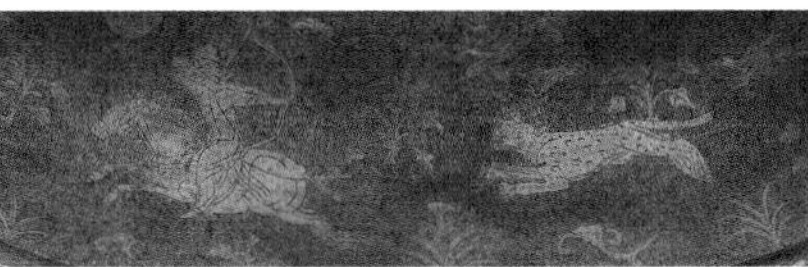

3　銀壺（南倉13）

図6　虎・豹

6）山羊・羚羊

正倉院宝物の時代，日本列島に住んでいたのは羚羊（れいよう）の仲間であるニホンカモシカくらい，ヒツジやヤギはおりませんでした。その割に正倉院動物園には結構見えます。

樹木羊臈纈屏風（ろうけちのびょうぶ）（**北倉**44，図7－1）　画面上段に樹木と樹間に遊ぶ2匹の猿，下段に山岳を配し，中央に大きく巻角を持つ羊をあらわしてある。臈纈染に加え一部に白緑（びゃくろく）で彩色してある。

銀壺（南倉13，図7－2）　胴径61.9cmの大きな鉄鉢形の器で，側面に山野を駆けめぐって羊や鹿などを追う12人の騎馬人物を線刻であらわしてある。間地には魚々子(ななこ)を密に打ってある。

紫地花卉双羊文錦（南倉179第60号－3，図7－3）　錦道場幡に用いられた錦。

などであります。

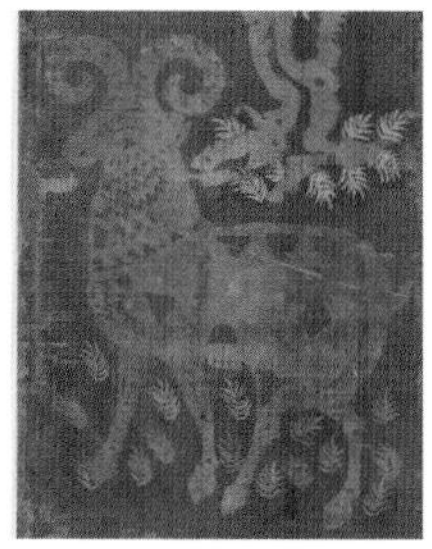

1　樹木羊臈纈屏風（北倉44）

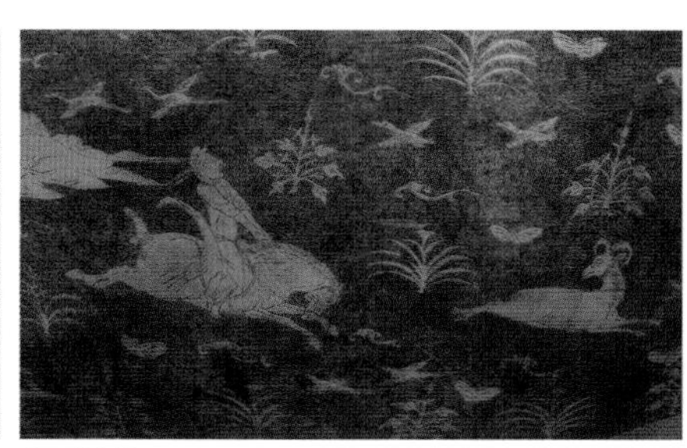

2　銀壺（南倉13）

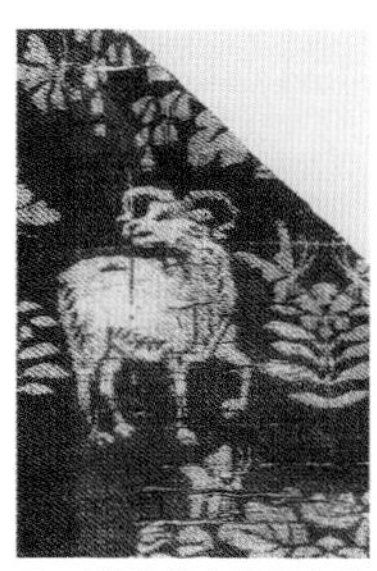

3　紫地花卉双羊文錦（南倉179第60号－3）

図7　山羊・羚羊

2 | 日本列島にいた動物たち

出土した動物遺存体の研究によると，奈良時代に日本列島に生息していた動物として，大きさの順にウシ・ウマ（超大型），イノシシ・シカ・クマ・カモシカ（大型），イヌ・サル・キツネ・タヌキ・アナグマ・カワウソ・ノウサギ・テン・ムササビ（中小型）などが知られているそうです。そのうち正倉院動物園にはどれがいるでしょうか。

1）馬

ウマは古墳時代になって，朝鮮半島からもたらされました。正倉院には馬の図像は少ない。狩猟者が騎乗している場面と十二支の一としての「午」はありますが。馬の造形としては唯一，

金薄絵馬頭(きんぱくえのうまのかしら)（南倉174，図8）　高麗楽用の駒の頭。桐材を丸彫し，首か

ら内刳してある。表面は白色下地の上に金箔を貼って墨で唐草紋を描く。長さ31.6cm。

があるだけ。狩猟紋については本章「8　想像上の動物」で，また天馬はⅢ章で扱う予定です。

図8　金薄絵馬頭（南倉174）

2）鹿

北海道から沖縄までニホンジカが生息し，詩歌にも多く詠まれています。正倉院動物園にも当然おります。そのうちのいくつかを挙げましょう。

漆胡瓶（**北倉**43，図9－2）　球形の胴部に鳥の首を思わせる注口をのせ，把手と脚台をそなえた水瓶。胡瓶と呼ぶにふさわしい。高さ41.3cm。銀平脱によって紋様があらわされている。胴部の山岳の下をシカが走る。

麟鹿草木夾纈屏風（**北倉**44，図9－1）　1本の樹木の下にシカが向かいあって立ち，その間に草花が咲く。

金銀花盤（南倉18）　径61.5cm，六花形の銀製の盤。中央に花弁状の角を持つシカを打ち出しであらわし，周縁に唐花を巡らしてある。この紋様部にのみ鍍金を施す。

浅緑地鹿唐花文錦大幡脚端飾（南倉180第6号，図9－3）

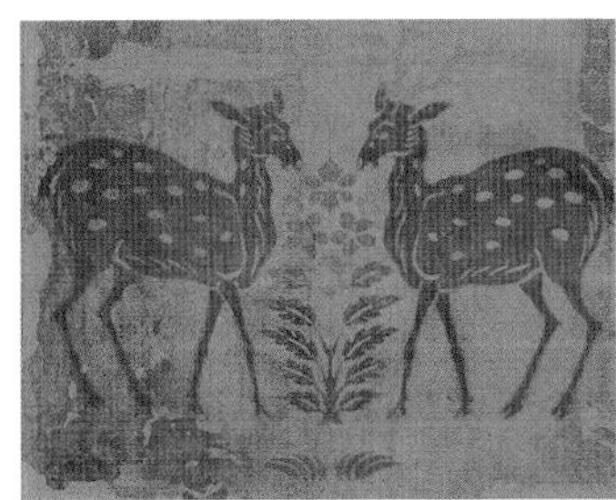
1　麟鹿草木夾纈屏風(北倉44)

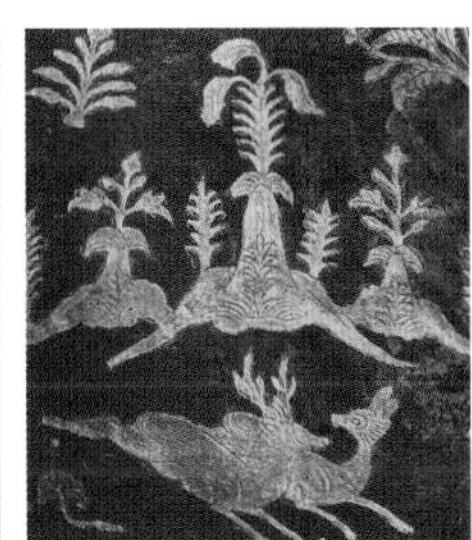
2　漆胡瓶(北倉43)

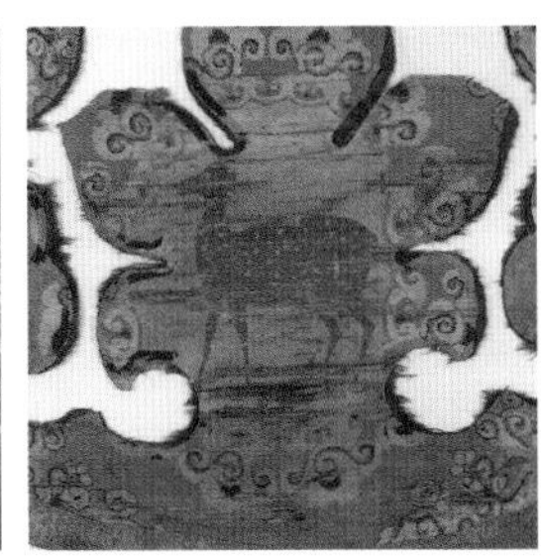
3　浅緑地鹿唐花文錦大幡脚端飾(南倉180第6号)

図9　鹿

3）猪

イノシシはニホンジカと並んで，完新世以降の主要な捕獲対象でした。この２種は貴重な蛋白源であり，それらの皮革は衣服などに，骨や角はさまざまな道具に加工されました。

その割に正倉院で見ることは稀。かろうじて次の２例を見つけました。

熊鷹屏風（**北倉**44，図10－1）図の右側に小さく見える。

銀壺（南倉13，図10－2）先の羊の項と同じもの。

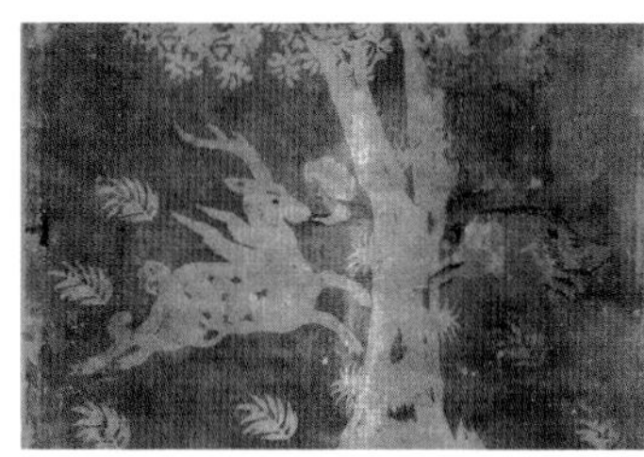

1　熊鷹屏風(北倉44)

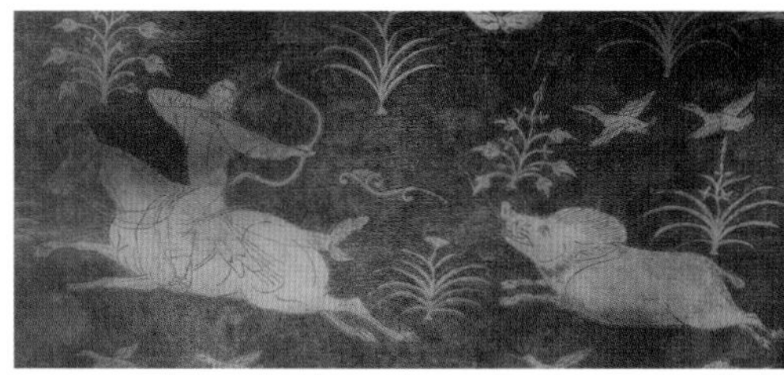

2　銀壺(南倉13)

図10　猪

4）牛

ウシも少ない。かろうじて１例見つけました。

牛形臈纈図（中倉202，図11－1）

5）兎

ウサギも貴重な動物性蛋白源でした。狩猟場面では狩りの対象として繁くあらわされています。

密陀絵雲兎形赤漆櫃（南倉170，図11－2）中央の樹木の左右から爪先だった兎が跳びかかるように対向している。聖樹意匠の一種である。

6）猿

象木屛風（北倉44，図11－3） 樹の上に座っている。

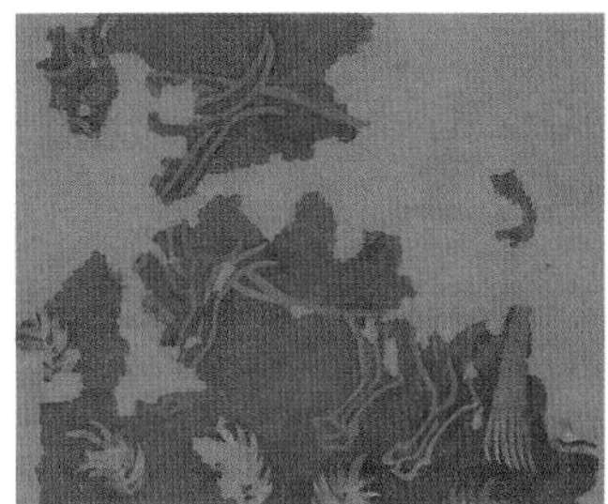
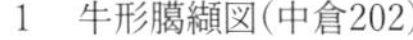

1　牛形臈纈図(中倉202)

2　密陀絵雲兎形赤漆櫃(南倉170)

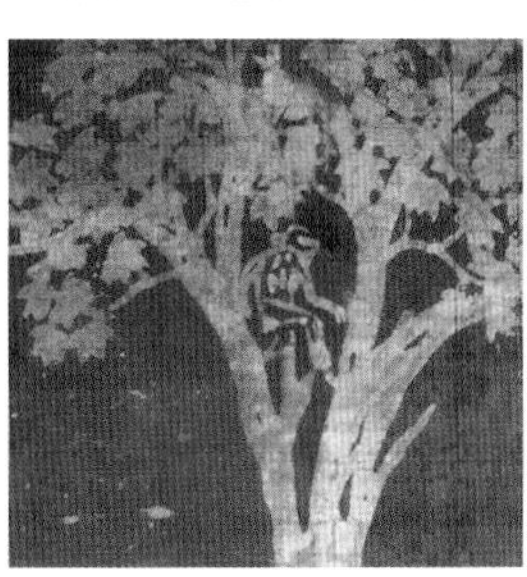

3　象木屛風(北倉44)

図11　牛・兎・猿

ここまで記してきて気づいたことがあります。それは正倉院動物園にはけもの偏（犭）あるいはむじな偏（豸）のついた動物がほとんどいないこと。狐・狸・狼・猫や貂などはいないのです。猿が１匹いるだけ。このことは，在地の動物ではなく，外来の動物の方に興味を持ち造形の対象とした，そのことを示しているように思えます。奈良時代に犬や猫はいなかったのでしょうか。

3｜鳥　　類

正倉院宝物にあらわされた鳥類については柿澤亮三らが詳しく調査しました(「鳥の羽毛と文様」『正倉院紀要』第22号，2000年)。それによれば，オシドリ，キンケイ，マクジャク，ツル属，ホンセイインコ属，ヤツガシラ，サンジャクなどが多く，これらには，冠羽が目立つ，尾羽が長く美しい，色彩が顕著という共通する特徴があるそうです。また，シギ，チドリ，カモメ，ウミスズメなどの海鳥や，西アジアからトルキスタンを経て，途中インドからの道をあわせて中国に至るシルクロード特産の鳥がいない，そのことにも注目しています。

1）孔雀

クジャクは南アジアの森林に棲むキジ科の鳥。その特徴は頭頂に直立する冠羽と，扇形に広げることのできる長い尾と，そこにある眼状紋です。インドクジャクの冠羽は扇形ですから，以下がマクジャクであることも判ります。

金銀平文琴（北倉26，図12－1）
花鳥背円鏡（北倉42第2号）
密陀絵盆（南倉39第9号）
金銀山水八卦背八角鏡（南倉70第1号）
銀平脱八角形鏡箱（南倉71第1号）　図案化が進んでいるが，冠羽は孔雀のもの。
密陀絵雲兎形赤漆櫃（南倉170，図12－2）　兎の項で挙げたもの。
孔雀文刺繡幡身（南倉180第1号，図12－3）

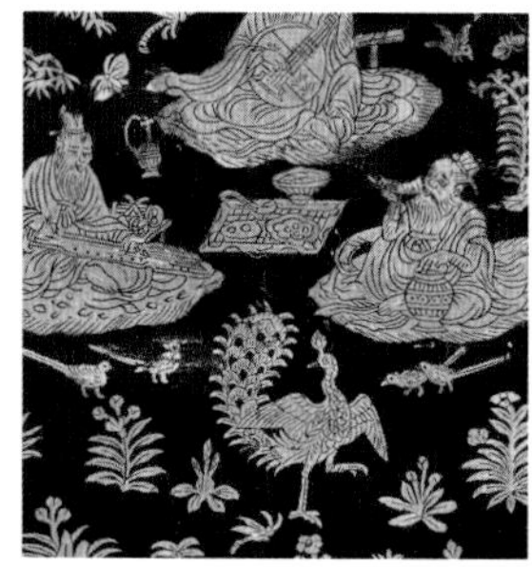

1　金銀平文琴(北倉26)

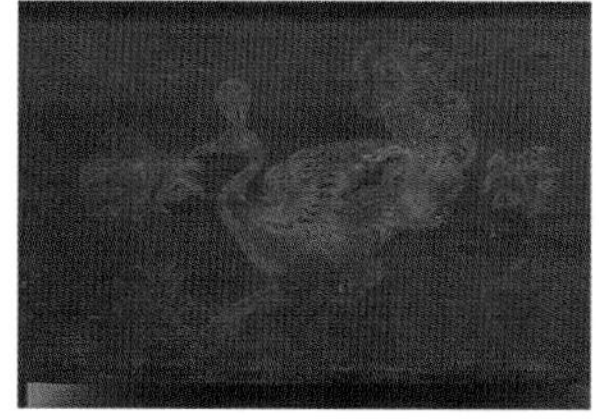

2　密陀絵雲兎形赤漆櫃(南倉170)

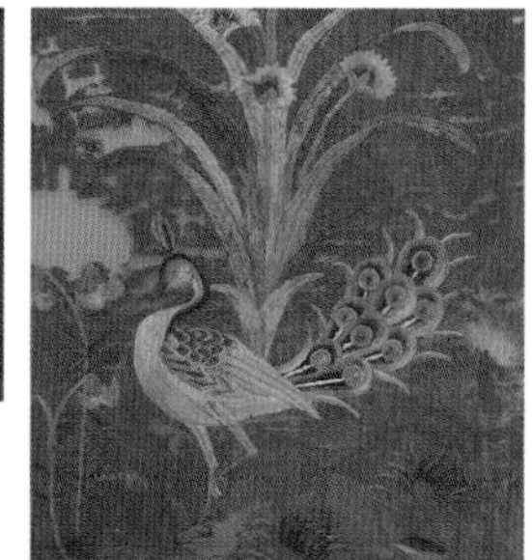

3　孔雀文刺繡幡身(南倉180第1号)

図12　孔雀

北倉には2例だけで，南倉に多い。日本列島に生息していないからあらわされた製品は輸入品である，とただちに結論するわけにはいかないのでした。

2）鸚鵡・鸚哥

オウムとインコはどちらもオウム目の鳥。ホンセイインコはインド亜大陸・インドシナ半島・中国南西部・マレー半島・ジャワ・ボルネオなどに，オウムは南アメリカ・アフリカ・南アジア・オーストラリアに分布する。ホンセイインコの特徴は嘴が鉤形に曲り，体が細く，翼と尾が細く先端が尖るところ。嘴基部の黒斑も特徴のひとつだそうです。

螺鈿紫檀阮咸（**北倉**30，図13－1） 槽が円形の四絃楽器。槽の中央に花紋を置き，その周りを２羽の鸚鵡が珠を連ねた綬帯をくわえて右回りに旋回する。

鸚鵡臈纈屏風（**北倉**44） 高さ160.0cm，上段は樹木を中心に，その上に飛鳥，樹下左右に吹笙する人物と鳳凰，下段には花枝を銜え岩上にとまった鸚鵡を中心に，草，子鹿などをあらわしてある。

花鳥背八角鏡（**北倉**42第14号） 双鸚鵡旋回鏡。Ⅲ章で詳しく扱う。

木画紫檀棊局（**北倉**36，図13－2）

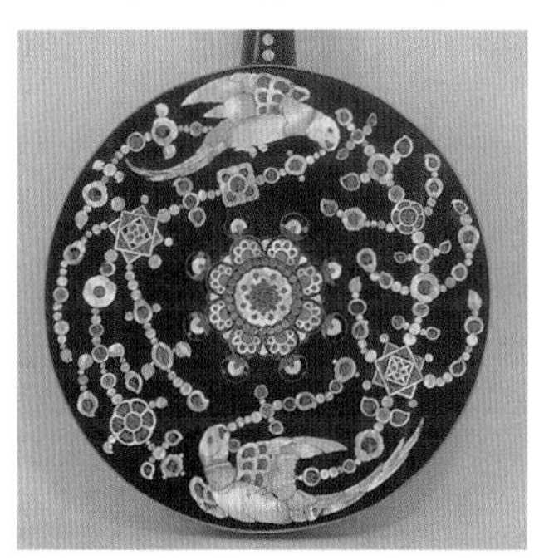

1 螺鈿紫檀阮咸(北倉30)

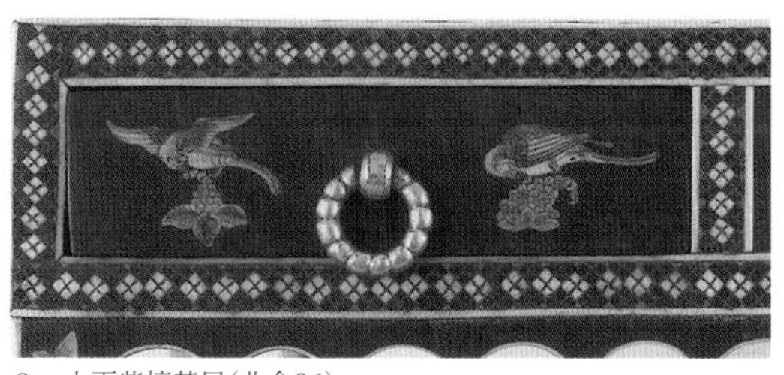

2 木画紫檀棊局(北倉36)

図13 鸚鵡・鸚哥

わずか３例ですが，これらはみな北倉に収蔵されています。

3）日本にいない鳥

正倉院には，中国には分布するけれど，日本では生息が認められない鳥が３種いるそうです（柿澤亮三ほか「鳥の羽毛と文様」前掲論文)。キンケイ，ヤツガシラ，サンジャクで，これらに加え，ホンセイインコ属やマクジャクのように，インドからインドシナ半島・中国南部にのみ分布する鳥も表現されている。もし，細部まで実物に近く表現されていれば，その品は日本製ではない可能性が高くなりますね。柿澤らがA＝確実と見なした鳥を挙げてみましょう。ちなみに，B＝可能性が大きい，C＝可能性がある，です。

i　キンケイ

キジ科に属する鳥で，中国中部内陸の山地にのみ分布します。最も顕著な特徴は尾にあり，長く暗褐色の地に淡色の小斑を散布，基部の両側を赤い上尾筒の羽毛で縁取る。以下の２点はこの特徴に符合するように思えます。

紅牙撥鏤撥（**北倉**28，図14－1）
曝布彩絵半臂（南倉134第９号）

ii　ヤツガシラ

ヤツガシラ科の陸鳥で，ユーラシアの温帯以南とアフリカに広く分布。形態と羽色にきわだった特徴があるので，特定しやすい。

紅牙撥鏤尺（**北倉**13甲）
紅牙撥鏤棊子（**北倉**25）
木画紫檀双六局（**北倉**37）
銀平脱合子（**北倉**154）
馬鞍（中倉12第５号）
碧地金銀絵箱（中倉151第24号）
紫檀木画双六局（中倉172，図14－2）
犀角如意（南倉51）
紫檀木画槽琵琶（南倉101第２号）

iii　サンジャク

カラス科の陸鳥で，中国中南部からインドシナ半島を経てヒマラヤ南麓の森林に分布。尾が長く，先端に向かって徐々に短くなる。下に挙げたものがその特徴をよく捉えています。

花氈（**北倉**150第５号，図14－3）

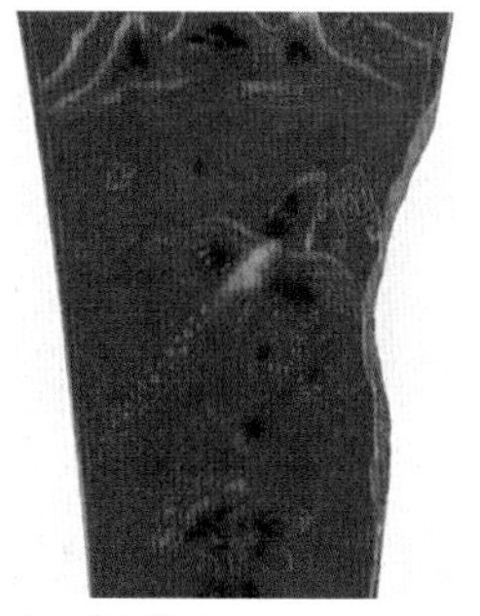

1　キンケイ
紅牙撥鏤撥(北倉28)

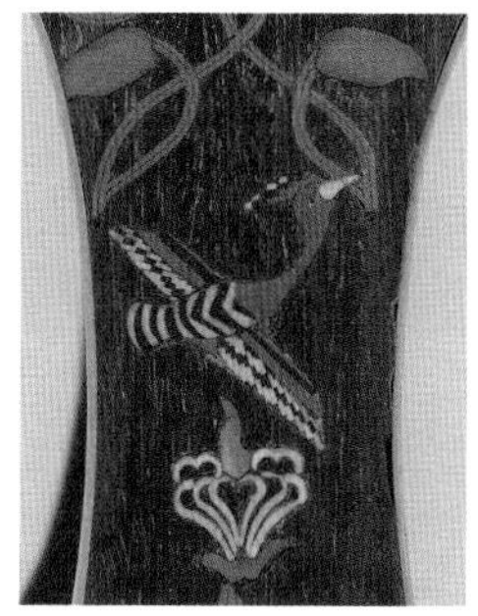

2　ヤツガシラ
紫檀木画双六局(中倉172)

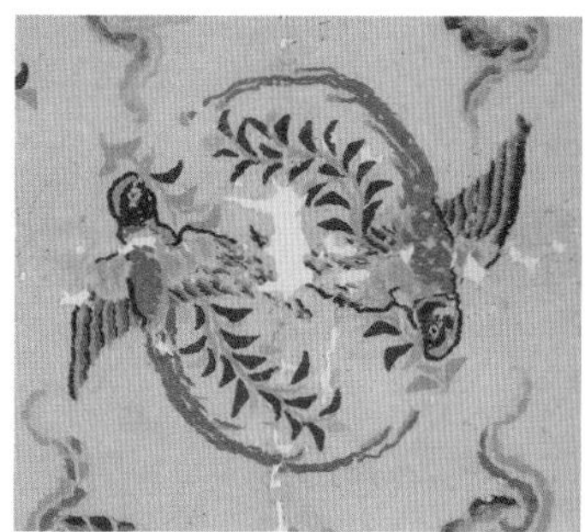

3　サンジャク
花氈(北倉150第５号)

図14　日本にいない鳥

4）日本にいる鳥と双鳥紋

鴛鴦(おしどり)はカモ目の水鳥で，日本を含めて東アジアの広い範囲に分布します。鳥の中で最も多く造形化され，もちろん正倉院動物園にもおります。その名のとおり雌雄の番(つがい)で表されるかというと，実際には羽色があざやかな雄鳥が２羽で表されることが多い。もちろん１羽単独のばあいもあります。たとえば，

馬鞍（中倉12第６号）
密陀彩絵箱(みつださいえのはこ)（中倉143第15号，図15－2）
玳瑁螺鈿八角箱(たいまいらでんはつかくのはこ)（中倉146，図15－1）
銀平脱鏡箱（南倉71第２号）
雑葛形裁文(ざつかずらがたのさいもん)（南倉165第27号，図15－3）

などです。

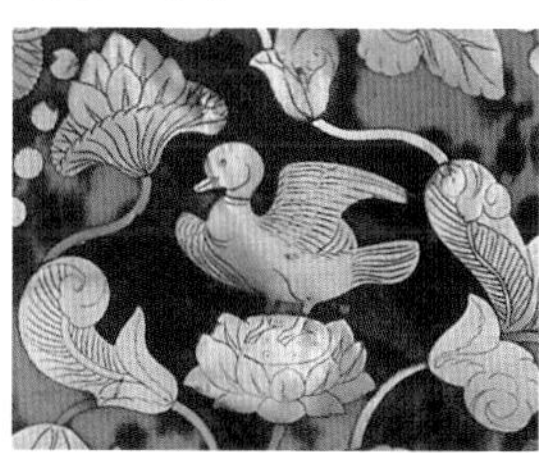

1　玳瑁螺鈿八角箱(中倉146)

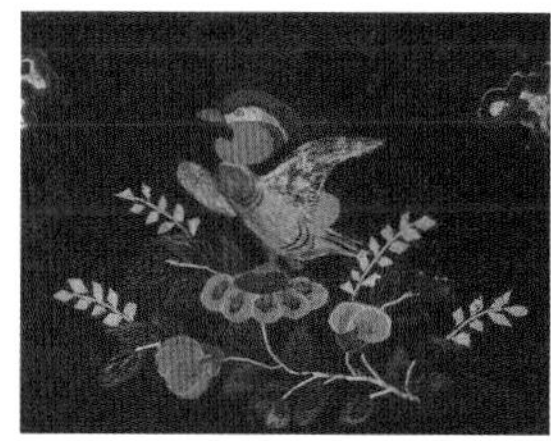

2　密陀彩絵箱(中倉143第15号)

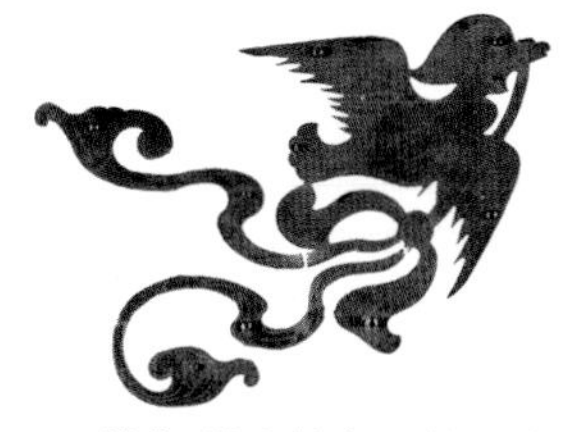

3　雑葛形裁文(南倉165第27号)

図15　１羽の鴛鴦

２羽が対をなす図像を「双鳥紋」と呼びましょう。オシドリも含めカモ・ガンなどカモ目の鳥が主な対象となっています。表現方法には，

並列　２羽が同一方向を向き，一部が重なるように並置

対面　２羽が対面，花枝をくわえていることが多く，それらは本章「８想像上の動物」で扱う「咋鳥紋（さくちょうもん）」の仲間でもある

交頸　２羽が互いの頸を絡め合う「交頸鳥」

旋回　２羽が旋回する

の４様が認められます。並列・対面・交頸のばあいは飛行せず，蓮華などの上にとまっている。旋回のばあいは当然飛翔しており，鳥種もカモ目以外を選んでいます（前出のサンジャクのように）。

ｉ　並列

紅牙撥鏤尺（**北倉**13甲，図16－1）
紅牙撥鏤撥（**北倉**28）
紅牙撥鏤尺（中倉51第４号，図16－2）
沈香木画箱（じんこうもくがのはこ）（中倉142第10号，図16－3）
漆皮八角箱（南倉71第４号，図16－4）
平螺鈿背円鏡（南倉70第５号，図16－5）

鴛鴦２羽を並置した意匠は中国にもあり，たとえば，

陝西省西安市北国第五廠29号墓出土「鴛鴦唐草文盒」（図16－6）　韋美美の墓で，開元21年（733）に埋葬された。

などに認められます。

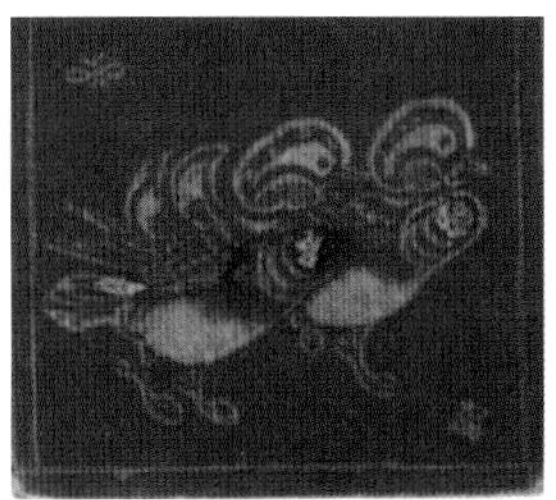
1　紅牙撥鏤尺(北倉13甲)

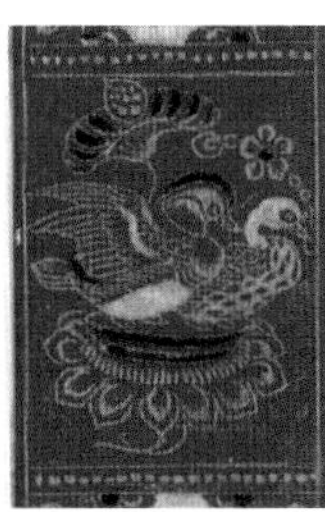
2　紅牙撥鏤尺(中倉51第4号)

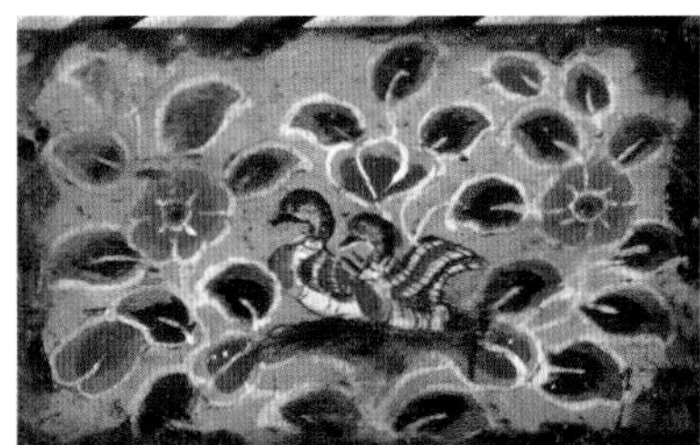
3　沈香木画箱(中倉142第10号)

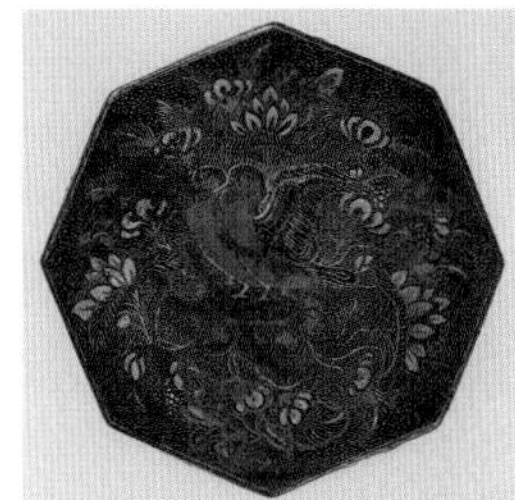
4　漆皮八角箱(南倉71第4号)

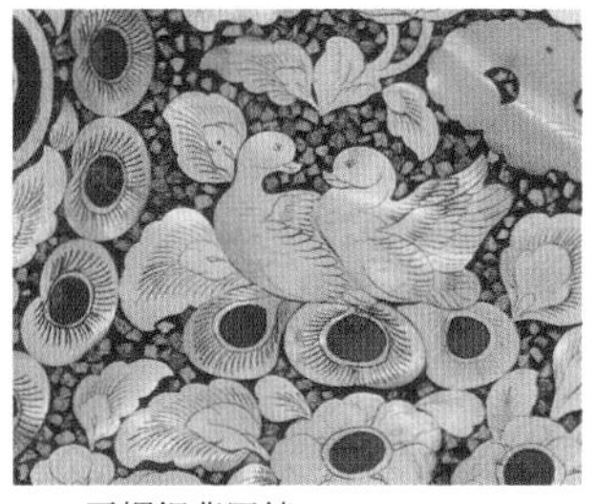
5　平螺鈿背円鏡(南倉70第5号)

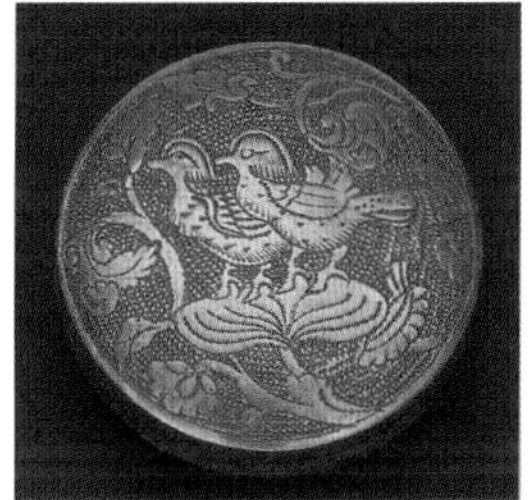
6　鴛鴦唐草文盒(韋美美墓出土)

図16　双鳥並列

ii　対面

2羽の鳥を対面させた図様は，正倉院に数多くあります。

白地錦几褥（南倉150第12号，図17－3）
紺夾纈絁几褥（南倉150第14号，図17－1）
赤地鴛鴦唐草文錦大幡垂飾（南倉180，図17－2）

などです。中国にもたくさんあります。たとえば，

陝西省西安何家村窖蔵「鎏金蔓草鴛鴦紋銀觴」（図17－4）

などです。

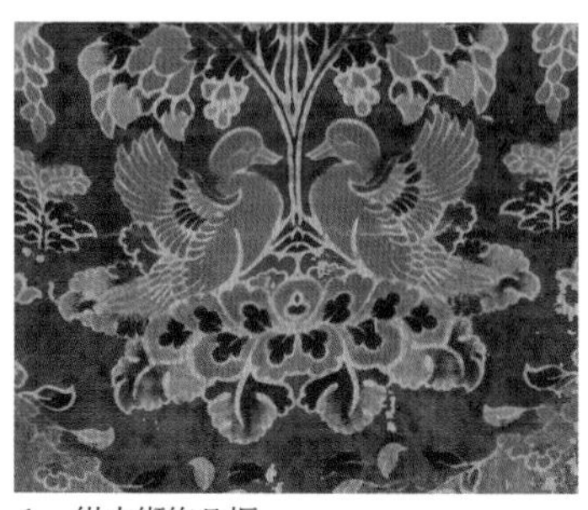

1　紺夾纈絁几褥
（南倉150第14号）

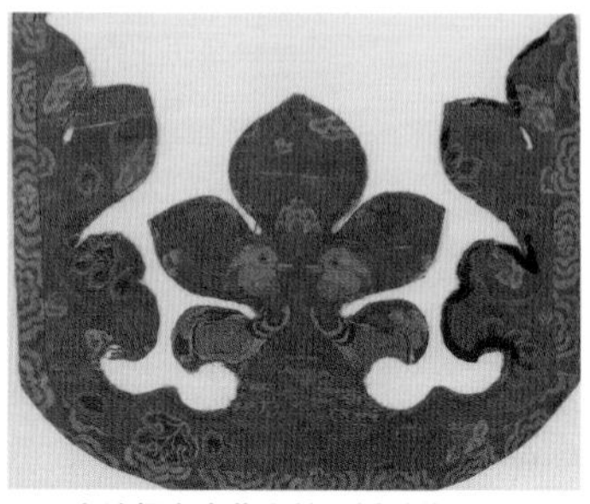

2　赤地鴛鴦唐草文錦大幡垂飾
（南倉180）

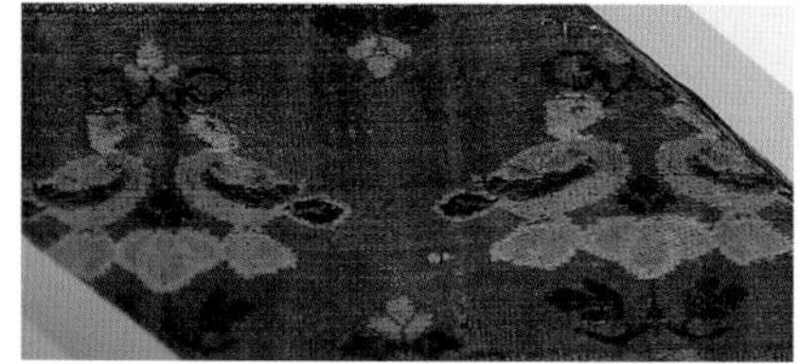

3　白地錦几褥
（南倉150第12号）

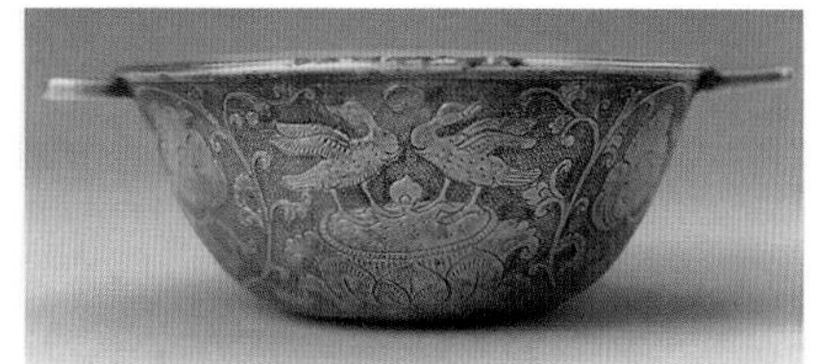

4　鎏金蔓草鴛鴦紋銀觴
（西安何家村出土）

図17　鴛鴦対面

iii　交頸

双鳥が互いの頸を絡め合う，これは現実にはあり得ない姿態ですから，後で取りあげる想像上の動物になるでしょう。けれど双鳥意匠の仲間ですから，ここで扱います。

正倉院宝物に２例見いだしました。

紅牙撥鏤尺（**北倉**13乙，図18－1）　蓮華座の上で対面した２羽の鳥が頸を絡め合う。

紅牙撥鏤尺（中倉51第３号，図18－2）　並んで蓮華座に乗る２羽の鳥が頸を交差する。

1　紅牙撥鏤尺
（北倉13乙）

2　紅牙撥鏤尺
（中倉51第３号）

図18　正倉院の交頸鳥

どちらのペアもいったん頸を絡め合いますが，顔は外方に向けています。類例がないか，探してみました。

瑞獣獣帯鏡（ずいじゅうじゅうたいきょう），鳥獣旋回鏡（ちょうじゅうせんかいきょう）および対鳥鏡のごく一部に，対面した２羽の鳥の頸が絡まった図像がありました。どれも隋唐鏡です。

瑞獣銘帯鏡（ずいじゅうめいたいきょう）の３面は径20cmを超える大型鏡。２重の凸鋸歯紋（きょしもん）で内外を画し，外区を銘文帯，内区をパルメットで４区に分け，その間に一対の瑞獣を配してあります。その内のひとつが交頸鳥なのです。外縁に唐草紋を巡らせます。面径にやや差がありますが，紋様構成はよく似ており，銘文は同一，同型鏡でしょう。

銘文は，根津美術館蔵鏡で確認したところ，次のように読めました。

盤龍麗匣　舞鳳新台　鸞驚影見　日曜花開　団疑璧轉　月似輪廻　端形鑒遠　膽照光来

表１　交頸鳥をあらわした鏡

所蔵者	鏡種	径(cm)	銘文	内区主紋	文献
根津美術館	瑞獣銘帯鏡	21.4	盤龍麗匣	双獣×2交尾龍1交頸鳥1	根津46
張鉄山	瑞獣銘帯鏡	20.4	盤龍麗匣	双獣×2交尾龍1交頸鳥1	唐詩59-1
馮毅	瑞獣銘帯鏡	20.0	盤龍麗匣	双獣×2交尾龍1交頸鳥1	古鏡今照213
山東省博物館	対鳥鏡	21.3	なし	対鸞鵲2交頸鳥1	唐詩59-2
黒川古文化研究所	鳥獣旋回鏡	20.0	なし	飛禽2交頸鳥2	青銅の鏡55

表１文献略称
根津：根津美術館『村上コレクション受贈記念　中国の古鏡』（根津美術館，2011年）
唐詩：王綱懐他『唐代銅鏡与唐詩』（上海古籍出版社，2007年）
古鏡今照：浙江省博物館『古鏡今照（下冊）』（文物出版社，2012年）
青銅の鏡：黒川古文化研究所『所蔵品選集　青銅の鏡―中国―』（黒川古文化研究所，2004年）

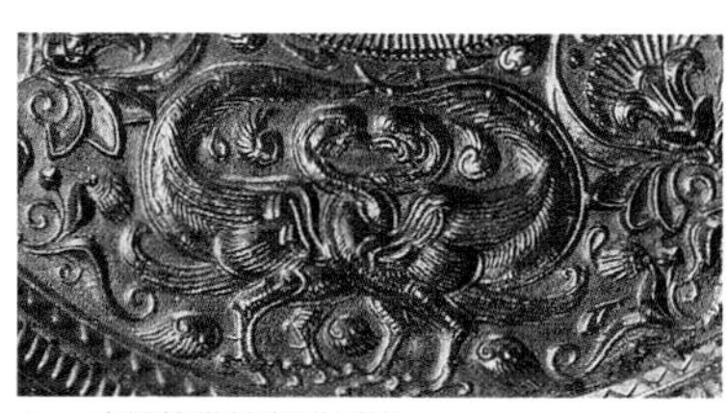
1　瑞獣銘帯鏡（馮毅蔵）

2　対鳥鏡（山東省博物館蔵）

図19　鏡の交頸鳥

黒川古文化研究所が所蔵する鳥獣旋回鏡には，鈕（ちゅう）をはさんで対称の位置に交頸鳥が２組あらわされています。図録の解説によると「鴛鴦が頸をからめてくちばしをあわせてかみあっているのは同心結で，婚姻の吉祥である」そうです(『青銅の鏡—中国—』黒川古文化研究所，2004年)。『広辞苑』で「同心結び」を引くと，

「華鬘(けまん)結び」に同じ。男女の愛情を象徴した呼び名。

とありました。

山東省博物館の対鳥鏡は，鈕をはさんで2羽の鸞(らん)（中国の伝説の霊鳥）が対面し，下に蓮華にとまった雁のような鳥，上に交頸鳥を配してあります。

金銀器でも1例見つけました。

陝西省西安市国棉五廠65号墓出土（陝西省考古研究所蔵）「鎏金飛鴻折枝花銀蜂盒」(図20－1)　この墓は韋氏のもので開元6年（718）の葬。

この交頸鳥も嘴をあわせている。どうやら，中国で知られる交頸鳥はすべて嘴をあわせるタイプのようです。それに対して正倉院の2例では双鳥は顔をそむけていました。漢代，匈奴(きようど)のものと思われる銅帯飾にも交頸鳥がありました。これは外方を向いていますが(図20－3)，正倉院交頸鳥の直接の祖とするには無理があります。

なお，新疆ウィグル自治区トルファンのアスターナ墓地から出土した紙絵の双鴛鴦は，外向きですが，2羽が重なっているだけで，頸は絡まってはおらず交差しているのでもない(図20－2)。

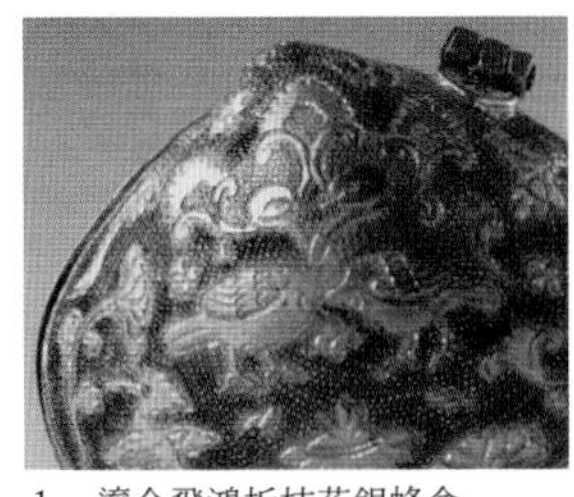

1　鎏金飛鴻折枝花銀蜂盒（西安市国棉五廠65号墓出土）

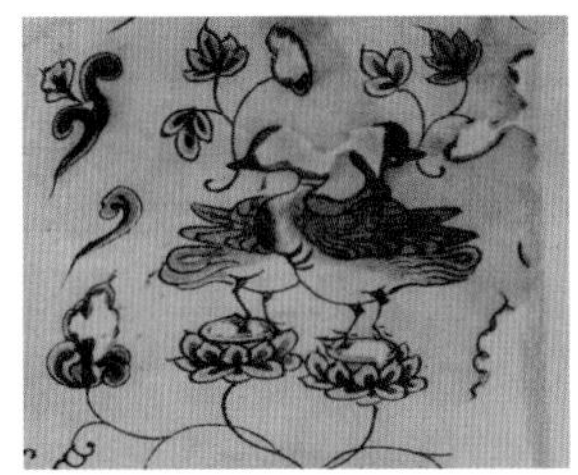

2　紙絵(アスターナ唐墓出土)

3　青銅透彫帯飾(オルドス青銅器)

図20　金銀器などの交頸鳥

iv　旋回

2羽の鳥が旋回するばあいは，鴛鴦などずんぐりした鳥より，鸚鵡など尾の長い方が選ばれています。

螺鈿紫檀阮咸（**北倉**30，図13－1）
花鳥背八角鏡（**北倉**42第14号，図21－1）
銀平脱鏡箱（南倉70，図21－2）

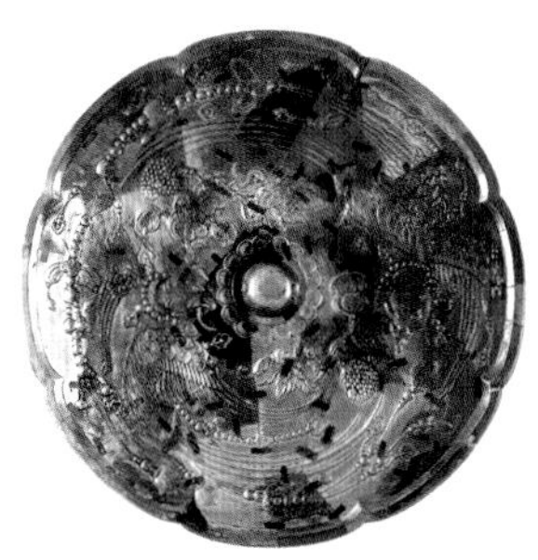

1　花鳥背八角鏡
（北倉42第14号）

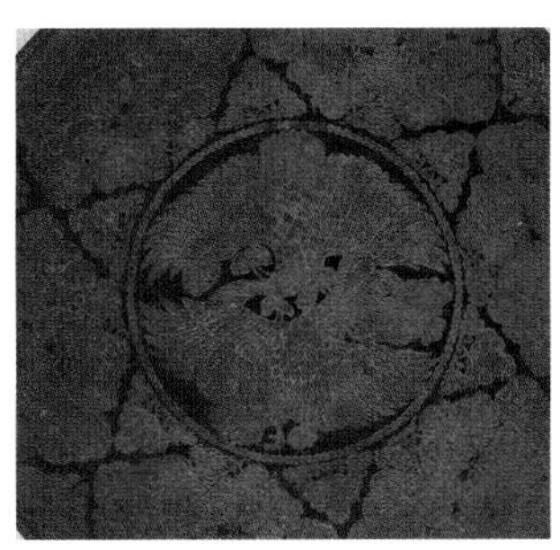

2　銀平脱鏡箱
（南倉70）

図21　双鳥旋回

5）その他の鳥

i　鶴

鶴はツル科の鳥の総称。日本ではタンチョウ・マナヅル・ナベヅルなどを産します。その特徴は嘴，頸，足が長いところ。

緑牙撥鏤把鞘刀子（りょくげばちるのつかさやのとうす）（**北倉**５，図22－1）

ii　鷹

タカはタカ目の鳥のうち，小・中型の総称。大型はワシであります。嘴が鋭く曲がり，脚には大きな鉤爪を持ちます。

熊鷹屛風（**北倉**44第４号，図22－2）　タカ目の特徴をよく示している。

iii　鶏

鶏はキジ科の家禽。原種はインドシナ・マレーにあり，いつ日本での飼育がはじまったかが問題です。

十二支彩絵布幕（鶏図，中倉202）

iv　鴨

ガン，カモ，ハクチョウはカモ科の仲間。同じカモ科のオシドリは１年中日本に棲んでいるが，これらは渡り鳥です。

密陀彩絵箱（中倉143第15号，図22－4）

v　雀

スズメなどの小禽は特定するのが難しい。

vi　立体的な鳥の造形

彩絵水鳥形（中倉117，図22－5）　檜の板を切り抜いて，水鳥の飛ぶ形につくったもの。長さ2.6cmと小さい。色をつけ，羽冠・翼・尾には羽毛を貼りつけてある。ヤツガシラと思われ，２枚あり。

撥鏤飛鳥形（中倉118，図22－6）　象牙を彫って飛ぶ鳥の形につくり，３個のうち２は蘇芳，１は藍で染める。その上で彫りを加えて羽を白くあらわしてある。長3.1cm。

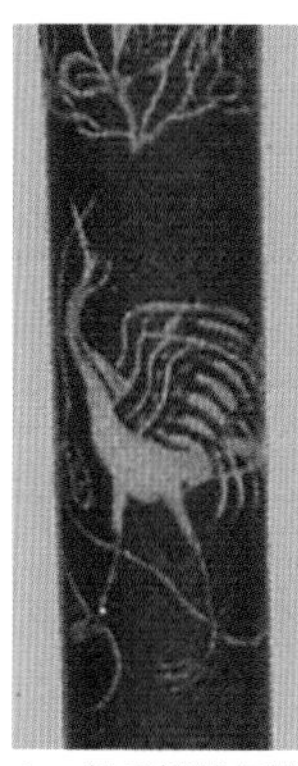

1　緑牙撥鏤把鞘刀子（北倉５）

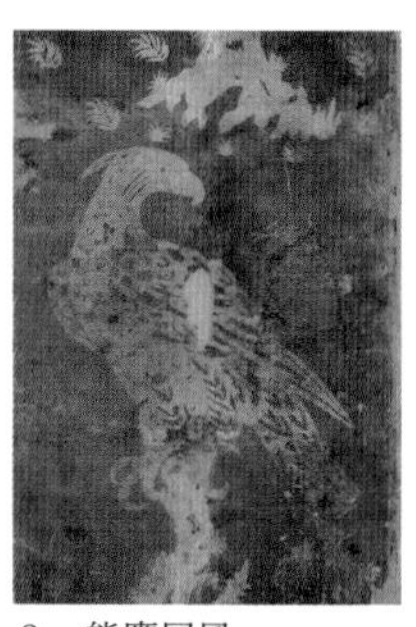

2　熊鷹屛風（北倉44第４号）

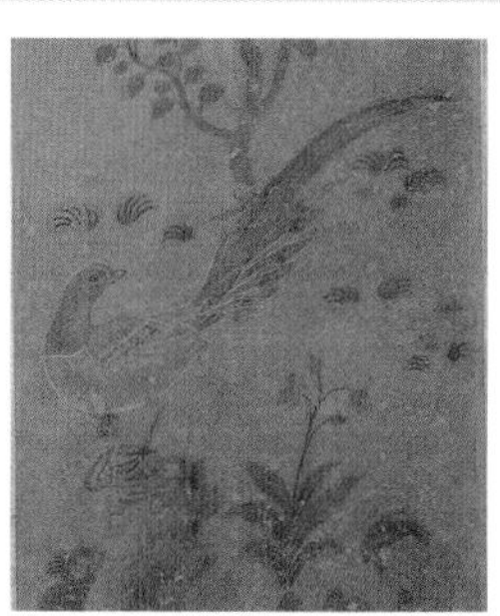

3　鳥木石夾纈屛風（北倉44）

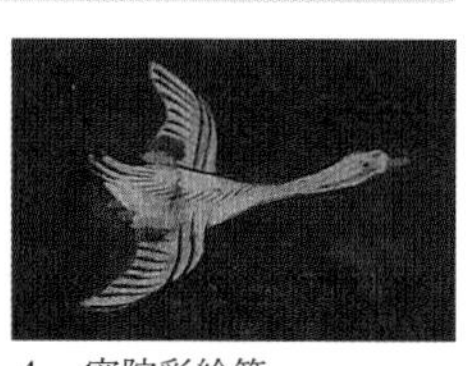

4　密陀彩絵箱（中倉143第15号）

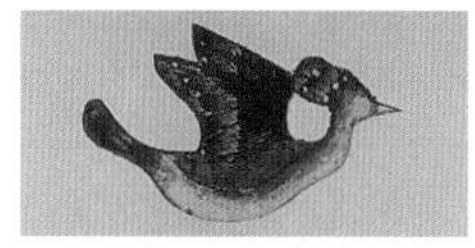

5　彩絵水鳥形（中倉117）

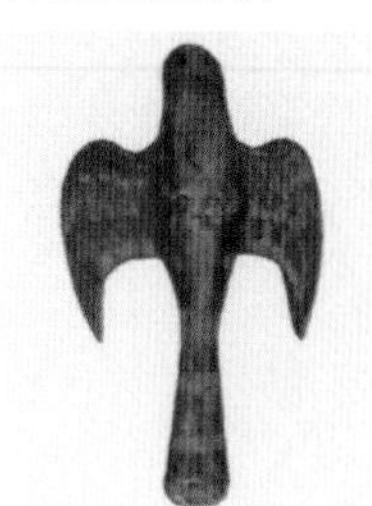

6　撥鏤飛鳥形（中倉118）

図22　その他の鳥

4｜爬　虫　類

爬虫類としては亀とスッポン（鼈）がいるだけ。蛇やヤモリの造形はありません。あっと，玄武がおりました。これは亀と蛇を絡みあわせた複合的動物で，四神のひとつであります。

青斑石鼈合子（せいはんせきのべつごうす）（中倉50，図23−2）　蛇紋岩製，被蓋造の合子。全長15.0cm。八稜形の皿を鼈の腹部で嵌めこんで蓋とする。甲羅には裏返しの北斗七星を金泥であらわす。

亀甲亀花文黄綾（中倉202第40号−1，図23−1）

1　亀甲亀花文黄綾(中倉202第40号−1)

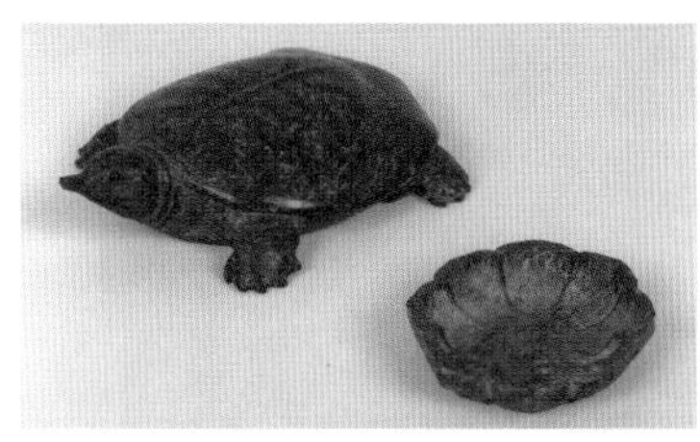

2　青斑石鼈合子(中倉50)

図23　爬虫類

5｜魚

正倉院動物園は水族館を併設していないので，魚の造形は少なく，しかもすべて佩飾（はいしょく）の類（魚佩）で，犀角製1対，琥珀製1枚，瑠璃製6枚，水晶製1枚が残っています。

犀角魚形（さいかくのうおがた）（中倉97，図24−1）
琥珀魚形（こはくのうおがた）（中倉105）
瑠璃魚形（るりのうおがた）（中倉106，図24−2）
魚形（うおがた）（中倉128，水晶製，図24−3）

どれも似たような形・大きさですが，材質をかえれば色違いができます。鰭（ひれ）

や鰓（えら），鱗，尾を刻み，これに金泥を入れたものもある。口に孔をあけ，銀製などの鐶をはめ，組紐などを結ぶようになっています。

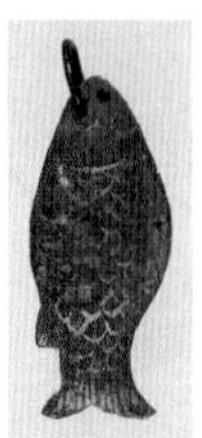
1　犀角魚形（中倉97）

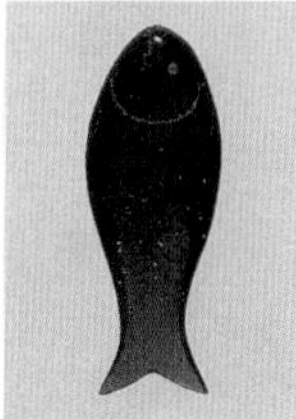
2　瑠璃魚形（中倉106）

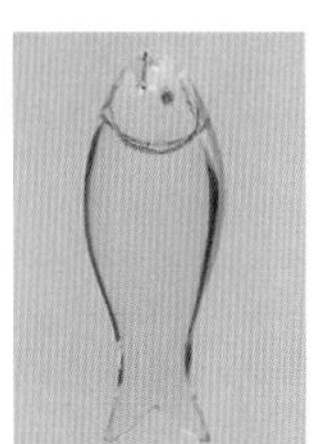
3　魚形（中倉128）

図24　魚形

6　昆　　虫

正倉院動物園には昆虫館が併設されています。奈良時代の人々は昆虫を好んだようで，空間があると，そこを埋めるように昆虫を点綴（てんせつ）している。いずれもその表現は小さく，蝶なのか蜂なのか見分けが難しいので，一括して扱います。唐鏡では，図25のように，蝶と蜂の区別がつくばあいがあります。すべてではありませんが。

1）唐の昆虫

唐代の文物には，昆虫がしばしば登場します。前代までは，特殊な昆虫，たとえば蟬が造形化されることはありましたが，あまり例を見なかった。昆虫を描く，これは唐代に特有の現象であり，正倉院に昆虫図像が多いのは唐文化の影響なのではないでしょうか。唐人たちも昆虫好きだったようで，唐鏡には多くの虫があらわされています。チョウ，ハチ，トンボが３傑。

鏡背に昆虫があらわされるようになるのは初唐の海獣葡萄鏡（かいじゅうぶどうきょう）からで，盛唐になると，鳥獣旋回鏡，対鳥鏡のほか，狩猟紋鏡などにあらわされました。主紋ではなく，あくまでも脇役であります。

これらが自然の中で飛び交う場面もありますが，１匹で単独であらわしたばあいと，２匹が花卉（かき）を挟んで対面する図柄とがあります。後者は吉祥文と似たところがあります。

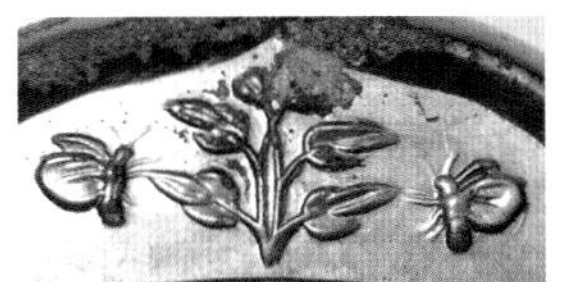

1　蝶(双鳳双獣八稜鏡, 根津美術館蔵)

2　蜂(同)

図25　唐鏡に見える昆虫

2）正倉院の昆虫

『倭名類聚抄』蟲豸類を見ると，和名がついているのは蜻蛉（加介呂布），蟋蟀（木里木里須），蛍（保太流），蟬（世美），蝶（天布），蛾（比々流），蜂（波知），蜘蛛（久毛）くらい。蚊（加）や蚤（乃美）は小さ過ぎて造形の対象にはしにくいでしょうね。このうち正倉院宝物には蝶・蜂・蜻蛉の存在が確認できます。

正倉院には２匹の昆虫が対面する構図はなく，風景の中を飛び交っている類（ａ類）と，装飾として意図的に配したもの（ｂ類）とに分けて捉えられます。

碧地金銀絵箱（中倉151第25号，図26－2）　蓋にチョウとカゲロウのような虫が，底裏には２羽の飛鳥の間にチョウが描かれている。ｂ類

蘇芳地金銀絵箱（中倉152第27号，図26－3）　底板にチョウ，ハチ，トンボが見える。ａ類

銀壺（南倉13甲，図26－1）　側面に線刻した12人の騎馬人物の周りをチョウが飛び交う。ａ類

檜彩絵花鳥櫃（南倉171，図26－5）　ａ類

呉竹竽（南倉108第１号，図26－4）　ｂ類

なお，昆虫を表現することは弥生時代の銅鐸にもありました。カマキリ，トンボ，ミズスマシなどが認められます。ただしこのばあいは，農作物の豊穣を祈願する意味合いが濃く，美術表現としてではありません。

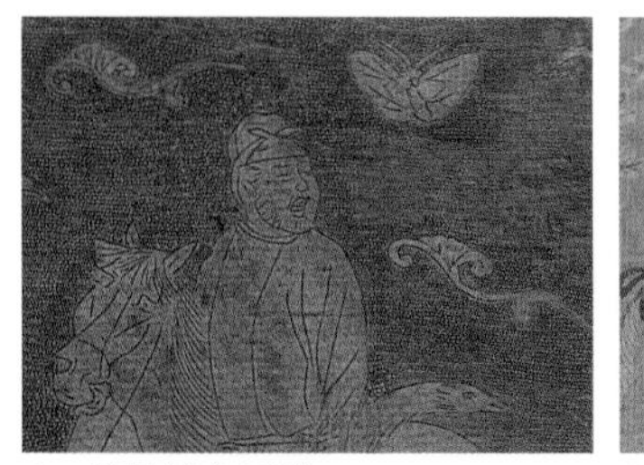

1　銀壺(南倉13甲)

2　碧地金銀絵箱(中倉151第25号)

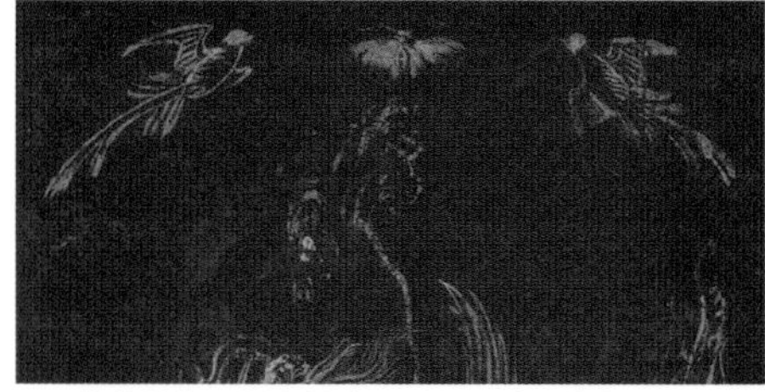

3　蘇芳地金銀絵箱(中倉152第27号)　底裏

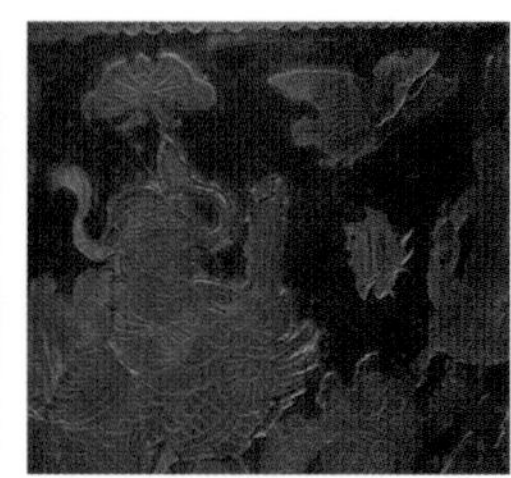

4　呉竹竿(南倉108第１号)

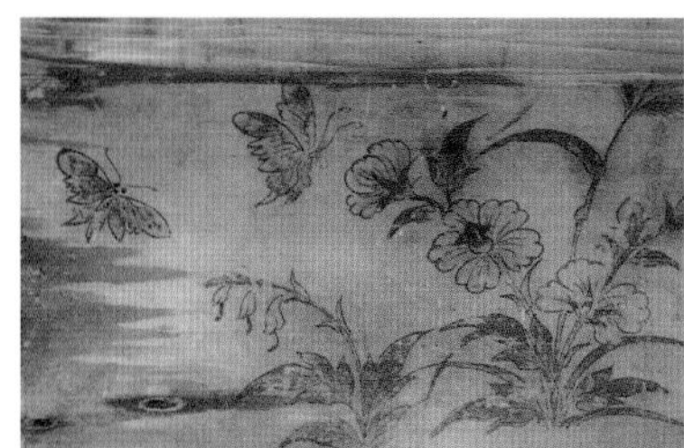

5　檜彩絵花鳥櫃(南倉171)

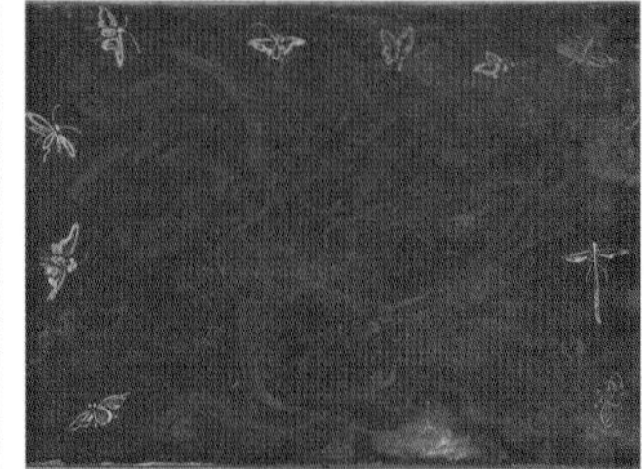

6　蘇芳地金銀絵箱(中倉152第26号)
底裏

図26　正倉院宝物に見える昆虫

7　火舎の脚と柄香炉の鎮

1）火舎

『正倉院展』の解説は「火舎とは香炉のことであるが，実際には手あぶり，火鉢として用いられたのであろう」としますが，暖を採るための火鉢ではなく，仏前で香を焚く香炉の一種でありましょう。正倉院には４合があり，すべて中倉に収められています。

白石火舎（中倉165第２号，図27－1）　２口が対になる。炉は大理石製，５本の獣脚は金銅製。後脚で立ち上がり，尾を立てたうしろ向きの獅子を象る。

金銅火舎（中倉165第３号，図27－2）　銅鋳造に鍍金。脚は５本，角のある怪獣頭部を象り，その口より獣足をつくりだしたもの。

白銅火舎（中倉165第４号，図27－3）　炉は白銅製，脚は３号を模した後補。

第２号の脚はうしろ向き，全身像の獣で両肢をそろえますが，第３号はまえ向きの顔から直接脚が生える造形，肢が１本のみの不思議な形です。

中国において，火炉を獣脚で支え蓋をかぶせた「薫炉」がいくつか出土しています。

たとえば，

陝西省臨潼慶山寺出土（臨潼県博物館蔵）「鎏銀虎腿獣面環銅薫炉」（図27－4）　慶山寺塔下の主室前方中央に置かれていた香炉。舎利を埋置した際に執り行われた儀式で用いたもの。口径13.5cm，獣面の口から出た獣足６本で炉を支えている。舎利は開元29年（741）に埋納された。

白鶴美術館蔵「金銅透彫獣脚香炉」　八角形の火炉に八角形の蓋がのる。稜角のところに獣脚と遊鐶をくわえた獣面を交互につける。すなわち脚は４本である。内径14.6cm。

などです。いずれも蓋があり，脚は６本ないし４本，獣の口から１本の脚が出る正倉院第３号のタイプ。正倉院のばあいは４例ともに５脚でありました。中国の５脚薫炉を探したところ，唯一，陝西省扶鳳法門寺地宮「鎏金臥亀蓮花紋雑帯五足銀薫炉」を見つけました。これは５脚ですが，９世紀に下がります。

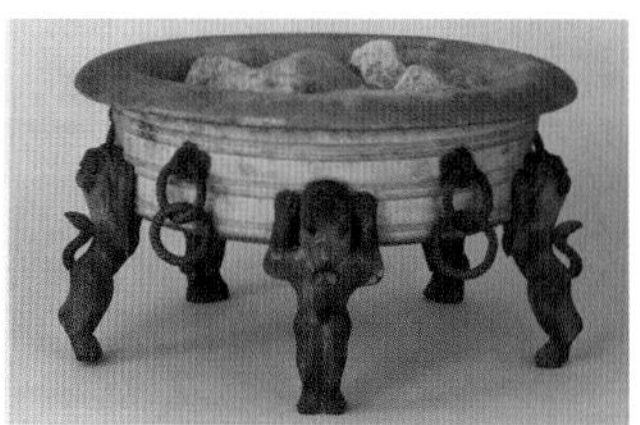
1　白石火舍(中倉165第2号)

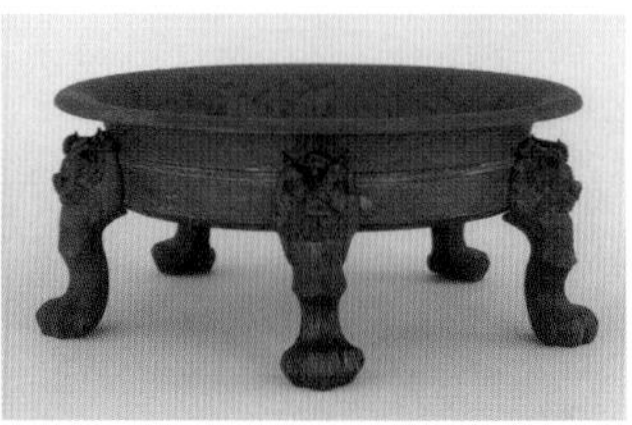
2　金銅火舍(中倉165第3号)

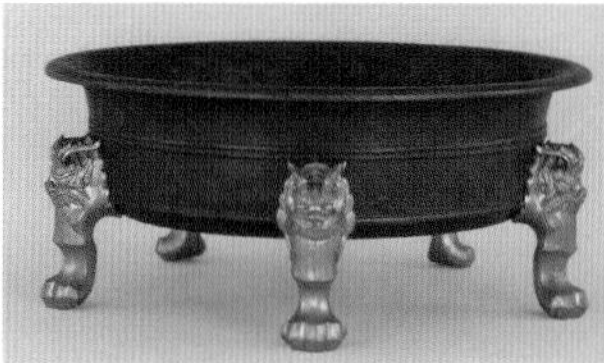
3　白銅火舍(中倉165第4号)

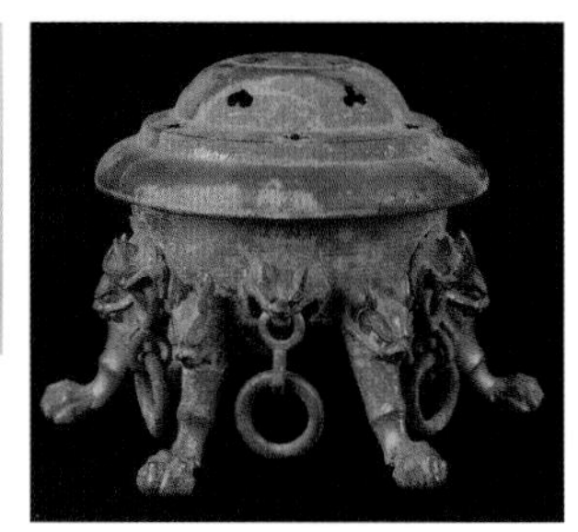
4　鎏銀虎腿獣面環銅薫炉(慶山寺出土)

図27　火舎と薫炉

2）柄香炉

柄香炉(えごうろ)は，僧侶が法会(ほうえ)などの際に，手に持って仏前で焼香するのに用いる長柄の香炉。正倉院には5口伝存し，すべて南倉にあります。

紫檀金鈿柄香炉(したんきんでんのえごうろ)（南倉52第5号，図28－1）

黄銅柄香炉(おうどうのえごうろ)（南倉52第1号，図28－2）　銅75%，亜鉛20%，鉛5%の合金製。柄の端部がL字形に曲り，その上に獅子を象った鎮子(ちんす)を置いている。

白銅柄香炉(はくどうのえごうろ)（南倉52第4号，図28－3）

赤銅柄香炉(しゃくどうのえごうろ)（南倉52第2号・第3号）　2口ある。第2号は鵲尾形柄香炉(じゃくびがた)という形式で，鎮子はない。

薫炉と同様，中国において出土品が知られます。

湖南省長沙赤峰山2号墓出土柄香炉

河南省洛陽龍門西山神会和尚墓出土柄香炉　炉・台・柄の3部分から成る。青銅に加彩してある。柄の端に置いた獅子鎮にのみ鍍金してある。長41.0cm。禅宗第七祖の神会和尚の墓で，永泰元年（765）に埋葬された。
白鶴美術館蔵「金銅獅子鎮柄香炉」

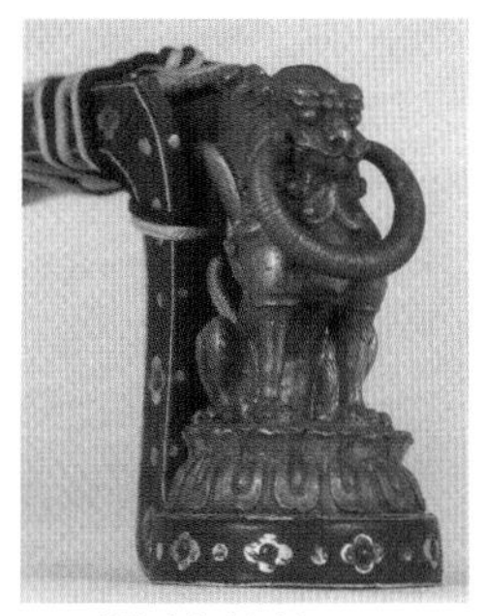

1　紫檀金鈿柄香炉（南倉52第５号）

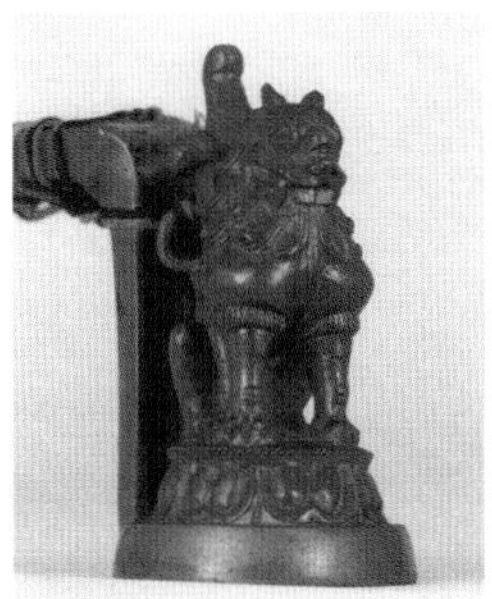

2　黄銅柄香炉（南倉52第１号）

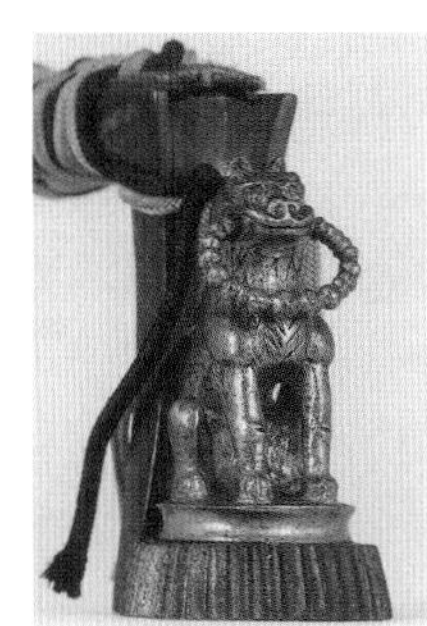

3　白銅柄香炉（南倉52第４号）

図28　柄香炉の鎮

8｜想像上の動物

正倉院は空想動物園ですから，実在する動物だけではなく，想像上の動物や複合的な動物も見ることができます。動物闘争意匠や狩猟場面もある。狩猟場面以外，当時の日本人は見たこともないはずですから，これらがあらわされた器物は舶来の品であった可能性が高い，といえるでしょう。もちろん，遣唐留学生などがもたらした粉本を忠実に写した可能性も考慮しなければなりません。

1）鳳凰

正倉院宝物にあらわされた架空動物のうち，その数の最も多いのは鳳凰でしょう。代表的なものを挙げます。

紅牙撥鏤尺（**北倉**13，図29－6）　甲・乙の２枚があり，鳳凰は乙に見える。

漆背金銀平脱八角鏡（**北倉**42第12号，図29－5）　鏡背の紋様は３圏に分けて配されている。内圏は団華風の花唐草，中圏は花喰鳥や蝶・草花，外圏は花枝をくわえた鳳凰と花卉で飾ってある。

紫地鳳形錦御軾（**北倉**47第１号，図29－1）　外側の錦は緯錦で，紫地に葡萄唐草紋を円環状に回し，その中に１羽の鳳凰を入れ主紋とする。これを並べ，間に唐花を配する。

銀薫炉（**北倉**153，図29－2）　銀製球形の香炉。蓋と身をそれぞれ半球形につくり，合わせる。径18.0cm。紋様を線刻して，間地を透してある。鳳凰は蓋にあらわされている。

礼服御冠残欠（**北倉**157，図29－3）　聖武太上天皇と光明皇太后，孝謙天皇が大仏開眼会に被った御冠の残欠。部分的に純金が用いられているが，鳳凰形２片は金銅製。

金銀平脱皮箱（中倉138第５号，図29－4）　面取りのある被蓋造の漆皮箱。蓋の外面と身の側面に花喰鳥，蓋中央に花枝をくわえた鳳凰を平脱であらわす。

蘇芳地金銀絵箱（中倉152第27号，図29－8）　床脚のついた印籠蓋造りの木箱。身の裏面中央に蘇芳地に金泥で綬をくわえ飛翔する鳳凰を描いてある。

漆金薄絵盤（南倉37）　仏前に供えて香を焚く炉盤の台座である。岩座の上に各段８枚の蓮弁を４段積み上げて，大きく花開く蓮花をかたどってある。蓮弁はクスノキ材を削り出してつくり，漆を塗った上に白色の下地を施し，金箔および多彩な顔料を用いて表裏両面に種々の紋様をあらわしてある。甲号・乙号の２点があり，双方の蓮弁に，色絵でさまざまな図様を描いてある。鳳凰もそのひとつ。

赤地鳳凰唐草丸文臈纈絁（南倉148第63号－1，図29－7）　葡萄唐草で縁どった円環の内部に鳳凰を入れた構図。

金銅鳳形裁文（南倉163，図29－9）　１枚の銅板から切り透した鳳凰形。総高78.5cmと大振りである。表裏とも細部を線刻であらわし，全面に鍍金してある。珠をくわえる。

幢幡鉸具（どうばんこうぐ）　金銅鳳凰形裁文（こんどうのほうおうがたさいもん）（南倉165第１号）　薄い金銅板に鏨（たがね）で紋様を透彫した飾金具。中央に対面する２羽の鳳凰を置き，周囲に唐草などを配する。

以上のほか，鏡の背紋に多く見えますが，それらについてはⅢ章で扱いますのでここでは触れません。

次ページの図29のように写真を並べてみると，左向きが７に対して右向きは２，このことに何か意味があるのでしょうか。４だけ見返りの姿勢をとっています。

ところで，鳳凰はキジ目キジ科のカンムリセイラン *Rheinardia ocellata* に形態が似ており，鳴き声も「鳳凰」といっているように聞こえるので，この鳥がモデルであるとする説がありますが（柿澤亮三ほか「鳥の羽毛と文様」『正倉院紀要』第22号，2000年），そうは問屋が卸さない。私はかつて「鳳凰と朱雀に違いはあるか」（『古事　天理大学考古学・民俗学研究室紀要』第９冊，2005年）において，歴史的鳳凰像を追究したことがあります。結論は林巳奈夫「鳳凰の図像の系譜」（『考古学雑誌』第52巻１号，1966年）で述べられていることにつきる，つまり鳳凰は「鸞」の一種で，種々の鳥が持つ特徴を寄せ集めて創り出した，想像上の瑞鳥と考えるべき，に落着しました。

正倉院の鳳凰図像に共通する特徴を挙げると，

頭に冠羽を頂く→孔雀

尾が長く，先が広がっている→孔雀

大きな翼を広げ，足を踏ん張り，今にも飛び上がろうとしている→鷹

目をカッと見開き，前方を凝視している→鷹

どうやらベースは孔雀と鷹にあるようです。

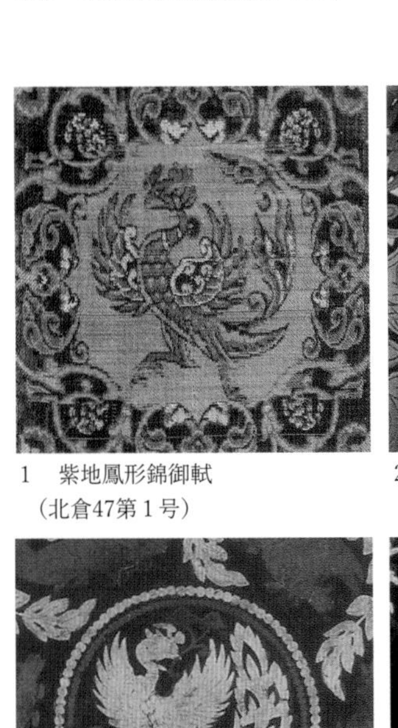

1　紫地鳳形錦御軾
（北倉47第１号）

2　銀薫炉
（北倉153）

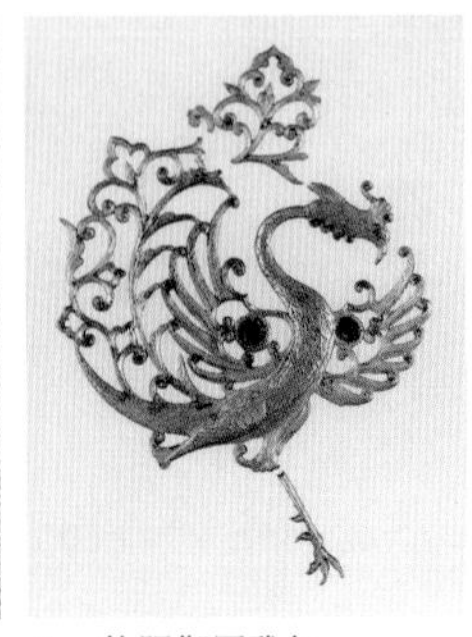

3　礼服御冠残欠
（北倉157）

4　金銀平脱皮箱
（中倉138第５号）

5　漆背金銀平脱八角鏡
（北倉42第12号）

6　紅牙撥鏤尺
（北倉13乙）

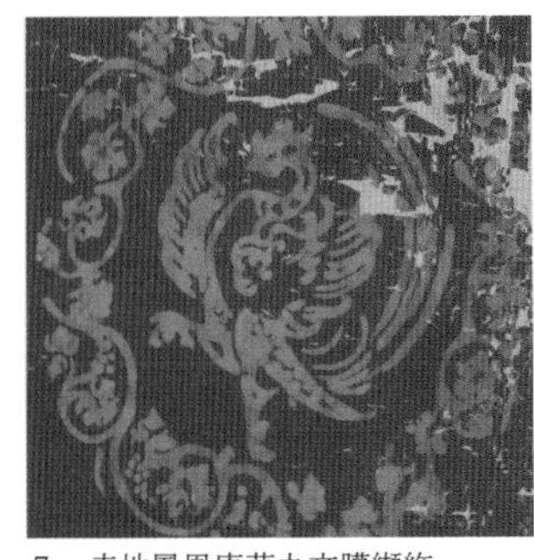

7　赤地鳳凰唐草丸文臈纈絁
（南倉148第63号－1）

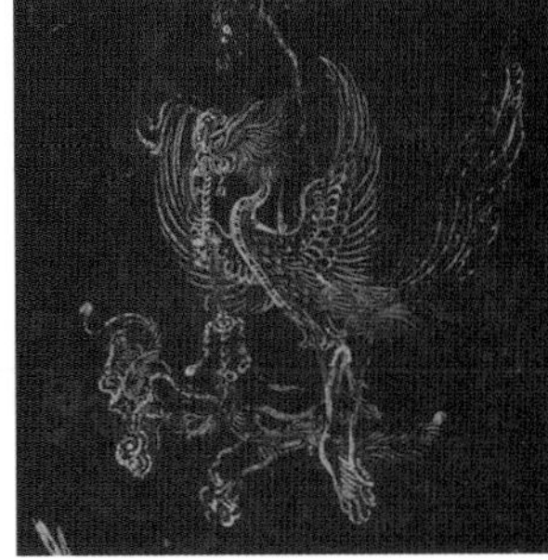

8　蘇芳地金銀絵箱
（中倉152第27号）

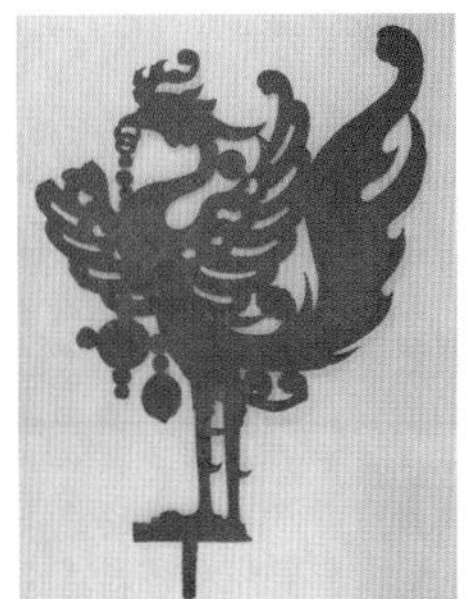

9　金銅鳳形裁文
（南倉163）

図29　鳳凰

2）咋鳥紋

「咋（さく）」は口中に積むの意から転じて，嚙むこと，喰うことを意味します。石川県羽咋市をご存じですか。羽咋は「はくい」と読みます。かつてこの辺の領民を苦しめていた怪鳥がおり，垂仁（すいにん）天皇の皇子磐衝別命（いわつくわけのみこと）がこの怪鳥を退治するのですが，このとき皇子が連れていた３匹の犬が怪鳥の羽を喰い破ったという伝説があり，これが地名となったそうです。

咋鳥紋は鳥が嚙むモノによって「含綬鳥」と「花喰鳥」にわかれます。含綬鳥は鳳凰や鸚鵡などの霊鳥が綬帯を口にくわえるか，または頸に巻きつける。花喰鳥は綬帯ではなく花枝をくわえた鳥であります（井口喜晴「正倉院文様にみる東西文化交流ー西方から来た含綬鳥文様と花喰鳥文様ー」『歴史と地理』430，1991年）。両者は，その姿態はもちろん，生成の過程が異なるようなので，区別する必要があります。

綬帯とは紐（リボン）または帯状の飾りで，色，生地，質，長さを違えて身分の上下を示す表象としました。含綬鳥はこの綬帯を鳥が口でくわえるか頸に巻いたもので，湖南省長沙市砂子塘１号墓の漆棺や馬王堆（まおうたい）１号墓の帛画（はくが）に見えますから，前漢（中国では西漢）初期にすでにあったことになります。中国の伝統的な図像なのですね。後漢になると，鳥ばかりでなく，龍・虎・馬・鹿・亀などの動物がリボン・帯・璧・花の実などをくわえ，あるいは頸に巻いた図像が画像石・石闕（せつけつ）・石棺などにあらわされました。

一方，花喰鳥はササン朝ペルシア生まれといわれ，西域を経て伝わった意匠です。中国では南北朝時代のころから図像にあらわされました。くわえているのは草花が基本です。

唐代になると両者が融合するようになり，正倉院には含綬鳥と花喰鳥およびそれらが混在する図像がいくつか認められます。

ｉ　含綬鳥

緑牙撥鏤尺（りよくげばちるのしやく）（**北倉**14乙，図30）　３種の含綬鳥があらわされている。

螺鈿紫檀阮咸（**北倉**30）　槽（胴部の背面）に２羽の鸚鵡が旋回する。

花鳥背八角鏡（**北倉**42第14号）　２羽の鸚鵡が鏡背いっぱいに右廻りに

旋回。

金銅鳳形裁文（南倉157）

下の３点は双鳥および鳳凰の項で既出。１羽が単独で綬帯をくわえたものと，２羽がひとつの綬帯を両側からくわえるものの双方があります。

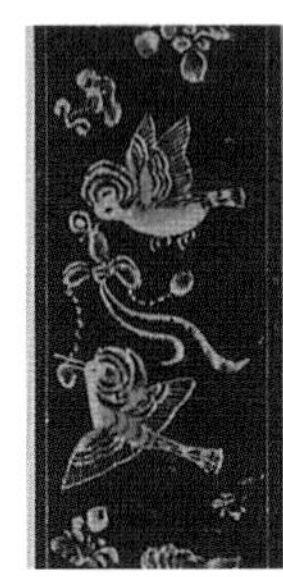
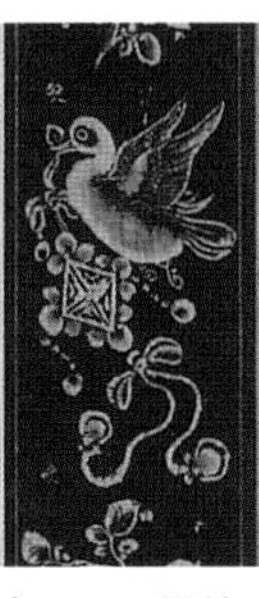
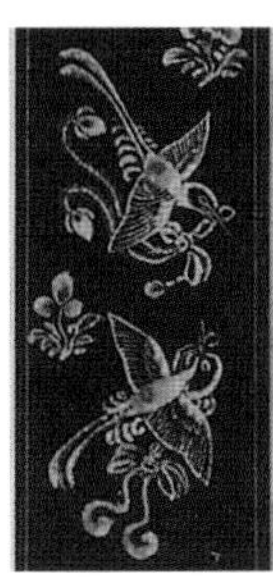

図30　含綬鳥　緑牙撥鏤尺（北倉14乙）

ii　花喰鳥

１羽単独のばあいと，２羽が対面して１本の花枝をくわえたばあいとがあります。

紅牙・紺牙撥鏤棊子（**北倉**25，図31）　撥鏤技法で飾った象牙製の碁石。径1.7cmほどで，両面に単独の花喰鳥をあらわしてある。紅牙が132枚，紺牙が120枚残っている。

金銀平文琴（**北倉**26）　桐材，黒漆塗りの七絃琴。表面には方形枠内に樹下で奏楽飲酒する場面，枠外に山岳・花鳥・樹下仙人などを平文であらわす。裏面上段に枠で囲んだ銘文，中央に双龍，下段に花卉などをあらわす。銘文により開元23年（735）の作と考えられる。

碧地金銀絵箱（中倉151第25号）　箱の外側は明度の高い青を塗り，濃い青と金銀泥で草をふくむ１対の鳥を中心に蝶や草花などを描いてある。

木画紫檀双六局（中倉172）　側面に童女をのせた鳥が木画で描かれており，その鳥が花枝をくわえている。

紫檀木画槽琵琶（南倉101第２号）　槽の表面を木画で飾る。主紋は花葉紋であるが，縁に沿って飛翔する４羽の鳥が長大な花枝をくわえている。

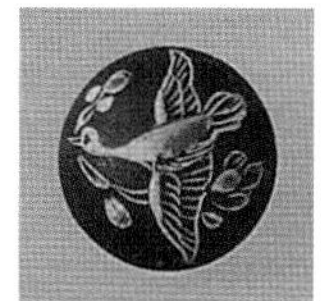
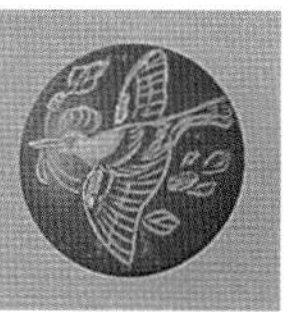

図31　花喰鳥　紅牙・紺牙撥鏤棊子（北倉25）

3）人面鳥は迦陵頻伽か

迦陵頻伽（かりょうびんが）とは梵語Ksalavinkaの音訳で，インド神話が産み出した想像上の鳥です。美しい声をもつ雅な鳥という属性を付与されていますが，なぜ人面なのかについて，神話は何も語っていません。仏教美術にあらわれる上半身が人，下半身が鳥という姿の動物がこの迦陵頻伽であるとする考えが，今日では一人歩きしていますが，はたして是でありましょうか。ここでは「人面鳥」と呼んでおきましょう。

人面鳥図像はまず初唐に西域の仏教美術にあらわれ，東漸（とうぜん）するとともに，盛唐になると，墓の壁画や世俗の器物にもあらわされるようになりました。奥田理趣「迦陵頻伽とその図像」（『古事　天理大学考古学・民俗学研究室紀要』第16冊，2012年）が総合的に検討していますので，詳しくはそちらをご参照ください。

正倉院宝物にも人面鳥図像がいくつか認められます。

螺鈿紫檀琵琶（らでんしたんのびわ）（**北倉**27，図32－1）　腹板に螺鈿で人面鳥を表現。

紅牙撥鏤尺（中倉51第4号，図32－2）　中倉には紅牙撥鏤尺が4本収蔵されているが，そのうちのひとつ。表面の5寸分を1区画として人面鳥と花卉，含綬鳥をあらわす。

金光明最勝王経帙（こんこうみょうさいしょうおうきょうちつ）（中倉57，図32－3）　金字金光明最勝王経一部十巻を包むための帙。中央のサソリのように見えるのが人面鳥。天平14年(742)の紀年がある。

漆金薄絵盤（南倉37甲号・乙号，図32－5）　鳳凰の節で既出。人面鳥は3体あり，それぞれ姿態に違いがある。

呉竹芋（南倉108第1号，図32－4）　長短17本の竹管を，木製の壺に円形に植え，側面にとりつけた吹管で吹奏する楽器。笙(しょう)と同形だが，総長78.8cmと大きい。壺側面の２方に平文で迦陵頻伽をあらわす。

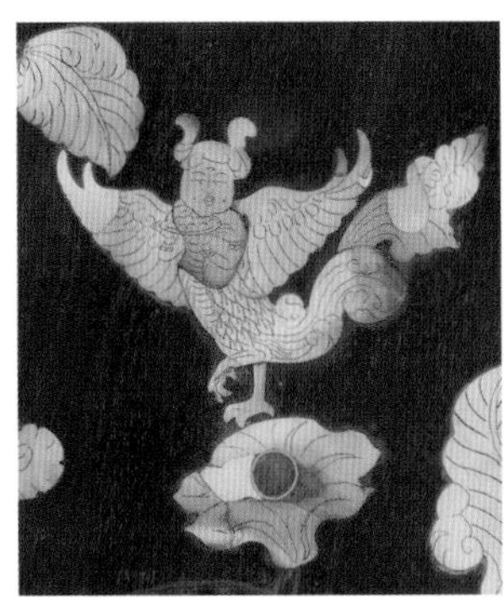

1　螺鈿紫檀琵琶（北倉27）

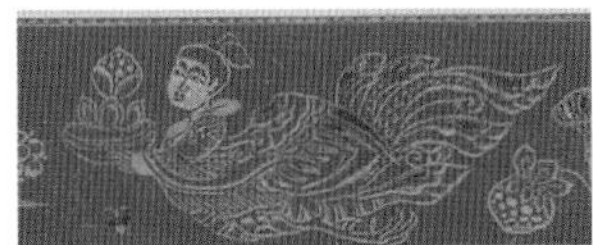

2　紅牙撥鏤尺（中倉51第４号）

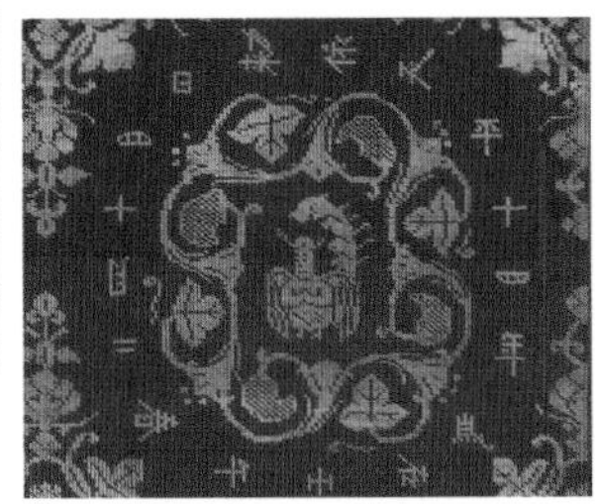

3　金光明最勝王経帙（中倉57）

4　呉竹竽（南倉108第１号）

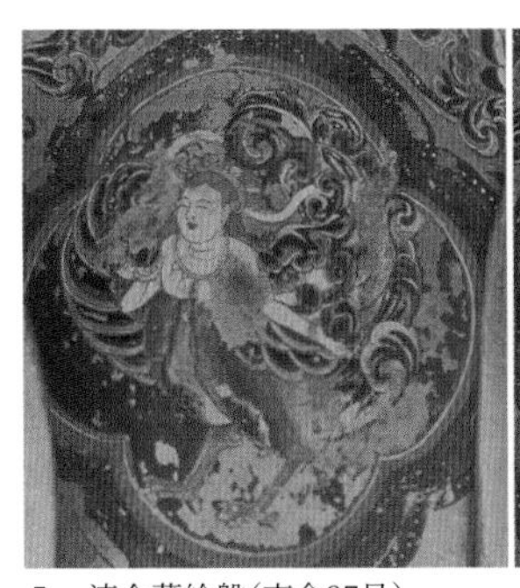

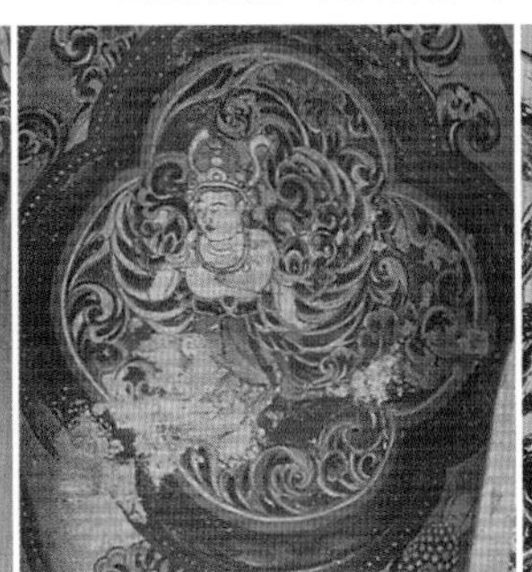

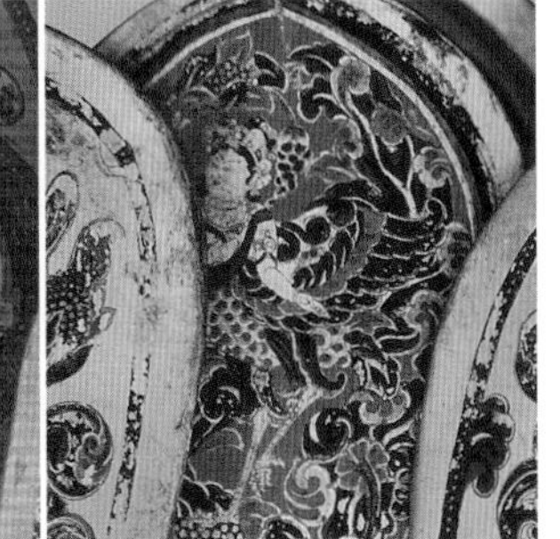

5　漆金薄絵盤（南倉37号）

図32　正倉院の人面鳥

正倉院以外にも，以下の諸例が知られます。平安時代になるともっと多いのですが，それらについてはここでは触れません。

奈良県五條市栄山寺八角堂西側貫
奈良県葛城市当麻寺(たいまでら)「当麻曼荼羅図」

ところが，初唐期に位置づけられる「瑞獣銘帯鏡(ずいじゅうめいたいきょう)」の人面鳥はちょっと違います（図33－1)。上半身がヒトの姿で，前合わせの中国風の衣裳を着，頭上に冠をかぶり，男性と思われるのです。しかも両翼と下半身が鳥形で，手がないので何も持てず，空中を飛翔しているかのように脚を後方に伸ばしているのです。

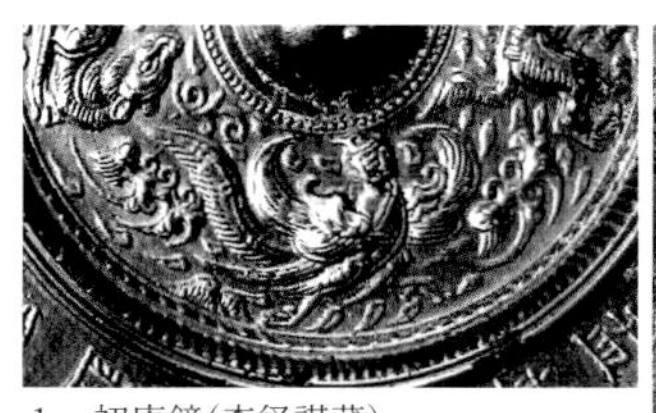
1　初唐鏡(李径謀蔵)

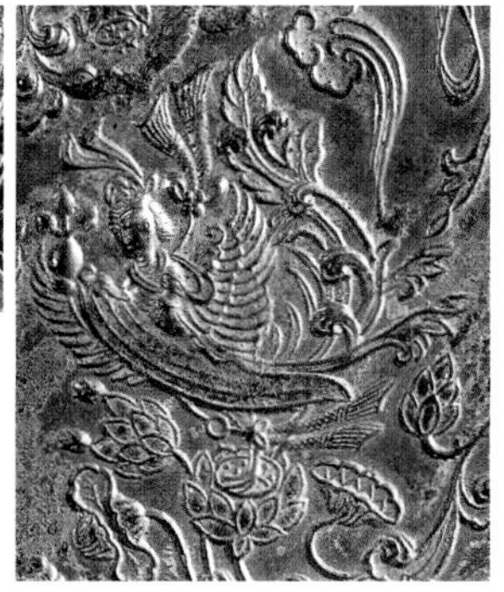
2　盛唐鏡(五島美術館蔵)

図33　唐鏡の人面鳥

表2　人面鳥をあらわした初唐鏡

所蔵者	鏡種	径(cm)	銘文	内区	文献	名称
東馬三郎	瑞獣銘帯鏡	19.3	霊山孕珏	獣３鳥２＋人面鳥	大観22	狻猊飛禽迦陵頻伽文鏡
李径謀	瑞獣銘帯鏡	12.3	明斉満月	獣２鳥１＋人面鳥	唐詩６	明斉満月銘神獣鏡
不明	瑞獣銘帯鏡	12.3	明斉満月	獣２鳥１＋人面鳥	止水集２	
不明	瑞獣銘帯鏡	11.5	光流素月	鳥３＋人面鳥	賞玩155	光流素月瑞獣鏡
陳学斌	瑞獣銘帯鏡	11.4	光流素月	鳥３＋人面鳥	止水集３	
含水居	瑞獣銘帯鏡	11.0	光流素月	鳥３＋人面鳥	含水居３	迦陵頻伽銘帯鏡

表２文献略称

含水居：奈良文化財研究所飛鳥資料館『含水居蔵鏡図録』(東アジア金属工芸史の研究２，奈良文化財研究所飛鳥資料館，2002年)

止水集：王綱懐『止水集　王綱懐銅鏡研究論集』(上海古籍出版社，2010年)

賞玩：姚江波・邱東聯『中国歴代銅鏡賞玩』(湖南美術出版社，2006年)

大観：梅原末治『唐鏡大観』(京都帝国大学文学部考古学資料叢刊第３冊，美術書院，1945年)

唐詩：王綱懐・孫克譲『唐代銅鏡与唐詩』(上海古籍出版社，2007年)

盛唐鏡にも人面鳥があらわされました。こちらの方は，五島美術館蔵「迦陵頻伽文八花鏡」（図33－2）のように，髷を結い，時に乳房が表現されているように女性であり，ヒトの両手を備えていて供物らしきものを奉じています。

初唐鏡の人面鳥は，漢代から盛んに造形化された「千秋万歳」の系譜を引く人面鳥であり，盛唐鏡にあらわされたヒトの手を有し，供物をもつ人面鳥こそ迦陵頻伽である，といえるのではないでしょうか。とすれば，正倉院の人面鳥はすべて迦陵頻伽となります。

4）獣頭鳥身にして蹄脚の動物

体軀は鳥だが馬，あるいは鹿のような頭と脚足を持つ，不思議な動物の図像が１点正倉院にあります。

紅牙撥鏤撥（**北倉**28，図34－1）　螺鈿紫檀琵琶（**北倉**27）に附属する撥。表面上部にあらわされた「馬頭の鳥」がそれである。頭は馬に似ているが頭頂部に１本角が生え，鳥身，蹄脚は二股にわかれるので偶蹄目である。両翼をやや開き気味にして胸を反らし，片足を持ち上げ，１本足で蓮華座の上に立っている。

この動物図像が何をあらわしているのか，ほかに類例があるか，調べたことがあります（「獣頭・獣脚にして鳥身の動物図像をめぐって」『古事　天理大学考古学・民俗学研究室紀要』第12冊，2008年）。その結果，同じ獣頭・鳥身・獣脚であっても，正倉院例のように蹄脚のばあいと，爪を顕わにした猛獣の脚のような表現の両種のあることがわかりました。

蹄脚のものとして，

ボストン美術館蔵「馮邕妻元氏墓誌」	北魏正光３年（522）
ミネアポリス美術館蔵「元謐石棺」	北魏正光５年（524）
西安碑林博物館蔵「苟景墓誌」	北魏永安元年（528）
天理大学附属天理参考館蔵「爾朱紹墓誌」	北魏永安２年（529）
洛陽古代芸術館蔵「石棺」	北魏後期
河北省磁県湾漳墓壁画	この墓は北斉の高洋武寧陵の可能性が高く，とすれば乾明元年（560）の葬である。

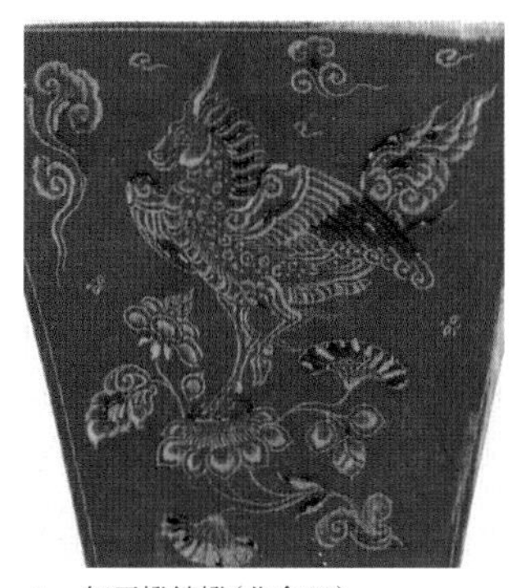

1　紅牙撥鏤撥（北倉28）

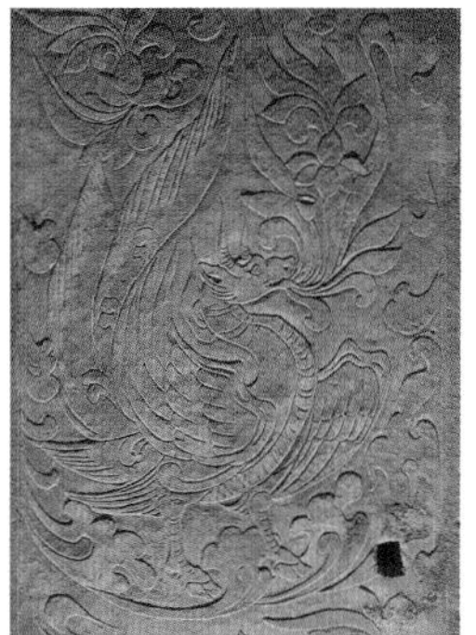

2　徐顕秀墓石門

図34　蹄脚鳥

山西省太原市徐顕秀墓石門（図34－2）	北斉武平２年（571）
ギメ美術館蔵「囲屏石牀」	北斉

などがあります。

獣脚の例として，

洛陽古代芸術館蔵「仙人騎龍騎虎図石棺」	北魏後期
河南省沁陽市出土「囲屏石牀」	北魏後期
河南省「范高暨妻蘇氏墓誌」蓋	隋大業６年（610）
陝西省三原県李和墓石棺	隋開皇２年（582）

が挙げられます。獣頭鳥身で蹄脚あるいは獣脚を有する動物図像は，北魏洛陽期から隋代まで，すなわち北朝の石刻資料に多く，壁画は２例あるに過ぎません。しかも飛翔しているか，片脚で立った姿であらわされております。こうした図像が正倉院の撥と関わるとは思えません。

唐代の例としては以下が挙げられます。

陝西省何家村窖蔵「鎏金飛廉紋六曲銀盤」（図35－1）　中央に有翼の獣が浮彫であらわされ，鍍金が施されている。耳が大きいので牛ではなくむしろロバに近い。頭上に１角を頂く。翼も尾羽も大きく，二股にわかれた蹄を持つ。

陝西省何家村窖蔵「鎏金線刻飛廉紋銀盒」（図35－2）　上とよく似た馬

頭鳥身で蹄脚を持つ動物が蓋に線刻されている。

これらの図を掲載した『花舞大唐春　何家村遺宝精粋』（文物出版社）は，この動物を「飛廉（ひれん）」と見なしています。飛廉とは『楚辞』離騒などに見え，『淮南子（えなんじ）』高誘註は「蜚廉，獣名，長毛有翼」，『漢書』武帝紀の顔師古註は「晋灼曰，身似鹿，頭如爵，有角而蛇尾，文如豹文」および「慶劭曰，飛廉，龍雀也，鳥身，鹿頭」と記します。図35や正倉院の撥の図像とこの飛廉の記事とはまったく異なります。

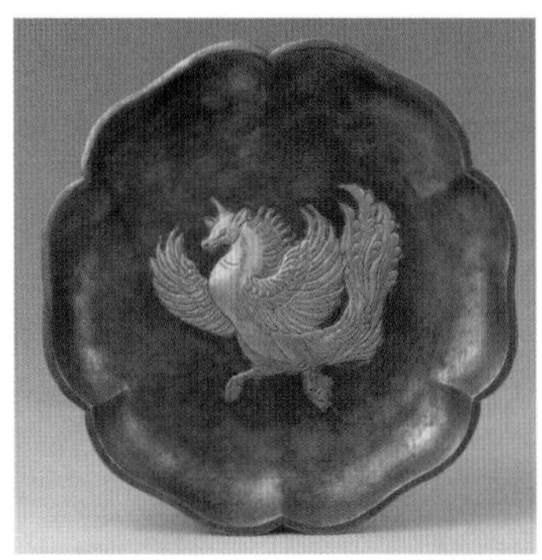

1　鎏金飛廉紋六曲銀盤
（何家村窖蔵出土）

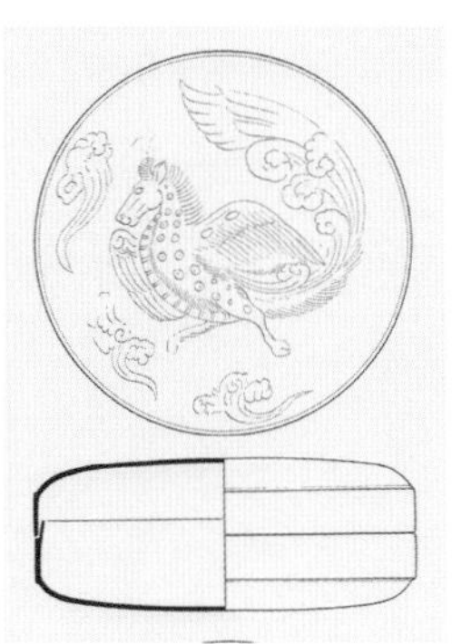

2　鎏金線刻飛廉紋銀盒

図35　唐代金銀器の蹄脚鳥

何家村窖蔵がなされたのは安史（あんし）の乱（755～763年）の際ですが，武則天統治期から玄宗期に至るさまざまな器物1,000点余が含まれています。六弁銀盤は獣頭鳥身の動物部分だけ鍍金した「金銀」の技法を用いており，古い様相を示しています。初唐に製作されたもので，このような図像が正倉院の撥の元となったのでしょう。

5）天馬

正倉院には天馬を表出した鏡が4面ありますが（南倉70），鏡に見える天馬についてはⅢ章「3　天馬がいる鏡」で取りあげる予定ですので，ここでは鏡以外の宝物をご紹介します。考察も後でいたします。

錦道場幡（南倉185第119号，図36−1）　有翼の馬が対面する。

白綾几褥（中倉177第18号，図36−2）　献物几の上敷き。樹下に有翼馬を対称に配置。

これら2者は片側の前肢・後肢を軽くもたげてゆっくり歩く姿であり，これを側対歩（ペーサー）といいます。正倉院宝物以外にも，法隆寺献納宝物「竜首水瓶」に線刻された天馬があり，これも有翼で側対歩の姿勢を採ります。

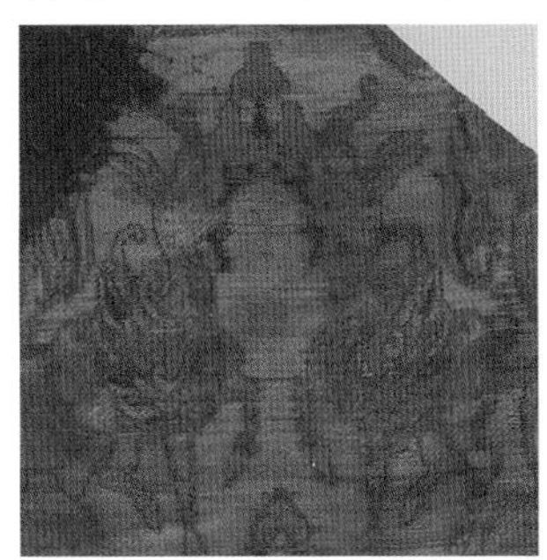

1　錦道場幡(南倉185第119号)　　2　白綾几褥(中倉177第18号)

図36　天馬

6）麒麟

麒麟は中国生まれの想像上の動物，アフリカに生息するジラフとは違います。『説文解字』は麒を「仁獣也麋身牛尾一角」，麟を「大牝鹿也」と解説します。麒は牡，体形は鹿，尾は牛に似て，頭に1本の角があり，麟は牝である，というのですね。これに合致する図像が，

鳥獣背八角鏡（北倉42第3号，図37−1）　対鳥鏡の仲間。

に認められます。体部に鹿に似た斑紋があり，偶蹄目の蹄，1本の角を有します。これこそ麒麟と考えて可なのではないでしょうか。前肢を前，後肢を後にのばし，雲中を飛翔する姿勢（奔駆）を採ります。同様に奔駆する麒麟は，

紅牙撥鏤尺（北倉13乙，図37−2）

馬鞍（中倉12第8号）

に認められます。一方，片側の脚を挙げてゆっくり歩く姿勢の「側体歩」の麒麟も見えます。

紅牙撥鏤撥（**北倉**28，図37－3）　馬のようにみえるが，頭上に１角を有し，胴に斑がある。

金銀平文琴（**北倉**26，図37－4）　尾部小口に２頭が対面するように描かれている。角が２本あるように見えるが，二股になっているのだろう。

紅牙撥鏤尺（中倉51第１号）　歩む姿で顔を正面に向けた馬。頭上に角が生え，胸から天衣のような筋が上へたなびく。

ところで，キリンビールの商標はちょっと不自然な格好をしています。両前肢を前方に伸ばし，右後肢を後ろに蹴って駆けている姿なのに，左後肢だけは前方へ踏み出した姿なのです。これは，Ⅲ章「３　天馬がいる鏡」で触れる，天馬が採る姿勢のうち「速歩」にあたります。天馬をあらわした唐鏡の中でも古い部類，すなわち初唐鏡に限って認められる姿勢です。

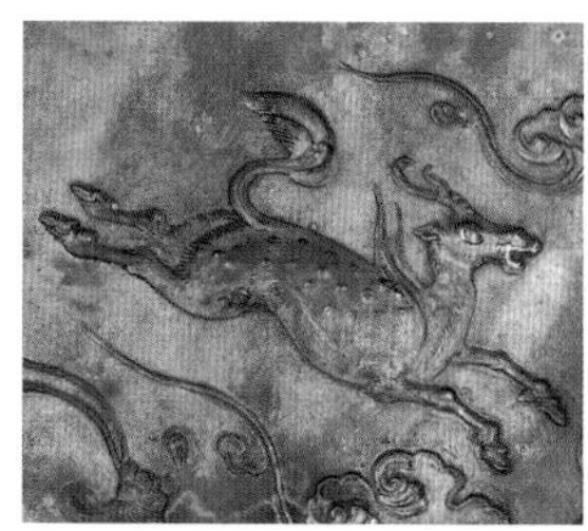
1　北倉第３号鏡

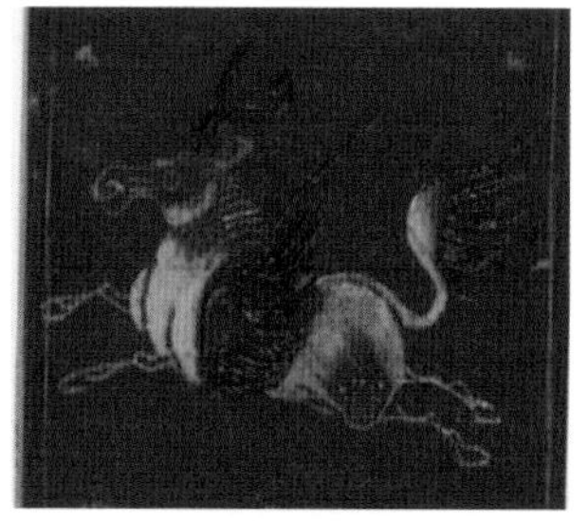
2　紅牙撥鏤尺(北倉13乙)

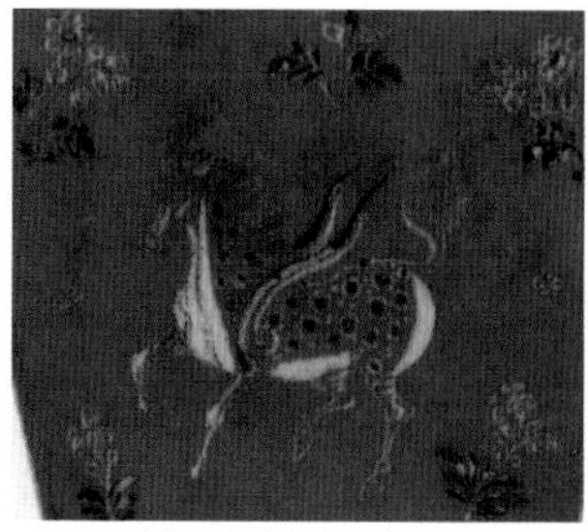
3　紅牙撥鏤撥(北倉28)

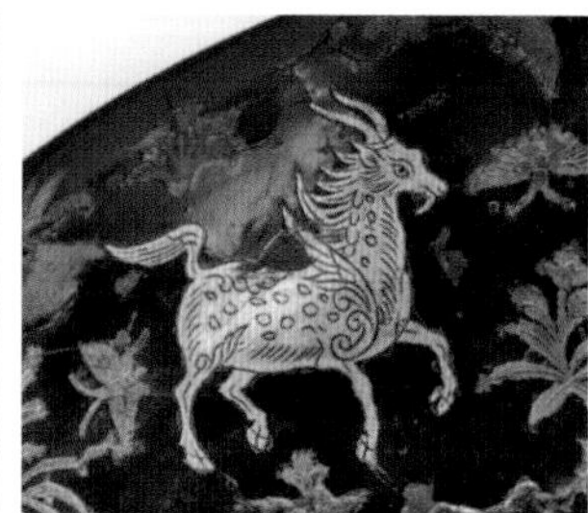
4　金銀平文琴(北倉26)

図37　麒麟

7）龍

正倉院に龍の図像はたくさんあるように思っていたのですが，実は少ない。

金銀平文琴（**北倉**26，図38−2） 毎度おなじみの琴。龍は2尾が琴裏面の中央付近に腹を合わせるようにあらわされている。尾はまっすぐ後方に伸ばす。

槃龍背八角鏡（**北倉**42第16号） かなり特異な鏡で，八花形をしていて，外縁のすぐ内側に八卦を陽出した銘文帯が巡る。一段低くした内区の主紋が双龍。亀の形をした鈕をはさんで2匹の龍が頭位を上に相対するが，頸を交差している。上下の空間にそれぞれ山岳を置き，間に飛雲を散らしてある。

造鏡下絵（中倉18） 四神のうちの龍，下描きである。

金地龍花文綴錦（中倉202第69号，図38−3） 円環連珠の枠内に2尾の降龍が背中あわせに織り出されている。尾を後方にピンと立てる。

上の他に，四神の一としての龍と十二支の辰が以下に描かれています。

十二支彩絵布幕（中倉202） 麻布を上端に吊り手をつけて暖簾のように仕立ててある。墨線に色つけした十二支のうち，鶏図と竜図が遺るが，竜は下半身だけである。

金銀山水八卦背八角鏡（南倉70第1号） 龍は，鈕の周りの水面と陸の間の，空中を漂っている。

唐鏡に双龍鏡は数面ありますが，このように頸を絡めたものは他に1例知られるのみ。詳しくはⅢ章で取りあげます。

双龍円文綾（南倉179第55号1，図38−1） 「綾羅錦繡雑張　古屛風装古裂」の一部。周囲を二重の連珠円で囲った枠内に双龍を入れてある。龍は昇龍で背を向けあい，上半身は頭を上にもたげて対面する。尾の先端は巻いているが，後脚に絡まることはない。

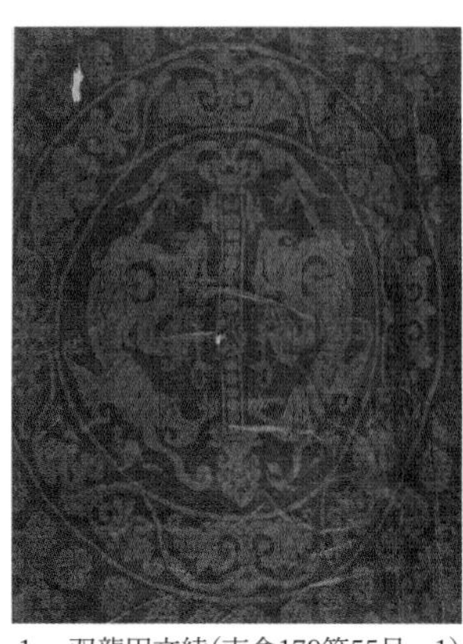

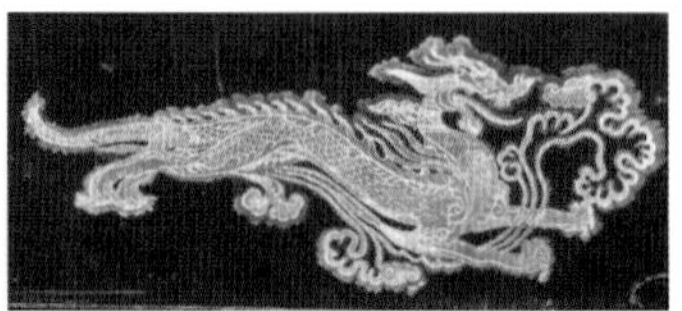

2　金銀平文琴(北倉26)

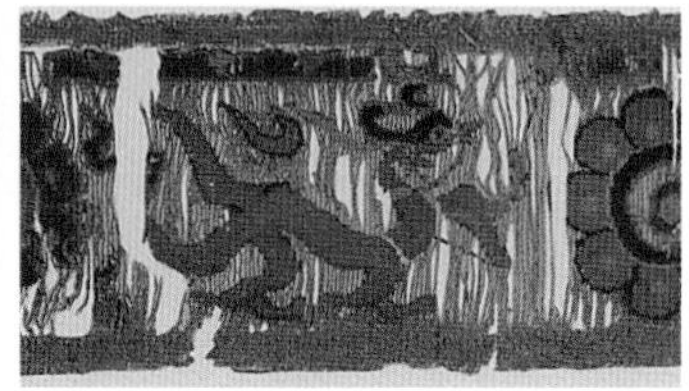

1　双龍円文綾(南倉179第55号－1)　3　金地龍花文綴錦(中倉202第69号)

図38　龍

9　動物闘争意匠

白石鎮子(はくせきのちんす)（**北倉**24，図39－1・2）　縦21.5cm，横30.0cmの長方形で白い石材に四神と十二支の動物を２種ずつ絡み合わせた図像を半肉彫したもの。２頭の動物は，闘争しているのではなく，X字形に重なり合っているだけである。地を雲紋で埋め尽くす。

計８個伝来します。青龍・朱雀，白虎・玄武，子・丑，寅・卯，辰・巳，午・未，申・酉，戌・亥の組み合わせです。裏面が未調整なので，帳の裾を押さえる鎮子（おもし）ではなく，壁に貼るタイルのような装飾部材と考えられます。

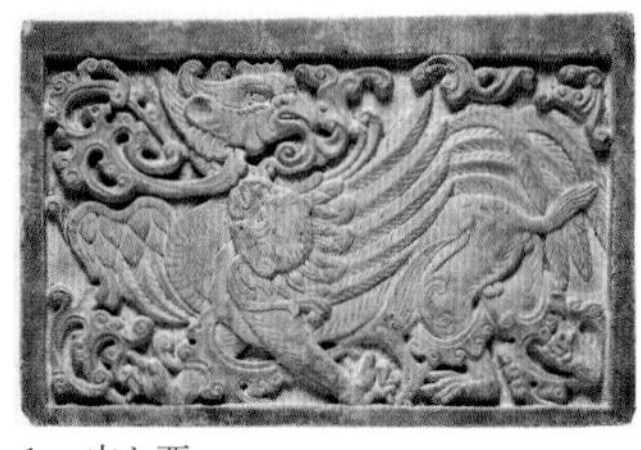

1　申と酉

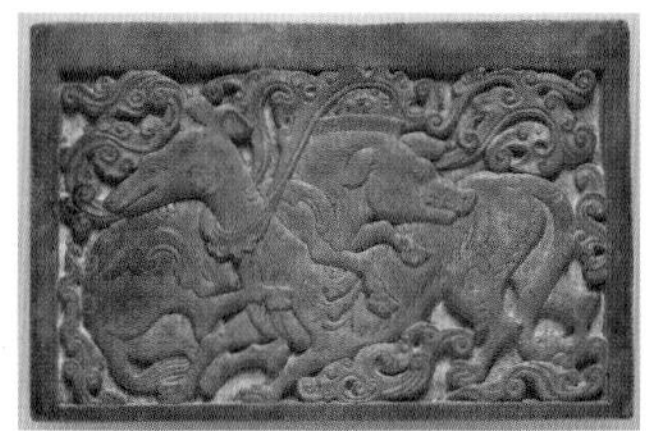

2　戌と亥

図39　白石鎮子（北倉24）

さて，白石鎮子の彫刻技法には特徴があって，同じような浮彫の技法とデザインは北周時代から隋代に認められます。たとえば山西省太原(たいげん)市に所在する虞(ぐ)弘墓石槨(こうぼせつかく)（隋，図40－1）や響堂山石窟(きょうどうさんせっくつ)などです。千石唯司氏蔵の初唐鏡（図40－2）は，素材も違うし，見た感じも異なります。

このような動物闘争意匠は，紀元前6世紀ころスキタイ民族が創出したもので，ユーラシア北方の騎馬民族に特有のものでした。こちらの方は，一方が他方に噛みついているなど，闘争場面をあらわしたものです。

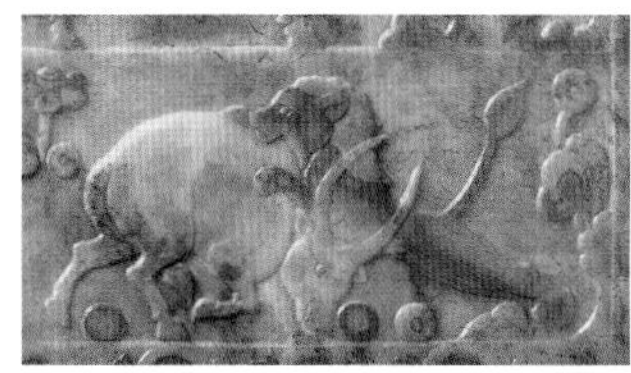
1　山西省虞弘墓石槨

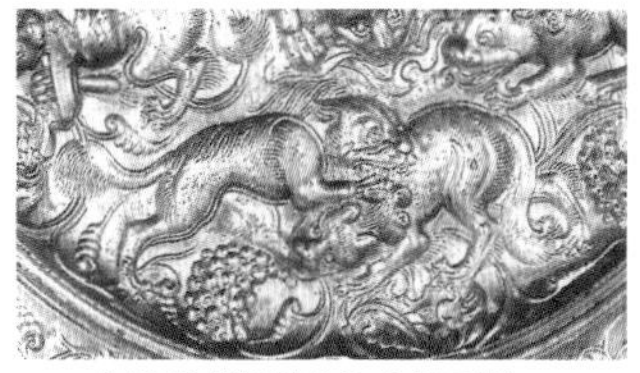
2　走獣葡萄紋鏡(千石唯司蔵)

図40　動物闘争意匠

10｜狩　猟　紋

1）正倉院の狩猟紋

正倉院には騎乗して狩猟する場面を表現した器物がいくつか存在します。そこには当然狩の対象となる動物が描かれている。どのような動物がいるでしょうか。

木画紫檀棊局（**北倉**36）　先に「駱駝」の項で触れたもの。3画面に狩猟紋があらわされているが，騎乗しているのは馬ではなく，何か奇怪な動物である。騎乗した人物が2頭の獣に襲われているところ，襲いかかる動物をまさに弓で射んとしているところが描かれる（図41）。

鸚鵡武屏風(おうむびょうぶ)：臈纈屏風(ろうけちのびょうぶ)（**北倉**44，図41－1）　主紋は上段の吹簫引鳳(すいしょういんほう)と中段の鸚鵡武（オウム）。狩猟紋はそれらの下底部に見える。

銀壺（南倉13甲，図41－3）　鉄鉢形に輪台のついた銀製の器。外面に山野を駆けめぐって猪，羊や鹿などを追う12人の騎馬人物を線刻であらわす。間地には魚々子を密に打つ。底裏の刻銘により元は蓋が附属していたことがわかり，「天平神護三年二月四日」の紀年があり，称徳天皇東大寺行幸の際の献納品と考えられる。

紫檀木画槽琵琶（南倉101第２号，図41－2）　長梨形の胴と曲がった頸をもつ四絃琵琶。主体部はシタン材，絃門と海老尾はツゲ材製である。中央の捍撥には緑青・群青・朱・丹などによる彩絵が描かれている。この捍撥絵は狩猟宴楽図で，上段と下段に獲物の虎を追う騎馬人物，中段には獲物を担い帰路につく人物と宴楽の情景を描き，遠景に山や崖が配される。

嗔面接腰残欠（南倉121第７号）

玻璃装古裂（南倉179新造屛風第７号）　碧地狩猟紋錦である。唐草を外，連珠紋を内側に廻した径40数センチの円形枠内上下に各２組の騎馬狩猟人物をあらわしてある。この単位をいくつか並べた錦の断片。

このような錦の裂は正倉院に多数ありますが，いずれも断片。布地として完全な形のものは法隆寺にあり，「四騎狩猟紋錦」と呼ばれます。

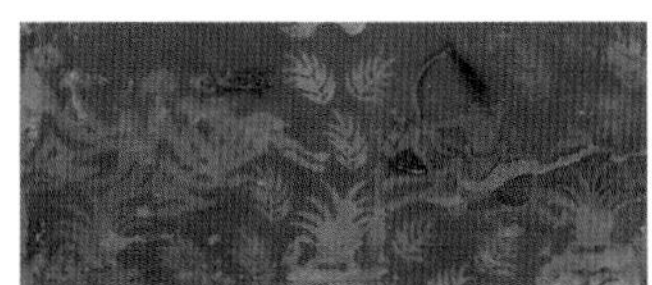

1 鸚鳥武屛風(北倉44)

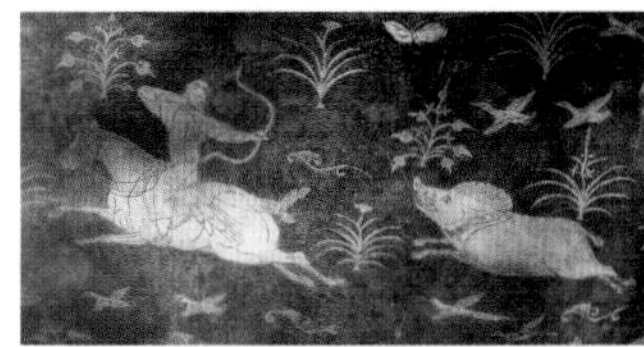

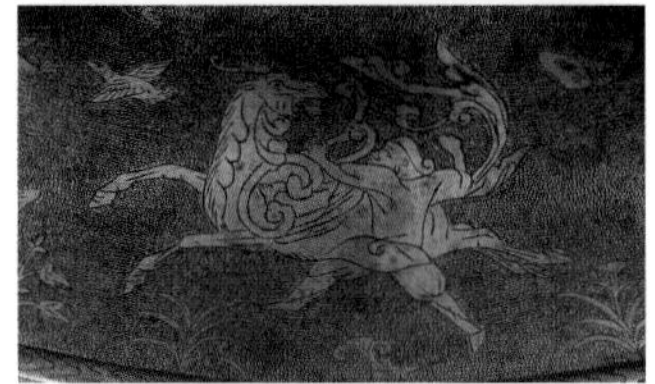

3　銀壺(南倉13甲)

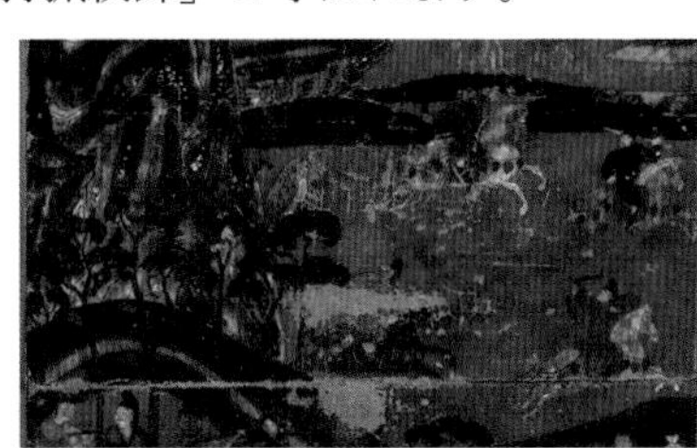

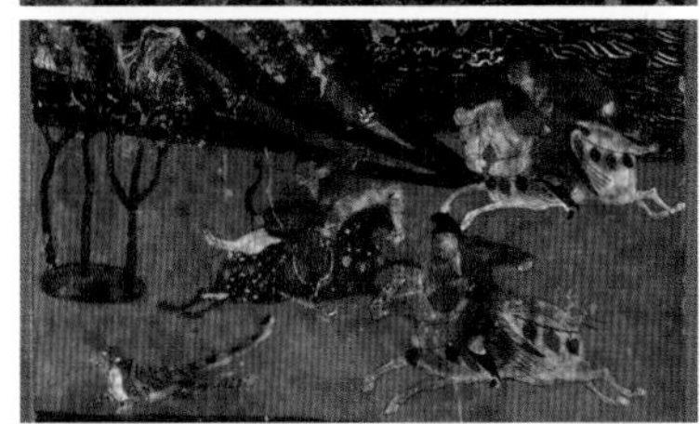

2　紫檀木画槽琵琶　捍撥
(南倉101第２号)

図41　狩猟紋

2）「棒」とは何か

正倉院「木画紫檀棊局」(**北倉**36，図42）の側面には３区画に狩猟場面があり，１では２人の騎乗した人物のうちの１人が棒状のものを右手に持ちます。図像で見る限り50cmほどの長さで全体にやや内彎し，先端が傘の握りのように彎曲，棒の手元に近い部分を握って振りかざしています。２では兎と鹿を追う１人が，また３では闘争する動物に向かう１人が，各々同様な棒を持ちます。騎乗するのは馬ではなく，獅子のような獣です。

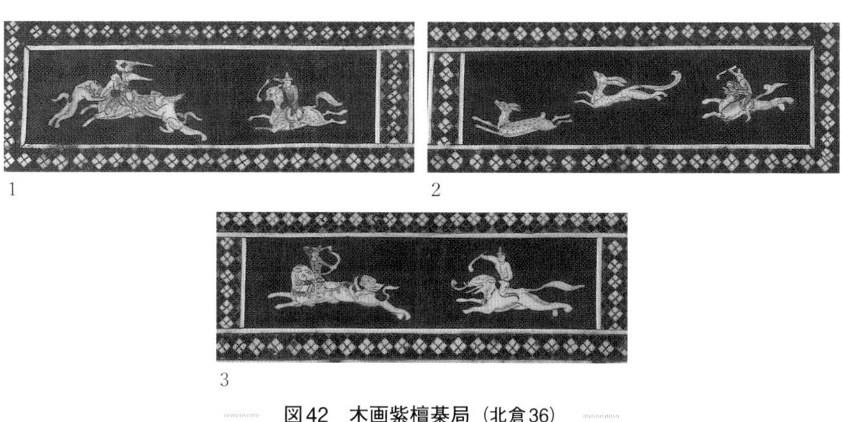

1　2　3

図42　木画紫檀棊局（北倉36）

狩猟鏡にも騎乗した人物がこの棒を持つものが５面あり，４騎いる鏡と，３騎の場合とがあります。

根津美術館蔵「狩猟文八稜鏡」(図43)	八稜形	４騎（弓２，槍１，棒１）
上海博物館蔵「狩猟紋菱花鏡」	八稜形	４騎（弓２，槍１，棒１）
フリア美術館蔵「狩猟紋八稜鏡」	八稜形	３騎（弓１，縄１，棒１）
尊古斉	八稜形	３騎（弓１，縄１，棒１）
廣瀬治兵衛旧蔵「獣鈕狩猟文鏡」	円形	３騎（弓１，縄１，棒１）

金銀器の狩猟場面にも「棒」が表現されています。探し得たのは４例。

故宮博物院蔵「狩猟喬木紋高足銀杯」	口径6.3cm，高7.4cm
陝西省西安何家村窖蔵「鎏金仕女狩猟紋八弁銀杯」	口径9.2cm，高5.4cm

白鶴美術館蔵「狩猟文六花形高脚杯」　　　　口径8.7cm，高5.4cm

ミホミュージアム蔵「鍍金狩猟文八曲長杯」

騎乗した男が棒を右手に持って兎と狐のような小動物を追いかけています。故宮博物院の銀杯は陝西西安沙坡村の窖蔵から出土したものです。

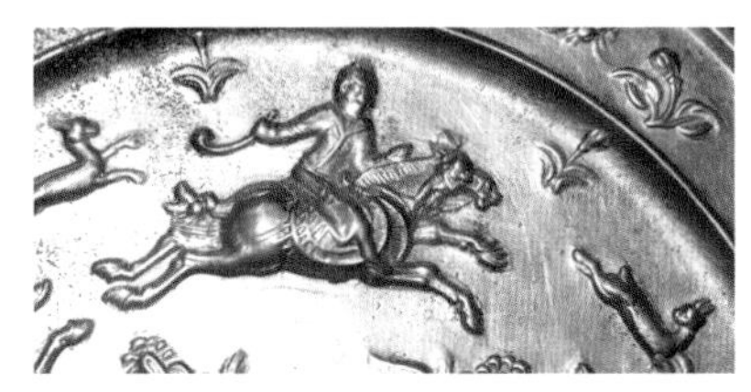

図43　棒を持つ狩人（根津美術館蔵）

この「棒」は，他の人物が弓・槍などを持つことから考えれば，狩猟具と思われますが，だとすれば何というものなのでしょうか。上海博物館図録『練形神冶　瑩質良工』（2005年）は「鈎」と記します。鈎とは「鉤」の俗字で，先の曲がったカギの象形であり，狩猟用とは限りません。また，陝西省歴史博物館『花舞大唐春』（文物出版社，2003年）は「円頭棍状器具」，根津美術館『中国の古鏡』（2011年）は「棍棒」としますが，棍棒だとすればなぜ全体に内彎し，なおかつ先端が彎曲していなければならないのでしょうか。

私はかつて，投石器ではないかと考えたことがありました。先端は単に彎曲しているだけではなく，やや広くかつ窪んでおり，ここに礫をのせ棒を回転させて勢いをつけ，動物めがけて放り投げるのだと。投石器は「飛石索」あるいは「投石帯」と呼ばれるように，中国石器時代においては，縄に石をくくりつけてこれを回転させ，その勢いで縄ごと投げつける武器でありました。「石球」あるいは「石弾丸」が新石器時代の遺跡から多数出土しています。民族例としても，雲南納西（ナシ）族に，綱の中程に布で掌のような形をつくり，ここに石球を入れて回転させ，一方の綱を手から離して石を飛び出させる，そのような例があるからでした。

冉万里『唐代金銀器文様の考古学的研究』（雄山閣，2007年）は「檛」とみなし，陝西省乾（けん）県懿徳太子墓（いとくたいしぼ）壁画の馴豹図，吉林（きつりん）省渤海貞孝公主墓（ぼつかいていこうこうしゅぼ）壁画，遼寧（りようねい）省朝陽黄河路唐墓出土の狩猟石俑を類例として示しました。檛は鞭のことです。河南省博物館が所蔵する「狩猟紋菱花鏡」には狩猟する騎馬人が４人あらわされていますが，そのうちの１人が棒で馬の尻を叩いています。まさに鞭です（図44－1）。

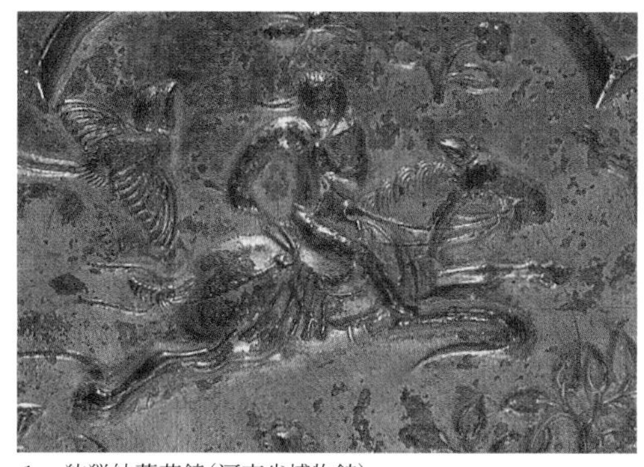

1　狩猟紋菱花鏡(河南省博物館)

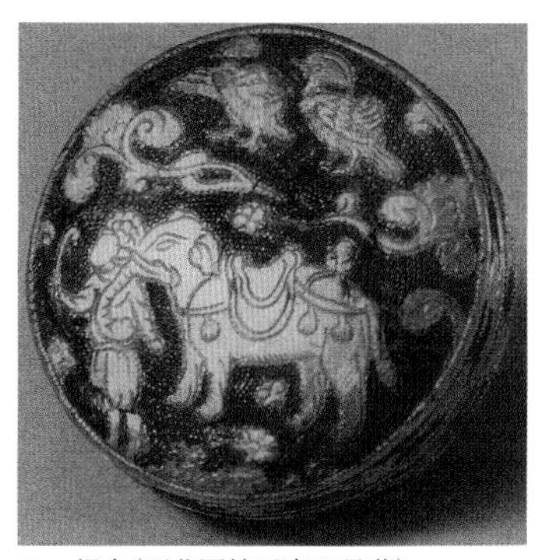

2　銀盒(西北国綿五廠65号墓)

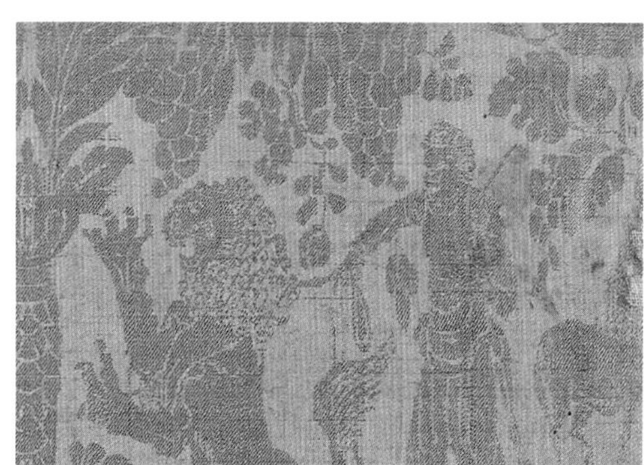

3　白橡綾錦几褥(南倉150第30号)

4　花氈(北倉150第３号)

図44　鞭と思われる棒

さらに鞭説を補強する材料が正倉院にあります。

花氈（**北倉**150第３号・第４号，図44－4）　繋ぎのズボンをはいた童子が片手に「棒」を持つ。打毬（ポロ）のスティックとするには短い。

白橡綾錦几褥（南倉150第30号，図44－3）　机の上敷である。椰子の両側に獅子の頸にかけた手綱を持つ人物が立ち，反対側の手に「棒」を持つ。棒はあきらかに獅子を制禦するための道具である。

正倉院以外にも，

陝西省西安西北国綿五廠65号墓出土「円形銀盒」（図44－2）　象を連れた童子が右手に棒を持つ。

京都国立博物館蔵「双鸞駱駝八花鏡」　下方に，胡人が双瘤駱駝を牽く図があり，この胡人が棒を持つ。

があります。狩猟紋においても棒を振りかざすか，後ろに引いています。これは騎乗する動物を叱咤しようとしているのですね。武器ではあり得ません。

そのようなわけで，「棒」は鞭である，と考えます。

永泰公主墓前室東壁に宮女の群像が描かれていますが，そのうちのひとりが棒のようなものを捧げています（図45－1）。これは，丸谷才一さんが指摘したように，孫の手であります（「孫の手考」『好きな背広』文藝春秋，1983年）。中国では「如意」と呼ぶそうですよ。同墓石槨の彫刻にもありました（図45－2）。

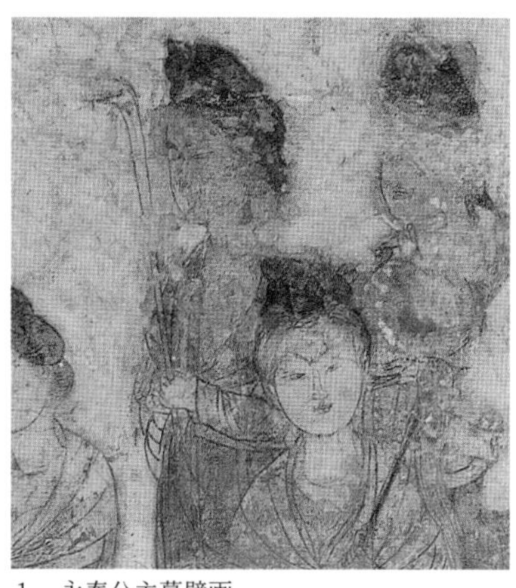

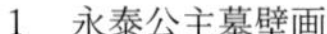

1　永泰公主墓壁画

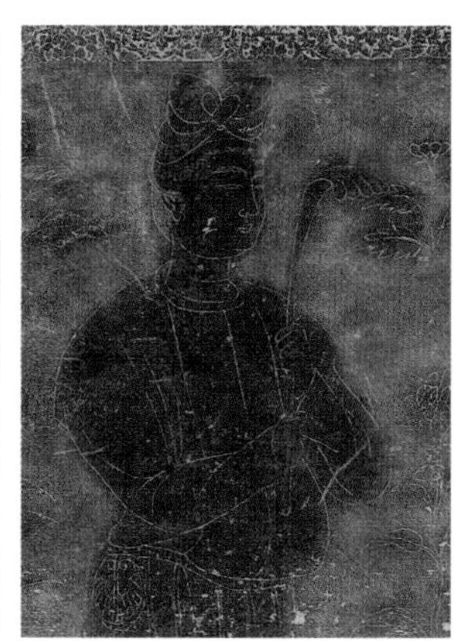

2　同墓石槨

図45　孫の手

III章　正倉院鏡はかなり特異である

はじめに

正倉院には，北倉42に18面，南倉70に38面，あわせて56面の鏡が伝蔵されています。天平勝宝８年（756）作成の『東大寺献物帳（国家珍宝帳）』に記載された20面のうち，２面は鎌倉時代に盗難にあって失われましたが，残りの18面が北倉に遺ります。南倉の38面は献物帳に記載されていないいわゆる「帖外」の品で，中倉に鏡はありません。

56面のうち，紋様のない漫背鏡17面（南倉第14号～第30号）と唐鏡でない円鏡（南倉第31号）・黄金瑠璃鈿背十二稜鏡（南倉第６号）・鉄鏡１面（南倉第11号）を除く，36面について考えたことを順次発表してきました。

「海磯鏡に関する覚え書き」（『古事　天理大学考古学・民俗学研究室紀要』第14冊，2010年）

「正倉院にはなぜ大型鏡が多いのか」（『郵政考古紀要』第51号，2011年）

「正倉院の海獣葡萄鏡」（『郵政考古紀要』第55号，2012年）

「花卉鏡に関する覚え書き」（『古事　天理大学考古学・民俗学研究室紀要』第16冊，2012年）

「正倉院の帯圏鏡」（『郵政考古紀要』第58号，2013年）

本書では，これらを再構成するとともに，足りない分を補いました。

上記の各小論においては，唐鏡を代表する八花鏡（中国では「八葵鏡」と称します）を次のように分類しました。まず，Ⅰ類・Ⅱ類に大別します。

Ⅰ類：内区・外区の区分がない

Ⅱ類：外縁からやや内側に太い圏線をめぐらして内・外を区分したもの

さらにⅠ・Ⅱをそれぞれ以下の３種に細別します。

A：外縁外側が八花形だが，内側が円をなす

B：外縁の内外がともに八花形をなし，各弧線が元の円周と同じ

C：外縁をなす弧線の径が元の円周より小さい，したがって弁端が丸く，弁間の抉りが大きい

本書においても，上の分類にしたがって八花形ⅠA式，ⅡC式などと記述し，八稜鏡（中国では「八菱鏡」）・円鏡もそれに準じて扱います。

さて，先学の研究成果を脳裏に浮かべつつ正倉院鏡の写真を眺めていて，次のような特徴があることに気づきました。

①大型鏡が多い。中国で出土したり，博物館や個人が収蔵している唐鏡と比べると，格段に大きいし，厚くて重い。

②さまざまな外形の鏡がある。円形が多く12面，次いで八花形Ⅰ式が8面あり，八花形Ⅱ式は3面，八稜形は2面，方形も1面ある。実にさまざまな鏡体が存在する。

③鏡背紋が多様である。海獣葡萄，鳥獣旋回，対鳥，仙騎，海磯など鏡種が豊富。かつ同じ鏡種でも同紋はなく，すべて別なデザインであること，しかもほかに例のない特異な鏡背紋が多い。

④宝飾鏡が多い。螺鈿鏡9，平脱鏡2，銀貼鏡1，七宝鏡1面という「宝飾鏡」の仲間があわせて13面もあり，しかもすべて優品である。

⑤帯圏鏡の存在。「帯圏」とは何か，後ほど説明する。

通奏低音のように鳴り続いているのは①であり，③にも④・⑤にも関わります。まず①と②・③を絡めて俎上にのせましょう。正倉院の鏡がどれだけ特異であるかを知れば，正倉院展を2倍楽しめること，請け合います。

1｜正倉院には大型鏡が多い

鳥獣花背八角鏡（北倉第1号鏡）は「対鳥鏡」の仲間で，八花形ⅡC式，直径64.5cmと正倉院随一の大きさを誇ります。東アジアで知られる銅鏡の中で最大なのです（後にあきらかになりますが，世界では第2位です)。正倉院でもっとも重い鏡は，大きさでは2番目の十二支八卦背円鏡（南倉第13号）で，なんと52.8kg，やせ気味の成人男性ひとり分の重量があり，こちらは東アジアで最重でありましょう。

正倉院にはほかにも径の際立つ例があり，径1尺（29.7cm）を超える大型鏡が18面も存在します（『正倉院の金工』〈日本経済新聞社，1976年〉による数値)。参考に載せた北倉第5号鏡は破損して径がわからないのですが，『献物帳』によると1尺2寸9分あり，これを加えると19面が1尺超となります。さらに9寸（26.8cm）を超えるものが7面あり，総計26面が9寸超であります。

９寸を超える鏡を大きさ順にその属性とともに表示してみました（表１）。「八角鏡」は正倉院宝物につけられた独特な用語で，八花形と八稜形の双方を指します。

表１　正倉院の大型鏡一覧

宝物名	直径(cm)	縁厚(cm)	重量(kg)	鏡体	鏡種	Cu(%)	Sn(%)	Pb(%)	As
１鳥獣花背八角鏡（**北倉**第１号）	64.5	1.9	33.6	八花ⅡC	双鸞瑞花鏡	70.7	24.4	4.1	○
２十二支八卦背円鏡（南倉第13号）	59.4	4.3	52.8	八花ⅠB	十二支八卦鏡	70.0	23.9	5.4	○
３鳥獣背八角鏡（南倉第12号）	51.5	2.6	29.3	八稜ⅡC	鳥獣旋回鏡	71.2	23.0	4.9	○
４鳥獣花背円鏡（**北倉**第２号）	47.2	1.9	28.63	円Ⅱ	鳥獣旋回鏡	70.3	25.0	3.9	
５漫背八角鏡（**北倉**第４号）	43.7	1.13	9.70	八花ⅠC	素紋鏡	70.1	23.6	5.5	
６鳥獣背八角鏡（**北倉**第３号）	43.0	0.97	9.30	八花ⅠB	双鸞双獣鏡	70.3	23.3	5.3	○
７金銀山水八卦背八角鏡（南倉第１号）	40.7	1.2	7.65	八稜ⅡB	銀貼海磯鏡	68.2	23.3	5.9	
８平螺鈿背円鏡（南倉第２号）	39.3	0.9	5.48	円Ⅰ	螺鈿鏡	71.5	23.2	6.2	
９漆背金銀平脱円鏡（**北倉**第６号）	37.2	0.8	4.25	円Ⅰ	平脱鏡	68.6	23.6	6.4	
10平螺鈿背円鏡（南倉第５号）	35.5	1.1	5.55	円Ⅰ	螺鈿鏡	70.1	21.6	5.0	○
11花鳥背八角鏡（**北倉**第14号）	33.6	0.8	3.86	八花ⅠB	双鸚鵡旋回鏡	69.6	24.8	5.1	
12平螺鈿背八角鏡（**北倉**第７号）	32.7	0.7	3.52	八花ⅠB	螺鈿鏡	70.7	24.6	4.7	○
13花鳥蝶背円鏡（**北倉**第15号）	31.7	0.8	4.08	円Ⅱ	花鳥鏡	70.4	23.3	5.5	○

14 槃龍背八角鏡（**北倉**第16号）	31.7	0.90	4.17	八花ⅠA	双龍鏡	70.3	24.1	5.2	
15 山水人物鳥獣背円鏡（南倉第4号）	31.0	0.90	4.80	円Ⅰ	海磯鏡				
16 平螺鈿背八角鏡（**北倉**第8号）	29.8	0.79	3.05	八花ⅠB	螺鈿鏡	70.0	24.4	5.5	○
17 鳥獣花背円鏡（南倉第3号）	29.7	1.90	6.61	円Ⅱ	鳥獣旋回鏡	70	23	5.0	
18 鳥獣葡萄背円鏡（南倉第9号）	29.7	2.00	5.05	円Ⅱ	海獣葡萄鏡				
19 漆背金銀平脱八角鏡（**北倉**第12号）	28.5	0.60	2.94	八花ⅠC	平脱鏡	68.9	24.9	4.9	
20 雲鳥飛仙背円鏡（**北倉**第17号）	27.7	0.80	3.23	円Ⅰ	仙騎鏡	70.3	24.3	5.3	
21 山水花虫背円鏡（**北倉**18号）	27.4	0.70	3.27	円Ⅰ	海磯鏡	70	25	5.0	
22 平螺鈿背八角鏡（**北倉**第13号）	27.4	0.72	2.16	八花ⅠB	螺鈿鏡	70.0	23.9	5.4	
23 平螺鈿背円鏡（**北倉**9号）	27.3	0.82	2.30	円Ⅰ	螺鈿鏡	70.2	24.1	6.1	
24 平螺鈿背円鏡（**北倉**11号）	27.2	0.76	2.49	円Ⅰ	螺鈿鏡	70.6	23.8	5.8	
25 平螺鈿背円鏡（**北倉**10号）	26.8	0.77	2.36	円Ⅰ	螺鈿鏡	70.5	25.0	5.6	
参考　平螺鈿背円鏡（**北倉**5号）	1.29尺			円Ⅰ	螺鈿鏡	69.3	23.9	6.2	

（法量は『正倉院の金工』，分析数値は成瀬正和『正倉院の宝飾鏡』〈日本の美術522，至文堂，2009年〉による）

中国で出土し，あるいは収蔵されている30cm超の隋唐鏡は，

河南(かなん)省鄭州(ていしゅう)出土・中国国家博物館蔵「羽人花鳥紋金銀平脱鏡(うじんかちょうもんきんぎんへいだつきょう)」　36.5cm
上海市文物保管委員会蔵「金銀平脱羽人飛鳳花鳥鏡」　36.2cm
上海止水閣蔵「双鸚鵡鏡(そうおうむきょう)」　33.7cm
河南省洛陽(らくよう)博物館蔵「淮南起照神獣鏡」　33.2cm

河南省洛陽澗西723号墓出土・洛陽市文物考古研究院蔵「対鳥鏡」31.5cm
安徽省金寨燕子河出土・金寨県文物管理所蔵「花鳥紋葵花鏡」　31.4cm
泉屋博古館蔵「雲山瑞花八花鏡」　31.1cm
安徽省六安出土・皖西博物館蔵「双鸞双獣鏡」　31.0cm
河南省洛陽関林109号墓出土・洛陽博物館蔵「金銀平脱鸞鳳花鳥銅鏡」　30.5cm

など十指に足りるほどしかなく（そのうちの3分の1が平脱鏡です），しかも36.5cm（1尺2寸）を最大としてこれを超えるものは知られていません。

これに対して正倉院では，北倉18面と南倉8面が9寸超です。ということは北倉のすべての鏡が9寸超の大型鏡なのですね。なぜ，正倉院にはこのように大型鏡が集中しているのでしょうか。

なお，正倉院には大型鏡ばかりでなく中型・小型の鏡も存在しますが，そのほとんどは「漫背鏡」すなわち鏡背に紋様のない無紋鏡です。径23cmほどの中型鏡は円形Ⅱ式，すなわち界圏を有し，14cm以下の小型鏡は円形Ⅰ式，すなわち界圏がありません。これら無紋鏡は，大きさ第5位の北倉第5号鏡以外は，南倉に収蔵されています。

以下，鏡種ごとに概観しましょう。

1）鳥獣旋回鏡（鳥獣花背）

「鳥獣旋回鏡」とは鈕の周囲を鳥・獣が交互に旋回する図像を有する鏡です。正倉院には大きさ第2・3・4・17位の4面があります。すなわち南倉第13号・第12号と北倉第2号，南倉第3号です。これらはいずれもⅡ式で，外区の幅が広くそこに内区と同大の鳥獣を配するばあいと，2重の界圏によって内中外の3区に分けたものとがあります（Ⅲ式を設定すべきかもしれませんが，それにしては数が少ない）。3面は第2位から第4位を占めているわけですから，超大型鏡でありますし，もう1面も1尺鏡です。通常の唐鏡と比べると，きわめて異例の存在といえましょう。

これらについてはⅢ章「3　天馬がいる鏡」で扱いますので，ここでは次の1面のみ紹介します。

北倉第14号鏡（図1－1）　鳥獣旋回鏡の仲間である「双鸚鵡旋回鏡」，獣はいない。径33.6cmは第11位。八花形ⅠB式だが，盗難により大破し，現在は45個の細片を接合した上，不足分を7個の銀片で補ってある。八花形の鈕座を持つ円鈕を巡って2羽の鸚鵡が旋回するように配置されている。鸚鵡は嘴（くちばし）に葡萄の枝をくわえ，頸に結んだ綬（じゅ）を長くなびかせている。

類例が20面ほどあり，その内訳は八花形2面，六花形5面，円形15面であります。全体として30cmに近い大型品が多い。そのうち北倉14号鏡に最も近いのは，

上海止水閣蔵鏡（図1－2）　径33.7cmの八花形ⅠB式で，鏡背いっぱいの空間を2羽の鸚鵡が左旋回する。口には花枝をくわえ，頸に懸けた長い綬帯を後方になびかせる。鈕は円形で蓮華の座を備える。

です。北倉第14号鏡と大きさ・紋様がよく似ていますが，鸚鵡の旋回方向が違い，図柄の細部にも相違点が多い。つまり北倉第14号鏡は独自の存在なのです。

双鸚鵡旋回鏡には，墓誌をともない年代のわかる資料があります。

陝西（せんせい）省西安東郊路家湾7号墓　六花形ⅠB式　天宝4年（745）
河南省偃師杏園（えんしきょうえん）M5036鄭洵（ていじゅん）墓　八花形ⅠB式　天宝9年（750）

双鸚鵡旋回鏡は天宝年間の初期，すなわち8世紀第Ⅱ四半期に製作・使用された，と考えてよいでしょう。

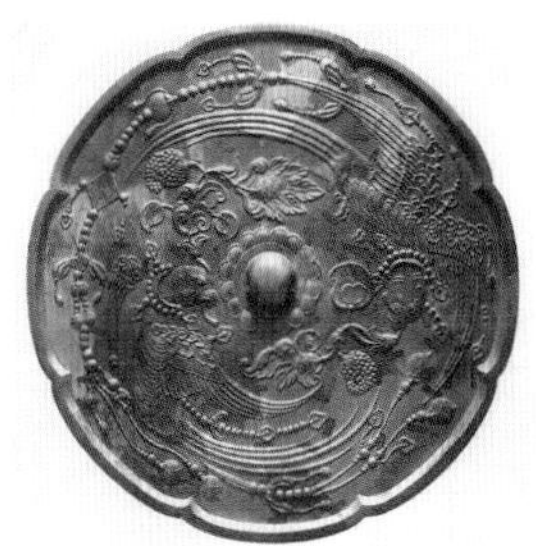
1　北倉第14号鏡

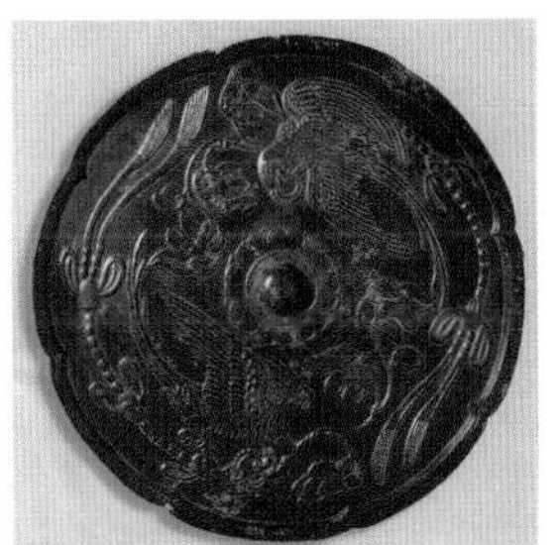
2　上海止水閣蔵鏡

図1　双鸚鵡旋回鏡

2）対鳥鏡

鈕の左右に２羽の鳥を向かいあわせた「対鳥」意匠を主紋とする鏡です。正倉院にはこの仲間が２面あります。

北倉第１号鏡（図2－1）　径64.5cm，重さ33.6kgを測り，大きさは正倉院随一，重さは第２位を誇る。外形は八花形ⅡＣ式で，破損して２片となっている。面のほぼ中程に太い界圏を巡らせるので，内区がきわめて小さい。その内区には，鈕を挟んで蓮華座に立ち綬をくわえた鳳鳥（ほうちょう）を対向させ，下には三山型式の山岳，上には飛雲をともなう花卉（かき）を配する。幅の広い外区には，八花の膨らみに対応するように，走獣４と花枝に戯れる双鳥４を交互に入れ，獣の周囲を飛雲で取り囲んでいる。広い外区には奔駆（ほんく）する獣４と対面して花卉をくわえる飛鳥４組を交互に配し，間に飛雲などを嵌入している。

対鳥鏡で鈕下に山岳，上方に花卉を配したものはきわめて少なく，探し得たのは次の１例のみ。

ロスアンジェルス郡芸術館蔵「銅鏡」　八花形ⅡＣ式で，径22.2cm。

北倉第３号鏡（鳥獣花背八角鏡，図2－2）　八花形ⅠＢ式で，径43.0cm，これも大型である。紋様の正中線に対して，八花の弁端ではなく弁間を合わせてある。八花形の外縁は弧の長さが一定でなく，正確に分割されていない。鈕の左右に銜綬（かんじゅ）した鳳鳥を対向させ，上下に奔駆する獣を配してある。獣は双方とも右向きで，獣の下位には上に１，下に３の飛雲を配する。鳳鳥の脚部は横から穴が開いて透けている。

この種の対鳥鏡ⅠＢ式「双鸞瑞獣鏡（そうらんずいじゅうきょう）」は，著者が集成した限りで17面知られますが，ほとんどは径20cm以下の中型鏡であります。最も大きいのは，

安徽省六安出土皖西博物館蔵鏡（図2－3）　径31.0cm。紋様構成はきわめて良く似ているが，大きさはかなり違う。

対鳥鏡には墓誌をともなって墓から出土したものがあり，年代の一端を知る

ことができます。

河南省偃師杏園M1137　盧氏墓　開元10年あるいは天宝3年（744）
河南省偃師杏園YHM3　竇承家墓　至徳元年（756）
河南省偃師杏園M1025　穆悰墓　大中元年（847）

対鳥鏡は天宝年間から至徳・興元くらいの製作でしょう。鳥獣旋回鏡より対鳥鏡の方が総体的にやや新しいといえそうです。

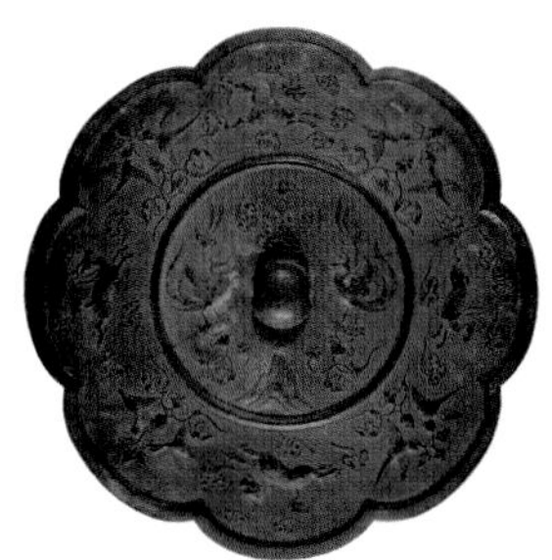
1　北倉第1号鏡

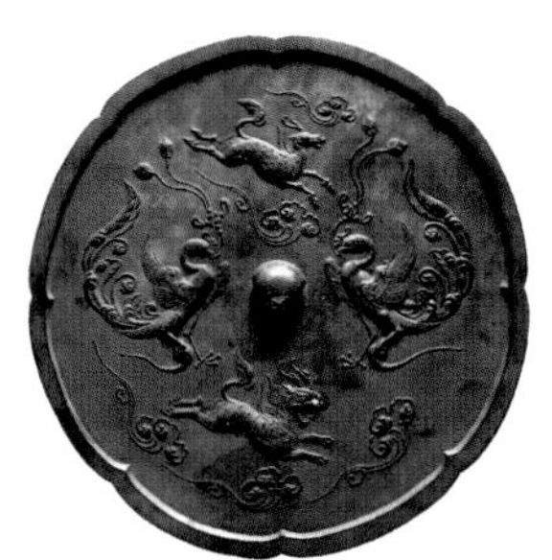
2　北倉第3号鏡

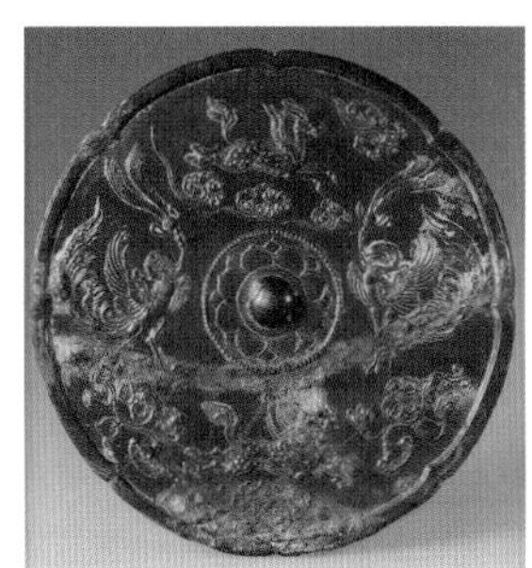
3　皖西博物館蔵鏡

図2　対鳥鏡

3）海磯鏡（山水鳥獣背あるいは山水人物鳥獣背）

第15位の南倉第4号鏡（図3−1）と第21位の北倉第18号鏡（図3−2）の2面が海磯鏡です。径は31.0cmと27.4cm，他の鏡種に比すと若干小型ですが，やはり大型鏡の仲間といえます。

海磯鏡に鋳出された図像の多くは神仙世界をあらわしたものですが，山岳の向きによって次のように2分できます。

内向配置：外周の四方から内側に向かって屹立する山岳を配し，内部を「大海波濤」で埋める
外向配置：中央の水面から外方へ向けて山岳がそびえ立ち，山と山の間を水面とする

どちらも波間には舟上で漁をする人物や水鳥・魚を表現しています。

南倉第4号と下で触れる法隆寺の2面が内向配置であるのに対して，北倉第18号は外向配置です。鏡式が同じでも，別種の紋様配置を選択しているので

すね。ただし，南倉第4号は南倉の，北倉18号は北倉のものですから，来歴が違う可能性があります。

なお，第7位の南倉第1号鏡も海磯鏡の一種ですが，銀貼鏡なので別扱いします。

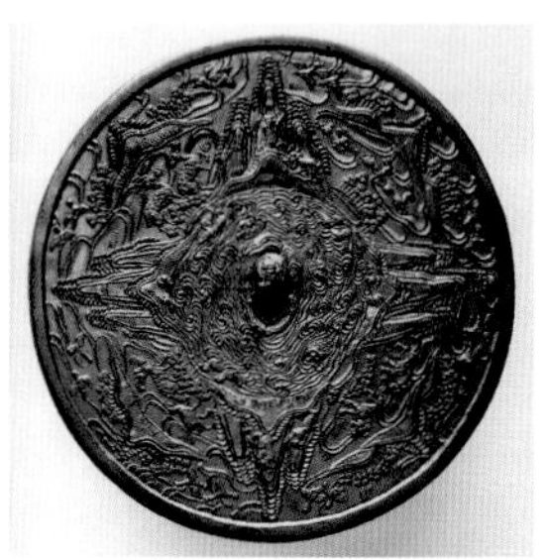
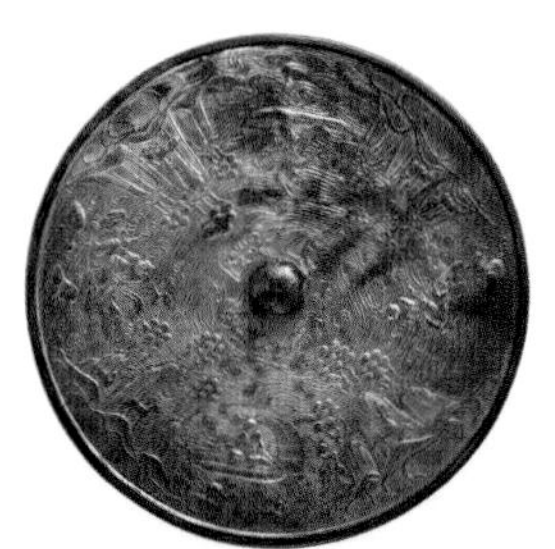
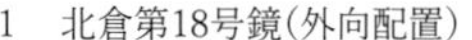

1　北倉第18号鏡(外向配置)　　2　南倉第4号鏡(内向配置)

図3　海磯鏡

法隆寺献納宝物の2面（N74およびN75）も径46cmを超える大型鏡で，両鏡の紋様は酷似していますが，細部には諸処に違いがあり，同じ鋳型を改変したものと考えられています。外縁の四方から中心にある大振りの鈕へ向かって三角形状の山岳がそびえ立つ。その間には反時計回りに展開する渦波で表現した水面があり，波間には数羽の水鳥，舟上で釣りをする人物，革袋のようなものに乗る人物が点景のように配されます。山岳には樹木，鹿などの禽獣，ひとつの山岳の麓には女性とおぼしき腰掛けた人物があらわされています。

天平19年（747）に成立した『法隆寺伽藍縁起幷流記資財帳』は，法隆寺献納宝物の2面は光明皇后が天平8年（736）に奉納したものである，と記します。とすれば，736年以前の製作となります。

海磯鏡は製作技法や製作地など問題の多い鏡式であり，詳しくは拙稿「海磯鏡に関する覚え書き」（前掲）をご参照下さい。

ここでひとつだけ指摘しておきたいのは名称の問題。「海磯鏡」という呼称がまかり通っていますが，水中に蓮が生えていたり，鴛鴦が浮かんでいるので，海ではなく湖か池のはずです。前稿や本書では通例にしたがって「海磯鏡」を用いましたが，「山水鏡」と呼び替えることを提唱します。

4）仙騎鏡（雲鳥飛仙背）

正倉院には第20位の北倉第17号と南倉の第34号～第36号の３面，合わせて４面の「仙騎鏡」が収蔵されています。仙騎鏡とは，獣に騎乗し，または鳥の背に駕した仙人を主題にした図像を背紋とする鏡の総称。本来は「仙人騎獣駕鳥鏡」と名づけるべきところ，略して「仙騎鏡」と呼びます。

北倉第17号鏡（図4－1） 円形Ⅰ式で径27.7cm。円鈕から生えるように３峰から成る４岳を四方に屹立させ，峰の上には大きな飛雲がたなびく。これを巡って仙人をのせた鸞(らん)２鶴２が交互に外向配置で時計回りに旋回し，その間に別の三峰式山岳と小さな飛雲紋を置く。

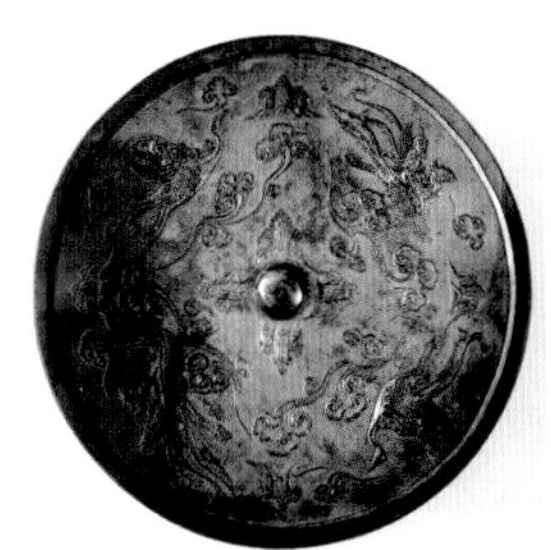

1 北倉第17号鏡

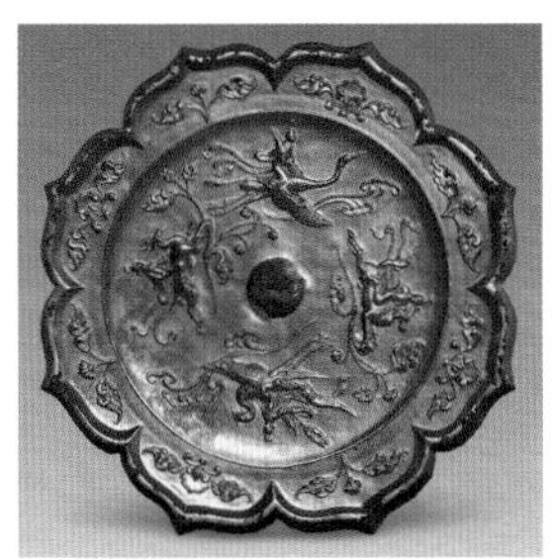

2 狄秀斌蔵鏡

図４ 仙騎鏡

仙騎鏡は70面ほど知られますが，北倉17号鏡はどれとも異なる異例な存在です。

まず，仙騎鏡の鏡体は八稜形ないし八花形をなすのが普通で，しかも界線によって内区外区を分けたⅡ式であります。円形は本鏡のみしか知られず，かつⅠ式なのです。径27.7cmは仙騎鏡の中で最大です。20cmを超えるのは，

西安郭家灘(かくかだん)出土・陝西省歴史博物館蔵「仙人騎獣菱花鏡(せんにんきじゅうりょうかきょう)」	25.5cm
故宮博物院蔵「四神紋鏡(ししんもんきょう)」	22.3cm
狄秀斌蔵「菱花形仙騎紋鏡」（図4－2）	22.1cm
故宮博物院蔵「仙人騎鳥獣菱花鏡」	21.1cm

の４面のみ。ほとんどは16cmから11cmくらいの中型鏡なのです。

西安郭家灘出土鏡では，鳳と鶴に駕するのではなく龍に騎乗し，反時計回りに旋回，また外区に飛天をあらわすなど，紋様構成はほかと相当違います。ほかの３面も同様に通常の仙騎鏡とは異なります。つまり大型の仙騎鏡は全体として特異なのですね。

仙騎鏡は鳥２と瑞獣２（小型鏡では瑞獣２のみ）の組み合わせが普通ですが，北倉17号鏡は４仙がすべて鳥（鸞２と鶴２）に駕すという構成を採っています。類例として大阪大谷大学資料館に円形Ⅱ式がありますが，これは径11.5cmの小型鏡で，しかも仙人が駕しているのは２鳥のみですから，比較になりません。

円鈕の座として十字に屹立する三山形式の山岳を置き，仙人を乗せて飛翔する４羽の鳥の間にも山岳を配してある。主紋が２騎だけのばあいにはその間に山岳を配しますが，２獣２鳥で山岳をあらわしたのは１面もありません。

南倉第34号鏡（Ⅰ章図25−1）・35号鏡の２面は南倉に伝来したものであり，第36号鏡は明治35年（1902）に境内の杉本神社床下から発見されたものです。

３面は八稜鏡，径11cm強と同大で，鏡背紋はいずれも円鈕をめぐって獅子に乗る２仙と鶴に駕す２仙を，交互に，右回りに配してあります。中国鏡を原型として踏み返し鋳造した同型鏡でしょう。原型にふさわしい中国鏡を探しましたが，径10cm前後のものは少なく，陝西省鳳翔（ほうしよう）県棉紡廠出土品と寧夏（ねいか）回族（ホイぞく）自治区固原（こげん）県城内から出土したもの２面が候補として挙げられます。

5）花卉鏡（花鳥蝶背）

北倉第15号鏡（図５）　円形Ⅱ式で，径31.7cmは第13位。円鈕を円形鈕座が受け，それらを６個の花形が囲む。その外側に飛鳥・草花・雲を組み合わせた単位紋様を６ヵ所に配置し，その間に蝶をあしらってある。外縁にも蝶と小鳥・草花を交互に置く。

このように草花を６個配した意匠は，著者の細分では「叢花鏡（そうかきよう）」に属しますが，飛鳥や雲と組み合うものはありません。叢花の間には蝶を挟むところもきわめて異例の存在であることを示しています。詳しくは拙稿「花卉鏡に関する覚え書き」（前掲）をご覧下さい。

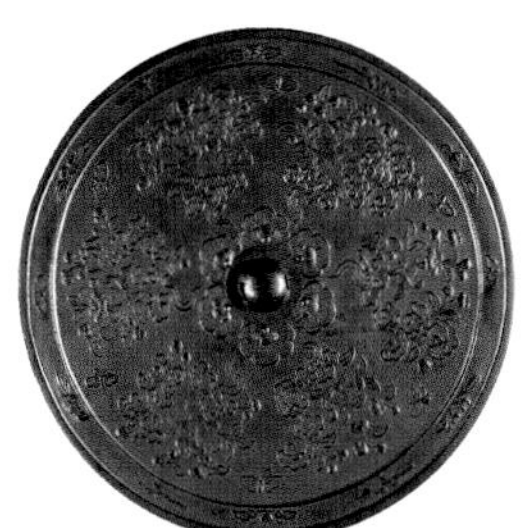

図５　花卉鏡（北倉第15号鏡）

正倉院には径９寸を超える鏡が26面あり，そのうちの約半数が白銅鏡でした。鏡体はさまざま，ひとつとして同紋のものはありません。外区が広いかあるいは圏界が多い，という特徴も目立ちます。縁を厚くつくり，圏界を太くする，あるいはその数を増すのは，大型にすればするほど割れやすくなるので，これに対する補強の役割を求めたため，と考えられましょう。

2｜海獣葡萄鏡（鳥獣葡萄背）

正倉院南倉には「海獣葡萄鏡」が４面収められています。５面とする向きもあるのですが，そのうちの１面，南倉第32号鏡は「走獣式」で，径10.2cmの小型鏡であり，別扱いすべきと考えます。『正倉院の金工』は４面のみを海獣葡萄鏡としているので，これにしたがいましょう。

南倉第32号鏡（図6−1）　海獣葡萄鏡より先行する走獣鏡である。径10.2cmの小型鏡で，太い凸圏線で内外の２区に分け，内区には奔駆する獣を４頭反時計回りにあらわし，外区には葡萄唐草を巡らし，４羽の鳥を点綴（てんてい）してある。陝西省西安韓森寨（かんしんさい）出土鏡が最も近い（図6−2）。

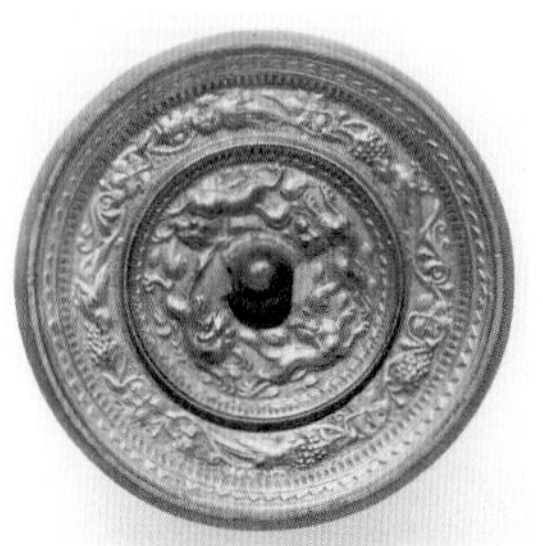
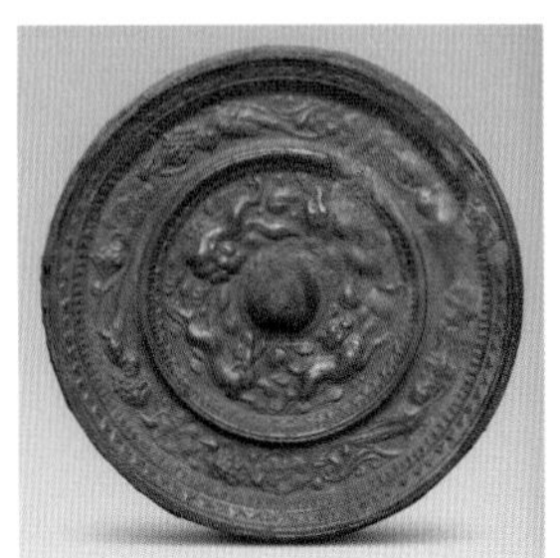

1　南倉第32号鏡　　2　西安韓森寨出土鏡

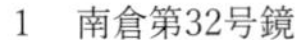

図6　走獣式

1）海獣葡萄鏡の分類

4面の海獣葡萄鏡はいずれも南倉に収められており，北倉に収められた他の大型鏡とは来歴が異なるであろうことが予測されます。海獣葡萄鏡の分類をしつつ4面を紹介しましょう。基本的には勝部明生による分類にしたがいますが(勝部明生『海獣葡萄鏡の研究』臨川書店，1996年)，正倉院蔵の海獣葡萄鏡とかかわりのない「走獣式」・「銘帯式」は含めず，また「定型式」を「界圏式」と呼び替え，それを「連珠界圏式」と「凸線界圏式」に分けます。

海獣葡萄鏡4面を大きさの順に挙げると表2のとおり。

表2　正倉院の海獣葡萄鏡

単位：cm

名称	型式	直径	縁厚	内区主紋	外区
南倉第９号鏡	帯圏式	29.7	2.0	獣俯瞰５他３＋小獣13	葡萄唐草＋獣６天馬２鳥８
南倉第７号鏡	棚状帯圏式	24.7	2.0	獣俯瞰８	葡萄唐草＋獣４天馬２鳥６
南倉第８号鏡	棚状帯圏式	23.9	1.6	獣俯瞰８鳥６	葡萄唐草＋獣６鳥９蝶４
南倉第10号鏡	方鏡	17.1	1.6	獣俯瞰６	葡萄唐草＋鳥16蝶４

9寸を超えるのは南倉第9号鏡だけですが（大きさ第18位），他の3面もあわせて，海獣葡萄鏡の中では際だって大きいことに注目したいと思います。他の円鏡2面も8寸あるし，中国ではこのような大型の海獣葡萄鏡は知られてい

ません。方鏡も海獣葡萄方鏡としては最大であります。そこで正倉院の４面が海獣葡萄鏡全体の中でどのように位置づけ得るのか，検討してみました。

ⅰ　帯圏式

３本の圏線によって画し，内区・帯圏・外区・外縁という四重の同心円構成を採ります。帯圏とは単なる圏線ではなく，帯のように幅があり，両側を凸界圏で区切ったもの。帯圏がある分，ない類より面径が大きく，瑞獣の数も多い。ほとんどが８頭，まれに６頭のばあいがあります。

内区の獣は２頭１組で対面するばあいが多いのですが，てんでにバラバラな方向を向いたり，同一方向に進む「循環」タイプも存在します。しかし，上を向いた「仰獣」タイプは見当たりません。内外区の境にある帯圏は「瑞獣銘帯鏡」の銘帯を襲っていると考えられるでしょう。

すべて20cmを超える大型鏡ですが，南倉第９号鏡（図7－1）は径29.7cmを測り，香取神宮鏡の29.5cmと並んで海獣葡萄鏡の中で最も大きく，第18位として大型鏡の仲間入りをしています。中野政樹によって両者が同型の関係にあることがあきらかにされました。

ⅱ　棚形帯圏式

帯圏の外側に区切りの凸界圏がなく，したがって明確な帯とならずに内圏線の外側が帯幅の分だけ一段高くなったもの。紋様はこの段差にかかわりなく横断的に施されています。ただし，写真で見るだけでは段差の有無が判らないばあいがあり，次の界圏式と混同する恐れがなきにしもあらず。

南倉第７号鏡・８号鏡はこの棚形帯圏式の仲間であり，この類もほとんどが20cmを超える大型鏡ですが（10cm台がごくわずか存在します），７号鏡の径は24.7cmを測り，春日大社蔵鏡29.5cmに続いて２番目に大きい。また８号鏡も23.9cmあり，河南省洛陽油王村出土鏡の24.2cmに次ぎ第４位であります。どちらも８寸鏡と捉え得ます。

南倉第７号鏡（図9－1）　内区に地紋として葡萄唐草を置き，仰獣８頭を配する。外区には葡萄唐草紋を巡らし，要所に獣４，馬２，それらの間に鳥６を充填してある。外縁に朶雲（だうん）44個を巡らせる。

南倉第８号鏡（図7－2）　内区の獣８に鳥４が加わり，外区には獣６，鳥９に蝶４が加わる。７号鏡より著しく繁褥(はんじょく)な紋様構成を見せている。

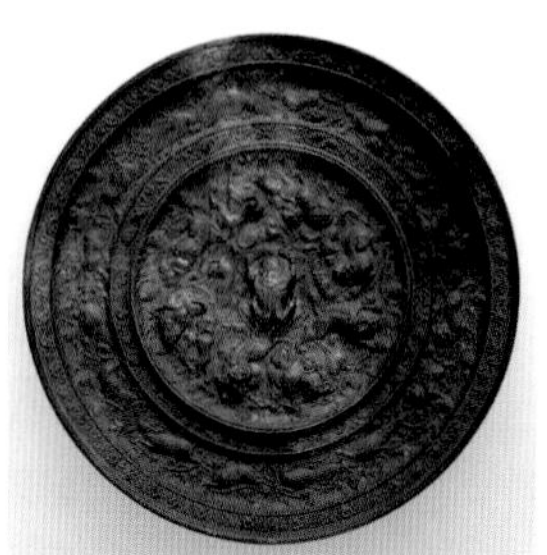

1　帯圏式(南倉第９号鏡)

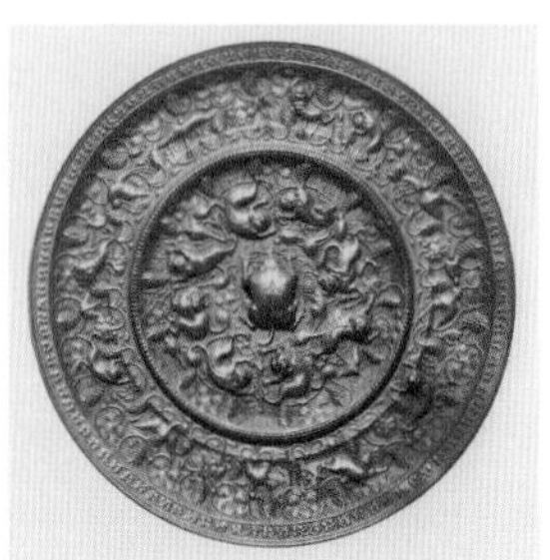

2　棚状帯圏式(南倉第８号鏡)

図７　帯圏式と棚状帯圏式

iii　界圏式

１本の高い圏線によって内区・外区を画し，縁部を一定の幅だけ高くして外縁としたもの，つまり３重の同心円構成を採ります。圏線の頂部に溝を切って，その中を小連珠紋で埋めているものを「連珠界圏式」，連珠なしで圏線が１本の高い堤状であるか，あるいは頂部に沈線を入れて２本を合わせたような形のものを「凸線界圏式」として細分します。獣の多くは仰獣ですが，一部に龍や孔雀(くじゃく)となるものが結構存在します。

正倉院にはどちらの界圏式もありません。

iv　界圏覆飾式

界圏式の圏線を越えて内・外区の紋様が入り乱れた類。中には圏線を覆い隠すほど繁雑なものもあります。内区主紋である仰獣の数は８頭から５頭もありますが，圧倒的に４頭が多い。棚形帯圏式と同じように，圏線の外側を一定幅だけ高くした例が１面だけあります。上海博物館蔵鏡で，これは界圏覆飾式鏡の中で最大。これを含め20cm超が数面ありますが，15cm以下，９cmまでの小型鏡が多い。

正倉院にはこの仲間はありません。

v　方鏡

方鏡は外形が正方形のもの。内外を画す界線には連珠界圏式と類似するものと凸鋸歯(きょし)を有する類とが半々あります。獣はすべて伏せて頭をもたげた「仰獣」タイプ。

南倉第10号鏡（図8）　1辺17.1cmあり，海獣葡萄方鏡として最大。獣は6頭おり，同類の他鏡がすべて4頭であることと比較すると，その卓越した存在であることは明白。

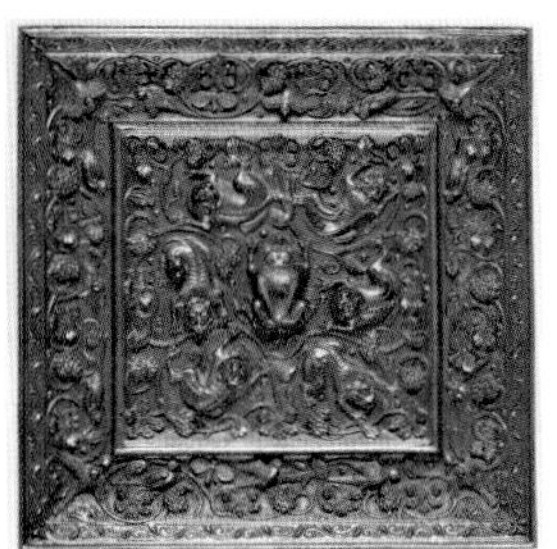

図8　方鏡（南倉第10号鏡）

2）正倉院海獣葡萄鏡の特徴

正倉院南倉に収められた海獣葡萄鏡4面の内訳は，帯圏式が1面，棚形帯圏式が2面，方鏡が1面でした。これらに通じる特徴の第1として，大型であることを挙げ得ます。表1に載ったのは第9号鏡のみですが，ほかも海獣葡萄鏡としてはかなり大きいのです。また，「瑞獣銘帯鏡」から派生したと考えられる帯圏式とそこから変化した棚状帯圏式は，海獣葡萄鏡の中でも古いタイプと考えられており，海獣葡萄鏡の中でも古いものが正倉院南倉に収蔵されているといえましょう。

ではほかにどのような特徴があるでしょうか。

i　獣の数

海獣葡萄鏡においては，面径が減じるとともに獣の数が8頭から6頭へ，さらに5頭へと少なくなる傾向が捉えられます。最小が4頭。正倉院の海獣葡萄円鏡3面，第9号・第7号・第8号鏡の内区には獣が8頭あらわされています。獣の数においてもこの3面は海獣葡萄鏡の中でも大型である，といえます。

方形の第10号鏡には6頭の獣がいます。方鏡のばあいも獣数は6から4へと減じてゆく，と考えるのが自然でしょう。大型であることに加え，他の知られる方鏡がすべて４獣であるのと比すると，本鏡の卓越性が見てとれます。

ⅱ　仰獣とそうでない姿勢

海獣葡萄鏡においては，獣は上から俯瞰したように表現されるのが普通で，そのばあい獣は伏せたり横臥した姿勢で顔だけを上向きにし，あたかもカメラのレンズを注視するような格好をしています。この姿勢を採る獣を「仰獣」と呼びます。そのような中で，凸線界圏式には立位や座位，あるいは蹲踞(そんきよ)するものが少数ではあるが存在します。

９号鏡のばあいは，仰獣もいますが，他は横向き，俯せ，腹ばい，などさまざまな姿勢をとっています。また，鈕の座となる獣が単なる伏獣ではなく，鹿のような動物を噛んでいるところも注目されます。

７・８号鏡においても，仰獣の割合は増えますが，まだ別の姿勢の獣もおり，さらに加えて見返りのポーズを採る獣も見えます。定型化していないのです。

獣の姿勢からも，正倉院の海獣葡萄鏡は古いタイプに属するといえるでしょう。

ⅲ　海獣葡萄鏡の出土地と年代

海獣葡萄鏡で出土地の判る資料は少なく，全般的に陝西省西安と河南省洛陽に多い傾向が見て取れます。また，収蔵している博物館や個人の所在から判断する限り，南の広西省や湖南省，浙江(せつこう)省，江蘇(こうそ)省などからはほとんど出土していないようです。

高松塚古墳の造営年代と絡んで，海獣葡萄鏡の年代も大いに議論されてきました。同型鏡がかなりの数存在し，また紀年墓から出土したものがあります。なお，年代は葬年であり，卒年ではありません。

河南省洛陽関林	垂拱元年(685)	界圏覆飾式	11.9cm
山西省長治馮廓(ふうかく)墓	天授２年(691)	界圏覆飾式	11.0cm
河南省偃師李守一墓	長寿３年(694)	凸線界圏式	13.1cm
陝西省西安	天冊万歳元年(695)	凸線界圏式	不明
山西省太原金勝村５号墓	万歳登封元年(696)前後	不明	13.0cm
河南省洛陽	万歳通天２年(697)	界圏覆飾式	11.9cm

陝西省西安独孤思貞墓	神功２年(698)	連珠界圏式	16.9cm
山西省長治北石槽２号墓	長安２年(702)	不明	10.0cm
河南省洛陽安菩夫婦墓	景龍３年(709)	界圏覆飾式	11.5cm
河南省温県楊履庭墓	景雲２年(711)	界圏覆飾式	10.7cm

上の諸例を見る限り，最初の１面と最後の２面を除くと，ほぼ武則天の統治期間と重なります。もうひとつ注目されるのは，この期間に，方鏡は判りませんが，連珠界圏式・凸線界圏式・界圏覆飾式の３種が出揃っていること，つまりこれら海獣葡萄鏡３種は短期間に盛行した，といえそうなのです。これらより型式的に古いと考えられる帯圏式・棚形帯圏式も，さほど隔たらずに，670〜680年前後に位置づけ得るのではないでしょうか。武則天の「垂簾聴政」は660年に始まっています。とすると，海獣葡萄鏡の製作に武則天が何らかの形でかかわっていた可能性が浮上してきます。ただし，海獣葡萄鏡は，

河南省宜陽牛子珍夫婦墓　大暦２年(767)　棚状帯圏式　24.8cm

のように盛唐墓からも出土しますし，踏み返し鏡・復古鏡として，晩唐まで生き残りましたから要注意。

もう１点，上に掲げた墓からの出土鏡がいずれも小型であることに注目したいと思います。最大でも16.9cmです。大型鏡は賜与用，小型鏡は副葬用という使い分けがあったことを想像させます。

iv　７号鏡に同型あり

７号鏡は径24.7cmの棚状帯圏式で，その中でも界線の頂部に連珠が巡るタイプです。内区には仰獣を８頭，外区に鳥あるいは獣を２頭ずつ３組並べて配してありますが，獣のうちの１組が天馬なのです。きわめて珍しい鏡なので，類例を探したところ，上で掲げた牛子珍夫婦墓出土鏡（洛陽博物館蔵）がよく似ていることに気づきました。径24.7cmと等しく，外縁に巡らせた朶雲の数も44と一致します。内外区の図様も酷似しており，まず同型鏡と見て誤りないでしょう（図9−2，天馬については次節で取りあげます）。

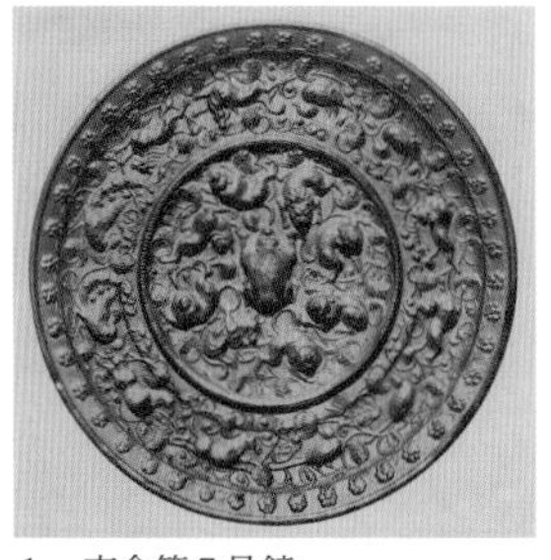
1　南倉第７号鏡

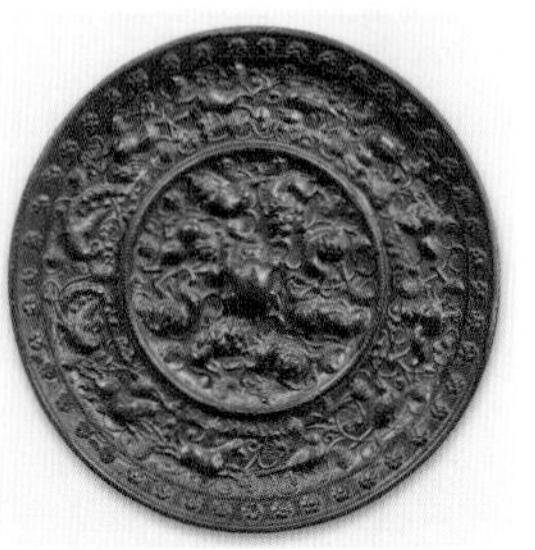
2　牛子珍夫婦墓出土鏡

図９　同型の海獣葡萄鏡

3｜天馬がいる鏡

正倉院には天馬を表出した鏡が４面あり，すべて南倉70に納められています。

鳥獣花背円鏡（南倉第９号）　海獣葡萄鏡（帯圏式）　径29.7cm
鳥獣花背円鏡（南倉第７号）　海獣葡萄鏡（棚状帯圏式）　径24.7cm
鳥獣花背八角鏡（南倉第12号）　鳥獣旋回鏡　径51.5cm
鳥獣花背円鏡（南倉第３号）　鳥獣旋回鏡　径29.7cm

４面のうち２面は海獣葡萄鏡で，鏡式は同じですが，帯圏式と棚状帯圏式であり，鏡種が異なります。また，残る２面も同じ鳥獣旋回鏡の仲間ですが，外形は八稜形と円形，天馬があらわされた位置は外区と内区，大きさも違います。

ところで「天馬」と一口に呼びましたが，唐鏡においては，

①有翼
②肩から，天衣あるいは昆虫の翅のようなものを１～数本，上方に翻す
③何もない単なる馬

の３様があることに気づきました。①を「翼馬」，②を「仙馬」，③を「素馬」と呼び分け，「天馬」は総称として用いることにしましょう（素馬を天馬に入れるべきか否か，いささか問題がありますが）。

この分類にしたがうと，９号鏡は翼馬，12号鏡と３号鏡は仙馬，７号鏡は

素馬であり，３種がすべて存在することになります。つまり異なる鏡種・外形・紋様を寄せ集めた観があるのです。

南倉第９号鏡　帯圏式の海獣葡萄鏡である。径29.7cmはちょうど１尺，海獣葡萄鏡として最大であり，香取神宮鏡と同型の関係にあることが確認されている。外区に「翼馬」が２頭，縦列している（図10－1)。

南倉第７号鏡　棚状帯圏式の海獣葡萄鏡である。径24.7cm。外区に２頭並ぶのは「素馬」タイプである（図10－2)。河南省宜陽県牛子珍夫妻合葬墓から出土し，洛陽博物館が所蔵する鏡は，寸法も背紋も瓜ふたつ，前節で指摘したように同型鏡であろう。

南倉第３号鏡　帯圏を有する鳥獣旋回鏡である。径29.7cm。馬は内区の２鳥２獣のひとつとしてあらわされ，「仙馬」タイプである（図10－3)。

南倉第12号鏡　鳥獣旋回鏡の仲間である。八稜形で，長径51.5cmを測る巨大な鏡，正倉院では第３位。帯圏を有する。外区の対称位置にそれぞれ単独であらわされた馬２頭は「仙馬」タイプと「素馬」タイプの両様であり（図10－4は仙馬)，両者が共存することを示す。

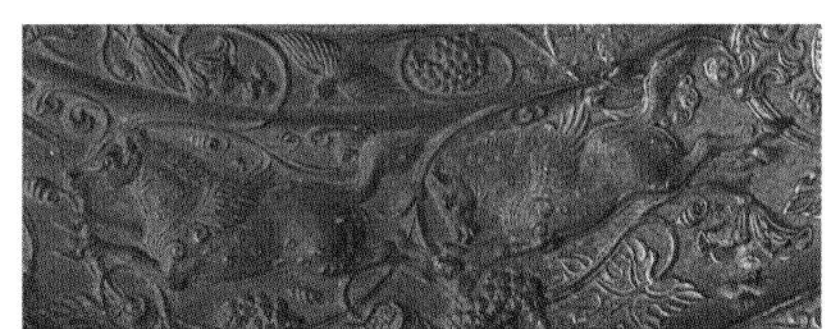

1　翼馬：南倉第９号鏡(帯圏式)

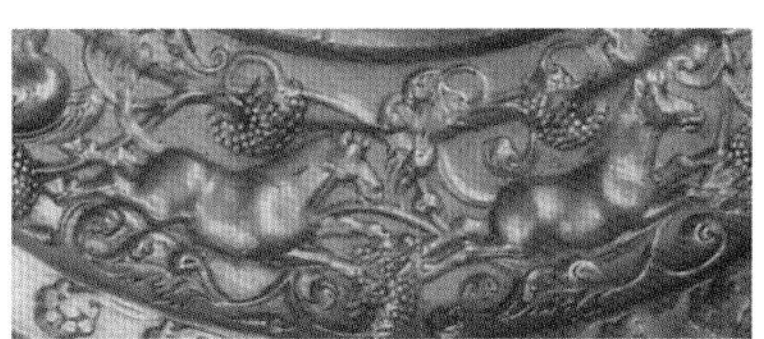

2　素馬：南倉第７号鏡(棚状帯圏式)

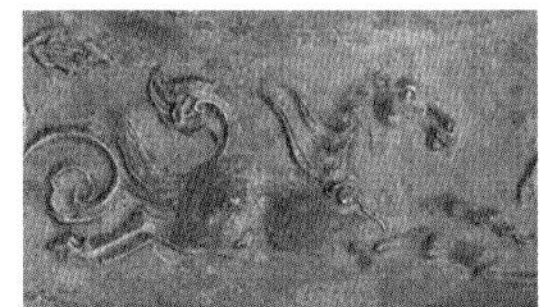

3　仙馬：南倉第３号鏡（棚状帯圏式)

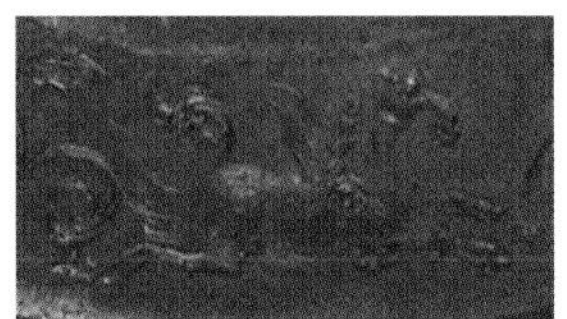

4　仙馬：南倉第12号鏡（帯圏式)

図10　天馬のいる正倉院鏡

４面すべてが帯圏式ないし棚状帯圏式です。帯圏を有する鏡は唐鏡の中でも少数の存在であるにもかかわらず，正倉院にそれが５面もあり（もう１面は北倉第２号鏡，鳥獣旋回鏡です），しかもそのうち４面に天馬があらわされているのは偶然とは思えません。そこで，天馬の図像があらわされた唐鏡を集成し，それらと比較することによって，正倉院天馬鏡をどのように位置づけ得るのか，検討してみました。

表３　天馬鏡一覧

3-1 瑞獣銘帯鏡

所蔵者	径(cm)	鈕/座	内区	銘帯	外区	外縁	文献	名称
京都国立博物館	12.2	円/圏線	獣３仙馬１速歩	光流素月	—	凸鋸歯２	天馬104	瑞獣銘帯鏡

3-2 瑞獣十二支鏡

所蔵者	径(cm)	鈕/座	内区	銘帯	外区	外縁	文献	名称
京都国立博物館	13.5	円/圏線	獣４翼馬１速歩	—	十二支	凸鋸歯唐草	天馬105	瑞獣十二生肖鏡

3-3 瑞獣獣帯鏡

所蔵者	径(cm)	鈕/座	内区	銘帯	外区	外縁	文献	名称
ヒギンソン	20.1	円/蓮華	方格鸞２龍１仙馬１速歩	鑑若止水	獣５魚１鳥６	複線鋸歯	唐鏡大観14	方格禽獣華文鏡

3-4 走獣鏡

所蔵者	径(cm)	鈕/座	内区	銘帯	外区	外縁	文献	名称
陝西歴史博物館	11.9	円/圏線	唐草走獣４	—	唐草獣２素馬１速歩鳥３	凸鋸歯２	千秋金鑑306	瑞獣葡萄紋鏡

3-5 帯圏式海獣葡萄鏡

所蔵者	径	鈕	内区	界線	地紋	帯圏	外区	外縁	文献	名称
正倉院南倉第９号	29.8	伏獣	獣５他３＋小獣13	—	葡萄唐草14	葡萄唐草＋鳥蝶	葡萄唐草＋獣６鳥８翼馬２奔駆	連枝花	金工27	鳥獣葡萄背円鏡
香取神宮	29.5	伏獣	獣５他３＋小獣13	—	葡萄唐草14	葡萄唐草＋鳥蝶	葡萄唐草＋獣６鳥８翼馬２奔駆	連枝花	大遣唐使181	海獣葡萄鏡
ビッドウェル	24.6	円	獣５仙馬１速歩	—	葡萄唐草	唐草	葡萄唐草＋獣４鳥４	唐草	唐鏡大観27	禽獣瑞花葡萄文鏡
ボストン美術館	23.4	仰獣	獣８	—	葡萄唐草８	雲花＋鳥４蝶蜻蛉	葡萄唐草＋獣７鳥８素馬１奔駆	パルメット	唐鏡大観34	海獣葡萄文鏡

3-6 棚状帯圏式海獣葡萄鏡

所蔵者	径	鈕	内区	界線	地紋	帯圏	外区	外縁	文献	名称
山宮神社	29.6	伏獣	獣俯瞰４横向２素馬２奔駆	凸線	—	—	葡萄唐草＋獣６鳥６	朶雲36	山宮神社１	海獣葡萄鏡

河北承徳	22.2	伏獣	獣俯瞰3翼馬3奔駆	凸線	—	—	葡萄唐草＋獣4鳥4	五星花	歴代銅鏡105	瑞獣葡萄鏡
小窪和博	21.9	伏獣	獣俯瞰3翼馬3 奔駆	凸線	—	—	葡萄唐草＋獣4鳥4	五星花	古鏡の美70	鍍金海獣葡萄紋鏡
丁方忠	20.5	伏獣	鸞2舞獅子1仙馬1速歩	連珠	—	—	葡萄唐草＋獣3鳥3	朶雲	古鏡今照177	天馬瑞獣葡萄紋鏡
春日大社	29.6	伏龍	獣4龍2孔雀2	凸線	—	—	葡萄唐草＋獣7鳥9素馬2奔駆	朶雲36	春日大社15	禽獣葡萄鏡
河南宜陽牛子珍夫婦墓	24.8	伏獣	獣俯瞰8	連珠	—	—	葡萄唐草＋獣4鳥6素馬2奔駆	朶雲44	洛陽銅華196	八瑞獣葡萄鏡
正倉院南倉第7号	24.7	伏獣	獣俯瞰8	連珠	—	—	葡萄唐草＋獣4鳥6素馬2奔駆	朶雲44	金工25	鳥獣花背円鏡
中国歴史博物館	23.9	伏獣	獣俯瞰5横向1	連珠	—	—	葡萄唐草＋獣4鳥5仙馬1奔駆	雲頭花	勝部18	海獣葡萄鏡
天理大学附属天理参考館	23.6	伏獣	獣俯瞰5横向1＋小獣5	連珠	—	—	葡萄唐草＋獣4鳥12仙馬2奔駆	五星花	唐鏡14	海獣葡萄鏡
白鶴美術館	21.3	伏獣	獣俯瞰5横向1	連珠	—	—	葡萄唐草＋獣4鳥5仙馬1奔駆	雲頭花	天馬107	海獣葡萄鏡
大伴公馬	20.9	伏獣	獣俯瞰5横向1	連珠	—	—	葡萄唐草＋獣4鳥5仙馬1奔駆	雲頭花	含水居15	海獣葡萄鏡

3-7 凸線界圏式海獣葡萄鏡

藤井有鄰館	20.9	伏獣	鸞1孔雀1走獣1翼馬1速歩	—	葡萄唐草	—	葡萄唐草＋獣3鳥3	朶雲40	唐鏡15	海獣葡萄鏡
江西星子五里波湖村	17.5	伏獣	鸞2走獣1翼馬1奔駆	—	葡萄唐草2	—	葡萄唐草＋獣3鳥3	五星花	九江出土48	双鳳双獣葡萄鏡
出光美術館	16.7	伏獣	獣俯瞰2翼馬2奔駆	—	葡萄唐草4	—	葡萄唐草＋獣3鳥3	五星花30	出光124	鍍金海馬葡萄鏡
和泉市久保物記念美術館	16.3	伏獣	獣俯瞰2翼馬2奔駆	—	葡萄唐草4	—	葡萄唐草＋獣3鳥3	五星花30	久保物79	鍍金海獣葡萄文鏡
国立故宮博物院	11.3	伏獣	獣俯瞰3横向1	—	葡萄唐草8	—	葡萄唐草＋獣6鳥8胡人1翼馬1奔駆	唐草	故宮特展78	海獣葡萄紋鏡

3-8 鳥獣旋回鏡

出土地・所蔵者	外形	径(cm)	鈕	内区主紋上／下	副紋上／下	地紋	外区	外縁	文献	名称
正倉院南倉第12号鏡	八稜Ⅱ	51.5	円	彎2走獣1舞獅子1	—	唐草b外から	花枝鳥4走獣3翼馬1奔駆	-	金工29	鳥獣花背八角鏡
五島美術館	八稜Ⅱ（銀貼鍍金）	25.9	円	鸞2走獣1翼馬1奔駆	—	唐草a内から	花枝	-	天馬109	銀貼鍍金双鸞走獣八稜鏡
根津美術館a	八稜Ⅱ	22.6	伏獣	鸞2瑞獣1素馬1奔駆	—	唐草b外から	花枝	-	根津59	双鳳双獣八稜鏡
黄旭	複合八稜Ⅱ	20.5	伏獣	鸞2走獣1仙馬1奔駆	—	雲4	花枝飛鳥	-	古鏡今照197	菱花形双鸞天馬瑞獣紋鏡
浙江上虞南下許	八稜Ⅱ	20.4	円	素馬4奔駆2速歩2	—	唐草b外から	花枝鳥蜂	-	浙江出土124	四馬四卉鏡
馬の博物館	八稜Ⅱ	19.3	円	仙馬2素馬2奔駆	—	雲＋蜂	花枝蜂	-	天馬113	走馬八稜鏡
国立故宮博物院	八稜Ⅱ	13.4	伏獣	鸞2走獣1仙馬1奔駆	—	唐草a内から	花枝蜂	-	故宮特展106	双鳳瑞獣紋鏡
根津美術館b	八稜Ⅱ	13.2	伏獣	鸞2走獣1仙馬1奔駆	—	唐草a内から	花枝蜂	-	根津56	双鳳双獣八稜鏡
河北省文物研究所	八稜Ⅱ	13.0	円	仙馬2翼馬2速歩	—	雲＋蜂	花枝蜂	-	天馬112	走馬八稜鏡
根津美術館c	八稜Ⅱ	13.0	円	鸞2翼馬2奔駆	—	雲＋蜂	花枝蜂	-	根津58	双鳳天馬八稜鏡
大村西崖	八稜Ⅱ		円	飛鳥2走獣1素馬1奔駆	—	花卉	花枝蝶	-	攈古図録	なし
尊古齊	八稜Ⅱ		円	飛鳥2走獣1素馬1見返	—	花卉	花枝蝶	-	尊古斉252	なし
陝西歴史博物館a	円Ⅱ（金銀平脱）	30.1	円	鸞2仙馬2奔駆	—	唐草a内から	パルメット	-	千秋金鑑451下	金銀平脱天馬鸞鳳紋鏡
正倉院南倉第3号鏡	円Ⅱ（棚状帯圏）	29.7	円	鸞2瑞獣1素馬1奔駆	—	唐草a内から	花枝唐草鳥	-	金工22	鳥獣花背円鏡
陝西西安韓森寨第79号墓	円Ⅱ（棚状帯圏）	24.0	円	飛鳥2瑞獣1素馬1奔駆	—	雲4	花枝鳥	-	千秋金鑑384	天馬瑞獣鸞鳥紋鏡
中国歴史博物館	円Ⅱ	14.2	円	鸞2走獣1素馬1速歩	—	花卉	雲	-	歴博四45	双獣双鸞鏡

陝西歴史博物館b	円Ⅱ	13.0	円	鸞2走獣1仙馬1速歩	—	雲4	雲	-	千秋金鑑382下	天馬鸞鳥紋鏡
大和文華館	円Ⅱ	12.2	円	鸞2走獣1仙馬2速歩	—	雲4	雲	-	文華館33	瑞獣双鸞鏡
李経謀	円Ⅱ	10.9	円	鸞2走獣1素馬1速歩	—	唐草	花卉	-	唐詩34	麒麟駿馬双鸞鏡
湖南長沙上大壠麻園湾M5	円Ⅱ	11.0	円	鸞2走獣1素馬1奔駆	—	唐草	花卉	-	長沙128	菱花形飛禽奔獣紋銅鏡
上海博物館	方Ⅱ	11.9	伏獣	鸞2走獣1仙馬1奔駆	—	花卉	花	-	練形神冶79	双鸞天馬神獣紋方鏡
不明	方Ⅱ	11.9	伏獣	鸞2走獣1仙馬1奔駆	—	花卉	花	-	賞玩140	双鸞双獣方鏡

3-9対鳥鏡

所蔵者	外形	径(cm)	鈕	内区主紋/上/下	副紋上/下	地紋	外区	外縁	文献	名称
青峰泉	八花ⅡC	23.0		鸞2/素馬1銜葡萄奔駆/鵲葡萄	—	—	飛雲2花枝2方勝2「千秋」	なし	鏡鑒春秋165	千秋双鸞瑞獣花鳥鏡
京都国立博物館	八花ⅡC	22.5		鸞2/素馬1銜葡萄奔駆/鵲葡萄	—	—	飛雲2花枝2方勝2「千秋」	なし	天馬111	双鸞鵲馬八花鏡
陝西長安斗門郷	八花ⅡC	22.5		鸞2/素馬1銜葡萄奔駆/鵲葡萄	—	—	飛雲2花枝2方勝2「千秋」	なし	千秋金鑒361上	千秋双鸞紋葵花形鏡
西安文物保護考古所a	八花ⅡC	22.5		鸞2/素馬1銜葡萄奔駆/鵲葡萄	—	—	飛雲2花枝2方勝2「千秋」	なし	西安精華93	双鸞瑞獣鏡
山東淄川澹盧a	八花ⅡC	22.0		鸞2/素馬1銜葡萄奔駆/鵲葡萄	—	—	飛雲2花枝2方勝2「千秋」	なし	山東民間219	千秋双鸞鏡
大村西崖a	八花ⅡC			鸞2/素馬1銜葡萄奔駆/鵲葡萄	—	—	飛雲2花枝2方勝2「千秋」	なし	攈古図録	鏡
張鉄山	八花ⅡC	21.8		飛鳥2/仙閣/素馬1奔駆	—	—	飛雲4蜂2花枝2	なし	唐詩70	双鵲舞馬仙閣鏡
北京賞心斉	八花ⅡC	19.4		鸞2/飛鶴/素馬銜葡萄1奔駆	—	—	飛鳥飛雲	なし	唐詩51	双鸞飛鶴舞馬鏡

陝西歴史博物館	八花ⅡC	18.8		鸞2/祥雲/素馬銜蓮1奔駆	—	—	飛雲2蝶4花枝2	なし	千秋金鑑372上	双鸞天馬紋葵花鏡
王綱懐	八花ⅡC	18.5		鸞2/祥雲/素馬銜蓮1奔駆	—	—	飛雲2蝶4花枝2	なし	三槐堂147	双鸞天馬雲紋鏡
河北平山韓庄M3	八花ⅡC	18.4		鸞2/祥雲/素馬銜蓮1奔駆	—	—	飛雲2蝶4花枝2	なし	歴代銅鏡114	双鸞瑞獣雲紋鏡
山東淄川澹盧b	八花ⅡC	17.5		鸞2/祥雲/素馬銜蓮1奔駆	—	—	飛雲2蝶4花枝2	なし	山東民間217	双鸞飛馬鏡
河南洛陽岳家村21号墓	八花ⅡC	17.3		鸞2/祥雲/素馬銜蓮1奔駆	—	—	飛雲2蝶4花枝2	なし	洛陽出土128	舞鳳天馬鏡
西安文物保護考古所b	八花ⅡC	16.3		鸞2/飛鶴/素馬銜葡萄1奔駆	—	—	飛鳥飛雲	なし	西安精華92	双鸞瑞獣花鳥鏡
大村西崖b	八花ⅡC			鸞2/花鳥/素馬1奔駆	—	—	飛鳥飛雲	なし	攈古図録	双鸞飛鶴舞馬鏡
泉屋博古館	八花ⅡC（銀貼鍍金）	24.5		鸞2/山岳	—	—	唐草走獣2仙馬2奔駆	花枝雲	唐鏡57	貼銀鍍金双鸞走獣八花鏡

3-10対獣鏡

所蔵者	外形	径(cm)	鈕	内区主紋	副紋上/下	地紋	外区	外縁	文献	名称
西安博物院	八花ⅡC	24.0		仙馬2側体歩	飛鳥2銜花枝/蓮華枝	—	雲花枝	—	天馬110	双馬八花鏡
河南洛陽・梁上椿	八花ⅡC	24.0		仙馬2側体歩	飛鳥2銜花枝/蓮華枝	—	雲花枝	—	岩窟蔵鏡510	双馬双鴨蓮華大鏡
宏鳴斉	八花ⅡC	24.0		仙馬2側体歩	飛鳥2銜花枝/蓮華枝	—	雲花枝	—	唐詩69	舞馬双雁蓮花鏡
泉屋博古館M126	八花ⅡC	23.9		仙馬2側体歩	飛鳥2銜花枝/蓮華枝	—	雲花枝	—	博古館145	蓮華天馬八花鏡
故宮博物院	八花ⅡC	23.9		仙馬2側体歩	飛鳥2銜花枝/蓮華枝	—	雲花枝	—	故宮蔵鏡91	双雁銜花天馬鏡

上海博物館	八花ⅡC	23.6		仙馬2側体歩	飛鳥2銜花枝/蓮華枝	—	雲花枝	—	練形神冶78	舞馬双雁紋葵花鏡
出光美術館	八花ⅡC	23.6		素馬2側体歩	花枝/蓮華枝	—	花枝飛鳥	—	出光310	蓮華海馬文八花鏡
不明	八花ⅡC	23.0		素馬2側体歩	飛鳥1銜花枝/飛鳥銜花	—	雲飛鳥	—	賞玩134	双馬鸚鵡鏡

文献略称一覧は章末に掲載

天馬を背紋に採用した鏡を70余面集成できました。こうして諸属性を表に取りまとめてみると，いくつかの傾向が見て取れます。

①瑞獣銘帯鏡・瑞獣獣帯鏡・海獣葡萄鏡などの初唐鏡のほか，盛唐鏡である鳥獣旋回鏡および対鳥鏡・対獣鏡にも認められる

②天馬は内区の主紋としてだけでなく，外区の鳥獣の一部としてもあらわされている

③１頭だけを表現したもの（図10－3・4）と，２頭を縦列させたばあい（図10－1・2）がある

ほかに，１面に３頭をあらわしたものが棚状帯圏式に２面，４頭が鳥獣旋回鏡に２面あります。３頭のばあいはすべて翼馬，４頭のばあいは翼馬２＋仙馬２と仙馬２＋素馬２との組み合わせがあり，それぞれが共存したことを示しています。

④翼馬や仙馬・素馬という違いのほかに，馬の態勢に「速歩」，「奔駆」，「側対歩」という３様がある

速歩（トロット trot）は，両前肢をやや曲げつつ前に出し，後肢の一方を前，他方を後ろに伸ばす

奔駆（フライング・ギャロップ flying gallop）は両前肢を前，両後肢を後ろに水平になるまで伸ばす

側対歩（ペーサー pacer）は，片側の前後肢を共に持ち上げ，反対側を地につけ，ゆっくり歩くような態勢

⑤面径が等しく，かつ紋様構成が近似したグループがあり，同型鏡と思われる

なぜ，限られた鏡種の異なる位置に，さまざまな態勢の天馬を表現したので

しょうか。鏡種ごとに少し詳しく見てみましょう。なお，隋唐鏡には十二支をあらわしたものが多いのですが，そのひとつとしての「午」は，動物としてのウマを写実的に表現しており，天馬とは来歴が異なるはずなので，ここでは対象としません。

1）瑞獣銘帯鏡・瑞獣獣帯鏡とその仲間

瑞獣銘帯鏡・瑞獣獣帯鏡など初唐初期の鏡に，天馬を表出したものを４面見つけました。いずれも１鏡種１面のみです。

京都国立博物館蔵「瑞獣銘帯鏡」 径12.2cmの小型鏡。太い界圏によって内外を区分し，この界圏の内側と外縁に二重に凸鋸歯紋を巡らす。内区には４頭の走獣が反時計回りに巡り，そのうちの１頭が「仙馬速歩」である（図11）。外区を銘文帯としており，銘文は「光流素月　質稟玄精　澄空鑒水　照迥凝清　終古永固　瑩此心霊」。

瑞獣銘帯鏡は90面ほどが知られますが，そのうち「光流素月」で始まる銘文を有するのは22面，さらに外縁と界圏内側を二重凸鋸歯紋としたものは11面に絞られます。そのうち天馬があらわされたのは本鏡のみです。

京都国立博物館蔵「瑞獣十二支鏡」 内区の主紋である瑞獣５頭のうちの１頭を「翼馬速歩」としたもの。径13.5cmの小型鏡で，外区には十二支を左回りに巡らせる。

瑞獣十二支鏡は５面が知られるのみ。そのうち２面は内区に十二支を配したもので，他の２面は内区の主紋が双龍で，外区に十二支を巡らせますが，時計回りです。つまり本鏡も１例が知られるだけなのです。

ヒギンソン蔵「方格禽獣華紋鏡」 瑞獣銘帯鏡の仲間であるが，蓮花座にのる円鈕を囲んで方格を巡らした特異なもの。方格に背を向けて鳥２と龍のように細長い動物，そして「仙馬速歩」を配してある。二重の凸鋸歯より成る界圏の外側が銘帯，外区に鳥獣12を反時計回りに巡らせるが，そのうちひとつは魚形を呈する。外縁は複線鋸歯紋。銘文は「鑑若止水

光如電耀　仙脚来磨　霊妃往照　鸞翔鳳儛　龍騰麟跳　写態懲神　影茲巧笑」。

陝西省歴史博物館蔵「瑞獣葡萄紋鏡」 内区外区の地に葡萄唐草を配してあり，次の海獣葡萄鏡の先駆けと捉えられる。外縁と界線にそれぞれ二重の凸鋸歯紋を巡らせ，内区には走獣４，外区には獣３，鳥３を配する。獣のひとつが「素馬速歩」である。

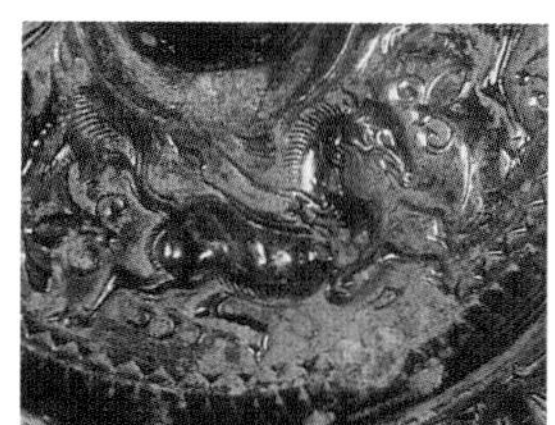

図11　瑞獣銘帯鏡の天馬（京都国立博物館蔵）

以上４面には翼馬・仙馬・素馬のいずれかがあらわされており，これら３様が時期差ではないことを物語っています。すべて姿勢は速歩であり，後脚の不自然なところがそっくり。４鏡はほかに例のない特異な鏡なのでした。

2）海獣葡萄鏡

海獣葡萄鏡は初唐期後半に位置づけ得る鏡で，その分類については前節で記しました。

ⅰ　帯圏式

帯圏式では４面に天馬が認められます。

正倉院南倉第９号鏡と香取神宮蔵鏡は，かねてから中野政樹によって同型鏡であることが指摘されていましたが，吉澤悟により再確認されました（「二つの「海獣葡萄鏡」」『第62回正倉院展』）。外区に２頭並んで仙馬奔駆が表現されています（図10－１参照）。

海獣葡萄鏡においては，ほとんどの天馬が奔駆の姿勢なのですが，ビッドウェル蔵鏡の内区に鸞２と舞獅子１と並んで配された仙馬は速歩であります。

ボストン美術館蔵鏡は，鈕が伏獣ではなく仰獣であり，内区の獣８頭が２頭ずつ対面するなど，海獣葡萄鏡として異例な鏡です。外区の葡萄唐草の間に配された鳥獣各８のうちの１が素馬で奔駆。

ⅱ　柵状帯圏式

天馬のいる柵状帯圏式を11面見つけました（図12）。

山宮神社蔵鏡の29.6cmを筆頭に，いずれも20cm超の大型鏡。天馬が表現された位置は，内区が４面，外区が７面で，翼馬，仙馬，素馬が３，５，３の割合，特定の傾向は見出せません。姿勢では奔駆が圧倒的に多く，丁方忠鏡のみが速歩であります。

河南省宜陽牛子珍夫妻合葬墓から出土した鏡が正倉院南倉第７号鏡と同型鏡の関係にあることは既述しました。この墓は墓誌の記載により大暦２年（767）の埋葬と知られますが，これが鏡の年代をあらわすとは思えません。

ⅲ　凸線界圏式

凸線界圏式で天馬を表現した鏡は，わずか５面を見出したのみであり，特定の傾向を窺うには数が少ない。

藤井有鄰館蔵鏡と江西星子鏡は，凸線界圏式の海獣葡萄鏡でありながら，内区に双鳥双獣を旋回させており，獣の片方が翼馬奔駆です。藤井有鄰館蔵鏡では双鳥の一方が孔雀であり，かなり特異な鏡です。

出光美術館蔵鏡と久保惣記念美術館蔵鏡はともに鍍金した海獣葡萄鏡で，内区の４獣のうち背中あわせの２頭が翼馬奔駆です。両鏡は面径ほぼ等しく，紋様構成も近似しており，同型である可能性が高い。ただし，後者は鍍金ではなく金箔を貼ってあり，地金が真鍮に近い色を呈しているので，唐代のものではないとの指摘があります。

５面はいずれも凸線界圏式海獣葡萄鏡としては異例の存在であり，これらをもとに議論を展開するのに躊躇を覚えます。これらを除外すると，天馬をあらわした海獣葡萄鏡は，その初期に造鏡された帯圏式・柵状帯圏式だけに限定されることになります。

以上３種の海獣葡萄鏡に見られる天馬の総数は24面に32頭，その内訳は翼馬16，仙馬７，素馬９であります。奔駆が多く，まれに速歩があります。

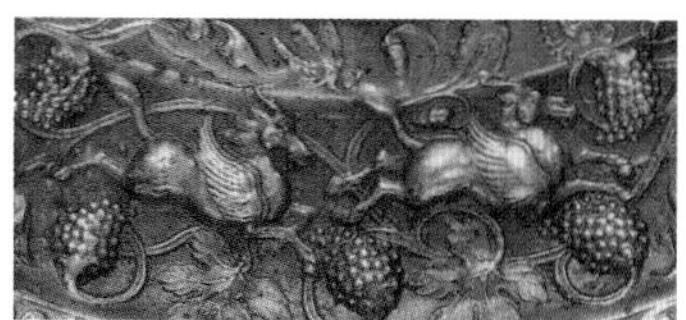

図12　棚状帯圏式海獣葡萄鏡の天馬（天理大学附属天理参考館蔵）

3）鳥獣旋回鏡

鈕を中心に，数匹（基本は4匹）の鳥獣が旋回する様をあらわした鏡で，あまたある鏡式のうち面数がもっとも多いものです。天馬がいるのは22面，そのうち12面は八稜形，10面は円形で，銀貼鍍金（ぎんちょうときん）・金銀平脱（きんぎんへいだつ）という宝飾鏡各1面を含みます。この2面は径25.9cm・30.1cmと大型ですが，ほかは12～13cmの小型鏡です。八稜鏡のばあいは翼馬，仙馬，素馬が混在しますが，円鏡には翼馬がなく仙馬・素馬のみであるほか，確たる傾向はつかめません。

ほとんどが鸞2と獣2を交互に旋回させ，獣のひとつを天馬としたものですが，以下だけは少し異なります。

五島美術館蔵「銀貼鍍金双鸞走獣八稜鏡（ぎんちょうときんそうらんそうじゅうはちりょうきょう）」　銀貼鏡で，八稜形II式，南倉第12号鏡に次ぐ大きさである。内区を鸞2と走獣1，そして奔駆する翼馬1が旋回する。

浙江省上虞（じょうぐ）南下許「四馬四卉鏡」　素馬4頭，奔駆2速歩2が旋回する。

馬の博物館蔵「走馬八稜鏡」　内区の旋回する鳥獣であるべきところを，4頭とも天馬としたもの。仙馬2と素馬2の両種が混在し，姿勢はすべて奔駆（図13）。

河北省文物研究所蔵「走馬八稜鏡」　馬の博物館蔵鏡に近いが，仙馬2と翼馬2の組み合わせで，姿勢はすべて速歩。

ところで，正倉院には天馬を表出した鳥獣旋回鏡が2面ありました。南倉第12号鏡と南倉第3号鏡です（図10−3・4）。12号鏡は外区の4獣の内のひとつを奔駆する翼馬としたもので，これはほかに例がありません。内区の獣のひとつも立ち上がって踊っているかのような「舞獅子」であり，何よりも径51.5cmと抜きん出て大きい。3号鏡は，先に指摘したように棚状帯圏式であり，西安韓森寨第79号墓出土鏡以外に類例がありません。どちらも特異な鏡なのです。なお，舞獅子については，拙稿「舞獅子と舞龍―隋唐鏡に見える異形の獣（1）―」(『古事　天理大学考古学・民俗学研究室紀要』第20冊，2016年）をご参照下さい。

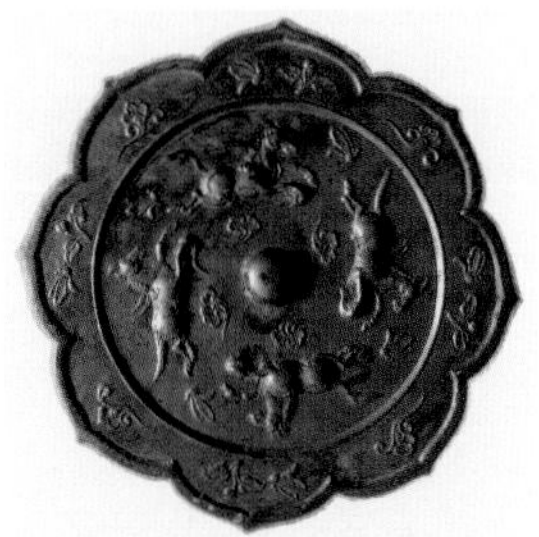

図13　鳥獣旋回鏡の天馬（馬の博物館蔵）

4）対鳥鏡

鈕を挟んで2羽の鳥を対面させた対鳥鏡で，天馬を表現しているものを16面集成できました。すべて外形は八花形ⅡC式。そのうち泉屋博古館蔵の1面は銀貼鍍金鏡で，内区の対鳥上下に山岳，外区の唐草の間に走獣2と仙馬を2頭あらわした特異なものです。

残る15面は，青峰泉蔵鏡の23.0cmを筆頭に16.3cmまでばらつきますが，紋様構成はよく似ています。いずれも葡萄枝をくわえた素馬を内区の対鳥上部あるいは下部にあらわしているのです。以下の5面は上部に馬がいるタイプで，外区に八弁の花中に入れた「千」と「秋」の2文字を配してあります。そして馬は，「7）角を有する馬」で触れるように，1角を有する素馬であり，下部には葡萄枝に止まり実をついばむ鵲をあらわすなど紋様構成が近似し，しかも面径もほぼ等しいので，同型鏡であると考えられます。

青峰泉蔵「千秋双鸞瑞獣花鳥鏡」　23.0cm
京都国立博物館蔵「双鸞鵲馬八花鏡」(図14)　22.5cm
陝西省長安県斗門郷出土「千秋双鸞紋葵花形鏡」　22.5cm
西安文物保護考古所蔵「双鸞瑞獣鏡」　22.5cm
淄川澹廬蔵「千秋双鸞鏡」　22.0cm

正倉院には対鳥鏡はありません。なお，「千秋」銘に関しては拙稿「千秋鏡に関する覚え書き」(『郵政考古紀要』第53号，2012年）をご参照下さい。

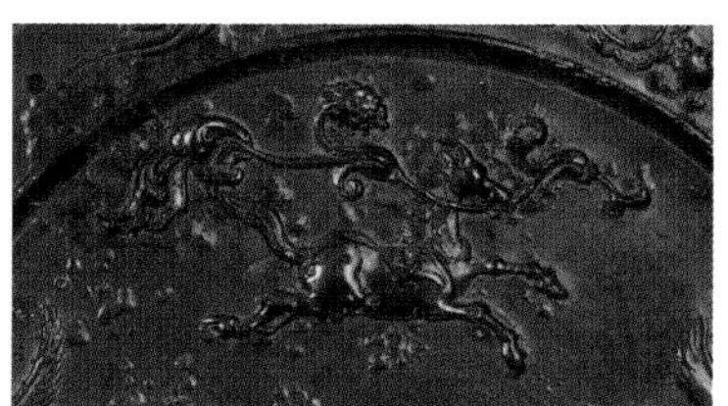

図14　対鳥鏡の天馬（京都国立博物館蔵）

5）対獣鏡

対鳥鏡の鳥を獣にかえたのが「対獣鏡」で，その獣を天馬とした鏡を８面集成できました。外形はいずれも八花形ⅡＣ式で，径23～24cmの大型鏡です。外区を内区に比して一段高くして内外を区分，円鈕の左右に蓮華の上に立つ天馬を対面させ，上下に飛鳥あるいは花卉を配します。外区には花弁の膨らみに対応させ，花卉・飛雲・飛鳥などを嵌入してあります。

８面のうち６面では仙馬，残りの２面は素馬です。前者では鈕の上に飛鳥２羽で下に左右対称の花卉を置きますが，後者では上下とも花枝をくわえた飛鳥１と省略しています。天馬は蓮の花などに乗っていままさに歩み始めるかのように，前肢の片方を挙げ後肢もわずかにもたげています。側対歩であります(図15)。

この類も正倉院とは無縁です。

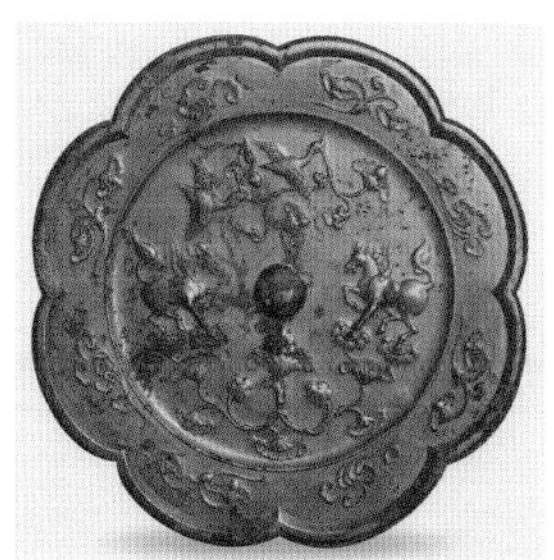

図15　対獣鏡の天馬（宏鳴斉蔵）

6）天馬の姿勢

先に指摘したように，天馬の図像には有翼の「翼馬」と，肩から２本の天衣のようなものを長くたなびかせた「仙馬」，そして何もない「素馬」の３様があります。

これら天馬図像の３様は，初唐鏡と盛唐鏡を通じて存在しており，年代差であるとするのは難しいようです。ただし，対鳥鏡と対獣鏡には翼馬は見えないので，盛唐期になると翼馬はあらわされなくなった，とはいえそうです。とすると，仙馬が翼馬の簡略化であるという可能性が生じてきますが，鳥獣旋回鏡には，翼馬２と仙馬２とをあらわした河北省文物研究所蔵鏡〔天馬112，引用文献略称一覧を章末に掲載〕や，仙馬２と素馬２が並存する馬の博物館蔵鏡〔天馬113〕もあります。また，鏡以外でも，新城長公主墓石門石刻において，翼馬と仙馬が共存しています（図16）。仙馬を中に挟んで，一部重なりながら，翼馬→仙馬→素馬という変化の図式が描けるかも知れません。

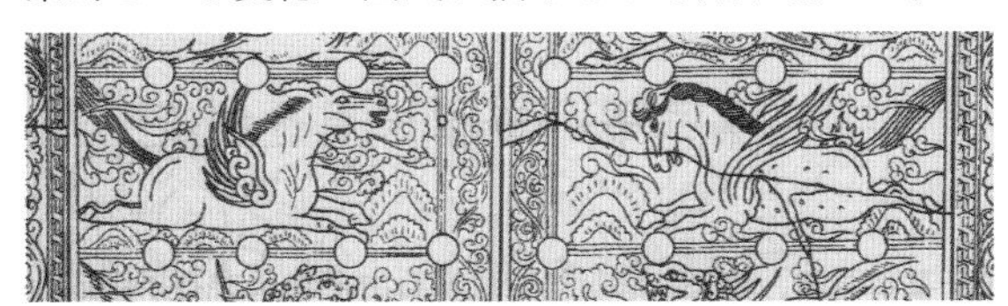

図16　翼馬と仙馬の共存（新城長公主墓石門）

天馬の変化は，翼の有無よりも，むしろその姿勢の変化に見ることができます。

ⅰ　停止

翼馬の造形はギリシアのペガサスを基とし，シルクロードを経て中国に伝わったと考えられていますが，実は漢代の青銅器や画像石にも認められます。これらでは，傍らに羽人をともなうことがあり，翼馬は神仙世界に住む存在でした。たとえば，

河北省定州三盤山122号墓出土「金銀象嵌筒型金具」〔天馬77〕　前漢
天理大学附属天理参考館蔵「押型人物禽獣空心塼」〔天馬84〕　前漢
山東省嘉祥武宅山武氏祠画像石〔天馬82〕　後漢

などで，これらは疾駆しているかのように前肢を前に，後肢を後ろに伸ばして

います。ところが，

四川省成都新津崖墓石函「翼馬」〔天馬81〕　　　　後漢永平３年（60）

は両後肢を地につけ，前肢の一方のみを持ち上げて停止し，いまにも歩み始めようとしている姿勢なのです。これを「停止」と呼びます。

こうした停止状態の有翼馬は，ササン朝ペルシアやソグド，さらには西域においても見つかっており，どうやら西と東で別々に誕生したように思えます。西の例として，

馬の博物館蔵「有翼馬形ブローチ」（図17－1）　　ササン朝ペルシア

アスターナ302号墓出土（新疆ウィグル自治区博物館蔵）「連珠対馬文錦」（図17－2）

などが挙げられます。

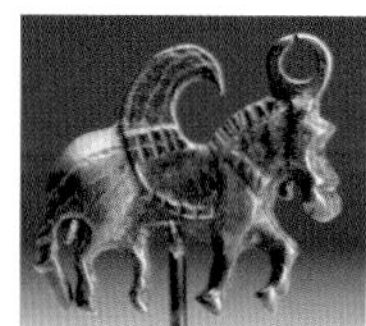

1　有翼馬形ブローチ(馬の博物館蔵)

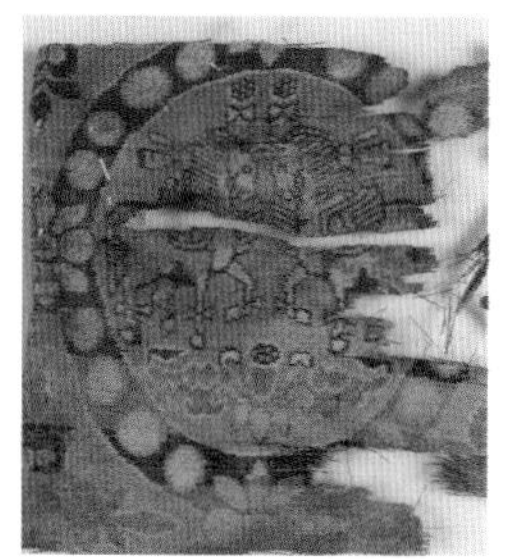

2　連珠対馬文錦(新疆ウィグル自治区博物館蔵)

図17 「停止」の馬

ii　側対歩

別な姿勢の馬の表現もあります。それは，一方の側の前肢・後肢は地に着け，他方を共に挙げた姿勢で，「側対歩（ペーサー）」と呼ばれる歩み方です。末崎真澄「飛走する天馬像」〔天馬所収〕は，「側対歩の歩法は，前後肢の外側の肢を同時に動かすものである。これらは明らかにアジアの馬の歩法を捉えたもの」と主張しました。本当にそうでしょうか。図像で見る限り，西方からの影響で成立したように思えます。たとえば，

アフラシアブ宮殿の壁画　　　　　　　　　　7世紀第３四半期

囲屏石牀（ニューヨーク個人蔵，図18－1）　　北周～隋

アスターナ302号墓出土「連珠対馬文錦」（前出）　7世紀

法隆寺献納宝物「竜首水瓶」（図18－2）　　　　　7世紀

など，西に多いという状況と，いずれも7世紀代のものであり，すべて翼馬である，という3点が見取れます。また，

法隆寺献納宝物「紅牙撥鏤針筒」

陝西省西安金郷県主墓出土「墓誌蓋」（図20－2）　開元12年（724）

正倉院「紅牙撥鏤撥」（**北倉**28，図21－2）

の天馬も仙馬タイプかつ側対歩であり，側対歩は8世紀初頭まで存続したことになります。

盛唐期につくられた対獣鏡の一種である「双馬鏡」の馬も側対歩に似た姿勢をとります。

西安博物院蔵「双馬八花鏡」（図18－3）〔天馬110〕

上海博物館蔵「舞馬双雁紋葵花鏡」〔錬形神冶78〕

泉屋博古館蔵「蓮花天馬八花鏡」〔泉屋博古145〕

などです。内区の下方に配された，蓮唐草の左右に伸びた蔓の先端が2股に分かれ双蓮華が開きます。その上に片側の前・後肢が乗るのです。反対側の脚は，屈し気味に上に挙げています。

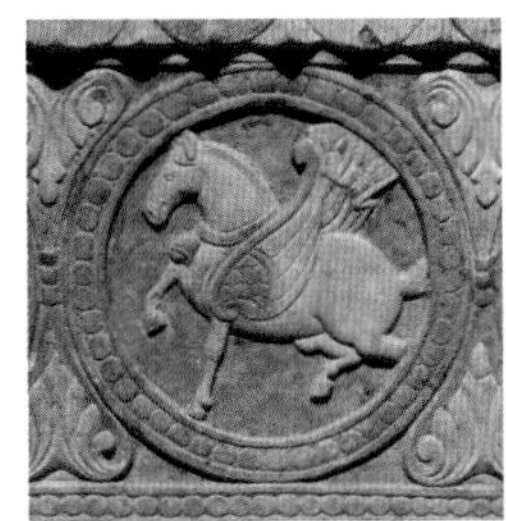

1　囲屏石牀
（個人蔵）

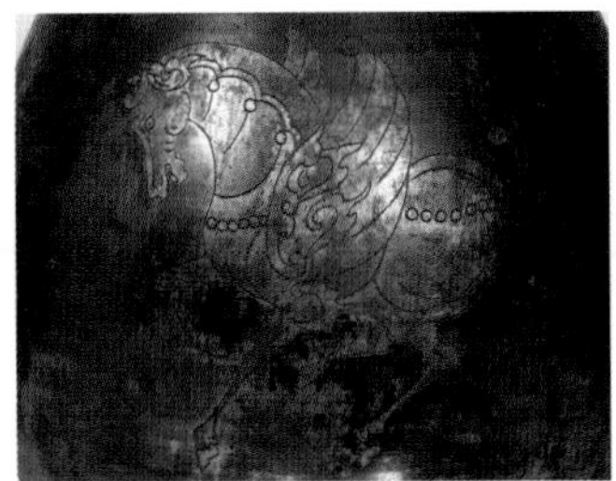

2　竜首水瓶
（法隆寺献納宝物　東京国立博物館蔵）

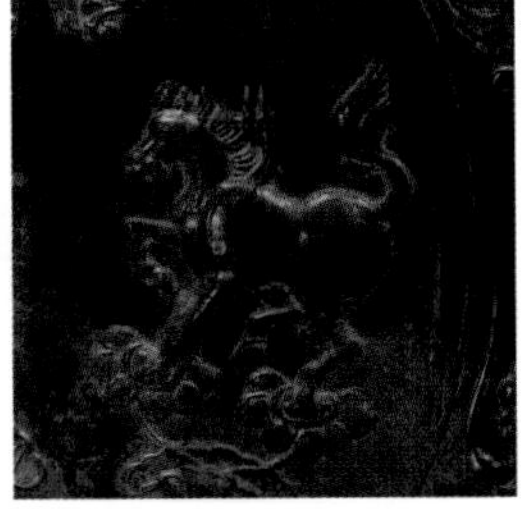

3　双馬八花鏡
（西安博物院蔵）

図18　側対歩

ⅲ　舞馬

初唐の4鏡種，瑞獣銘帯鏡・瑞獣十二支鏡・方格瑞獣銘帯鏡・瑞獣獣帯鏡にあらわされた天馬は，片側の後肢をやや前方に踏み出し，反対側の後肢は後ろに蹴り上げ，前肢は双方とも前へ伸ばしています。

京都国立博物館蔵「瑞獣銘帯鏡」〔天馬104〕

京都国立博物館蔵「瑞獣十二生肖鏡（ずいじゅうじゅうにせいしょうきょう）」〔天馬105〕

などです。この姿勢では歩むことはかなわないのではないでしょうか。ここでは「舞馬」と仮称しましょう。

海獣葡萄鏡と鳥獣旋回鏡にも，このような舞馬が数例認められます。

河北省文物研究所蔵「瑞獣八稜鏡」（図19－1）　鳥獣旋回鏡であるが，鳥はおらず，４獣のうち２頭が翼馬の舞馬である。

丁方忠蔵「天馬瑞獣葡萄紋鏡」（図19－2）　海獣葡萄鏡の仲間であるが，内区には，鳥獣旋回鏡と同じく，鸞鳥・舞獅子・孔雀・舞馬が反時計回りに旋回する〔古鏡今照177〕。

陝西省歴史博物館蔵「天馬鸞鶏紋鏡」　円形の鳥獣旋回鏡，内区の２獣のうち１が舞馬である〔千秋金鑒382下〕。

などで，すべて初唐鏡であります。

Ⅱ章の麒麟（きりん）の項でキリンビールの商標について触れました。あの麒麟が舞馬と同じ姿勢なのです（図19－3）。とすれば，初唐の麒麟をモデルにしていることになりますね。

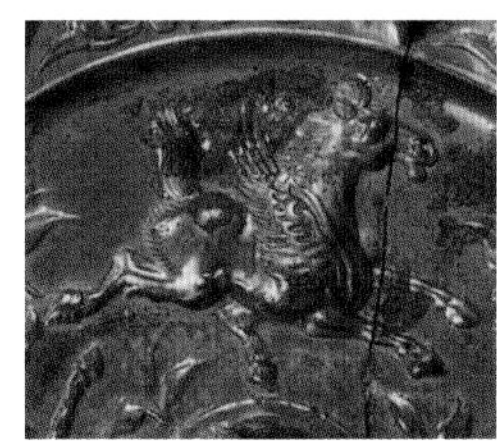

1　瑞獣八稜鏡
（河北省文物研究所蔵）

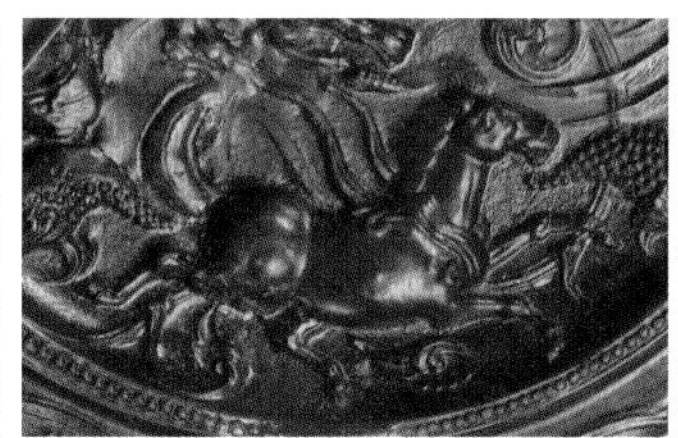

2　天馬瑞獣葡萄紋鏡
（丁方忠蔵）

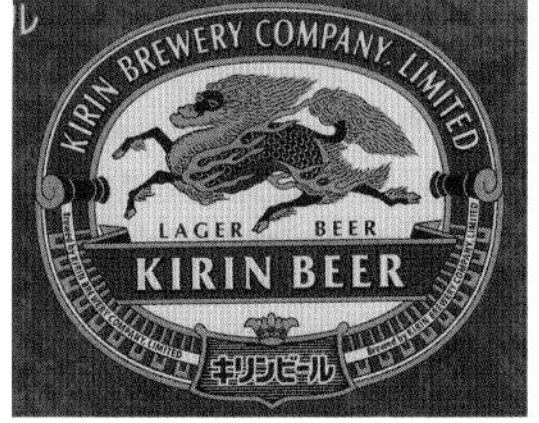

3　キリンビール商標

図19　舞馬

ⅳ　奔駆

側対歩・舞馬に対して，両前肢を前，両後肢を後に，水平に伸ばした「奔駆」の姿勢をとる天馬は盛唐に多く，翼馬・仙馬・素馬の別を問いません。１例ずつ挙げると，根津美術館蔵「双鳳天馬八稜鏡」（図20－1）　翼馬。鳥獣旋回鏡である。尾が枝わかれしてパルメット状を呈する。

陝西省西安金郷県主墓出土「墓誌蓋」（図20－2）　仙馬。埋葬年は開元12年（724）。

馬の博物館蔵「走馬八稜鏡」（図20－3）　素馬。仙馬２頭と素馬２頭が交互に旋回する。

などです。

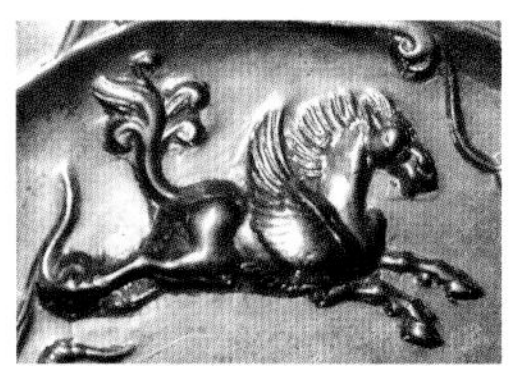
1　双鳳天馬八稜鏡（根津美術館蔵）

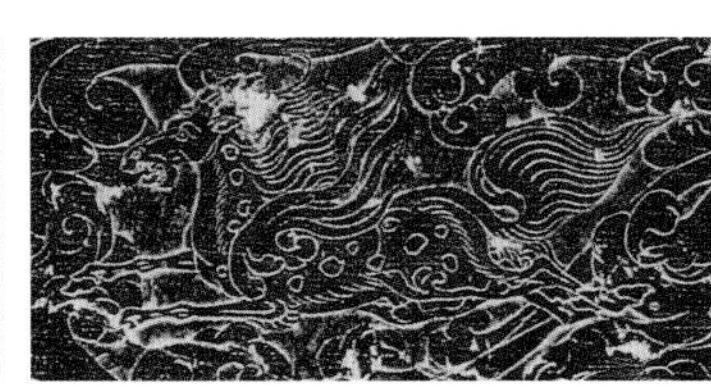
2　金郷県主墓出土「墓誌蓋」

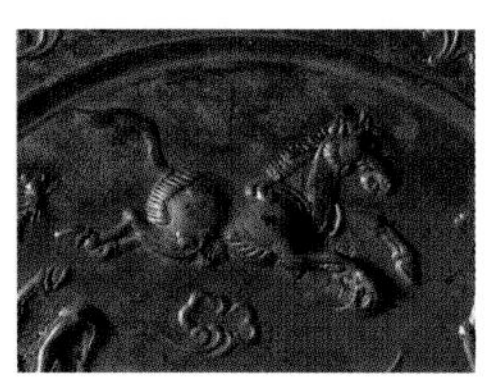
3　走馬八稜鏡（馬の博物館蔵）

図20　奔駆

このように見てくると，天馬の姿勢には，おおよそ静止→側対歩→舞馬→奔駆という変遷があった，と考えられましょう。

7）角を有する馬

正倉院宝物の２点，

紅牙撥鏤尺（こうげばちるのしゃく）（**北倉**13乙）　翼馬，奔駆（図21－1）

紅牙撥鏤撥（**北倉**28）　仙馬，側対歩（図21－2）

にあらわされた馬は，どちらも頭上にふたまたになった１角を有しています。

このような有角の馬は，鏡では対鳥鏡のうち「千秋」銘を持つ類に限って認められます。

青峰泉蔵「千秋双鸞瑞獣花鳥紋葵花鏡」〔鏡涵春秋165〕

京都国立博物館蔵「双鸞鵲馬八花鏡」〔天馬111〕

などです。これらでは，馬は奔駆の姿勢をとり，口に葡萄枝をくわえています。千秋銘を有する鏡については，拙稿「千秋鏡に関する覚え書き」（『郵政考古紀要』第53号，2012年）をご参照下さい。

鏡以外にもいくつか例があり，新城長公主墓石門の左の馬もそうでした（図16)。

薛儆墓石門・石槨（せつかく） 開元8年（720）
張説墓誌蓋（図21－3)・身 開元19年（731）
李憲墓石槨 開元29年（741）

など，墓門・石槨や墓誌の天馬は有角に表現されるばあいが多く，しかも翼馬であります。新城長公主墓は龍朔3年（663）の埋葬ですから，初唐から存在し，開元年間まで存続したことになります。

天馬の伝播過程にはこのような有角のものはありませんので，中原において，中国の伝統的なかつ有角である瑞獣，天禄（てんろく）や麒麟などと融合したのではないでしょうか。

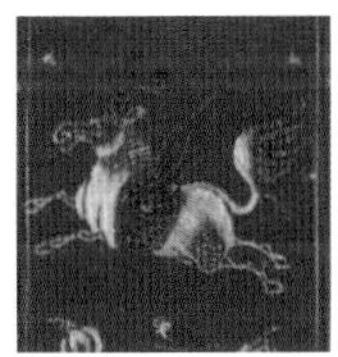
1 紅牙撥鏤尺（北倉13乙）

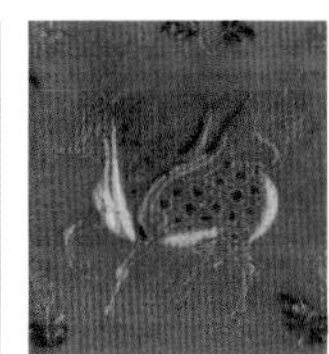
2 紅牙撥鏤撥（北倉28）

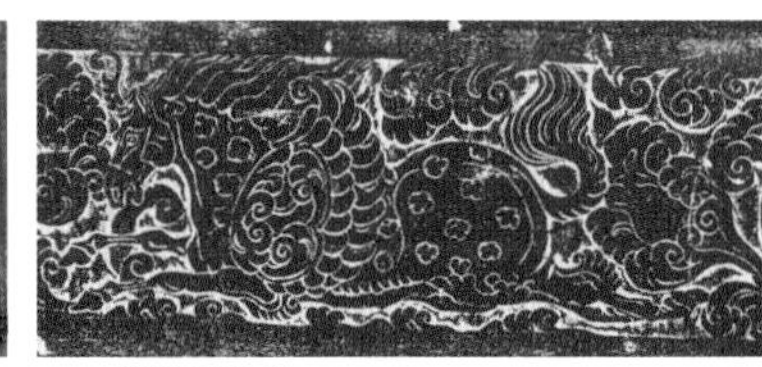
3 張説墓誌蓋

図21 有角の馬

8）正倉院天馬鏡の位置づけ

さて，正倉院鏡においては，天馬は4面の鏡に見え，4面とも南倉に収蔵されています。いずれも20cmをはるかに超える大型鏡で，外形は円3，八稜1の割合，すべて帯圏式ないし棚状帯圏式です。天馬の造形に関しては，翼馬1，仙馬2，素馬1とばらけますが，姿勢はいずれも奔駆であります。

4面のうち2面は海獣葡萄鏡です。先に，奔駆の姿勢は盛唐鏡に多いと述べましたが，帯圏式および棚状帯圏式の海獣葡萄鏡にすでに出現していることになります。

残る2面は鳥獣旋回鏡で，南倉第12号鏡は双鳥双獣タイプ，北倉第2号鏡は四禽旋回（しきんせんかい）タイプでした。両タイプには，墓誌をともない埋葬年が判る墓から出土したものが何面か存在します。

双鳥双獣旋回鏡

河南省偃師杏園M1008宋禎墓　　神龍2年（706）
河南省偃師杏園M1928李嗣本墓　景龍3年（709）
河南省偃師杏園M1435袁氏墓　　開元17年（729）
陝西省西安路家湾7号墓　　　　天宝4年（745）
河南省偃師杏園M2731鄭琇墓　　天宝9年（750）

四禽旋回鏡

陝西省西安東郊郭家灘第92号墓　開元2年（714）
河南省偃師杏園M1204崔悦墓　　天宝4年（745）
陝西省西安紫微田園都市K区M18　天宝14年（755）

双鳥双獣旋回鏡は神龍2年・景龍3年，すなわち8世紀初頭にすでに存在し，開元年間から天宝初年まで副葬されました。すなわち，双鳥双獣旋回鏡はおおむね8世紀前半の鏡である，といえます。四禽旋回鏡の方は，その出現は双鳥双獣よりやや遅れるものの，ほぼ同時期であります。しかも正倉院の2面は帯圏式の仲間であり，鳥獣旋回鏡の中でも古いタイプと考えられます。「垂簾政治」の期間を含めて，武則天の統治期間の製作にかかることは間違いありません。

武則天が皇后に冊立されたのは永徽6年（655）ですが，彼女が完全に権力を掌握したのは，異腹の中宗を廃して実子の睿宗（えいそう）を即位せしめた，嗣聖元年（684）でしょう（皇帝即位は690年）。また，退位したのが神龍元年（705）ですから，684年から705年までの間となります。

武は野心家で淫乱，残酷である，などと悪く評価されることが多いのですが，科挙制度を積極的に活用して人材を抜擢，農業を振興し，軍事的にも才能を発揮するなど，きわめて有能であったことも確かです。太宗による3回の遠征でも陥落することがかなわなかった高句麗（こうくり）を，668年ついに滅亡させました。

630年に唐に滅ぼされた突厥（とっけつ）の遺民たち（突厥降戸）は，唐の内部に居住し，高句麗遠征にかり出されるなど屈従に甘んじていましたが，679年ころから幾たびか反乱を起こし，ついに682年，突厥帝国復興に成功しました。突厥第二帝国です。唐は，突厥以外にも，鉄勒（てつろく）・契丹（きったん）・ウィグル・チベットなど，遊牧民集団ないし国家との間で戦争と和睦をくり返していました。第2節で，武則天の統治期に，周辺諸国を慰撫するために鏡を賜与した可能性を指摘しましたが，翼馬鏡もそうした鏡のひとつであったのでしょう。その役割を終えた段階で翼をあらわす必要がなくなったのかも知れません。ただし，突厥などの墓から鏡が出土することはほとんどありません。墓に鏡を副葬する習俗がなかったことも理由のひとつでしょうが，彼らにとって賜与された鏡は貴重な金属資源であり，これを鋳つぶして他のものをつくったのではないでしょうか。その中で，かろうじて遺った鏡を，1931年，秋山光夫が発見したのです。先に触れたように，径60.6cmは銅鏡として世界最大。外区に巡らせた鳥獣の中にあらわされたのは仙馬，しかも奔駆の姿勢であります（図22)。

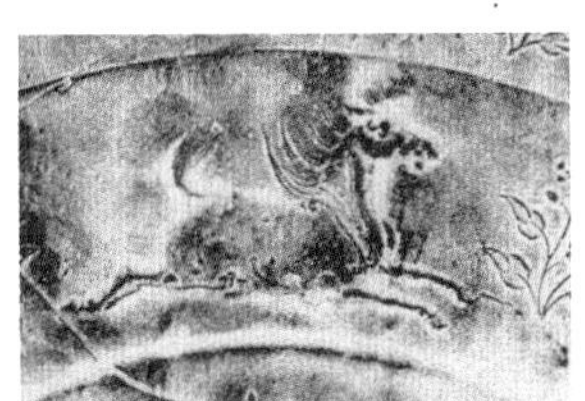

図22　ハラム鏡の天馬

南倉には，北倉すなわち帳内の宝物群とは違って，種々雑多な品々があり，中にはかなり古い時期に製作されたものが含まれている可能性があります。遣唐使は天智天皇8年（669）の第7次をもって中断し，第8次が派遣されたのは大宝2年（702）のことでした。正倉院の天馬鏡が遣唐使によってもたらされたとするならば，704年から718年にかけて分散帰国した第8次か，あるいは養老元年（717）に渡唐し翌年に帰国した第9次の可能性が高いでしょう。

4｜八卦をともなう鏡

正倉院には，背面に八卦をあらわした鏡が3面あります。北倉第16号「槃龍背八角鏡」と南倉第1号「金銀山水八卦背八角鏡」，南倉第13号「十二支八卦背円鏡」です。3面は外形も紋様構成も，また八卦があらわされた位置も大いに異なっており，その製作や入庫の経緯もいささか違ったはずであります。

これら３面については，蔵内数太が詳細に検討しており（「正倉院八卦背鏡私考ー特に金銀山水八卦背八角鏡についてー」『正倉院年報』第２号，1980年），これを踏まえて再考しましょう。なお，南倉第１号鏡は銀貼鏡なので，次節「宝飾鏡」で扱います。

１）十二支八卦背円鏡（南倉第13号鏡）

径59.4cmの大型円鏡，大きさでは正倉院第２位，重さは52.8kgを測り，堂々第１位の鏡です。４本の凸圏線によって，中央の鈕を置いた円区と４つの圏帯をつくり，それぞれの圏帯に内側から四神，八卦，十二支，唐草紋を巡らしています（図23)。

このように四神と十二支の双方があり，それに八卦を加えた鏡はきわめて僅少です。探し得たのは，

　泉屋博古館蔵「四神十二支文鏡」〔唐鏡５〕
　張鉄山蔵「十二生肖四霊鏡」〔唐詩94-2〕
　洛陽博物館蔵「上清長生宝鑒秘字鏡」〔洛鏡銅華258〕
　揚州市博物館蔵「八卦十二生肖方鏡」
　不明「端午四霊八卦十二生肖鏡」〔賞玩続66〕

の５面のみです。後３者は，外区に読めない文字（秘字）を巡らせた，道教に関わる特殊な鏡ですから（拙稿「唐代の道教鏡」『郵政考古紀要』〈第56号，2013年〉を参照されたい)，対象からはずれます。

残る２面，泉屋博古館蔵鏡と張鉄山蔵鏡は，径が４cmほど違いますが，紋様構成はよく似ています。円鈕の周りに２重の方格を設け，内側には鈕から４隅に向かってパルメットを配し，外側には八卦を巡らせます。さらに外側を１本の圏線で画し，できた４つの弧の部分に四神，外縁との間の圏帯に十二支を，それぞれの方位に合致するように，配置してあります。四神・八卦・十二支のいずれもが，腹を内に向けた内向配置で，かつ時計回りに配されていますが，四神の間に置かれた山岳だけが逆向きです。唐鏡の「四神十二支鏡」では，腹を外に向けた外向配置が普通なのですが。獣鈕の頭を上にすると玄武・子が下にくる，こちらが北です。

これに対して，正倉院鏡はずんぐりとした伏獣鈕（ふくじゅうちゅう）で，圏線によって同心円状

に区画した圏帯に，四神・八卦・十二支を配してあります。3者は，いずれも腹を外側に向けた，外向配置です。正倉院南倉第13号鏡は，きわめて特異な存在である，といえましょう。

本鏡については，鏡体が厚く，製作も稚拙であることなどから，かねてから国産であるとする考えが有力でしたが，材質調査の結果，主成分である銅・錫(すず)・鉛に加え砒素(ひそ)が5.4%含まれていることが判明しました。化学組成が成瀬正和による分類のB群の値を示しており，これで国産官営工房説が固まりました（成瀬正和『正倉院の宝飾鏡』前掲）。また，蔵内が指摘したように，八卦の配列に誤りがあります。すなわち東北艮(ごん)の「☶」であるべきところが「☳」となっており，震(しん)と入れ替わっているのです。これも国産説に有利な証拠でしょう。

なお，四神の龍と十二支の辰とでは，肢体と姿勢，口から吐き出す草のようなものはよく似ているのですが，尾の表現にいささか違いがあります。龍の方は尾をいったん左後肢の下をくぐらせた後，上方へ立ち上げているのに対し，辰は水平に後方へ伸ばしています。

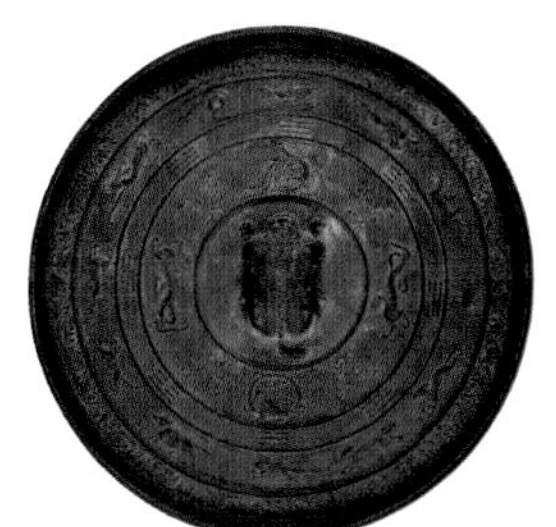

図23　四神十二支鏡

2）槃龍背八角鏡（北倉第16号鏡）

外形は八花形ⅠA式で，径31.7cmの大型鏡，正倉院での大きさの順位は第13位であります。蓮の葉で満ちた池に見立てた円形の鈕座の上に亀鈕が乗り，その左右から向き合う形の双龍を配し，上部に遠山，下部には裾に小さな鴛鴦のいる山岳を置き，その上の空間に飛雲を散らしてあります。内区より一段高くした外周帯には八個の八卦と山岳を交互に巡らします。

双龍は対面するだけではなく，互いの頸を絡めあっています（図24−1）。この交頸龍は胴がきわめて細長いところに特徴があり，尾も細長く，一方の後肢に絡まります。

双龍が昇竜の形で向き合う「双龍鏡」の仲間は10数面存在しますが，頸を絡ませたものは1例のみで，ほかに見あたりません。その1面とは施翠峰蔵「双龍八卦紋八弁葵花鏡」で，外形や紋様構成はよく似ているものの，径20.6cmと北倉16号鏡よりかなり小さい（図24−2）。戦後，類品が福建省北部徳清付近の唐墓から出土した，と施は述べていますが〔歴代鑑賞112〕，伝聞に過ぎません。

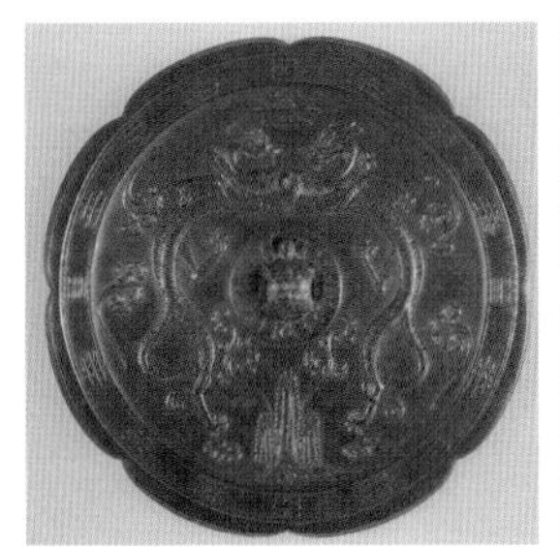

1　北倉第16号鏡

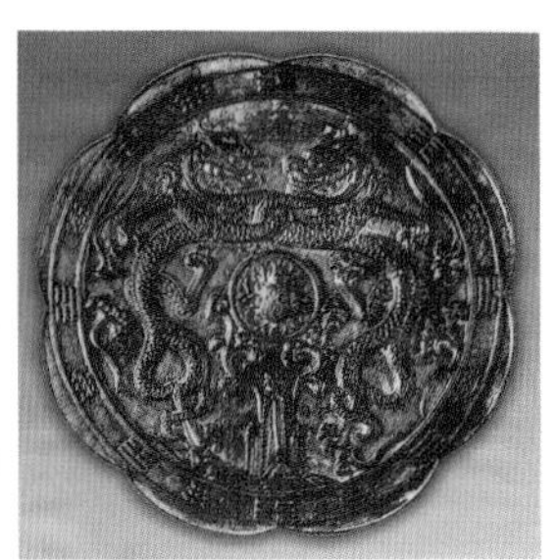

2　双龍八卦紋八弁葵花鏡（施翠峰蔵）

図24　交頸双龍鏡

なぜ，このような特異な鏡が正倉院に収められるに至ったのか，類例を集め，検討したことがあります（「舞獅子と舞龍」『古事　天理大学考古学・民俗学研究室紀要』第20冊，2016年）。そこでは，2尾の龍の相関関係によって以下の3類に分けて捉えました。

昇龍相対：鈕を挟んで，2尾の龍が腹を見せ合って対面，両手を前後に振ってあたかも踊っているような姿態なので，「舞龍」と呼ぶ。上に挙げた方の手で宝珠を捧げる。周囲には飛雲が配されている（図25−1）。

昇龍背反：2尾の龍が背を向け，両手で上方の宝珠を捧げる。飛雲をともなう（図25−2）。

昇龍降龍：２尾の龍の一方が昇り，他方が降る。

これらのほかに，唐鏡の双龍意匠として「盤龍走龍」もあります。対鳥鏡の対鳥の上下に盤龍と走龍を配したもので（図24−3），上記の３種とは異なる類です。このような，体をくねらせて，珠に見立てた鈕をくわえようとする龍が「盤龍」でありまして，単独の盤龍を主紋にした「盤龍鏡」についてはかつて考察したことがあります（「盤龍鏡に関する覚え書き」『坪井清足先生卒寿記念論文集―埋文行政と研究のはざまで―』坪井清足先生の卒寿をお祝いする会，2010年）。

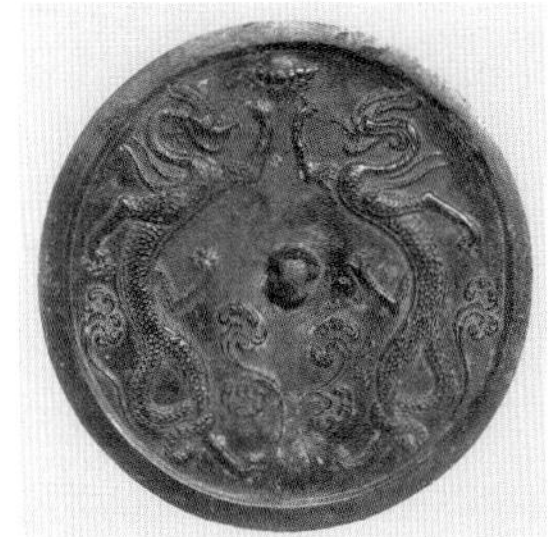
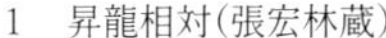
1　昇龍相対(張宏林蔵)

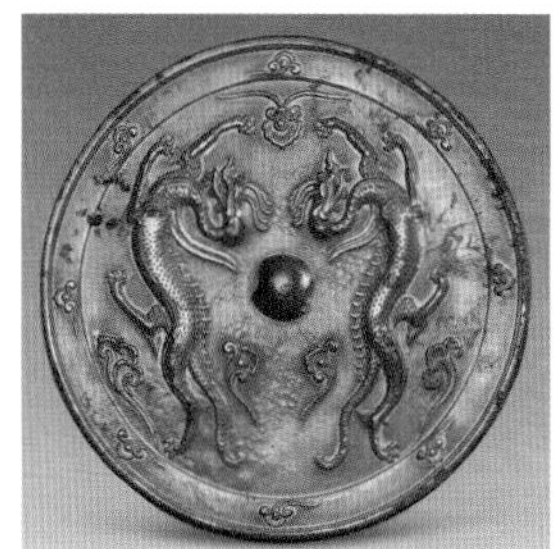
2　昇龍背反(尉建祥蔵)

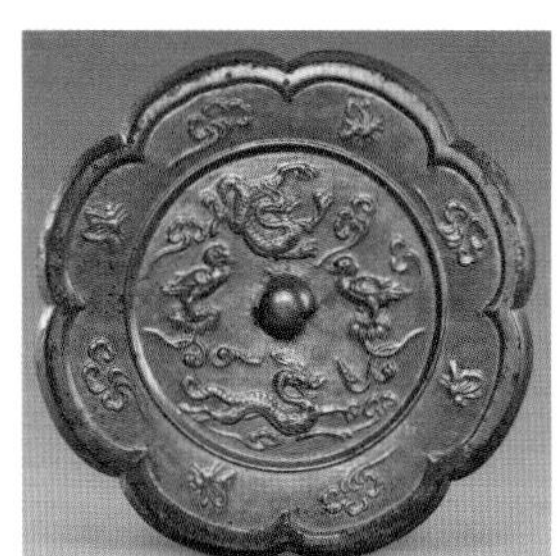
3　盤龍走龍(狄秀斌蔵)

図25　双龍鏡

唐鏡以外の交頸龍図像としては，金銀器にはその例を見ず，少し遡って河北省趙県の安済橋石彫（隋），連珠対龍紋錦などが挙げられるくらい。きわめて特異な図像である，といえましょう。北倉第16号鏡はほかに例のない，特異な存在なのでした。

正倉院には大型で特異な鏡が多いこと，お判りいただけたでしょうか。

5｜宝　飾　鏡

正倉院には「宝飾鏡」と総称される特殊な鏡が13面収められています。螺鈿鏡９面，平脱鏡２面，銀貼鏡１面，七宝鏡１面であります。これらについては，多くの研究者が，種々の観点から研究対象とし，それぞれの成果を公表してきました。

それらの集大成というべきは成瀬正和『正倉院の宝飾鏡』（日本の美術522，ぎょうせい，2009年）でありまして，内容についてはほとんど文句のつけようがありません。本書はこの書に触発されかつ依拠するものですが，成瀬氏は保存科学が専門であり，触れていない点や採っていない観点がありますので，隙間を埋めるように，取りあげることにしました。主に紋様構成に関わる問題です。なお，七宝鏡については，比較すべき類例がないので，ここでは扱いません。

1）螺鈿鏡

正倉院には螺鈿鏡が９面あります。北倉第７～11号・第13号の６面と，南倉第２号・第５号の２面に，破砕されて全体の４分の１ほどだけが遺る北倉第５号を加えると，９面になるのです（以下，北７，南５のように略称します）。

螺鈿とは，器物を装飾する技法のひとつで，ヤコウガイ・アワビ・チョウガイなどの真珠光を発する部分や，琥珀（こはく）・玳瑁（たいまい）などの薄板を紋様の形に切り抜き，これらを接着剤で本体に貼りつけ，やわらかい砥石で表面を平滑に磨いてつくります。毛彫線によって細かい紋様を加え，線内に黒色顔料を埋めるばあいもあります。また，螺鈿の下に顔料で伏彩色を施せば，さらに美麗となります。紋様の外側，地の部分に，トルコ石・青金石（ラピスラズリ）を砕いて蒔（ま）くこともありました。

螺鈿や砕石を貼りつける接着剤として，漆を用いたと記す解説が多いように思えます。しかし古代における接着剤はもっと多様で，

①天然樹脂　漆，薫陸（くんろく），乳香，松脂（まつやに），琥珀。薫陸とはウルシ科植物のクンロク，乳香はカンラン科植物の樹脂が固まって石のようになったもの。香料として利用するのが普通だが，加熱すると樹脂状に戻る。

②膠（にかわ）　獣や魚の骨・皮などを水で煮沸し，その溶液からコラーゲンやゼラチンを抽出し，濃縮・凝固させたもの。

③澱粉　米糊，麦糊，フノリ，桃膠（とうきよう）。小林行雄は，糯米（もちごめ）の糊は主として布をはるために，小麦の糊は紙をはるために用いるという使いわけがあった，と推定している（『続古代の技術』塙書房，1964年）。

④タンパク質　大豆糊。

⑤天然アスファルト（土瀝青（どれきせい））

などが考えられますが，最近の調査により，正倉院螺鈿鏡で用いられた接着剤

はキテルペン系の天然樹脂であることが判明しました。薫陸の可能性が強くなったのだそうです。ただし，北村昭斉が製作実験したところ，松脂が適しており，アスファルトは溶解しにくいとのこと（「正倉院宝物の螺鈿技法に関する知見について」『正倉院紀要』第30号，2008年）。『正倉院紀要』第28号は「樹脂状物質」と記します。いずれにしろ，漆は用いていません。

螺鈿鏡を，外形と紋様構成によって次の３類に分けます。その上で，螺鈿の材質や間地に何を散りばめているか，などと対応関係が認められるか，検討しましょう。

Ⅰ類：鏡体は円形で，紋様が放射状の４単位で成り立っている，十文字構成のもの。つまり点対称である（北５，北９，北10，北11）

Ⅱ類：紋様構成はⅠ類と同じだが，鏡体が八花形である（北７，北８，北13）

Ⅲ類：鏡体は円形だが，Ⅰ類とは違い６単位の紋様単位から成る（南２）か，左右対称の構成（南５）

上に掲げた螺鈿鏡の諸属性を類ごとに表に取りまとめてみました。北５をⅠ類に入れるか，それともⅢ類と見なすか，迷いましたが，青金石（ラピスラズリ）と黄銅粉があることを重視して，Ⅰ類に入れます。

表４　正倉院の螺鈿鏡一覧

Ⅰ類：円形十文字配置

宝物番号	鏡体	径(cm)/重(g)	紋様	砕石粒(地に充填)	螺鈿	伏彩色	成分Cu/Sn/Pb(%)
北９	円	27.3/2,584	４単位	トルコ石・青金石・黄銅	ヤコウガイ・琥珀	有	70.2/24.1/6.1
北11	円	27.2/2,474	４単位	トルコ石・青金石	ヤコウガイ・琥珀・銀	有	70.6/23.8/5.8
北10	円	26.8/2,357	４単位	トルコ石・青金石・黄銅	ヤコウガイ	有	70.5/25.0/5.6
北５	円	(37.0)	６単位	トルコ石・青金石・黄銅	ヤコウガイ	？	69.3/23.9/6.2

Ⅱ類：八花形十文字配置

北7	八花	32.8/3,515	4単位	トルコ石	ヤコウガイ・琥珀	有	70.7/24.6/5.5
北8	八花	29.8/3,520	4単位	新補	?	?	70.0/24.4/5.5
北13	八花	27.4/2,150	4単位	トルコ石	ヤコウガイ・琥珀	有	70.0/23.8/5.4

Ⅲ類：円形

南2	円	39.3/5,410	6単位	トルコ石	ヤコウガイ・琥珀・玳瑁	有	70.5/23.2/5.2
南5	円	39.5/5,545	対称	トルコ石	ヤコウガイ・琥珀・玳瑁	有	70.1/21.6/5.0/Sb4

以上のように分類・表示した結果，次のような事実があきらかとなりました。なお，珠紋を連ねて円環にし，この帯を境として内外を区分したものが多いのですが，これはⅠ・Ⅱ・Ⅲ類すべてに認められ，分類の基準にはなり難いようです。また，貼りつけたヤコウガイにはすべて線刻を施し，彫り放した部分と黒色顔料をうずめた部位とを使い分けて効果をあげています。琥珀の下には伏彩色を置いてあります。

①北倉に収められた7面がⅠ・Ⅱ類，南倉の2面がⅢ類，ときれいに分かれる。

②北倉の6面と南倉の2面とは，面径が異なる。すなわち，北倉（Ⅰ・Ⅱ類）が径9寸（北7のみ1尺1寸）であるのに対して，南倉（Ⅲ類）は1尺3寸とかなり大きい。

③紋様構成は，北倉が放射状の4単位をあわせた十文字構成を採るのに対して（北5のみ6単位か），南倉は6単位ないし左右対称の構成である。

④Ⅰ類の地には，トルコ石に加えて，青金石（ラピスラズリ）と黄銅粉が散りばめられている。それに対してⅡ・Ⅲ類はトルコ石のみ。

⑤Ⅲ類の螺鈿には，ヤコウガイ・琥珀のほか，玳瑁が使われている（Ⅰ類の北11も玳瑁を使用）。

北倉の7面と南倉の2面の間にはずいぶんと違いがあるのでした。ただ，どちらもほとんど隙間がないほど密に螺鈿を施すところは共通します。

中国・朝鮮出土と伝わる螺鈿鏡の過半は，径10cm以下の小型鏡で，これらを正倉院鏡と比較しても意味がないでしょう。径10cm以上のものを10数面集成できたので，属性を表にまとめてみました。空欄が多いのは致し方ありません。

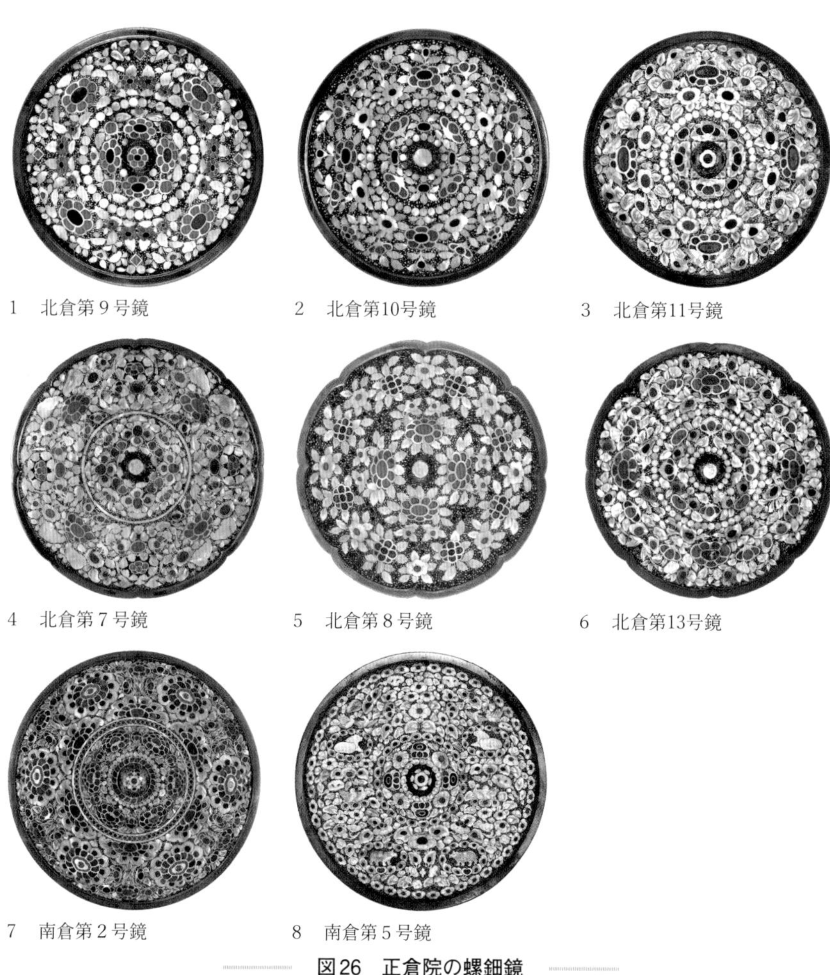

1　北倉第9号鏡　2　北倉第10号鏡　3　北倉第11号鏡

4　北倉第7号鏡　5　北倉第8号鏡　6　北倉第13号鏡

7　南倉第2号鏡　8　南倉第5号鏡

図26　正倉院の螺鈿鏡

表５　中国・朝鮮の螺鈿鏡（径10cm以上）

出土地・所蔵者	鏡体	径(cm)/重(g)	紋様	砕石粒（地）	螺鈿	文献
河南洛陽６工区76号墓	円	23.9/	高士	トルコ石	ヤコウガイ・玳瑁・琥珀	青銅器114
河南陝県後川	円	22.0/	盤龍	トルコ石		青銅器117
大阪大谷大学	円	19.3/ 519	高士			大谷68
韓国慶尚南道（湖巌美術館）	円	18.6/	対称			成瀬76
陝西西安郭家灘第419号墓	八花ⅠA	10.3/200	遊楽			千秋447
東京国立博物館	八花ⅠB	33.0	？単位			中野挿図87
千石唯司	八花ⅠB	30.5/2,560	８単位	青金石	ヤコウガイ・琥珀	王朝の粋89
陝西西安理工大学・李棰墓	八花ⅠB	24.8/	４単位	トルコ石・青金石	ヤコウガイ・アワビ	皇帝陵28
白鶴美術館	八花ⅠB	24.5/	８単位	青金石	ヤコウガイ・琥珀	青銅器116
陝西西安韓森寨紅旗電機廠	八花ⅠB	22.5/1,550	４単位			西安精華117
森田規靖	八花ⅠC	21/	４単位			史迹美術391
千石唯司	六花ⅠB	10.6/254	６単位			王朝の粋88
白鶴美術館	八稜	24.8/	４単位			聚英22

文献略称一覧は章末に掲載

大は東京国立博物館蔵鏡の33.0cmから，小は郭家灘第419号墓出土鏡の10.3cmまで，大きさはさまざま。20cmを超える鏡が９面あります。全体的に螺鈿を施した部位が占める割合が少なく，間地が多い。同数が正倉院にありますが，これらが大型で，しかもすべて螺鈿で空間を埋めつくしてあることと比べると，後出の製品と思いたくなります。

紋様の欄で「高士（こうし）」としたのは，絵画的な構図のもので，鈕の左に坐して琵琶を弾く老相の人物，右に坐して酒杯を手にした人物と背後に立つ侍女をあらわしています。前方には壺と鼎（かなえ）が置かれている。鈕の上方には満開の花をつけた樹木と月・鳥，左右に鸚鵡（おうむ），下に園池と鶴がいる。「盤龍」は体をくねらせた龍，「○単位」としたのは花鳥紋をあらわした類で，花紋が何単位あるかを示します。

中国・朝鮮の螺鈿鏡を正倉院のものと比較すると，

①径が1回り，2回り小さい

②螺鈿を施した面積が少なく，散漫

③紋様単位を4つ嵌めこんだ十文字配置なし

④連珠円環で内外を画したものなし

といった諸点が指摘でき，正倉院鏡の卓越性が浮かびあがってきました。

螺鈿鏡には，発掘調査で出土し，年代を知り得る資料が何面かあります。

陝西省西安理工大学・李棰墓出土2面　開元24年（736）

河南省陝県（現三門峡市）出土　至徳元年（756）

河南省洛陽6工区76号墓出土　乾元元年（758）
あるいは興元元年（784）

河南省洛陽澗西出土　乾元2年（759）

河南省偃師杏園王嫆墓（径6.8cm）出土　大暦10年（775）

陝西省西安韓森寨紅旗電機廠出土　玄宗～代宗時期（713～779）

陝西省西安郭家灘出土　貞元14年（798）

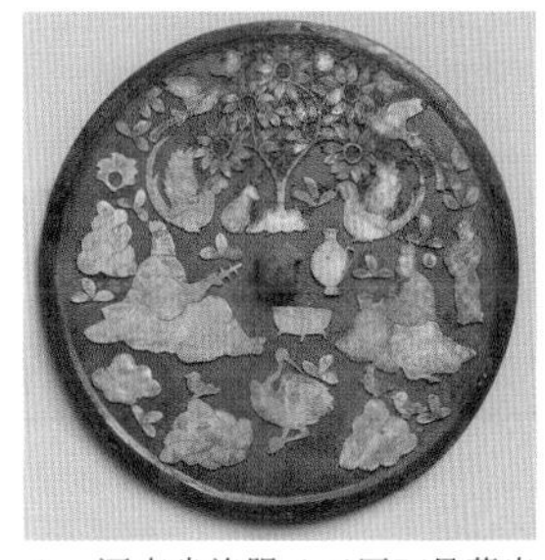

1　河南省洛陽6工区76号墓出土鏡

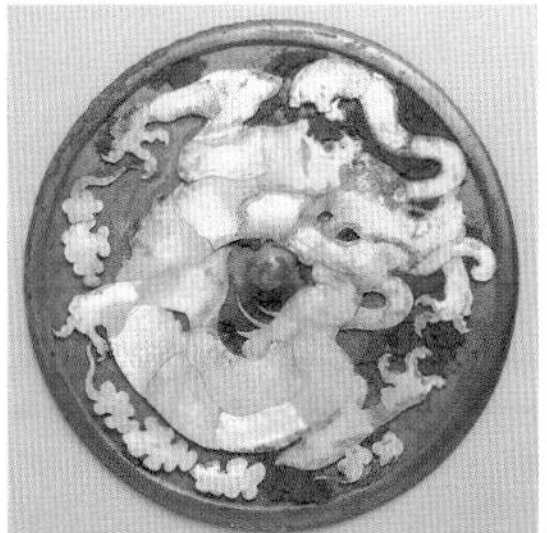

2　河南省陝県後河出土鏡

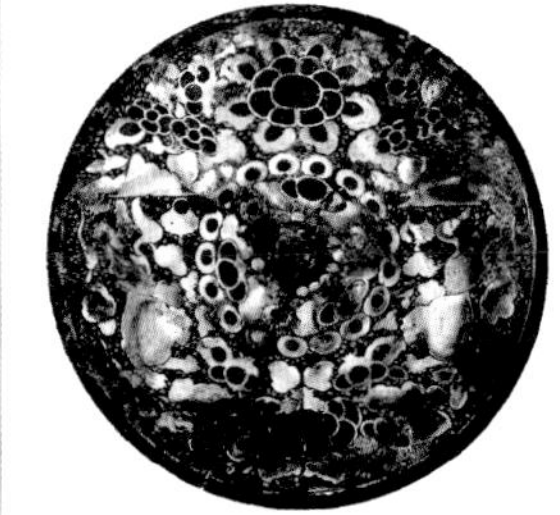

3　湖厳美術館蔵鏡

図27　中国・朝鮮の螺鈿鏡

上の諸例から，螺鈿鏡は，李樞墓出土鏡を除いて，8世紀後半に製作されたと見てよいでしょう。正倉院鏡は，特に北倉のものは，それよりいささか古い。

杉山洋は，韓国慶尚南道（キョンサンナムド）からの出土と伝える湖厳美術館蔵鏡が正倉院南5と類似するところから，正倉院鏡の製作地を朝鮮半島と考えました（『唐式鏡の研究一飛鳥・奈良時代金属器生産の諸問題一』鶴山堂，2003年）。しかし，両者は共に中国製であり，運ばれた先が異なっただけ，という可能性の方が高いでしょう。古代日本は，遣唐使が派遣されていない間，新羅（しらぎ）に多くのものを負うたことは事実ですが，すべてが新羅製品であったわけではなく，中国製品も少なくなかった，つまり新羅は中継点であった，と考えます。

2）平脱鏡

正倉院には2面の金銀平脱（へいだつ）鏡があり，どちらも北倉に収められております(北6と北12)。平脱とは，鳳凰や花卉などの形に剪（き）った金や銀の薄板を貼り，漆で塗りこめた後，紋様部にかかった漆を剝（は）ぎ取る技法です。

北倉第6号鏡　円鏡。復元径37.2cmは正倉院における第9位。鎌倉時代に盗難に遭い，破砕された。御物整理掛が修理したが，平脱紋様はすべて鏡から脱落し，25%ほどが別置されている。外区に「距如」,「随」,「堅□」と読める銘文があるが，文意は不明。

北倉第12号鏡　八花形ＩＣ式。径28.5cmの大型鏡で，正倉院における第19位。円鈕の周りに鈕座のように団華紋（だんかもん）を置き，その外側に含綬鳥（がんじゅちょう），雁，蝶，草花など4組を時計回りに配し，最外部に8弁に対応させて鳳凰4・花卉4を交互に入れてある。

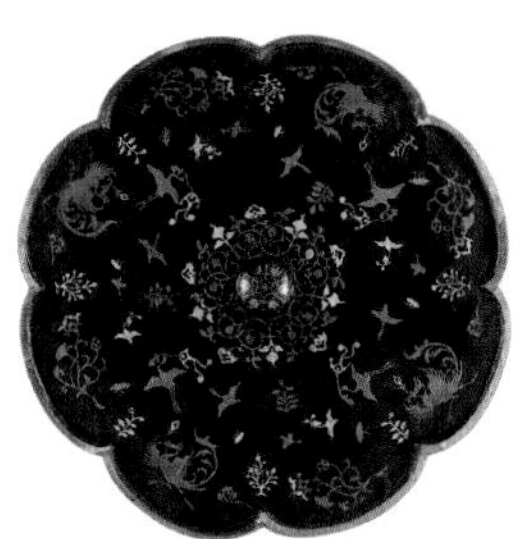
1　北倉第12号鏡

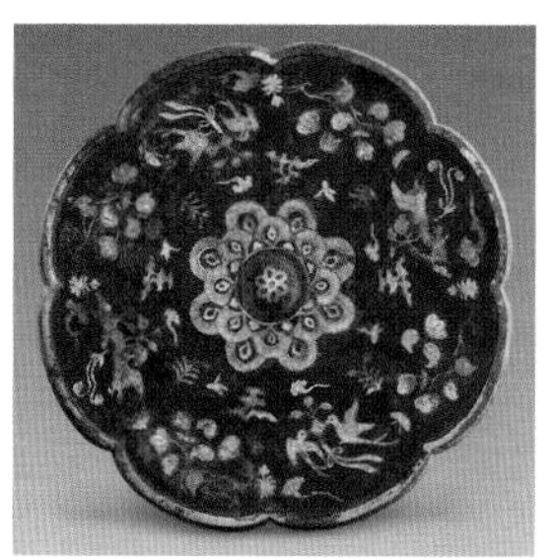
2　馮毅蔵鏡

図28　平脱鏡

中国で出土したり，あるいは伝蔵されたりしている平脱鏡は，螺鈿鏡よりはるかに多いものの，やっと30面を超えるくらい。径10cm以上のものについて表にとりまとめました。

表6　平脱鏡一覧

出土地・所蔵者	鏡体	径(cm)	圏界	紋様	文献	年代
正倉院北倉第6号	円	37.2	あり	？/外区に銘文	金工12	
白鶴美術館a	円	27.3	なし	対双鳳	大観110	
上海博物館a	円	20.4	なし	対鳥狩猟仙人	練形神冶84	
陝西西安・陝西歴史博物館	円	30.0	なし	鳳2馬2旋回	千秋金鑑451下	
伝河南・黒川古文化研究所	円	24.0	なし	鳳2旋回	大観109	
陝西西安韓森寨・陝西歴史博物館	円	22.7	あり	鶴4旋回	青銅器112	
根津美術館	円	18.4	なし	鳳4旋回	247	
河南偃師杏園M4206王婷墓	円	16.0	なし	鸞3旋回	偃師杏園9-3	大暦10年(775)
河南偃師杏園M5036鄭洵墓	円	16.0	なし	鸞2旋回	偃師杏園9-1	大暦13年(778)
村上開明堂	円	14.8		鳳4旋回	開明堂79	

韓国国立中央博物館a	円	18.0	なし	団華紋６＋獣		統一新羅
韓国国立中央博物館b	円	15.3	あり	団華紋８	漆器二千	統一新羅
白鶴美術館b	円	14.0		団華紋６＋蓮	大観119下	
河南鄭州・中国歴史博物館	八花ⅠB	36.5	なし	迦陵頻伽２鳳２	青銅器113	
上海文物保管委員会	八花ⅠB	36.2	あり	迦陵頻伽２鳳２	文参57-8	
河南洛陽関林M109盧氏墓	八花ⅠB	30.5	あり	銜綬鳥４旋回	考古80-4	天宝９年(750)
千石唯司a	八花ⅠB	30.5	あり	唐子騎獣４花卉	王朝の粋165	
陝西西安	八花ⅠB	30.0	あり	？	千秋金鑑458下	
白鶴美術館c	八花ⅠB	26.7	あり	花卉８	大観116	
白鶴美術館d	八花ⅠB	25.2	なし	鳳４花卉４	大観113	
河南偃師首陽山鎮新庄村張盈墓	八花ⅠB	24.6	なし	鳥４花卉４蝶蜂	洛鏡銅華266	長安３年(703)
ボストン美術館	八花ⅠB	21.0	なし	鳳４花卉４	大観112	
正倉院北倉第12号	八花ⅠC	28.5	なし	鳳４花卉４	金工	756以前
白鶴美術館e	八花ⅠC	22.0	なし	花鳥	大遣唐使185	
馮毅	八花ⅠC	21.8	なし	花鳥	古鏡今照226	
白鶴美術館f	八花ⅠC	19.8	なし	花鳥	大観117	
白鶴美術館g	八花ⅠC	18.9	あり	花鳥	大観118	
千石唯司b	八花ⅡC	29.7	なし	唐子８唐草	王朝の粋161	
陝西長安韋曲荘	六花ⅠB	19.0	なし	唐花	青銅器129	
上海博物館b	四花形	14.4		鳥４花卉４旋回	練形神冶83	
河南偃師杏園M2003	四花形	13.8		蝶４	偃師杏園37	元和８年(813)
大和文華館	四花形	13.8			文華館519	
ユーモルフォープロスa	四花形	13.4		銜綬対鳥	欧米65-2	
陝西西安儀器工業製造学校	隅丸方形	18.6		？	千秋金鑑451上	

ホームス夫人	隅丸方形	15.6		鳥４花卉	大観114下	
不明	方形	11.7		鳥４花卉	大観114上	
ユーモルフォープロスｂ	方形	10.8		唐草	欧米65-1	

文献略称一覧は章末に掲載

鏡体には円と八花形ＩＢ，ＩＣおよび四花形，方形などがあります。四花形・隅丸方形と方形を除くと，円形と八花形が半々くらいの割合となります。大型品が多く，径30cm超が６面，20cm代が10面あります。

四花形とは，隅丸方形の４隅に入り欠きを設けた形で，八花，六花からさらに弁数を減じた果てである，と理解してこのように呼びます。中国では「亜字形」と呼称，偃師杏園M2003の年代，元和８年（813）が示すように，中唐から晩唐に位置づけられます。

平脱で表現した紋飾としては，対鳥と花鳥意匠が多く，20cm以下の中・小型鏡のばあいは団華・唐花・鳥旋回があらわされました。

中国の出土品の中には，墓誌をともなっていて埋葬年代が判るものがあります。古いのは長安３年（703），かなり間を置いて天宝９年（750），大暦10年（775）・13年（778）があり，おおむね８世紀後半につくられたと理解できます。螺鈿鏡よりかなり新しい。元和８年（813）はその最終段階でしょう。

白鶴美術館蔵ｄとボストン美術館蔵の主紋は，鳳凰４と花卉４を交互に並べたもので，鈕座の紋様も正倉院北12によく似ています。しかし，径が小さく，また外形もＩＢとＩＣとで違う。馮毅蔵品は，径21.8cmと２回りほど小さいが，外形と紋様構成は正倉院北12に類似しています。

３）銀貼鏡

金銀山水八卦背八角鏡（南倉第１号鏡）は，白銅製，八稜形の胎に紋様をあらわした銀板を貼った，銀貼鏡です。径40.7cmは正倉院における第７位。圏線で内区・中区に分かち，中区の外側にはさらに八花形の界線によって外区を設けてあります。

内区は蓬萊山（ほうらいさん）を刻んだ円鈕の周囲を水面とし，四方に山岳を配し，その間に盤龍や弾琴する仙人，吹笙（すいしょう）する人物，鳳凰などを線刻であらわし，地を細密で整った魚々子（ななこ）で埋めつくしてあります。外区には諸処に鳥を配した唐草，外縁には八卦を配した間に40字の五言律詩を双鉤体（そうこうたい）で陽出し，八卦はこの五言八句に対応する要所に卦名とともに配してあります。

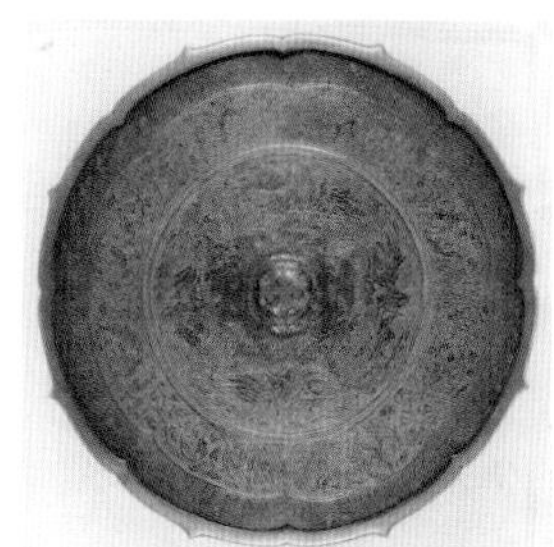
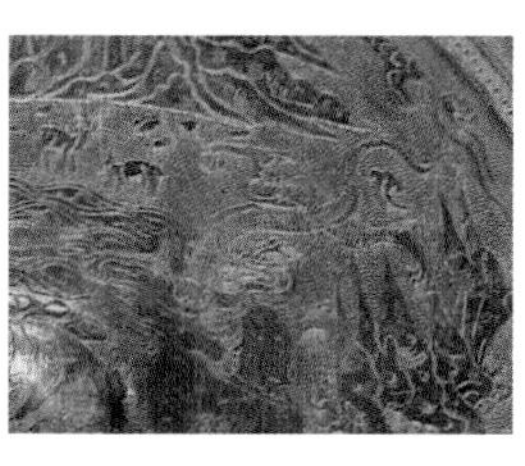

図29　南倉第1号鏡と舞龍

本鏡については，多くの論考が発表されましたが，まだその位置づけは定まったとはいえません。

蔵内数太は，詩と八卦，さらには内区の図とが対応することをあきらかにし，この鏡を製作させたのは吉備真備（きびのまきび）である，と想定しました（「正倉院八卦背鏡私考」『正倉院年報』第2号，1980年）。それに対して西村俊範は，盛唐鏡の背紋を寄せ集めて，中唐から晩唐にかけて製作された擬古作の可能性がある，とします（西村俊範「金銀山水八卦背八角鏡」『皇室の名宝　正倉院3南倉』週間朝日百科，1999年）。

確かにほかに例を見ない特異な鏡です。銀貼鏡はその紋様部分を裏から槌起（ついき）によって打ち出してあらわすのが普通ですが，西村が指摘しているとおり，本鏡は鈕と界線以外は線刻で表現し，きわめて平板であります。紋様が全体としてまとまりがなく，散漫な印象を受けます。外縁の外側は八稜形だが，内側は八花形である，などであります。しかし，間地の魚々子はきわめて細密で，横方向に隙間なく打たれています。これは「代用品」の章で指摘した魚々子a類であり，中国製であることの何よりの証拠，しかも中・晩唐まで下がるとは到底思えません。

蔵内は「詩と卦文と画の調和」と題した1節を設けて議論しています。詩と卦文が調和することは理解できましたが，図様についてはまったく触れていません。そこで鏡背図様のうち「舞龍」について分析してみました。

南倉第1号鏡には，盤龍鏡のように体を屈曲させた盤龍が主役を務めるのではなく，紋様を構成する1要素としての龍がいます（図29右）。山岳に見立てた鈕の周りを池水が囲んでいますが，これを挟んで水陸の境目の対称の位置に，龍が1尾ずつあらわされています。前節の昇龍相対のように両手を前後に振るのではなく，両手両足を左右に拡げ，空中を遊泳しているので，これも「舞龍」の一種と捉えられるでしょう。その外側四方に連山がそびえます。

むすび

正倉院に収められている鏡の特異性について見てきましたが，宝飾鏡もかなり特異な存在なのでした。西村俊範は正倉院鏡の全体を通観したうえで，次のような特色を指摘しました（「正倉院の金工—鏡と銀器—」『古代文化』第51巻第8号，1999年）。

①中国鏡の数量が少ない。

②鏡式が少なすぎる。初唐代でいえば四神十二支鏡・四神鏡・宝相華文鏡・最盛期の海獣葡萄文円鏡など，盛唐鏡では盤龍鏡・高士弾琴鏡・狩猟文鏡・貼銀鏡・双鸞瑞花鏡など，中唐にかけては月宮図鏡・孔子栄啓期問答図鏡・双鳥銜綬雲龍月兎図鏡などが欠落している。

③螺鈿鏡も9面もありながら文様の多様性がほとんど見出せない。

④円鏡が多く，花形鏡は何例か見られるものの，稜形鏡が少ない（典型的な稜形鏡は南倉第12号鏡のみ），特に北倉に1面も見出せない。

これに対して私は，中国鏡が多いことが正倉院鏡の最大の特徴である，と考えます。北倉の18面はすべて中国から舶載されたものですし，南倉の方も，あきらかに日本製と考えられる漫背鏡と十二支八卦鏡を除くと，ほとんどが中国鏡であります。

鏡式も決して少な過ぎるということはありません。北倉18面には双鸞瑞花鏡，双鸞双獣鏡，鳥獣旋回鏡，双鸚鵡旋回鏡，花鳥鏡，対龍鏡，仙騎鏡，海磯鏡，螺鈿鏡，平脱鏡と10種もの鏡式があります。しかも，同じ鏡式のばあいでも，紋様構成は違います。

八稜鏡が少ないのは北倉鏡の舶載時期を考えれば当然，中唐鏡がないのも同様ですね。

螺鈿鏡に多様性が見出せないのは大型の優品を選んだからですし，どれひとつとして同じ背紋はありません。

正倉院には，中国では見ることの稀な，大型で豪華な，珍しい鏡が集まっているのでした。つまり特注品だったことになります。三角縁神獣鏡（さんかくぶちしんじゅうきょう）以来の伝統が生きていたのでしょう。

文献略称一覧（日本語読み，五十音順）

出光	出光美術館『中国古代の美術』（出光美術館，1978年）
偃師杏園	中国社会科学院考古研究所『偃師杏園唐墓』（北京，科学出版社，2001年）
王朝の粋	難波純子『中国　王朝の粋』（大阪美術倶楽部，2004年）
欧米	梅原末治『欧米に於ける支那古鏡』（刀江書院，1931年）
大谷	大谷女子大学資料館『収蔵品図録Ⅴ―鏡鑑２―』（大谷女子大学資料館，1999年）
開明堂	西村俊範『古鏡コレクション　開明堂英花』（村上開明堂，1994年）
獲古図録	大村西崖『獲古図録』（だるまや書店，1923年）
春日大社	奈良国立博物館『春日大社名宝展』（奈良国立博物館，1995年）
勝部	勝部明生『海獣葡萄鏡の研究』（臨川書店，1996年）
岩窟蔵鏡	田中琢・岡村秀典訳『岩窟蔵鏡』（同朋社出版，1989年）
含水居	奈良文化財研究所飛鳥資料館『含水居蔵鏡図録』（奈良文化財研究所飛鳥資料館，2002年）
九江出土	九江市博物館・呉水存『九江出土銅鏡』（北京，文物出版社，1993年）
金工	宮内庁正倉院事務所『正倉院の金工』（日本経済新聞社，1976年）
鏡涵春秋	深圳市文物管理弁公室・深圳博物館・深圳市文物考古鑒定書『鏡涵春秋　青峰泉　三鏡堂蔵中国古代蔵鏡』（北京，文物出版社，2012年）
鏡鑒千秋	扶鳳県博物館『鏡鑒千秋　扶鳳県博物館蔵鏡集萃』（西安，三秦出版社，2014年）
久保惣	和泉市久保惣記念美術館『和泉市久保惣記念美術館　蔵鏡図録』（和泉市久保惣記念美術館，1985年）
考古80-4	洛陽博物館「洛陽関林唐墓」（『考古』1980年第４期）
皇帝陵	奈良県立橿原考古学研究所附属博物館『大唐皇帝陵』（奈良県立橿原考古学研究所附属博物館，2010年）
故宮蔵鏡	郭玉海『故宮蔵鏡』（北京，紫禁城出版社，1996年）
故宮特展	国立故宮博物院編輯委員会『故宮銅鏡特展図録』（台北，国立故宮博物院，1986年）
古鏡今照	浙江省博物館『古鏡今照　中国銅鏡研究会成員蔵鏡精粋』（北京，文物出版社，2012年）
古鏡の美	小窪和博・菅野宏一『古鏡の美』（小窪和博，1987年）
三槐堂	王綱懐『三槐堂蔵鏡』（北京，文物出版社，2004年）
山東民間	張道来・魏傅来『山東民間蔵鏡』（済南，斉魯書社，2006年）
西安精華	西安市文物保護考古所『西安文物精華　銅鏡』（西安，世界図書出版公司，2008年）
史迹美術	梅原末治「新たに知られた二面の螺鈿鏡」（『史迹と美術』391，1969年）
聚英	後藤守一『古鏡聚英　下篇』（東京堂出版，1977年）
青銅器	段書安編『銅鏡』中国青銅器全集16（北京，文物出版社，1998年）

浙江出土　王子倫『浙江出土銅鏡』（北京，文物出版社，1987年）

泉屋博古　泉屋博古館『泉屋博古　鏡鑑編』（泉屋博古館，2004年）

賞玩　姚江波・邱東聯『中国歴代銅鏡賞玩』（長沙，湖南美術出版社，2006年）

賞玩続　邱東聯『中国歴代銅鏡賞玩（続編）』（長沙，湖南美術出版社，2007年）

千秋金鑑　陝西歴史博物館『千秋金鑑　陝西歴史博物館蔵銅鏡集成』（西安，三秦出版社，2012年）

尊古斉　黄濬『尊古斉古鏡集景』（上海，上海古蹟出版社，1990年）

大遣唐使　奈良国立博物館『平城遷都一三〇〇年記念　大遣唐使展』（奈良国立博物館他，2010年）

長沙　長沙市博物館『楚風漢韻　長沙市博物館蔵鏡』（北京，文物出版社，2010年）

天馬　奈良国立博物館『天馬　シルクロードを翔ける夢の馬』（奈良国立博物館，2008年）

唐鏡　泉屋博古館『唐鏡』（泉屋博古館，2006年）

唐鏡大観　梅原末治『唐鏡大観』（京都帝国大学文学部考古学資料叢刊第3冊，美術書院，1945年）

唐詩　王綱懐・孫克譲『唐代銅鏡与唐詩』（上海，上海古籍出版社，2007年）

中野　中野政樹『正倉院の金工』（日本の美術141，至文堂，1978年）

成瀬　成瀬正和『正倉院の宝飾鏡』（日本の美術522，ぎょうせい，2009年）

根津　根津美術館学芸部『村上コレクション受贈記念　中国の古鏡』（根津美術館，2011年）

文華館　奈良文化財研究所飛鳥資料館『大和文華館蔵鏡図録』（奈良文化財研究所飛鳥資料館，2005年）

山宮神社　奈良文化財研究所飛鳥資料館『山宮神社蔵鏡図録』（奈良文化財研究所飛鳥資料館，2003年）

洛鏡銅華　霍宏偉・史家珍『洛鏡銅華　洛陽銅鏡発現与研究』（北京，科学出版社，2013年）

洛陽出土　洛陽博物館『洛陽出土銅鏡』（北京，文物出版社，1988年）

歴代銅鏡　河北省文物研究所『歴代銅鏡紋飾』（石家庄，河北美術出版社，1996年）

歴代鑑賞　施翠峰『中国歴代銅鏡鑑賞』（台北，台湾省立博物館，1990年）

歴博四　楊桂榮「館蔵銅鏡選輯（四）」（『中国歴史博物館館刊』1993-2［総21］，中国歴史博物館，1993年）

練形神冶　上海博物館『練形神冶　瑩質良工―上海博物館蔵銅鏡精品―』（上海，上海書画出版社，2005年）

Ⅳ章　材質

竹

正倉院には竹製品が大量に存在し，また，竹を象り，あるいは竹叢を表現した宝物もあります。これら竹に関わる宝物をご紹介します。

竹製品については，『正倉院年報』第６号に，

小清水卓二・岡村はた「正倉院宝物の竹材材質調査報告」

飯塚小玕齋「正倉院の竹工芸について」

という２篇の調査報告が発表されました。両者が同定した竹の種はおおむね一致していますので，基本的に前者にしたがいます。

1　竹の定義

竹の幹（竹稈）は木質で，内部が中空，節のあるところが特徴です。木質部は柔軟性と強靱性の双方を併せ持ち，切って，割って，裂いて，曲げて，と加工しやすい。建築・竿・籠・茶筅や扇骨などに利用され，地下茎の節部から生じる筍は食用となるし，皮はものを包むのに適しています。繊維として紙や布の原料となり，炭化すれば燃料として優れ，脱臭効果もあるという。用途はまだまだあるでしょう。

文書に関係する漢字に竹冠がつくのは，漢字ができた当時，文字を書くのに竹の札（簡）を用いていたからです。符，箋，筆，簿，籍，第，算，篇がその例。楽器，容器，漁具の名にも竹冠の漢字が多い。笛，簫，笙，篳篥，竽，笥，箱，籠，笈，簗，筌などです。

竹はこのように有用な植物なのですが，よくわからない不思議な存在でもあります。

まず，草なのか木なのか。俗に，山麓に生えている丈の低い草のような方を笹，大型で樹木のような方を竹と呼び分けていますが，はたしてそれで正しいのでしょうか。室井綽『竹』（ものと人間の文化史10，法政大学出版局，1973年）によれば，草でも木でもなく，竹であると考えるべきだそうです。

次に，イネ科タケ亜科なのか，それともタケ科なのか。通常は，竹と笹の双

方をイネ科タケ亜科の多年生常緑の木本（もくほん）としますが，室井説に従えば，草であるイネ科とは違うわけですから，タケ科として独立させるべきではないでしょうか。でも，プラントオパールをつくりますから，イネ科に属するとしておきましょう。

いずれにしろ，室井は竹を次のように分類しました。

・長い地下茎が発達し，成長後に皮が落ちる―タケ類（マダケ属，ナリヒラダケ属，トウチク属，シホウチク属，オカメザサ属）

・長い地下茎が発達し，成育後も皮が着生し続ける―ササ類（クマザサ属，シノ属，カンチク属，ヤダケ属）

・ほとんど地下茎がない―バンブー類（ホウライチク属，マチク属）

私は，名称に「チク」あるいは「ダケ」のつくのが竹，「ササ」とつくのが笹である，と思っていましたが，どうやらこの室井説の方が説得力があるようです。このほかに，もう２項つけ加える説もあります。

・タケの葉には格子目状の葉脈があるが，ササの葉は縦にのびる平行脈である。

・稈（かん）（茎）にある節目から出る枝が２本であればタケ，３本以上のものがササ。

これらに当てはまらない例を見かけるので，本書では，タケ類，ササ類，バンブー類の総称として「竹」を用い，記述を進めます。

2｜正倉院の竹製品

正倉院で，もっとも多い竹製品は矢柄（やがら）でしょう。次いで籠の類があり，筆管，杖や，尺八・横笛・竽・笙・簫（しょう）といった吹奏楽器にも竹を用いたものがあります。

1）矢柄（簳）と鏃

武器・武具類の大半は中倉に収められています。刀，矛，甲，弓と矢などです。

矢（箭）は，胡禄（ころく）に収めた形の中倉４第１号～第29号と中倉５第30号～第

33号（図1－1），胡禄をともなわずに何隻かのまとまりとしての中倉6第1号～第80号（図1－2）とがあります。胡禄に盛る矢は50隻＋鏑矢1隻が基本ですから，単純計算すると5,559本となりますが，実際には，藤原仲麻呂の乱に際して出蔵したなどいろいろ出入りがあり，現在は3,800余隻しかありません。ほかに未造了の箭竹約1,400本が中倉7として収蔵されています。

矢柄（簳あるいは箭幹）はほとんどがヤダケ製で，漆塗，まれにアシ製があります（『第38回正倉院展』はシノダケとします）。

矢柄の長さと径はほぼ統一されており，調査されたものでは，

中倉4第26号の48本	竹材長72.4cm　径7.0～8.0mm
	節間長9.0～15.5cm
中倉5第30号～第33号	竹材長73.2cm　径6.5～8.9mm
	節間長11.5～16.0cm
未造了の箭竹	竹材長62.8cm

となります。先端に矢尻（鏃）を差しこみ，元に弦を番えるための筈を切りこみ，矢羽を装着するので，総長はもっと長くなります。石村貞吉『有職故実』（講談社学術文庫，1987年）によると，1本の矢の長さは12束が基本で，2尺7寸5分（約82cm）になるそうです。片手を握り，表になった4本ぶんの指

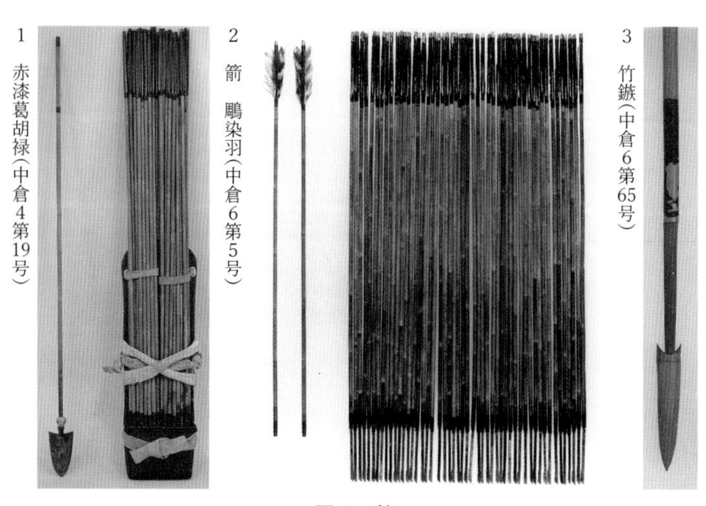
1　赤漆葛胡禄（中倉4第19号）
2　箭　鵰染羽（中倉6第5号）
3　竹鏃（中倉6第65号）

図1　箭

の幅が1束であり，正倉院の矢もほぼこれに近い。

矢羽は2～4枚をつけますが，4枚が最も多い。ただし，ほとんどが失われてしまいました。

すでに触れたように，一部にアシ製の矢柄があります。中倉6第65・66号，第68・69号と第75号です。そのばあい，鏃は竹鏃あるいは骨鏃ですから，武器とは別の機能を有していたのでしょう。竹鏃はホウライチク属かクマザサ属ネマガリダケでつくられています（図1－3）。小清水・岡田報告は，

> 日本国語大辞典によれば，「鬼払いに用いられた『あしのや』は，奈良時代に東北地方から貢物として朝廷に献上された」という。この矢がそうだとすれば，この矢尻の部分はその土地の自生種が用いられたと考えれば自然である。東北地方には現在も太いネマガリダケが自生している。

と想定しました。

ところで，鏃は先端につくのに何故「やじり」と称するのでしょうか。『和名類聚抄』は「箭」について「訓夜佐岐俗云夜之利」と説明しています。正式には「やさき」と訓じたのです。「矢先」でありましょう。「やしり」は俗称なのでしたが，それでも何故「しり」なのか，疑問は解消されません。

2）筆管

正倉院に遺る筆は17本，天平宝物筆以外は，すべて中倉37として，白葛箱と漆皮箱3合に収められています。筆管と帽は，いずれも竹の節間部分を加工して，仕立ててあります。次ページ表1の材質等は正倉院事務所『正倉院宝物5　中倉II』（毎日新聞社）に拠ります。

ほかに，未造了沈香木画筆管1があります（中倉40）。ハチクまたはマダケの表皮を削り，沈香の小片を松皮状に貼り，その境界線を金泥で埋めてあります。

表１　正倉院の筆

名称（倉）	筆管	長(cm)	毫	帽
天平宝物筆（中倉35）	ハチク仮斑竹	56.6	鹿毛＋羊毛＋狸毛	なし
筆（中倉37第１号）	マダケ属斑竹（梅羅竹）	20.4	欠失	新造
筆（中倉37第２号）	上部沈香，下部トウチク属またはマダケ属斑竹	18.5	新補	ハチク斑竹
筆（中倉37第３号）	トウチク属またはマダケ属斑竹	19.6	欠失	ハチク斑竹
筆（中倉37第４号）	トウチク属またはマダケ属斑竹	22.3	記載なし	ハチク斑竹
筆（中倉37第５号）	トウチク属またはマダケ属斑竹	19.8	兎毛	新造
筆（中倉37第６号）	トウチク属またはマダケ属斑竹	17.7	僅存	トウチク属またはマダケ属斑竹
筆（中倉37第７号）	マダケ属斑竹（豹紋竹）	20.3	僅存	ハチク
筆（中倉37第８号）	トウチク属斑竹	19.0	僅存	トウチク属斑竹
筆（中倉37第９号）	トウチク属斑竹	17.4	記載なし	メダケ
筆（中倉37第10号）	トウチク属斑竹	17.2	記載なし	メダケ
筆（中倉37第11号）	トウチク属斑竹	20.1	記載なし	メダケ
筆（中倉37第12号）	トウチク属斑竹	20.6	記載なし	メダケ
筆（中倉37第13号）	トウチク属，メダケ属カンザンチクまたはタイミンチク斑竹	20.6	狸毛	メダケ属
筆（中倉37第14号）	メダケ仮斑竹	21.8	欠失	メダケ仮斑竹
筆（中倉37第15号）	メダケ仮斑竹	21.3	欠失	メダケ仮斑竹
筆（中倉37第16号）	メダケ仮斑竹	14.4	欠失	メダケ
筆（中倉37第17号）	メダケ仮斑竹	17.4	羊毛	メダケ

筆管のほとんどがトウチク属またはマダケ属の竹を用いています。メダケ製が４本ありますが，これらはすべて仮斑竹（げはんちく）なのですね。これらの造りは素朴であり，日本製と考えてよいでしょう。これに対して，13本ある斑竹は輸入品である可能性が高いと思われます。いずれにしろ，仮斑竹の天平宝物筆を加え

ると，筆のすべてが斑竹か仮斑竹を採用しているのでした。いかに斑のあるものを好んだかが窺えます。

筆管の多くは節間を利用，天平宝物筆が3節を持つのは長くするためでしょう。しかもハチク製であり，きわめて特殊な筆だといえそうです。

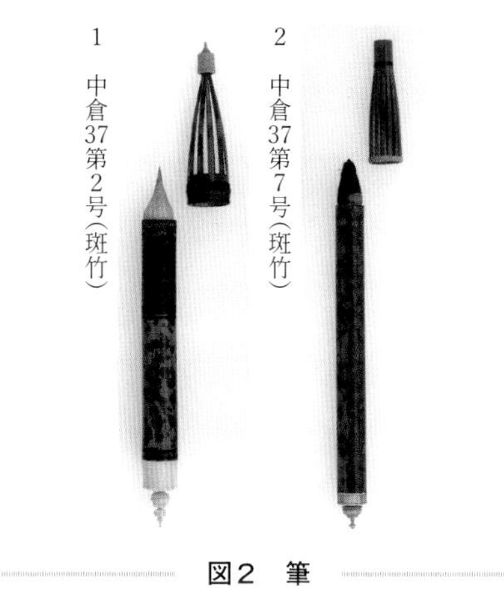

図2　筆

3）楽器

i　尺八

正倉院には8管の尺八が伝わります。そのうち玉尺八（**北倉**20，34.4cm），彫石尺八（**北倉**34，36.1cm），牙尺八（南倉110第3号，35.1cm）を除いた5管が竹製です。

尺八（**北倉**21）　マダケ製，長38.2cm，吹口径2.3cm。

樺纏尺八（**北倉**22）　ハチク製（毎日版『正倉院宝物』はマダケとする）。長38.5cm，吹口径2.2cm（図3−1）。

刻彫尺八（**北倉**23）　マダケまたはタイワンマダケ製，長43.7cm，吹口径2.3cm。表皮を彫り残すことにより全面に紋様をあらわしてある。紋様は鳥，蝶，花卉，4人の女性で，指孔の周囲を4弁の花で囲む。女性たちは花を摘む，琵琶を奏でる，団扇を持つなどの動作をしている（図3−2）。

尺八（南倉110第１号）　マダケ製。長40.7cm，吹口径2.3cm（図3－3)。

尺八（南倉110第２号）　マダケ製。長39.3cm，吹口径2.3cm。

５管はいずれも３節あるマダケあるいはハチクを用い，正面に５，背面に１の指孔を開けてあります。現在の尺八は竹の根元を用い，７節で正面４孔と背面１孔ですから，相当に異なることになります。

ところで，『広辞苑』の「尺八」を引くと，

> 管長一尺八寸（約54.5センチメートル）を標準とする，簧（した）のない縦笛。竹製。大別して，奈良時代に伝来した唐代の古代尺八（雅楽尺八・正倉院尺八）・一節切（ひとよぎり）尺八・普化（ふけ）尺八（虚無僧尺八)・多孔尺八（新尺八）などがあるが，普通には普化尺八を指す。半音刻みで長短さまざまな長さのものがあり，いずれも指孔は前面４孔，背面１孔。指孔の半開などにより，音の高さを微妙に変化させる。

とあります。決定的な誤りがいくつかありますね。すべてが竹製とは限らないし，古代尺八のすべてが唐から伝来したと決まったわけではなく，正倉院尺八の孔は前面５・背面１なのでした。

また，尺八，すなわち１尺８寸を54.5cmとしていますが，奈良時代の１尺は29.4～29.7cmと少し短いのです。私も，尺八というからには長さは１尺８寸に決まっている，と思っていましたが，最長でも刻彫尺八の43.7cm，いずれも１尺８寸＝53.5cmには達しません。

ii　横笛

長細い管に吹口１孔，指孔７孔を穿った横笛（よこぶえ）ですが，「おうてき」と呼びます。正倉院には４管が伝わり，その内訳は彫石横笛（ちょうせきのおうてき）（**北倉**33)，牙横笛（げのおうてき）（南倉111第３号）と竹製２管です。竹製のばあいは，吹口の近くに１節と小枝の付け根を残しますが，彫石横笛・牙横笛もこれを模してあります。

横笛（南倉111第１号）　ホウライチク製，長38.5cm，頭径2.2cm（図3－4)。

横笛（南倉111第２号）　トウチク属の斑竹製，長39.2cm，頭径2.4cm（図3－5)。

iii　竽

竽は，吹口をつけた壺の中に，長さの異なる竹管17本を円形に植え，帯で固定した楽器です。吹口から吹き，または吸うと，竹管の根元に取りつけた簧（した）（リード）が震動し，竹管に伝わる。管側の指孔の押さえ方によって1管または数管を鳴らします。同形・同構造の笙より大型で，1オクターブ低い音を出します。正倉院には3口あります。

呉竹竽（くれたけのう）（**北倉**32）　管はハチク製。全長97.0cm。

竽（南倉108第1号）　管はマダケまたはホテイチクまたはウサンチク製。総長78.8cm。壺側面に銀平脱（ぎんへいだつ）によって，笙を吹く迦陵頻伽（かりょうびんが），蓮華にのる童子，飛雲，蝶鳥など，底面にも花にのる双鳥があらわされている（図3－6）。

竽（南倉108第2号）　管はホウライチク属またはメダケの仮斑竹製。総長91.8cm。壺には銀平脱により，側面に含綬鳥（がんじゅちょう）・草花および腰掛けて笙を奏する人物，底面に含綬鳥2羽が描かれている。

iv　笙

笙は竽と同形・同構造ですが，小型でより高い音を出します。正倉院には3口あります。

呉竹笙（くれたけのしょう）（**北倉**31）　管はマダケまたはホテイチクまたはウサンチク，帯はマダケまたはハチク。全長49.0cm。

笙（南倉109第1号）　管はマダケまたはホテイチクまたはウサンチク，帯はマダケまたはハチク。総長53.1cm（図3－7）。

笙（南倉109第2号）　管はホウライチク属またはメダケの仮斑竹，帯はハチク。総長57.7cm。

v　簫

簫は10～20余本の長さの異なる竹管を横に並べて束ねた，簧を持たない管楽器。管の下方は節を利用して閉じてある。排簫（はいしょう）とも呼びます。正倉院には1点だけあります。

甘竹簫（南倉112）　ハチク製の18管簫。管の最長29.0cm。上端の吹口を山形に切り，下端は節の部分で終わる。縁はヤチダモ（図3−8）。

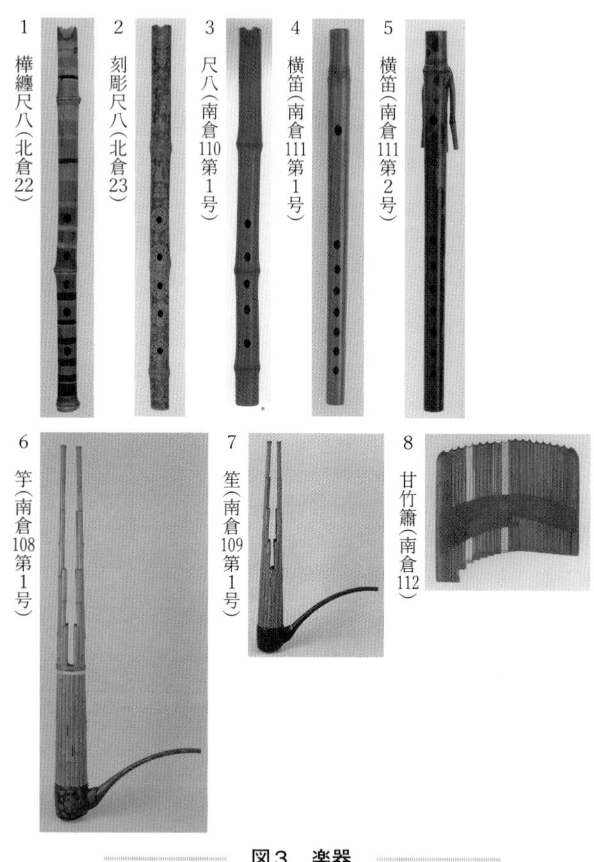

図3　楽器

4）籠

正倉院には，植物の茎や蔓を編んでつくった，箱や籠の類が多く伝わります。それらの用途はさまざまですが，基本的には品物を納める蓋つき角型の箱と，物を盛る円形の笊に分けられます。素材としては柳，籐などを用いていますが，竹製もかなり多い。

葛箱柳箱残欠（中倉23） 編物の箱類を集めてある。そのうち「竹編花筥第1号～第4号」が竹製。蓋身とも同じつくり。マダケ属かホウライチク属の竹を分割して表皮を取り，細幅にした材を3本あわせて網代編みにしたものを2枚あわせて本体をつくり，同種の竹で縁を取りつけ，籐で巻き止めてある。

花籠（南倉42第1号～第56号） 竹の薄板を編んでつくった笊。法会の際の散華に用いる花を盛った花籠とされる。いずれもホウライチク属の1種を用い，縁止めにはアケビ類の茎を利用している。形状は大きく深形（図4−1），浅形（図4−2）の2種があり，編み方はさまざまあるようだが，ごく一部の写真が公表されているだけなので，分類できない。

緋絁鳥兜残欠（南倉3） 4のうち1のみ竹籠を芯とする（ほかはヤナギ・トウ製）。メダケである。

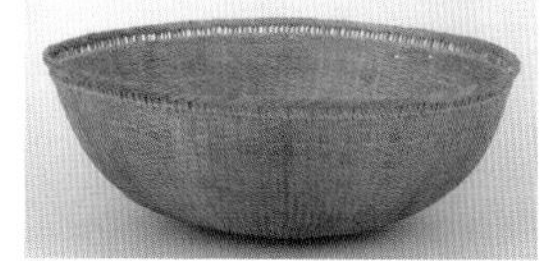
1 花籠（深形）

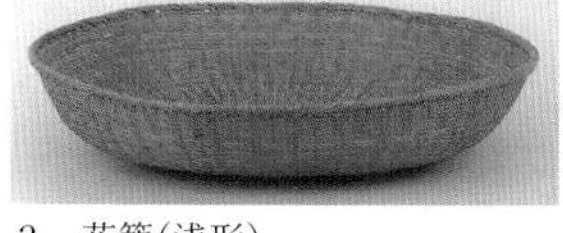
2 花籠（浅形）

図4 籠

5）竹帙

経巻を一定の数巻き包んで保管するための経帙には，紙製や藺草・カヤツリグサ科の1種を簀に編んだものもありますが，多くは竹を細く割り削った竹籤を編んでつくりました。今の筆巻のようなものです。「帙」は「ちつ」ですが，竹帙は「じす」と訓じます。なかには，細竹が見えなくなるまで色糸を密に編み詰め，錦などで縁どった豪華なものもあります。

最勝王経帙（中倉57） 竹籤を白と紫の絹糸で密に編んで，紋様と銘文を織り出す。紫地に白で葡萄唐草の輪の中に迦陵頻伽をあらわしたものを

２顆ならべ，その周囲に銘文を巡らしてある。種は同定できていない（図5－1)。銘文は，

依天平十四年歳在壬午春二月十四日勅

天下諸国毎塔安置金字金光明最勝王経

天平14年は742年，国分寺・国分尼寺の造営を発願（ほつがん）したのは前年のことでした。

竹帙（中倉58第１号～第５号）　マダケまたはハチクの竹籤を色糸で簀子（すのこ）に編み，周縁を錦で留める。

小乗雑経帙（しょうじょうぞうきょうのちつ）（中倉61）　籤が見えなくなるほど密に編んで，黄・赤・紺・紫などの暈繝地（うんげんじ）に菱形や八弁の花紋を交互に浮き出させてある（図5－2)。

竹帙（中倉62）

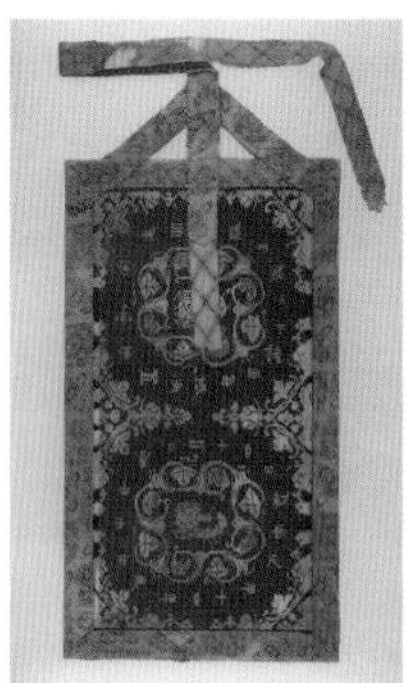
1　最勝王経帙（中倉57）

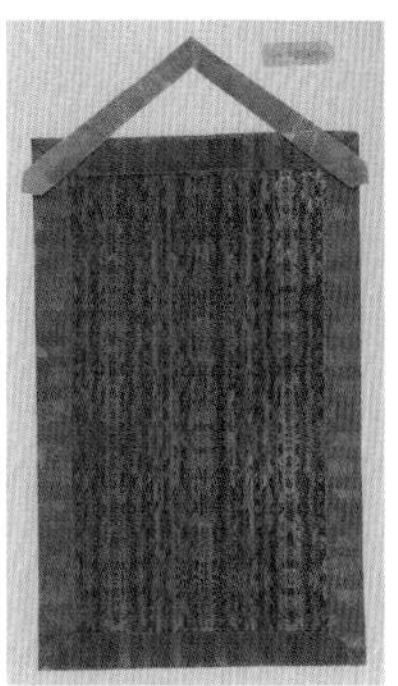
2　小乗雑経帙（中倉61）

図５　竹帙

6）鉾

鉾（ほこ）の柄には樫材製などもあるのですが，30口は木芯竹包です。木を芯とし，短冊状に割った竹をモザイク状に貼って包み，上下の端に糸を巻き黒漆で塗り固めてあります。

鉾（中倉11第１号～第６号，第８号～第16号，第18号～第28号，第31号～33号） 第15・25・26号の３本で，竹片がマダケであることが確認された（図6－5）。

7）その他

木画紫檀双六局（**北倉**37） 側面に３種の鳥の木画があり，そのうちの１種の胴部にモウソウチクを用いている。

呉竹鞘御杖刀（**北倉**39） 杖刀とは仕込み杖のこと。把は紫檀造で全面を樺巻，上下の巻止めと懸緒の孔には銀鐶を嵌めている。鞘はハチク製で，生漆を塗りその上に樺の段巻を施している。全長147.7cm（図6－1）。

冠 架（**北倉**157） 檜材による冠掛けである。方形の台板に丸柱を内向させて取りつけ，四隅に細竹の柱を外向させて立ててある（うち２本は新材）。竹はヤダケで，矢柄を転用したのであろう（図6－3）。

貝匙（南倉49第１号～第６号） ハコネダケかカンチクと考えられる柄に，アコヤガイの身をつけてある。

仮斑竹箱（中倉43） 黒柿製で蘇芳で染めた箱。身の外面にトウチク属の渦状の斑紋をつけた仮斑竹を貼ってある。蓋は新造（図6－4）。

沈香把仮斑竹鞘樺纏金銀荘刀子（中倉131第14号） 鞘はハチクの仮斑竹製。

墨絵弾弓（中倉169第１号） 身に墨絵で散楽図を描いてある。弦はマダケ製，革で身に留める（図6－6）。

投壺矢（中倉171） 23隻のうち14隻は，矢柄と矢羽根をマダケ製とし，矢柄には蘇芳で仮斑竹をあらわし，矢羽根は白地に金銀泥で羽の筋を描いている。鏃は竹材を別に削って丹または黒漆を塗りこめてある。

幡心木（中倉202） 布製幡の芯材である。マダケとホウライチクと考定された。折れていないもので，長さ33.5cmと40.0cmとの２種がある。

玳瑁柄麈尾（南倉50第２号） 柄はメダケ属の竹に白下地玳瑁貼。毫毛は鯨の鬚。

仮斑竹杖（南倉65第３号）　４節あるメダケに斑を描いて斑竹に見せた杖。各節に金泥の隅取りをほどこし，節の上下に籐と樺を巻いてある。杖頭と石突には水晶を嵌めこんである。全長160.5cm（図6－2）。

なお，竹材を箔状に加工し，木画のように本体に貼りつけたものがあります。

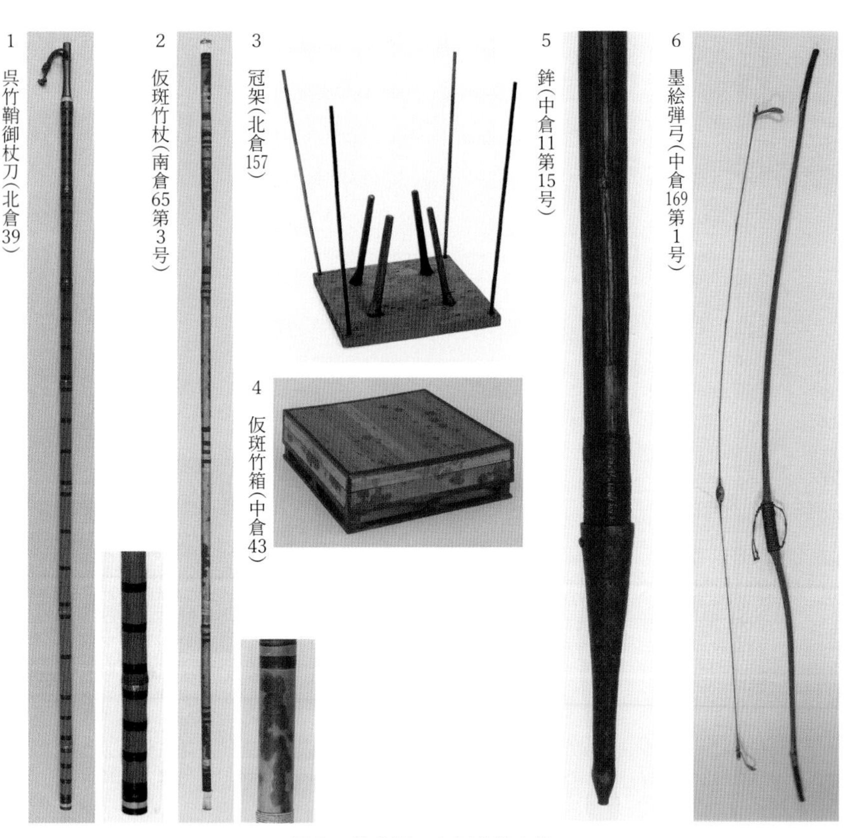

図６　竹を用いた正倉院宝物

3 | 竹の造形

1）象る

尺八・横笛は，先述のように，竹以外の材でつくったものも竹を模してありました。玉尺八（**北倉**20），彫石横笛（**北倉**33），彫石尺八（**北倉**34），牙横笛（南倉65）です。

ほかの器物にも，わずかですが，竹を象ったものが存在します。

玳瑁竹形如意（南倉51第１号・第２号）　９具伝わる如意のうち２具は，木芯に玳瑁を貼り，竹を象ってある（図7－1）。

斑犀如意（南倉51第８号）　犀角製。柄の全体を19節の竹根形につくる（図7－2）。

玳瑁竹形杖（南倉65）　長さ15cmの玳瑁を曲げて１節ずつ筒状にし，これを８節連ねて杖木とし，３節を用いた横木とあわせて，全体を竹形につくる（図7－3）。

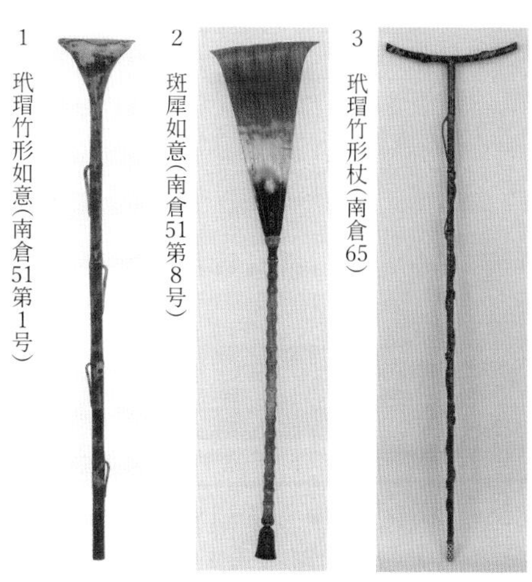

図7　竹を象った宝物

2）描く

正倉院宝物の中に，竹林や竹叢を描いた器物がいくつかあります。

金銀平文琴（**北倉26**）　表の頭部につくった四角い枠内には，琴と阮咸を奏でる２人と角坏を傾ける人物が鼎坐し，背後には松２と竹林１を配してある。根元に筍が生えている。上部には山岳と飛仙，下方には孔雀・小禽などをあらわしてある（図8－1）。

紅牙撥鏤尺（中倉51第１号）　表面に２種類の竹叢が描かれている。ひとつは建物の脇の岩から生えたもの，もうひとつはその前方にある門の両脇に設けた四角い枠に植えられた植栽の右方である（図8－3）。

密陀絵盆（南倉39第２号）　欅材に布着し，黒漆を塗った上に彩色，さらに油を塗っている。松と思われる樹木の下に後ろ姿の男性が立ち，左に竹叢がある。

桑木阮咸（南倉125第１号）　捍撥の中央に３人の隠者が囲碁を楽しむ場面が描かれ，その背後左右に松のような樹木，中央に竹叢が大きくあらわされている（図8－2）。

羅道場幡（南倉185第128号櫃第152号）　幡頭の部分。左に松，右に竹叢を刺繍であらわしてある。根元に見えるのは筍であろう（図8－4）。

いずれも松をともない，前３者は，「竹林の七賢」をイメージさせるために竹を添えた，と考えられます。

4｜竹　の　種

材質調査によると，正倉院宝物に用いられた竹の種は以下のとおりでした。タケ類とササ類に加えバンブー類もあります。

マダケ属：筆，籠，竹帙

モウソウチク（孟宗竹）　直径20cm，高さ20mになる大型種。節の環はひとつで，節間が比較的短く，材質部が厚い：双六局

マダケ（苦竹・真竹）　直径15cm，高さ20mになる大型種。節に環が２つ

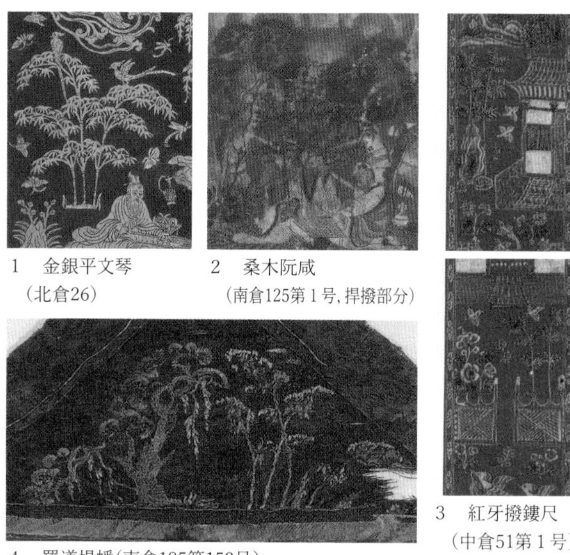

1　金銀平文琴
（北倉26）

2　桑木阮咸
（南倉125第1号，捍撥部分）

3　紅牙撥鏤尺
（中倉51第1号）

4　羅道場幡（南倉185第152号）

図8　宝物に描かれた竹

あり，節間が長く，材質部が薄い：尺八，竽，笙，鉾柄，投壺矢

タイワンマダケ：尺八

ホテイチク（布袋竹）　マダケの変種。稈の下部は節間が短く，膨れている：竽，笙

ウサンチク　ホテイチクの仲間：竽，笙

ハチク（淡竹）　直径3～10cm，高さ15mほどの大型種。節には環が2つあり，細く割りやすい。耐寒性があるため，比較的寒い地域でも生育：筆，尺八，簫，竹帙，鞘

ホウライチク属：竽，笙，籠

ホウライチク（蓬莱竹）　バンブーの1種。高さ5mほどで，節から多数の枝を出し，葉は互生叢状：横笛

トウチク属：筆

トウチク（唐竹）　小竹で，節が2輪状をなし著しく隆起している：横笛，箱

ヤダケ属

ヤダケ（矢竹）　ササの１種。高さ３ｍくらいで，細く，節間が長く，節が低いところが矢柄に適している：矢柄，冠架

メダケ属：麈尾

メダケ（女竹）　ササの１種。直径２cm，高さ５ｍほどの中型種。節が平らかで，節間が長い。材は軟らかく粘り強い。主に川岸や海岸などに群生する：筆，竽，杖

カンザンチク（寒山竹）　径２～４cm，高さ４～５ｍの株立ちとなり，ササ類の中でもっとも大きく育つ：筆

ハコネダケ　アズマネザサの１種：貝匙柄

ササ属

チシマザサ　ササの１種。径15mm，高さ３ｍほどで，基部が弓形に曲るのでネマガリダケともいう：竹鏃

カンチク属

カンチク（寒竹）　ササの１種。高さ２～３ｍ，表皮が紫色を帯びる：貝匙柄

5｜古代日本に竹はなかった

タケは東南アジアあるいは中国南部原産で，いつの頃か日本列島へ帰化したと考えられます。メダケ属ネザサとクマザサ属が60万年前に自生していたことは，化石の存在により確認できるそうです。その後，氷河期が訪れると，寒さに強いササ類の一部を残して，列島から姿を消しました。縄紋～弥生時代にタケ類が自生していたか否かは，竹製品と断定できるものが発見されていないので，わかりません。

古墳時代になると，竹ヒゴ製の縦櫛や竹製矢柄の存在が知られます。しかしこれらは，

①日本に自生している笹類でつくった

と考えてよいでしょう。奈良時代あるいはもっと以前から，メダケ・ヤダケなどのササ類は自生していたのですから。

ホウライチクは，火縄の素材として，鉄砲にともなって伝来したとされ，と

すれば栽培がはじまるのは1543年以降のこと。モウソウチクは元文元年(1736)，清から琉球経由で移入したとの記録があるそうです。これら２種の生株は奈良時代にはなかったことになります。自生していなかったとすると，

②製品が中国から持ちこまれた

③原材料を何処からか入手し，日本で製作した

のどちらかになります。仮斑竹竿（南倉108），仮斑竹筆（南倉109），呉竹横笛(南倉111)，竹編花筥（中倉23），花籠（南倉42）などは，ホウライチク製あるいはその可能性が高いと判断されました。とすると③に該当することになります。楽器や筆をつくるだけならあるいはと思われますが，筥や籠をつくる材料をわざわざ輸入したでしょうか。花籠だけで566もあるのですよ。

竹に着目し，７世紀の法隆寺には竹が多いのに対して，８世紀の正倉院には少ない，と指摘したのは東野治之『正倉院』（岩波新書，1988年）です。７世紀には百済経由で江南文化の影響を受けていたが，８世紀になると華北の唐文化圏に入ったから，と解釈しました。華北も竹の生育に適しません。

法隆寺に竹を用い，また竹を表現した器物があり，それが７世紀に遡るのは事実です。

百済観音光背支柱（法隆寺蔵）　光背は台座後背に立てられた支柱によって支えられており，この支柱は表面に竹の節と皮を刻み出し，その下端には周囲一巡するように山岳をあらわしてある（図9−1）。

玉虫厨子「捨身飼虎図」（法隆寺蔵）　諸処に竹叢が描かれているが，丈が低いので笹の仲間ではないか。絵画のばあいは粉本を写した可能性を考慮せねばならない（図9−2）。

光背形（法隆寺蔵）　長方形の１短辺が尖った形を呈する金銅の板。元は表に押出仏が貼られていたが，現在は天蓋部のみが遺存。裏面に線刻による絵がある。中央に２本，左右両端に各１本の竹，その間に，上から２体の僧形坐像，１対の金剛力士像，１対の獅子などが描かれている。

八臣瓢壺（法隆寺献納宝物N288，宮内庁三の丸尚蔵館蔵）　瓢簞製の壺。孔子，栄啓期などの人物が柳や竹の間にあらわされ，それぞれに楷書体で名前が添えられている。これらの図様は彫り出したのではなく，瓢簞がま

だ成長していないうちに，図様を刻んだ型の中に入れてつくったといわれる。

伯牙弾琴鏡（法隆寺献納宝物N76）　六角堂とその左右の六角形籬に囲まれた竹叢を背に，蓮池を前にして，琴を弾く者と酒食する人をあらわす（図9－3）。

竹厨子（法隆寺献納宝物N93）　正面に観音開きの扉をつけた箱形の厨子。天井・側面・背面・扉は細い竹を隙間なく並べ，鉄製の飾鋲を打った桟でとめてある（図9－4）。

彫刻のばあいは，絵画のように粉本を写すわけにいきませんから，次のような可能性が考えられましょう。

⑴江南の地で製作した

⑵江南生まれの渡来人が日本で製作した

⑶渡唐した留学生が彼の地で学び，帰国して製作した

⑷輸入した実物の竹を見本として製作した

でも，これら法隆寺の造形は，実は竹ではなく笹を写したものなのではないでしょうか。丈は低く，細く，百済観音の光背支柱は皮を残しているのです。

なお，竹を象った支柱はきわめて珍しい存在で，かろうじて4件が知られます。

金銅仏光背（法隆寺献納宝物N195）　支柱が竹を象っているというのだが，どの光背を指しているのか確認できない。

中宮寺蔵「菩薩半跏像（如意輪観音）」　楠材製の支柱は後補。

法輪寺蔵「伝虚空蔵菩薩像」　支柱は檜材製，これも後補。

薬師寺西僧坊跡出土小金銅仏

うち2件はその由来が不明，しかも支柱は後補であります。確実なのは薬師寺で出土した金銅仏の1例のみとなります。

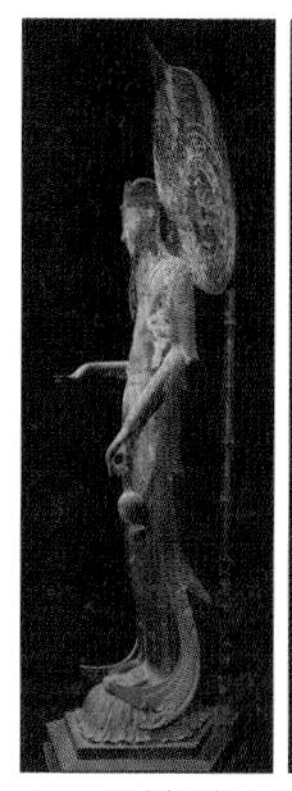

1　百済観音と光背支柱（法隆寺蔵）

2　玉虫厨子（捨身飼虎図部分, 法隆寺蔵）

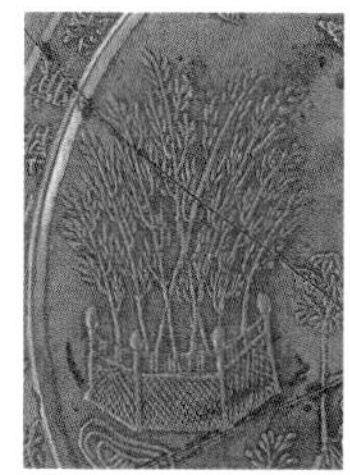

3　伯牙弾琴鏡（法隆寺献納宝物N76）

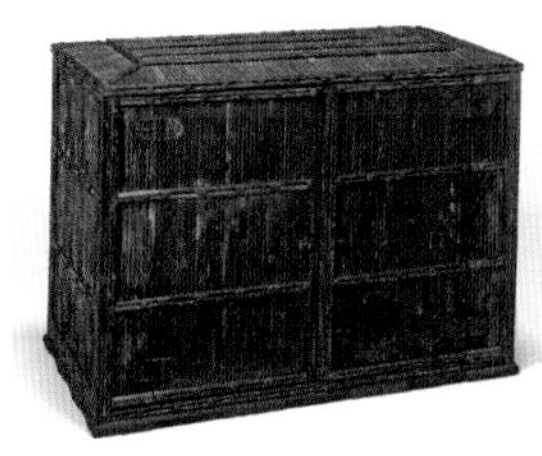

4　竹厨子（法隆寺献納宝物N93）

図9　法隆寺の竹

先に記したように，正倉院には竹製品がかなりの数あり，東野は7世紀・8世紀の日本に竹が自生していたことを前提に議論を進めているように思えます。ほとんどの竹材が輸入品であったとすると，また別な展開があり得るでしょう。

室井綽・岡村はた『竹とささ』（カラーブックス，保育社，1971年）はいきなり「竹や笹はともに日本の原産で，種類が多い」という記述から始めています。これだとすべての竹と笹が古くから日本で自生していたように受け取れますね。一方で室井綽『竹』（前掲）は，マダケとハチクは古くから自生していた，とも述べているのです。

その根拠として掲げたのは次の９点。

1　ハチクの葉の化石が見つかっている。

2　マダケ，ハチクともに変種が日本に多く，中国では少ない。

3　カビ性斑竹のあること。日本を起源とする寄生菌と宿主の関係が成立するには長い年月を要し，しかも，モウソウチクのばあいはカビが日中間で共通するが，マダケについては両国間で違いがある。

4　日本の各地の島々に野生のマダケ，ハチクがある。

5　関西，関東の太平洋岸に，点々とヒメハチクが分布する。

6　食用にすることもできない大きいマダケが渡来するはずがない。

7　カラタケは大竹，または空竹，中空の竹の意で，中国渡来の意ではない。

8　弥生から古墳時代の層から笊や網代が発見された。

9　竹に関する伝説は古くから数多くある。

これらからマダケとハチクが「古くから」自生していたというのですが，「古く」とは何時を指すのかが問題。私は，鎌倉時代までは笹類だけがあって，竹類は存在していなかったと考えます。その理由をいくつか挙げてみましょう。

a　井上秀雄他訳注「三国志魏書倭人伝」（『東アジア民族史１　正史東夷伝』東洋文庫，平凡社，1974年）には，「竹類には篠（ささ）・簳（しのだけ）・桃支〔竹〕などがある」とあるが，簳はヤダケ，桃支はシュロチクであろう。いずれにしろタケではない。

b　古代日本に竹簡が広まらなかったのは，その素材としての竹がなかったから。

c　『風土記』にタケは出てこず，ササのみである。

d　『万葉集』に竹を詠んだ歌が20首ほどあるが，はたして実景を歌ったものか疑わしい。たとえば，

824　梅の花散らまく惜しみ我が園の竹の林にうぐひす鳴くも

4286　み園生の竹の林にうぐひすはしば鳴きにしを雪は降りつつ

824と4286は「竹の林に鶯鳴く」という定型化した表現であり，漢詩から学んだ空想の産物でしょう。

4291　我がやどのい笹群竹吹く風の音のかそけきこの夕かも

これはササを詠ったものですし，ほかにも2478では万葉仮名で「細竹目」と書いて「しののめの」，2754では「小竹之眼笑」を「しののめの」と読ませています。これらもササの謂いですね。

なお，『慕帰絵詞（ぼきえことば）』巻4に竹林の中で群雀が飛び交う場面があります（続日本の絵巻9，中央公論社，1990年）。竹林には雀，梅には鶯がふさわしいでしょう。

4277　袖垂れていざ我が園にうぐひすの木伝（こづた）ひ散らす梅の花見に

4278　うぐいすの鳴きし垣内（かきつ）ににほへりし梅この雪にうつろふらむが

ただし，『慕帰絵詞』では，梅が竹と混在して，今を盛りと咲き誇っています。描かれているのは，タケではなくササの仲間でしょう。

e　「くれたけ」とは何か。『国家珍宝帳』に「呉竹」を冠した宝物名が記されている。

呉竹笙（**北倉**31）　ホテイチク

呉竹竽（**北倉**32）　ハチク

である。杖刀（**北倉**39）も「呉竹鞘樺纏」と説明してあるので，呉竹製は計３品あることになる。この鞘はハチク製と判定された。

素直に解釈すれば，ホテイチク・ハチクの２種を「呉竹」と呼んだことになります。しかし一方では，甘竹簫（南倉112）の材質はハチクと同定されたのに，「甘竹」を冠しているのです。この簫は，今は南倉に所属しますが，『国家珍宝帳』に「甘竹簫一口　楸木帯納紫綾袋緋綾裏」と記したものに該当し，本来は北倉に属していたことが判明しているものです。当然，呉竹と甘竹は別物と認識していたはずです。

竹の種を同定することはかなり難しいようで，小清水・岡村は，「呉竹」の名は一般にマダケと解する者とホテイチクと解する者とがいるけれど，どちらとも考定しにくく，ウサンチクが用いられた可能性も大きい，と報告しています。ところが一方で，室井・岡村『竹とささ』のように，呉竹はハチクである，と断定する書もあるのです。

呉竹とは，竹の品種を意味するのではなく，「呉楽」と同じように，中国南方で生育した竹の総称ではないでしょうか。とすれば，当時の人々は，ホテイチクあるいはハチクが輸入した竹である，と認識していたことになります。

f　『和名抄』の「竹類」の項は，「竹」を「草也」とし，竹名として「笿竹」，「箏竹」，「篜竹」，「箬竹」，「筒」，「篦」，「篠」を挙げ，箏竹は「くれたけ」，篜竹は「おほたけ」，箬竹は「かはたけ」，筒は「とう」，篦は「箭竹」，そして篠は「細細竹」であると説明している。いずれも笹類と思われる。

g　小林行雄が指摘したように，『延喜式』全巻のうちで，竹器の製作に関する記事が集まっているのは兵部省の「隼人司式」である。大隅や薩摩から上京させてまで，今来隼人に竹器つくりをさせたのは，材料となる竹材が南方の隼人の地でのみしか生育し得なかったからではないか。

竹は暖地に適しているので，品種改良して寒地で生育できるようにしなければならなかったはずです。平安時代前期には，竹の栽培はまだ全国的には広まっておらず，温暖な南九州でのみ可能であったのでしょう。正倉院の籠の材料はホウライチクでした。これはバンブー類であり，暖地でなければ育たない種です。「凡年料雑籠料。竹四百八十株。用司国園竹」とありますから，籠の材料となる竹は隼人司に属する国営の竹園から供給されたことになります。竹園は隼人の地にあったはずです。

h　古代に筍を食料としたか。

どうも否定的ですね。『和名抄』は「笋」を「太加無奈（たかむな）」と訓じ，「竹の初生なり」と解説しています。筍のことですね。そして本草を引いて，服すると甘くて無毒だと記しています。古代人はマダケ・ハチクの筍があれば，多少えぐみがあるとしても，見逃すはずはなかった，と思います。アク抜きさえすれば，美味なのですから。ネマガリダケなど，笹類の若芽は食したでしょう。

i　『竹取物語』は平安初期に成立した仮名文による最初の物語文学である。

かぐや姫は竹の中に入っていて，しかも「三寸ばかりなる人」であるから，その竹はかなり太かったはず。孟宗竹が思い浮びますが，当時は存在していません。『竹取物語』は中国から伝わっていた漢文学の翻案であり，竹はイメージとしてだけ人々に共有されていたのではないでしょうか。沖浦和光『竹の民俗誌－日本文化の深層を探る－』（岩波新書，1991年）は「南方系海洋文化」とのつながりを重視します。そういえば，７つの難題はきわめて南洋風ですね。

j　正倉院に「仮斑竹」という技法があることをⅠ章で取りあげた。斑竹は竹に菌類が寄生し，表面に同心円状の斑紋ができたもの。自然に生じるわけだから稀少な存在である。そこで，斑竹に擬するため，人工的に斑紋を描いた。それが仮斑竹である。

それらに再登場してもらうと，

天平宝物筆（中倉35）　ハチクに仮斑竹を描く。
筆（中倉37第14号）　メダケに仮斑竹。
筆（中倉37第15号）　メダケに仮斑竹。
筆（中倉37第16号）　メダケに仮斑竹。
筆（中倉37第17号）　メダケに仮斑竹。
仮斑竹箱（中倉43）　トウチク属に仮斑竹貼，蓋は新造。
沈香把仮斑竹鞘樺纏金銀荘刀子（中倉131第14号）　把は沈香，鞘はハチクに仮斑竹。
仮斑竹杖（南倉65第３号）　メダケに仮斑竹。
竽（南倉108第２号）　ホウライチク属に仮斑竹。
笙（南倉109第２号）　ホウライチク属またはメダケに仮斑竹。

であります。

筆の帽は第１号～第７号がハチク，第８号がトウチク属，第９号～第17号がメダケでした。第８号までは竹を細く裂いて先端を綴じあわせてありますが，第９号以降の９本は竹を切っただけの無加工品であります。メダケで帽未加工，しかも仮斑竹を施してあれば日本製である，といえるかも知れません。そうであるとすれば，上記の諸品は日本製であり，メダケは篠類ですから入手可能ですが，ハチク・ホウライチク属のばあいは，原材料を輸入し，日本で加工したことになります。つまり183ページの選択肢のうち③ですね。ただし，室井説によるとマダケとハチクは日本に自生しており，斑竹もできていたことになります。であればわざわざ仮斑竹をつくる必要はなかったはずです。なお，トウチク属は原産地が中国とされますが，詳細は不明だとのこと。

ところで，「仮斑竹」と命名したのは誰だと思いますか。実はあの鳥毛立女（とりげりつじょの）

屏風（北倉44）の縁に仮斑竹がつかわれており，『国家珍宝帳』は「仮作斑竹」と説明しているのです。このことは鳥毛立女屏風が本邦で製作されたことの証拠となりましょう。『和名抄』は「斑竹」を「兼名苑云斑竹一名涙竹此間斑竹音篇遅久」と説明しています。いっそのこと，「涙竹」を採用しましょうか。

k　花粉分析やプラントオパール分析でタケ由来のものは検出されていない。

どうやら平安時代前期までの日本には，笹類は存在したけれど，竹類はなかったようなのです。とすると，②製品，あるいは③原材料，を輸入していたことになります。

絵画のばあいは，

④粉本を忠実に写した

⑤渡来系の画工が記憶をもとに描いた

のいずれかであったはずです。竹が育つ環境ではない敦煌においても，莫高窟第322窟東壁門上「仏説法図」（初唐）のように，竹を描いた例があるのです。

ところが，仮斑竹竿（南倉108），仮斑竹笙（南倉109），呉竹横笛（南倉111），竹編花筥（中倉23），花籠（南倉42）などは，マダケまたはホウライチク製である可能性が高いと判断されました。楽器や筆をつくるだけならあるいはと思われますが，筥や籠をつくる材料をわざわざ輸入したでしょうか。花籠だけで566もあるのです。とすれば，

⑥南九州では，マダケまたはホウライチク，あるいは双方が栽培されていた可能性を考慮せねばならないでしょう。『春日権現験記絵』（続日本の絵巻13，中央公論社，1991年）にはマダケの竹藪が描かれており，14世紀初頭，奈良盆地にマダケが生育していたのは確実です。

・東大寺二月堂の修二会に使われる籠松明はマダケの根つきの桿を用いる

・京都・祇園祭の斎竹や巡行中に鉾が曲がる際，マダケの青竹を地面に敷く

これらの祭事や行事で，いつからマダケを用いるようになったのか。室町時代の頃ではないでしょうか。

日本における竹栽培の歴史には不明な点が多いのでした。竹に関する科学的・総合的な調査・分析が必要です。竹は120年に１回しか開花しませんか

ら，花粉分析には頼れません。どなたか，プラント・オパール分析をして下さいませんか。

蔓枝・樹皮と外来材

植物の蔓や茎・枝などを利用した編物については，小林行雄「編物」(『続古代の技術』塙書房，1964年）が考察しています。以下はこれに負うところ大なのですが，まだ材質分析が十分でない時点の著作ですから，材質に関しては補う必要があります。嶋倉巳三郎・村田源「正倉院宝物の植物材質調査報告」(『正倉院年報』第９号，1987年）を大いに活用しましょう。

正倉院宝物には，桜や白樺などの靭皮部（じんぴぶ）を薄く剝ぎそれを巻きつけた，樺纏（かばまき）の技法を使用した製品があります。また，原木が中国になく，インドや東南アジアからもたらされた，紫檀・黒檀（こくたん）・白檀（びゃくだん）・沈香・檳榔（びんろう）など「外来材」を用いた宝物もあります。貴重な素材ですから，箱の外表や刀子の把（つか）・鞘（さや）など，ごく小さな部分だけに用いられています。これらが製品として中国からもたらされたか，それとも素材としてやってきたか，が問題となりましょう。新羅を経由してきたということもあり得ます。

1｜柳・葛・籐

1）柳

柳はヤナギ科ヤナギ属植物の総称であり，日本には約90種あるとされます。正倉院には，柳の枝を編んでつくった箱と笊（ざる）がかなりの数あります。素材はヤナギ属ですが，種までは同定できないそうです。

赤漆塗柳箱（せきしつぬりのやなぎばこ）（中倉23　箱第１～68号）　中倉23は「葛箱柳箱残欠」の名称のもと，種々の箱類をまとめてある。柳箱は，柳の細い枝を縦に並べ，絹糸を絡めて編んで本体をつくり，エゴノキの縁木を取りつけてある。箱の形状は四角形が多く，わずかに円形のものもある（図10－1）。

柳笊（中倉23　笊第１・２号）　杉板を四角く曲げた枠に，柳の細枝を網代編したものを取りつけて底としてある（図10－3）。

柳箱（中倉91）　蓋身とも，柳の細枝を絹糸で編んで，エゴノキの薄板を縁に巡らす。円形で，径24.5cm，高7.7cm（図10－2）。

柳箱（中倉133）　長方形で，長辺20.3cm，短辺14.0cm，高7.5cm。

柳箱（中倉202第１～57号）　長方形。

柳円箱（中倉202第１号）　円形。

柳箱（南倉60）　円形，行李柳の編物。径14.0cm，高3.5cm。

赤漆柳箱（南倉61）　方形，上と同工の編物で，蘇芳染した上に漆を塗ってある。長辺20.0cm，短辺19.0cm，高5.2cm。

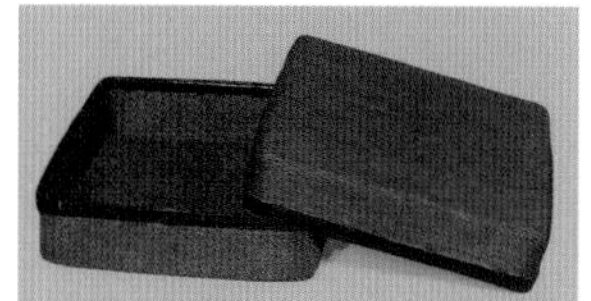

1　赤漆塗柳箱（中倉23　箱第１号, 角）

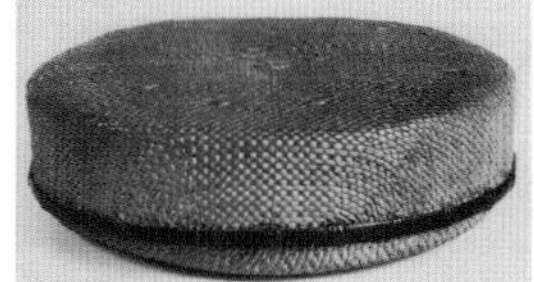

2　柳箱（中倉91, 円）

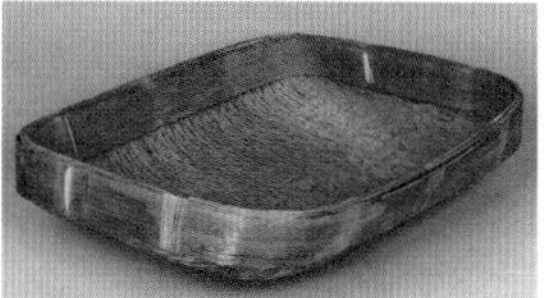

3　柳笊（中倉23　笊第１号）

図10　柳箱と柳笊

2）葛はアケビである

胡禄は中倉４に29口と残欠が，中倉５に４口，計33口あり，これらすべての呼称に「漆葛」,「赤漆葛」,「白葛」と「葛」がついています。

葛はマメ科の蔓性多年草，蔓の長さは10m以上にも達するといいます。根は生薬の葛根として解熱剤となり，葛粉を採ります。また，蔓を編んで箱や行李などをつくり，蔓の繊維は葛布の原料となります。白葛はツヅラフジ（防己あるいは葛藤）の皮をとりのぞいたもののこと，ツヅラフジはツヅラフジ科の蔓性落葉木本，蔓は長く非常に強いそうです。

しかし，わずか４具ですが，材質調査の結果は葛製ではなく，アケビの茎かトウ（籐）属の蔓を編んだものでした。アケビはアケビ科の蔓性落葉低木の総称で，種名まではわかりません。

赤漆葛胡禄（中倉４第23号）・白葛胡禄（中倉５第30号）　葛または白葛とされたが，アケビ類の茎を用いている（図11−1・2）。

『国家珍宝帳』には箭100具の献納が記されており，そのうち「阿蘇胡禄」が65具，「播磨胡禄」が30具含まれています。これらはすべて藤原仲麻呂の乱に際して持ち出され，返却されずに失われてしまいました。阿蘇・播磨のいずれかは葛製であったかも知れません。小林行雄は，

阿蘇胡禄と播磨胡禄との，二つの地名をもってよびわけられたものがたとえば，縦長形と平形とのちがいに対比しうるような，形式の相違とも関連するものであったか否かは，あきらかでない。

と余韻を残した書き方をしています（『続古代の技術』前掲）。大いにあり得ると思います。なお，縦長形はアケビ製（図11−1），平形はトウ製（図11−2）ですから，形だけでなく素材も違った可能性がありましょう。

箱の多くも，葛ではなく，アケビが素材でありました。

白葛箱（中倉23第１号）　葛でも白葛でもなく，アケビ類の茎を編んで身と蓋をつくり，縁にエゴノキを巡らせてある。

白葛箱（中倉38）　同上（図11−4）。

赤漆葛箱（中倉44）　アケビ類の茎を編み，赤漆塗。編出紋様上に銀彩（図11−3）。

白葛箱（中倉132第１〜３号）　用いているのはアケビ類の茎。

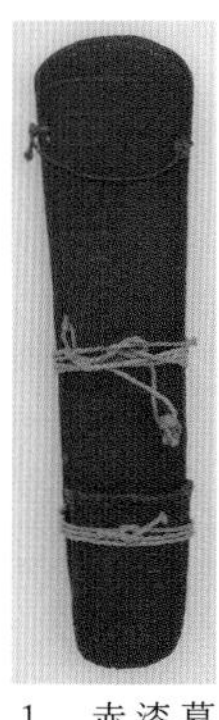

1　赤漆葛胡禄(中倉4第23号)

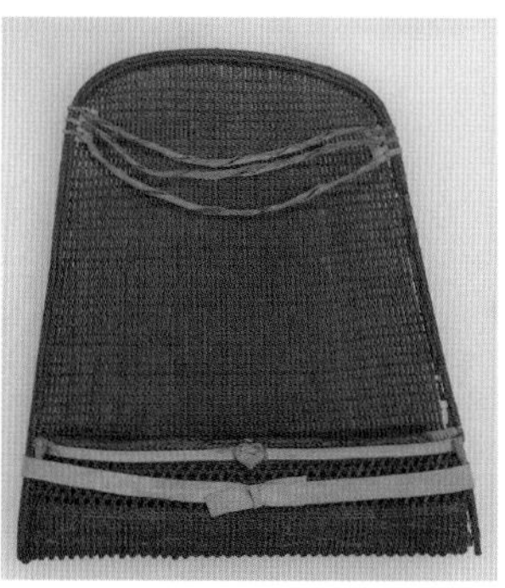

2　白葛胡禄(中倉5第30号)

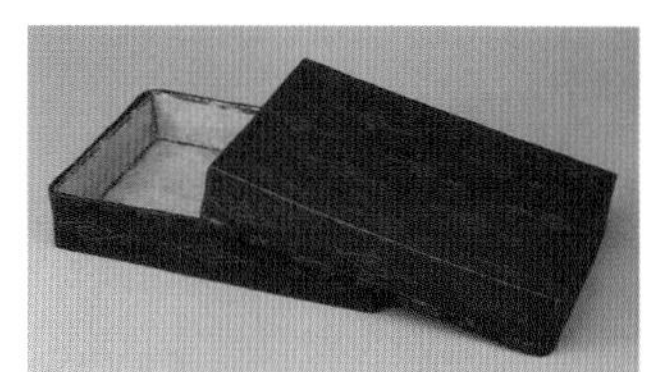

3　赤漆葛箱(中倉44)

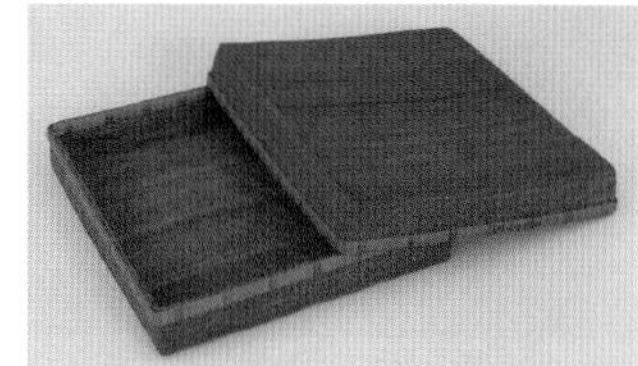

4　白葛箱(中倉38)

図11　胡禄と葛箱

3）籐

トウはヤシ科トウ属の蔓性木本の総称。熱帯アジア原産で，中国南部にも分布します。茎がきわめて長く強靱なので，籐椅子・ステッキ・細工物など，多様な器物に用いられました。日本には自生していないので，当然，製品か原材料を輸入していたことになります。

漆縁籧篨双六局龕(ぬりぶちきょじょのすごろくきょくのがん)（**北倉**37）　木画紫檀双六局を収納していた容れ物。「籧篨」は竹の網代(あじろ)の意であるが，外表に貼られた網代は，近年の調査により，竹ではなく籐を用いていることが判明した。表皮を除いた籐を，紺・紅に染めたものと染めないものを交えて，斜格子状に編んでいる（図12）。

漆葛胡禄(うるしかずらのころく)（中倉４第４号）・白葛胡禄（中倉４第28号）　丈の低い，底部に向かって扇状に広がった「平胡禄」である。トウ属の１種を編んでいる。

赤漆欟木胡床(せきしつかんぼくのこしょう)（南倉67）　欅材で組み立てた倚子(いし)。欄と背もたれがある。床は籐編としてあるがすべて新補で，復元の根拠は不明である。

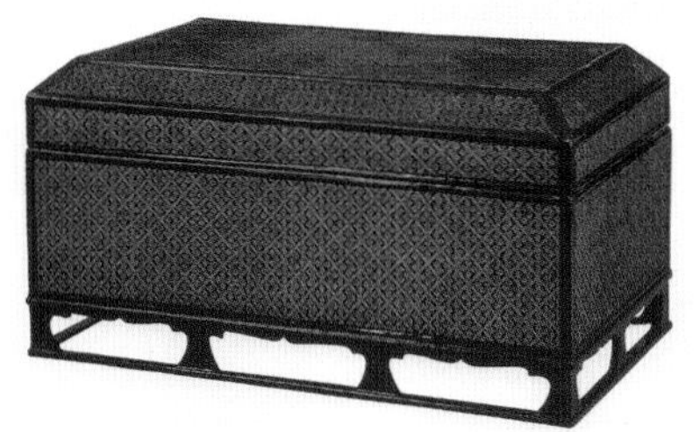

図12　漆縁籧篨双六局龕（北倉37）

2｜蘭とカヤツリグサ

正倉院には，イネ科植物であるイグサやカヤツリグサの茎のほか，ヤシ科植物の1種を編んだ編物が何点かあります。

1）藺

龍鬢袷筵（中倉202第1・2号第74号櫃）　表の経に麻の靭皮繊維，裏の経にイネ（藁）を用い，イ（藺）を緯にして編んだ筵である。

碧絁緑龍鬢筵（中倉202第95号櫃）　緯はイ，経はイネ。

御床畳残欠（中倉202第119号櫃）　2床分が伝わるが，どちらも大破している。マコモ製の筵3枚を二つ折りにしたものを芯にし，イを編んだ筵で表から裏面の縁まで包み，裏面を麻布で覆ったもの。

履（南倉143第1～20号）　イを編んだ藺筵を麻布で包み，内敷の芯としている（図22－2）。

藺筵（南倉151第1～10号）　今日の畳表や茣蓙と同様のもの。緯はイ，経はイネである（図13）。

藺筵褥心（南倉152第1～3号）　上と同様の編物。褥の芯とされるが不明。

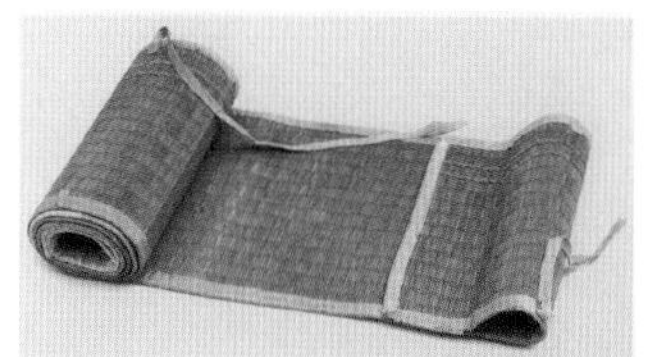

図13　藺筵（南倉151第２号）

2）椰子

斑蘭箱蓋（まだらいのはこのふた）（中倉134）　円形の箱の蓋，径17.2cm，高2.9cm。大賀一郎他「昭和二十八・二十九・三十年度正倉院御物調査」（『書陵部紀要』第８号，1957年）ではガマ属植物の葉としていたが，新たな調査によって，イネを束ねて芯とし，ヤシ科植物の葉を渦巻状に編んだものと判明。藺ではないが，シュロであるかどうかは判定できなかった（図14－1）。

蘭箱（いのはこ）（南倉72）　長楕円形被蓋造の箱，長径31.8cm。蓋と身ともに芯材は藺イだが，編材はヤシ科植物の葉である（図14－2）。

椰子実（南倉174）　ココヤシの発芽孔を切り開けて口とし，その上の凹凸を利用して目鼻をつくり，内部を刳りとってつくった人面形容器。内部には黒漆のようなものを塗ってある（図14－3）。

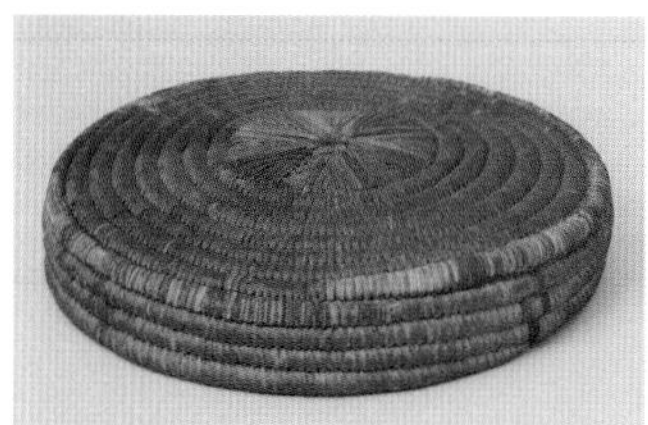

1　斑蘭箱蓋（中倉134）

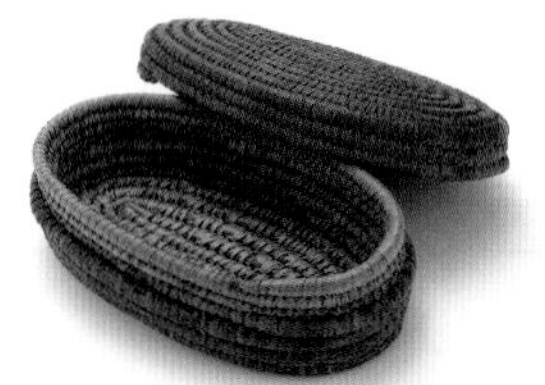

2　藺箱（南倉72）

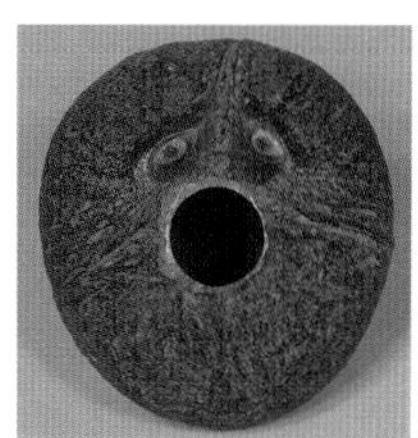

3　椰子実（南倉174）

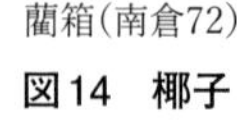

図14　椰子

3）カヤツリグサ

御書箱（おんしょのはこ）（**北倉**3）　身と蓋の編材は単子葉植物の茎で，カヤツリグサ科の1種と判定。

大乗雑経帙（だいじょうざつきょうのちつ）（中倉60第1・2号）　染めた藺を編んで斑模様としたもの。縁と帙帯は欠失。

斑藺帙（まだらいのちつ）（中倉63第1・2号）　緯と経もイグサとされていたが，イグサ属ではなく，カヤツリグサ科の1種と判定された。

4）棕櫚

伎楽面（ぎがく）のうち，力士面（南倉1第24号）・太狐夫（南倉1第27号）の頬，顎と口辺に，棕櫚（しゅろ）の毛を植えて，ひげとしています。

3｜樺　　纏

桜や樺の木の，俗にいう「樹皮」，すなわち靱皮部を薄く剥いだものを巻きつけた宝物があります。

サクラ属と判定されたもの。

槻弓（つきゆみ）（中倉2第12号）　欅の素木に樺巻と糸巻を施す。

箭　雁羽蘆簳竹鏃（や　かりのはあしのやがらたけのやじり）（中倉6第65号）

葛箱柳箱残欠（中倉23）　曲物残欠1号の広葉樹だが，種属の同定に至らなかったもの。

樺纏尺八（かばまきのしゃくはち）（**北倉**22）

樺纏把鞘白銀玉虫荘刀子（かばまきのつかさやしろがねたまむしかざりのとうす）1双（中倉131第4号）

烏犀把漆鞘樺纏黄金荘刀子（うさいのつかうるしのさやかばまきおうごんかざりのとうす）（中倉131第11号）

沈香把仮斑竹鞘樺纏金銀荘刀子（じんこうのつかげはんちくのさやかばまききんぎんかざりのとうす）（中倉131第14号）

投壺矢（中倉171）

玳瑁杖（南倉65第1号）

仮斑竹杖（南倉65第３号）

4｜外　来　材

1）紫檀

紫檀はマメ科の常緑高木，インド・スリランカ原産です。材は暗赤色で，質堅く，重い。紫檀を用いた宝物は多いが，大半は部分的に，少量用いたものです。代表例のみ挙げましょう。

雑集・杜家立成（北倉３）　どちらも軸端が紫檀製。

金銀平文琴（北倉26）　臨岳・竜尾が紫檀製。

螺鈿紫檀琵琶（北倉27）　槽・鹿頸・転手が紫檀製。

螺鈿紫檀五絃琵琶（北倉29）　槽・海老尾・転手が紫檀製。

螺鈿紫檀阮咸（北倉30）　槽・鹿頸・海老尾・転手は紫檀。

木画紫檀棊局（北倉36）　木製紫檀貼。

木画紫檀双六局（北倉37）　木製紫檀貼。

紫檀木画狭軾（北倉48）　上面は黒柿に紫檀貼。

紫檀銀絵小墨斗（中倉116）　片方の側板が遺存，長4.2cm（図15−8）。なお「紫檀金銀絵　小合子」（中倉115）は，紫檀製ではなく，黄楊木と思われる散孔材製である。

紫檀螺鈿把斑犀鞘金銀荘刀子（中倉131第23号）

紫檀小櫃（中倉144第16号）　紫檀，蘇芳塗（図15−2）

紫檀木画箱（中倉145第17号）　欅，紫檀貼（図15−1）。

紫檀木画箱（中倉145第18号）　黄楊木，紫檀貼。

紫檀箱（中倉160第36号）　蓋はトネリコ属の木，紫檀貼。

紫檀木画双六局（中倉172第３号）　紫檀にさまざまな色の材料を嵌めこむ木画の技法で装飾した双六盤。

双六筒（中倉173）　紫檀材を用いた刳物。口と底に銀金具を取り付けている。木部は蘇芳塗を施したうえ，金銀泥によって草花などを描く（図15−7）。

紫檀金鈿柄香炉（南倉52第５号）　炉は紫檀を轆轤で成形し，側面に金象嵌で花卉，鳥，蝶などをあらわす。

紫檀小架（南倉54）　長六角形の床脚つきの基台に，紫檀製の柱・笠木・貫を鳥居形に組み，取りつけた品。基台はカキ材でできているが，上面中央を紫檀貼，周囲を玳瑁貼としている。総高46.3cmの小さなもので，用途は不明（図15−5）。

紫檀木画槽琵琶（南倉101第２・３号）　槽・磯・転手・鹿頸は紫檀。

琵琶撥（南倉102）　紫檀製，金銀泥絵で装飾（図15−6）。

桑木阮咸（南倉125）　転手が紫檀。

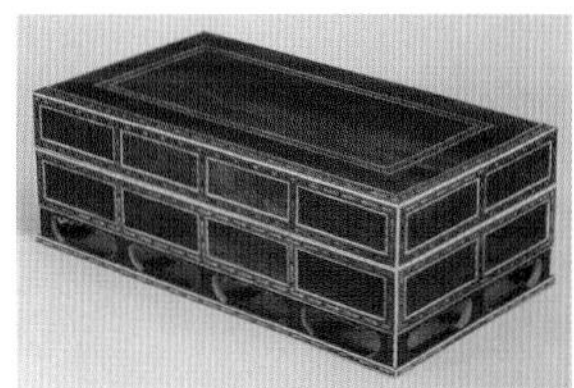

1　紫檀木画箱(中倉145第17号)

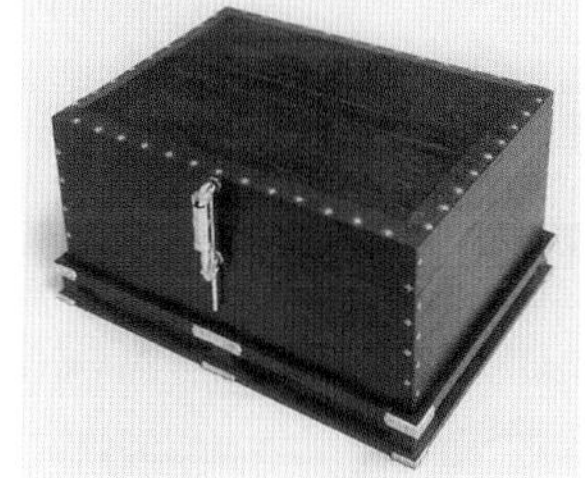

2　紫檀小櫃(中倉144第16号)

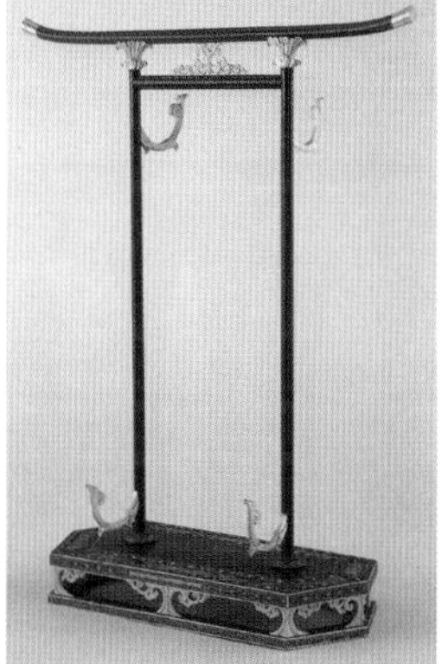

5　紫檀小架(南倉54)

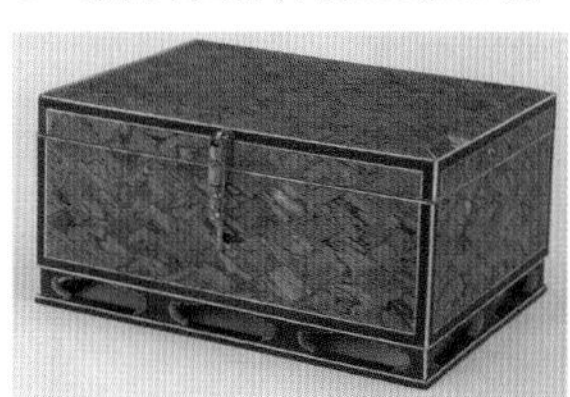

3　朽木菱形木画箱(中倉148第21号)

4　白檀八角箱(中倉159第35号)

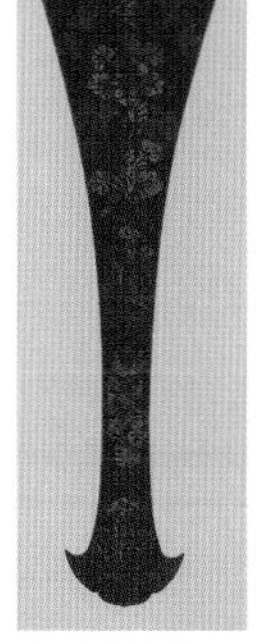

6　琵琶撥(南倉102)

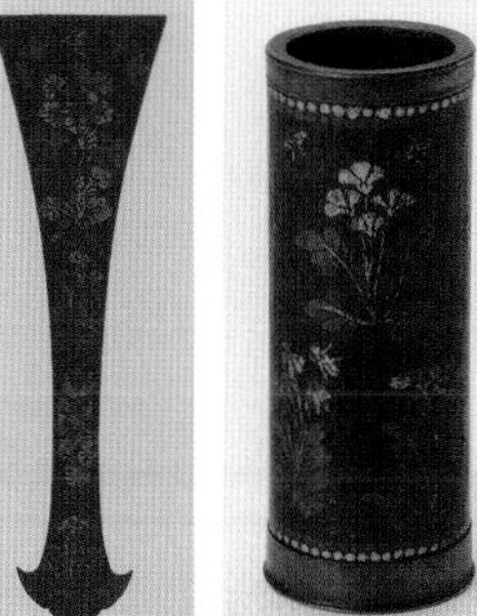

7　双六筒(中倉173)

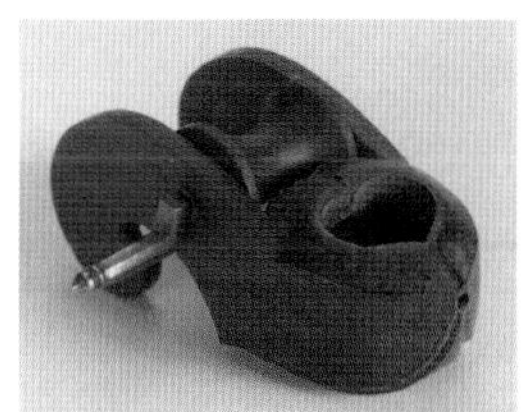

8　紫檀銀絵小墨斗(中倉116)

図15　紫檀・黒檀・白檀

2）黒檀

黒檀はカキノキ科の常緑高木。インド南部およびスリランカ原産。材は黒色で緻密です。

朽木菱形木画箱（中倉148第21号）　芯材はイチイ，朽木のような斑紋のある菱形あるいは三角形の黒柿の薄板を貼り，押縁と床脚に黒檀を用いている（図15－3）。

紫檀槽琵琶（南倉101第４号）　槽・鹿頸は紫檀，転手は黒檀。

3）白檀

白檀はビャクダン科の半寄生常緑高木。インドネシア原産で，香木として尊ばれました。

『種々薬帳』（北倉158）　軸端が撥型の白檀製。

木尺（中倉53）　他の尺より長い1.5尺の物差し。ビャクダンとは断定できない散孔材を用いている。

紫檀木画箱（中倉145第18号）　内面を白檀貼とする。

白檀八角箱（中倉159第35号）　白檀製，底板はカワヤナギ（図15－4）。

刻彫蓮華仏座（南倉161第１・２号）

4）沈香

沈香はジンチョウゲ科の常緑高木に樹脂や精油が付着したもの。重くて水に浮かばずに沈んでしまうので「沈香」といいます。熱帯アジアに産し，木質は堅く，土中に埋めるか自然に腐敗させると香料を得ることができます。光沢のある黒色の優良品が伽羅。

沈香末塗経筒（中倉33）　八角柱形の両端を八角錐形に尖らせた，『詩序』（中倉32）を納めていたであろう容器。檜の指物で本体をつくり，縦に割って蓋と身を分け，身の内側面に立上りをつけて印籠蓋造とする。外面には装飾と防虫を兼ねて沈香末を塗り，豆科植物の種子と丁子香を網目紋風に埋めこんである（図16−3）。

沈香把鞘金銀珠玉荘刀子（中倉131第5号，図16−5）

沈香把鞘金銀荘刀子（中倉131第6号）

沈香把鞘金銀花鳥絵金銀珠玉荘刀子（中倉131第12号）

水角把沈香鞘金銀山水絵金銀珠玉荘刀子（中倉131第13号）

沈香把仮斑竹鞘樺纏金銀荘刀子（中倉131第14号）

沈香把玳瑁鞘金銀荘刀子（中倉131第17号）

斑犀把沈香銀絵鞘金銀荘刀子（中倉131第24号）

沈香木画箱（中倉142第10号）　黒柿製，外面は蓋・身ともに沈香の薄板を貼り，各面を紫檀の帯で内外２区に分けている。沈香貼の部分には金銀泥で山水と木理紋を描いてある。床脚には葡萄唐草紋を透彫した象牙を嵌める。

沈香木画箱（中倉142第11号）　木製，蓋・身とも表面全面に２本の金線の間に錆漆を充填した界線によって六画形に区画し，そこに沈香の薄板を貼りつけてある。亀甲繋ぎである（図16−1）。

沈香木画箱（中倉142第12号，図16−2）

沈香木画双六局（中倉172第2号，図16−4）

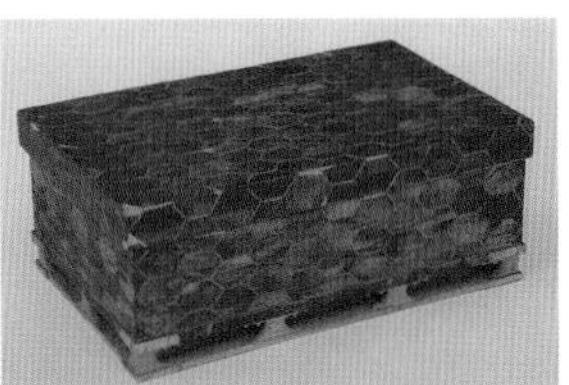
1　沈香木画箱(中倉142第11号)

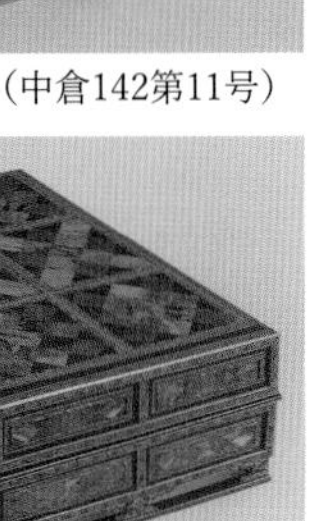
2　沈香木画箱(中倉142第12号)

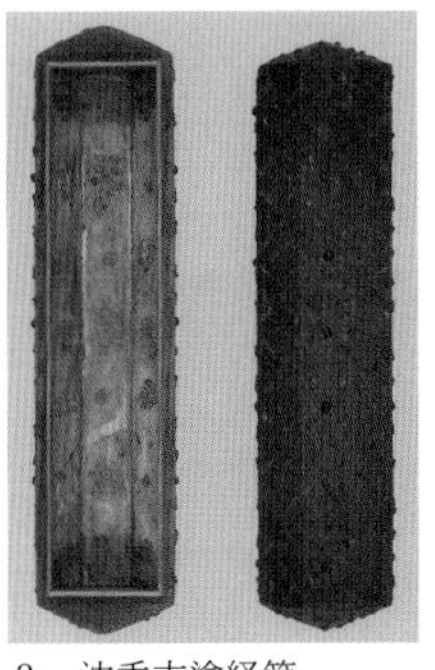
3　沈香末塗経筒(中倉33)

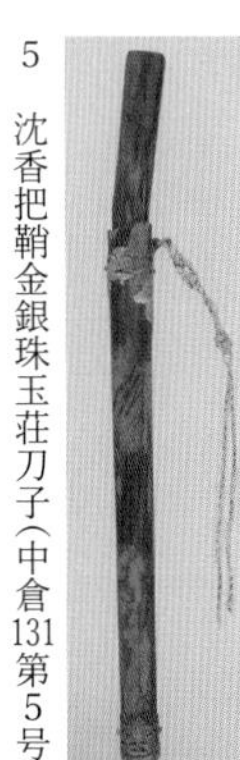
5　沈香把鞘金銀珠玉荘刀子(中倉131第5号)

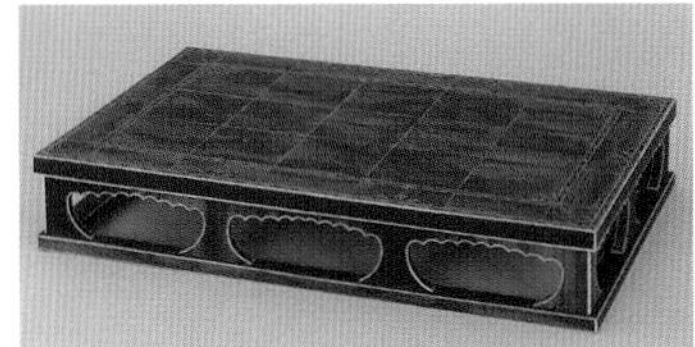
4　沈香木画双六局(中倉172第2号)

図16　沈香と檳榔

5）檳榔

ビンロウジュはヤシ科の常緑高木で，インドネシア・マレー半島の原産。芽が食用となり，また果実が嗜好品となるので，熱帯アジアや南太平洋諸島で広く栽培されています。

檳榔木画箱（びんろうもくがのはこ）（中倉147第20号，Ⅰ章図9）　本体は檜材を用い，表面に檳榔樹・桑・黄楊木（つげのき）・紫檀の薄板を菱形に切り，規則正しく並べて貼っている。蓋の面取部にも檳榔樹を貼る。

6）花櫚・その他

紫檀木画箱（中倉147第17号）　木画の一部に花櫚（かりん）を使用。

関根真隆『正倉院への道―天平美術への招待―』（吉川弘文館，1991年）は，外来材としてほかに紅木紫檀・鉄刀木があると指摘していますが，これらの材がどの宝物に使われているか，探せませんでした。

牙・角・甲・骨・貝

正倉院宝物は，その一部に，象の牙，犀・水牛・鹿の角，タイマイ・アオウミガメの甲羅，セミクジラの骨，ヤコウガイ・アコヤガイの貝殻を利用し，ほかに鯨鬚，珊瑚，真珠なども用いています。いずれも動物由来の素材です。象・犀・タイマイなどは日本列島には生息していませんから，製品あるいは素材をどのようにして入手したか，が問題となりましょう。

1｜牙

象牙は，ゾウの上顎にある1対の門歯が発達して口外に突き出たもの。硬くて乳白色を呈します。ゾウにはアフリカゾウとインドゾウの2属しかありませんから，宝物に使われている象牙は後者のものでしょう。完全な象牙が南倉174に残っていますから（第206号櫃納物其20，図17－4），製品として輸入したものもあったでしょうが，素材を輸入して加工したこともあったわけです。

1）尺

長さを測る物差。正倉院には14枚の尺と5枚の小尺が収められています。尺についてはⅥ章で詳しく取りあげますので，ここでは11枚の象牙製だけを挙げておきましょう。うち8枚には撥鏤の装飾が施されており，紅染が6枚，紺染が2枚あります。『大唐六典』は，毎年2月2日に宮中でおこなわれる「鏤牙尺」を奉る儀式について記しています。撥鏤を施したものは，実用ではなく，儀式用でしょう。

紅牙撥鏤尺（**北倉**13甲・乙）
緑牙撥鏤尺（**北倉**14甲・乙）

白牙尺（**北倉**15甲・乙）

紅牙撥鏤尺（中倉51第1号～第4号）

未造了牙尺（中倉54）　象牙製で2枚ある。どちらも目盛を刻む前の半製品である。

なお，法隆寺献納宝物にも紅牙撥鏤尺が1枚ありますが（N83），こちらは本邦製と考えられています。

2）笏

笏は手に執って威儀を整えるための細長い板。聖徳太子像が胸前に持っているあれです。正倉院には北倉に3枚，中倉に2枚，南倉に1枚伝わります。象牙製2，魚骨製2，木製2です。

牙笏（**北倉**10）　長39.0cm。

通天牙笏（**北倉**11，図17－1）　上下方向に象牙の筋目が通るので「通天」という美称がついた。長34.9cm。

3）笛

南倉には，尺八・横笛とも，各々竹製2管と象牙製1管が伝わります。これらのほかに，北倉にも尺八5管（**北倉**20～23，34）と横笛1管（**北倉**33）がありますが，象牙製は南倉のものだけしかありません。

牙尺八（南倉110第3号）　象牙製，3節の竹を象る。長35.1cm。

牙横笛（南倉111第3号）　象牙製，吹き口近くに節をあらわす。長32.4cm。

4）櫛

牙櫛（中倉123，図17－2）　象牙製の横櫛。同形同大のものが3枚伝わる。長10.2cm。歯がきわめて細く，梳櫛として使われたのであろう。

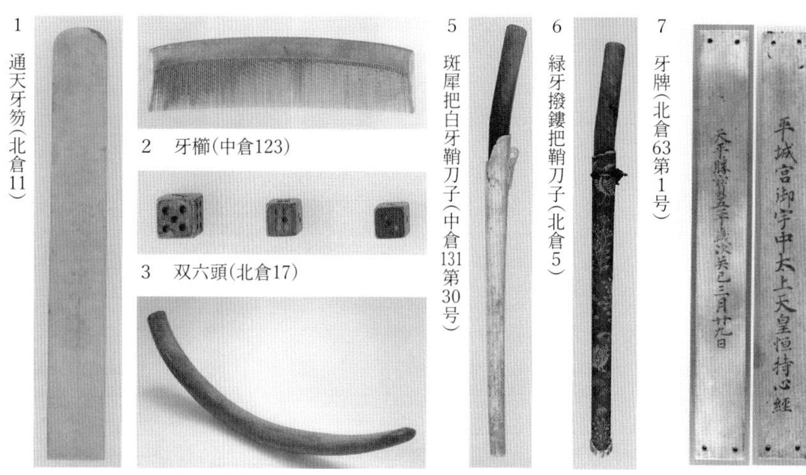

1　通天牙笏(北倉11)
2　牙櫛(中倉123)
3　双六頭(北倉17)
4　象牙(南倉174)
5　斑犀把白牙鞘刀子(中倉131第30号)
6　緑牙撥鏤把鞘刀子(北倉5)
7　牙牌(北倉63第1号)

図17　象牙製品

5）刀子

刀子は小刀のことで，木簡を削ったり紙を剪(き)る文房具あるいは木工具としての用途のほか，佩飾(はいしょく)としても用いられました。そのために，把(つか)あるいは鞘などの外装に象牙・犀角・沈香などの珍材を用い，撥鏤や螺鈿で飾ったのです。把あるいは鞘に象牙を用いた刀子は多いので，代表例を挙げます。

緑牙撥鏤把鞘刀子(りょくげばちるのつかさやのとうす)（**北倉**5，図17－6）
白牙把鞘金銀荘刀子(はくげのつかさやきんぎんかざりのとうす)（中倉131第19号）
斑犀把白牙鞘刀子(はんさいのつかはくげのさやのとうす)（中倉131第30号，図17－5）

6）その他

双六頭(すごろくとう)（**北倉**17，図17－3）　双六用のサイコロ。大中小の3種がある。
紅牙撥鏤棊子(こうげばちるのきし)・紺牙撥鏤棊子(こんげばちるのきし)（**北倉**25）
牙牌(げはい)（**北倉**63第1号・第2号，図17－7）　象牙製の長方形の札。上部に紐を通す孔が1個あいており，両面に金泥で文字が記されている。

牙玦（中倉126）　象牙でつくった弓形の飾り。同形のものが２枚ある。長3.2cm。

沈香木画箱（中倉142）　黒柿製に沈香・紫檀貼，金泥で絵を描いてある。床脚には紺に染めた象牙を透彫して貼ってある。

2 角

1）犀角

「犀角」はサイの角。工芸品の素材として，また，『種々薬帳』に含まれているように，解毒剤・解熱剤としても用いられました。『国家珍宝帳』は犀角，斑犀，白犀，烏犀と呼び分けています。まだらの紋のあるものが「斑犀」です。インドおよび東南アジアに棲息するインドサイの角は黒味を帯びた褐色をしており，「烏斑犀」と称して珍重されました。スマトラサイの角は灰白色だそうです。

斑犀偃鼠皮御帯残欠（**北倉**４，図18－7）　偃鼠はモグラ，その革でつくった帯のことであるが，獣種は判定不能。巡方・丸鞆が斑犀製，鉸具と裏座は銀製である。

犀角坏（**北倉**16甲・乙，図18－1・2）　甲は口縁部が蓮弁形を呈する杯で，長径15.5cm。乙は口縁部を五稜形とし，側面も同様に整えた杯，長径10.2cm。

犀角器（**北倉**50，図18－4）　楕円形の杯形容器である。長径18.2cm。底部が削り取られている。犀角の粉末は解熱・解毒の効果があり，薬用とするため削ったとも考えられる。

斑犀尺（中倉52）　犀角製の物差し。長29.5cm，１寸，５分，１分の３種の目盛を刻む。

犀角坏（中倉75，図18－3）　犀角の自然の形を利用して，内側をすり鉢状に刳った杯。長径8.5cm，高8.7cm。

斑犀帯残欠（中倉89・122）　巡方・丸鞆が斑犀製。

犀角魚形（中倉97，Ⅱ章図24－1）　犀角製金泥彩の魚形。口に銀鐶が装着されており，これを介して腰帯に佩用する。

斑犀合子（中倉98）　犀角の先端部を使用，その内側を刳り，紫檀の蓋をつけたもの１合と，犀角を正方形に切って内刳りし印籠蓋造としたもの２合を網に入れた佩飾具。

斑犀小尺（中倉110）　長３寸の小尺。端部に１孔があり，ここに紐を通して腰佩として使用した。

犀角如意（南倉51第５号）

斑犀如意（南倉51第６号）

犀角銀絵如意（南倉51第７号）

刀子は北倉５に２口，北倉７・８・９に各１口，中倉103に１口，中倉131に48口と残欠が伝わります。これらの中には２口で１対となるものや，十合鞘御刀子・三合鞘御刀子・小三合水角鞘御刀子のように全体で１口と数えるものがあり，十合鞘と三合鞘には工具類も入っていますので，刀身の本数は82本になります。そのうち13本は刀身だけのものですから，これらを除く64口のうち34口が把に犀角を使用しています。ほかに鞘が犀角製のものが１例あり，いかに犀角を好んだかが窺えましょう。

犀角を用いた代表例を挙げます。

斑犀把漆鞘銀漆荘刀子（中倉131第２号）　大型で把が屈曲しない「唐刀子」である。

斑犀把金銀鞘刀子（中倉131第９号，図18－5）　２本１組。

紫檀螺鈿把斑犀鞘金銀荘刀子（中倉131第23号，図18－6）　２本１組。

烏犀把白牙鞘刀子（中倉131第33号）

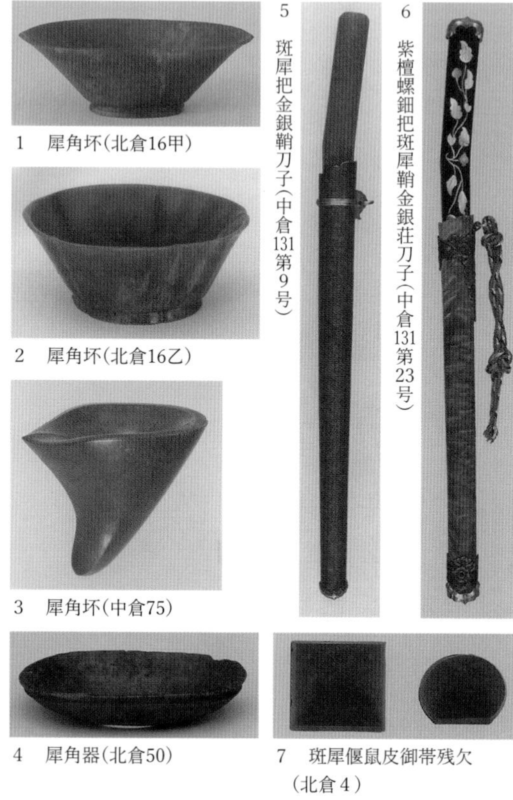
1　犀角坏(北倉16甲)
2　犀角坏(北倉16乙)
3　犀角坏(中倉75)
4　犀角器(北倉50)
5　斑犀把金銀鞘刀子(中倉131第9号)
6　紫檀螺鈿把斑犀鞘金銀荘刀子(中倉131第23号)
7　斑犀偃鼠皮御帯残欠(北倉4)

図18　角製品

2）鹿角

木画の1片として鹿角(ろっかく)を貼りつけることがありました。たとえば,

沈香木画箱（中倉142第10号）　黒柿製で，沈香・紫檀貼り。象牙・緑染鹿角・黄楊木などの木画に彩絵を加え，さらに水晶板を嵌装(かんそう)している。
漆槽箜篌(うるしそうのくご)（南倉73，図19）　支柱と垂飾が鹿角の紅染撥鏤。

馴鹿角(じゅんろくのつの)が南倉174其19にあります。トナカイの角で，先述した象牙と一緒に納められていますので，素材として輸入されたのでしょう。

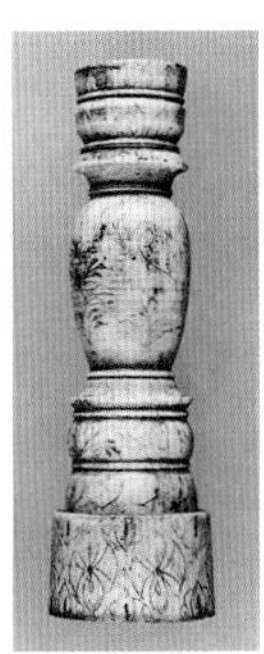

図19　漆槽箜篌の支柱（南倉73）

3）水角

「水角」とはウシの仲間であるアジアスイギュウの角，刀子の把と鞘に使われています。

小三合水角鞘御刀子（北倉９）　把は白犀２本と烏犀，鞘は水牛角。
水角把沈香鞘金銀山水絵金銀珠玉荘刀子（中倉131第13号）
斑犀把水角鞘金銅荘刀子（中倉131第32号）
白犀把水角鞘刀子（中倉131第36号）

3 | 玳　　瑁

玳瑁（瑇瑁，『国家珍宝帳』は「玳瑇」と記す）はウミガメ科の亀タイマイのことで，八重山諸島以南の熱帯・亜熱帯地方の海に生息します。その甲が鼈甲ですが，鼈甲も玳瑁と呼ばれました。斑紋が美しく，熱を加えると容易に加工できるので，装身具などの素材として珍重されたのですが，輸入に頼る貴重品ですから，主として薄板にして器物に貼る「玳瑁貼」として用いました。正倉院で見るのは，如意以外みな玳瑁貼です。

1）タイマイのみでつくった宝物

玳瑁竹形如意（南倉51第1号・第2号，図7－1）　柄を4節の竹に象った如意で，総体をタイマイでつくる。板状の玳瑁を筒形に曲げたものを1節とし，これを4節分つくって芯材に被せるのである。長60.5cmと59.8cm。

玳瑁如意（南倉51第3号・第4号，図20－1）　総体をタイマイでつくる。長49.5cmと41.2cm。

2）装飾の一部としてタイマイを使用

螺鈿紫檀琵琶（北倉27）　槽の全面に左右対称にあらわされた蔓状植物の蔓部分にタイマイを使用（金箔下地）。

螺鈿紫檀五絃琵琶（北倉29）　腹板の小花紋13個と槽の大花紋にタイマイが用いられている。

螺鈿紫檀阮咸（北倉30）

沈香把玳瑁鞘金銀荘刀子（中倉131第17号）

玳瑁螺鈿八角箱（中倉146第19号，図20－4）　わずかに甲盛した八角印籠蓋造の木製箱。表面には螺鈿・玳瑁・琥珀による花鳥紋をあらわす。玳瑁貼には黄土による伏彩色を施してある。

玳瑁柄麈尾（南倉50第2号）

紫檀小架（南倉54）

楓蘇芳染螺鈿槽琵琶（南倉101）

桑木阮咸（南倉125）

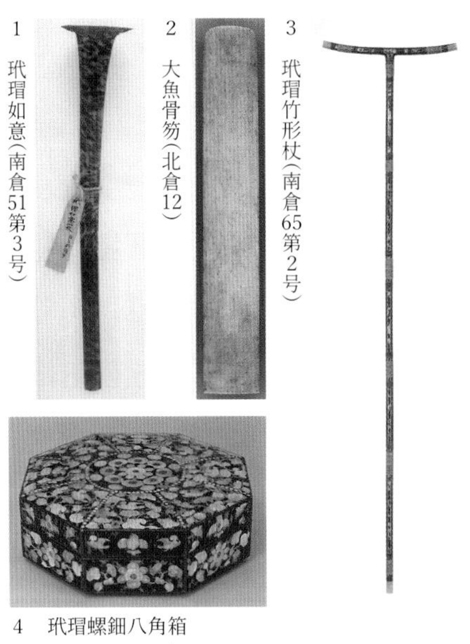
1　玳瑁如意（南倉51第3号）
2　大魚骨笏（北倉12）
3　玳瑁竹形杖（南倉65第2号）
4　玳瑁螺鈿八角箱（中倉146第19号）

図20　玳瑁と骨製品

3）タイマイ以外の海ガメ類

棊局龕（**北倉**36）

玳瑁竹形杖（南倉65第１号・第２号，図20－3）　T字形に柄をつけた断面八角形の杖。柄と身ともに木を八角棒形に削って芯とし，全面を玳瑁ではなくアオウミガメの背甲鱗で包んである。全長135.5cmと121.5cm。

楽器残欠（南倉177）　龍額板と龍唇。

檜和琴（南倉178第４号）

4｜骨

大魚骨笏（**北倉**12，図20－2）　魚骨ではなく，セミクジラ（マッコウクジラ）の下顎の骨を加工してつくった笏。長35.8cm。

5 貝　　殻

正倉院宝物における貝殻の利用については，和田浩爾・赤松蔚・奥谷喬司「正倉院宝物（螺鈿，貝殻）材質調査報告」（『正倉院年報』第18号，1996年）が発表されています。

1）螺鈿

ヤコウガイ（夜光貝）はリュウテンサザエ科の貝で，サザエの仲間です。貝殻内部が真珠のような光沢を有するので，螺鈿の素材として多用されました。主に沖縄諸島から台湾，海南島，フィリピン，パラオ，オーストラリア沿岸からインド洋に分布します。日本沿岸では採れない貝ですから，素材あるいは製品を輸入するしか入手できないことになります。

宝物に施された螺鈿のほぼすべてはヤコウガイを用いています。たとえば，

螺鈿紫檀琵琶（**北倉**27）
螺鈿紫檀五絃琵琶（**北倉**29）
螺鈿紫檀阮咸（**北倉**30）
平螺鈿背円鏡（**北倉**42第11号）

などですが，例外が1例あります。

楓蘇芳染螺鈿槽琵琶（南倉101第1号）　これのみヤコウガイとともに7割ほどアワビを用いている。

2）貝製品

単独の貝製品として以下があります。

斑貝鞊鞢御帯残欠（**北倉**6，図21−1）　帯自体は失われ，飾りである貝

製の巡方2枚，丸鞆4枚，鉈尾1枚が遺る。すべてヤコウガイ製。

貝玦（中倉124，図21－2）　ヤコウガイを加工した飾り。月形15枚と馬蹄形10枚がある。いずれも小孔が穿たれており，これに紐を通して何かに取りつけたのであろう。長3.2～5.0cm。

貝環（中倉125，図21－3）　上と同じくヤコウガイ製の環状飾り。5枚ある。最大のもので径2.7cm。

貝匙（南倉49第1号～第6号，図21－4）　アコヤガイの左殻を卵形に切り整え，ハコネダケかカンチクと考えられる柄にかませ，銅釘1本で固定したもの。10枚を1束として，計60枚ある。なお，中倉にも残欠が少し遺る。

3）真珠

正倉院に真珠は何個あると思いますか。なんと4,158個もあるのです。その大半は，

礼服御冠残欠（**北倉**157）　3,830個遺存。それらすべてに二枚貝産殻体真珠構造に特有の条線模様および結晶の集合状態が認められた。

についていたものです。そのほかを多い順に挙げると，

犀角把白銀葛形鞘珠玉荘刀子（中倉131第7号）　106個
犀角如意（南倉51）　64個
衲御礼履（南倉66）　56個
琥珀念珠（南倉55第13号）　31個

などとなります。これらには海水産二枚貝，淡水産二枚貝，巻貝，真珠構造以外の殻体の貝から採れたもので，赤紫に染色されたものがあるそうです。

6 | 鬚

鯨鬚金銀絵如意（南倉51第9号，図21－5）　シロナガスクジラの鬚（上顎から櫛の歯状に生えている角質の板）でつくった如意。

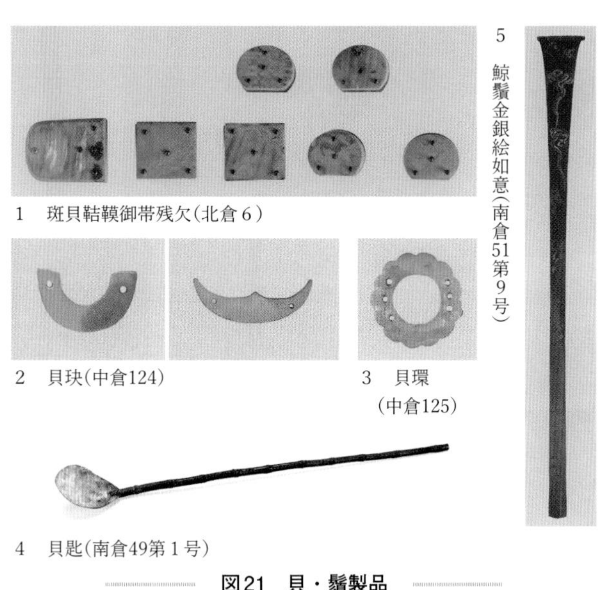

1　斑貝鞊鞢御帯残欠（北倉6）

2　貝玦（中倉124）

3　貝環（中倉125）

4　貝匙（南倉49第1号）

5　鯨鬚金銀絵如意（南倉51第9号）

図21　貝・鬚製品

7 | 珊瑚

正倉院の珊瑚については，鈴木克美「正倉院珊瑚調査報告書　正倉院の珊瑚について」（『正倉院紀要』第24号，2002年）が発表されています。それによるとサンゴは花虫綱八放亜綱ヤギ目石髄亜目サンゴ科に属するそうです。

正倉院にあるのはわずかに2点。

礼服御冠残欠（**北倉**157）　橙赤色の小玉14粒。地中海およびその周辺に生育するベニサンゴと思われる。

珊瑚の原木（南倉178第76号）　ホソヤギ科。

皮革

「皮」は粗皮，すなわち毛皮であり，「革（つくりかわ）」は粗皮の毛を除去したもの，「韋（おしかわ）」は革を鞣（なめ）したものをいいますが，古代には皮と革を区別していなかったようで，『国家珍宝帳』はすべて「皮」を用いています。ルビは『倭名類聚抄』工匠具の条，

韋　唐韵云韋，音圍和名乎之加波，柔皮也

革　説文云革，古核反，都久利加波　（中略）　獣皮去毛也

を採用しました。

正倉院宝物における皮革の利用は多岐にわたりますが，主に武器・武具類と馬具，履物，革帯，楽器に使われました。魚類の皮も利用しています。注目すべきは漆皮箱の存在でしょう。革の裏を外側にして成形しています。毛穴を避けているのですね。

1｜獣種と用途

使われている皮革の獣種はさまざまです。しかし，材質調査をしても獣種を特定できることは少なく，大部分が「牛革？」あるいは「皮質確認」などと報告されており，特定できたのは鹿，牛，熊，猪と鱏（えい）くらいです（出口公長・竹之内一昭・奥村章・小澤正実「正倉院宝物特別調査報告　皮革製宝物材質調査」『正倉院紀要』第28号，2006年）。ただ，鹿皮は軟く他は硬い，といったそれぞれの皮革がもつ特性に応じて，使い分けていたようです。

1）牛革

「馬鞍（うまのくら）」は，鞍だけでなく，騎馬のための装具一式のことで，正倉院には10組分（中倉12）と馬具残欠（中倉13）が伝わります。力革（ちからがわ）・面繋（おもがい）・胸繋（むながい）・尻（しり）

繫など力のかかる部位には牛革を，そうでないところには鹿革を用いたと思われます（図22－7～9）。

履（訓は「くつ」，革製の靴）の底・甲と側面には頑丈な牛革を，内貼には軟らかい鹿革を用いています。

納御礼履（南倉66，図22－1）　本体は茜色に染めた牛革で，要所に銀製鍍金の飾りを綴じつけ，真珠・ガラス・水晶の玉を嵌めこんでいる。

履（南倉143第１号～第20号，図22－2）　本体は革製黒漆塗，内貼は洗革，内敷は麻布＋藺筵の組みあわせ。

正倉院には，ほかに繡線鞋（**北倉**152第１号～第４号）がありますが，これは錦などの織物製です。

2）鹿革

馬具・武具の尾袋や紐・緒，履の内貼はたいてい鹿革です。

弓を射るときに，弓を持つ方の手首内側につけ手首を保護する「鞆」は，２枚の革を縫いあわせてつくり，中に詰めものをします。中倉に15点残っています。

鞆（中倉３第１号～第15号，図22－5・6）　革製，黒漆塗り。この革は「判定不能」とされているが，鹿革の可能性が高い。舌状の手は牛革，一端に取りつけた緒は鹿革と判定されている。

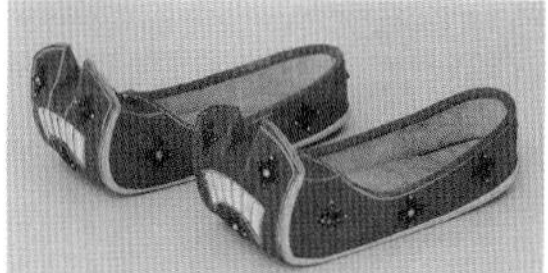
1　衲御礼履(南倉66)

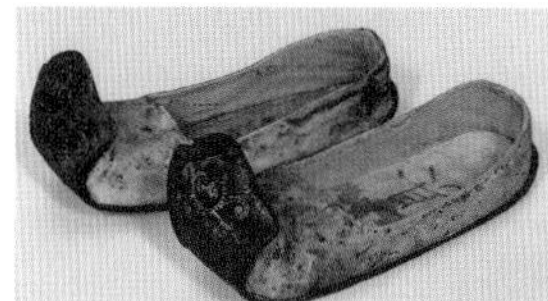
2　履(南倉143第10号)

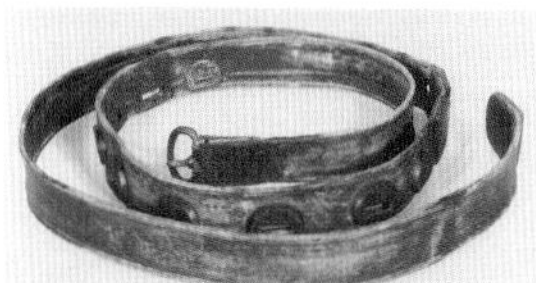
3　革帯(中倉90第１号)

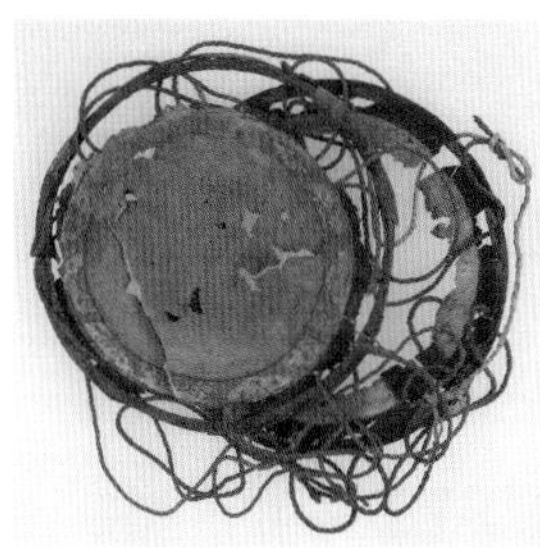
4　鼓皮残欠(南倉116第１号)

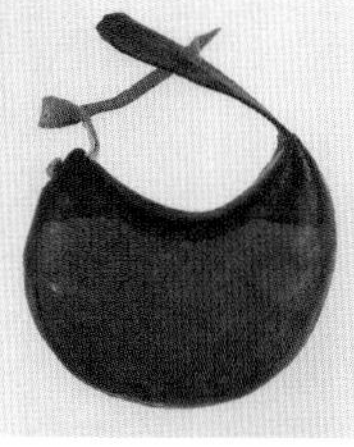
5　靹(中倉３第５号)

6　靹(中倉３第４号)

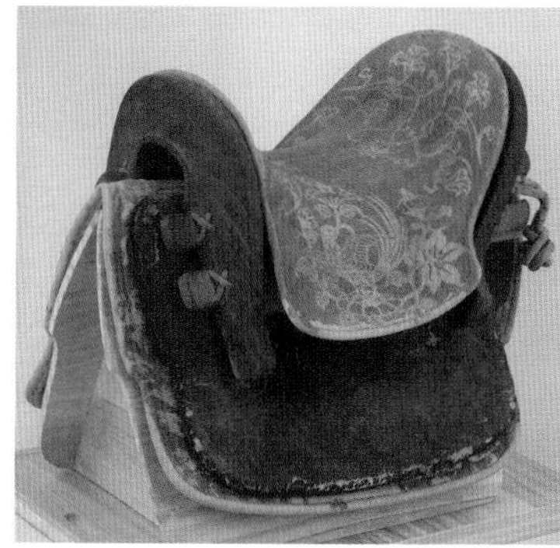
7　馬鞍(中倉12第５号)

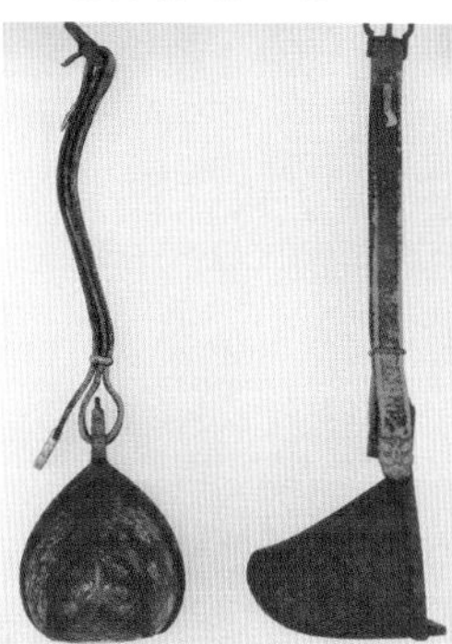
8　鐙(中倉12第１号)

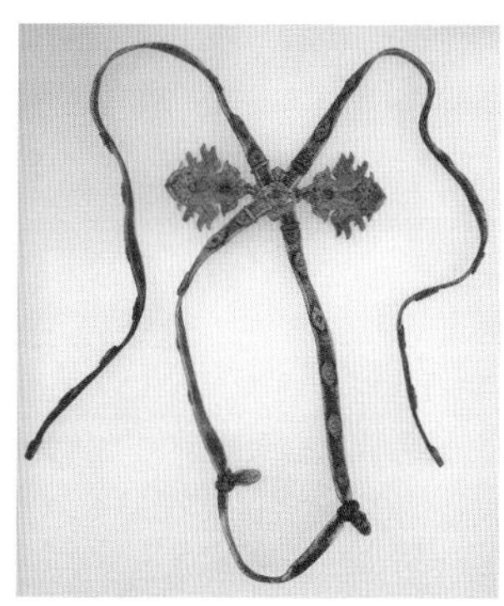
9　尻繫(中倉12第２号)

図22　皮革製品

3）その他

ⅰ　海豹皮

海豹はアザラシのこと。

馬鞍（中倉12第3号・第4号）韉（したぐら）は表にアザラシの毛皮を用いている。

ⅱ　熊皮

表を毛皮でつくり，裏に布を貼って黒漆を塗った障泥（あおり）が「馬具残欠」として中倉13に伝わります。5点以上あり，毛皮は熊のものとする説が有力です。南倉1伎楽面124号「師子（しし）」の下顎下貼は熊皮と判定されました。

ⅲ　偃鼠皮

偃鼠とはモグラのことですが，斑犀偃鼠皮御帯（**北倉**4）の獣種は判定不能でした。

ⅳ　鮫皮

『国家珍宝帳』によると，御大刀100口が献納されましたが，恵美押勝（えみのおしかつ）の乱に際してそのほとんどが持ち出され，返納されませんでした。北倉には3口，金銀鈿荘唐大刀（きんぎんでんかざりのからたち）（**北倉**38）と御杖刀（ごじょうとう）2口（**北倉**39）が残るのみ。中倉8には御大刀26口，中倉9に無荘刀（むそうとう）23口が伝存しますので，大刀類は総数52口あることになります。

そのうち5口の把が「鮫皮巻」です。「唐大刀」形式と杖刀1がそれで，『国家珍宝帳』は「鮫皮」としていますが，実際はエイ（鱏）の皮であります。ザラザラしていて滑り止めに優れており，白く見た目にも美しいからでしょう。

金銀鈿荘唐大刀（**北倉**38，図23－1）
漆塗鞘御杖刀（うるしぬりのさやのごじょうとう）（**北倉**39）
黄金荘大刀（おうごんそうのたち）（中倉8第1号，図23－2）
金銀鈿荘唐大刀（中倉8第2号・第3号，図23－3）　木心の把を白い鱏皮で包む。鞘は木製で腸管もしくは馬皮と思われる薄皮を貼る。

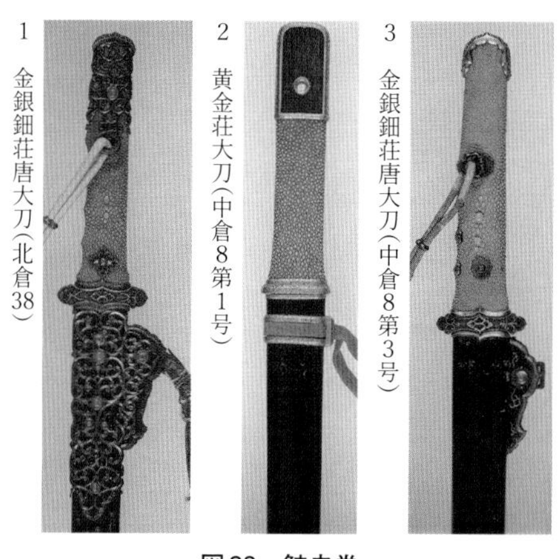

図23　鮫皮巻

v　猪皮

漆皮箱残片（中倉23）　漆皮箱は，牛革ないし鹿革製が普通だが，これだけは猪皮製と判定。

vi　特定できない革製品

鼓皮残欠（南倉116第1号，図22−4）　鼓本体は失われたが，鉄製の縁輪についた状態の鼓皮２枚が遺存する。革の中央部分を淡紅色に塗り，その外側には赤地に白で花紋を描き，さらにその外に黒色を塗る。皮は縁を鉄輪に巻きこみ，紙を巻いた竹をはめて固定している。皮の獣種は特定できていない。

南倉には，ほかに磁鼓（南倉114）と漆鼓（南倉114第１号〜第22号）がありますが，皮は遺っていません。

革帯は宝庫の各所に収蔵されています。細長い革を袋状に仕立て，裏面で縫いあわせ，この帯を１ないし２本継ぎ足して，革帯１条ができます。獣種は判りません。

紺玉帯残欠（中倉88，Ⅰ章図16）　革に黒漆塗り。革は小型動物の皮と判定。残長156.0cm。鉸具は銀製鍍金，巡方・丸鞆・鉈尾はラピスラズリ，裏座と鋲は銀製。

革帯（中倉90第１号・第２号，図22−3）　鉸具・巡方・丸鞆・鉈尾・裏座は銅製黒漆塗り。

唐古楽革帯（南倉119第17号）

狛楽革帯（南倉122第16号）

呉楽革帯（南倉124第80号）

革帯（南倉141第１号〜第15号）　革製黒漆塗の帯15条と残欠約29条分82片。「馬革？」と判定。

2 技　　法

1）洗革

毛皮の毛を除去し，洗い鞣した革。白革ともいい，『国家珍宝帳』には双方が出てきます。主に大刀の懸と帯執に使われており，たとえば，黒作大刀に「洗皮懸」，「洗皮帯執」が，金銀鈿作唐大刀に「白皮懸」，「白皮帯執」があります。『国家珍宝帳』は「革」であっても「皮」と表記しています。『和名類聚抄』工匠具条の「韋＝乎之賀波」は鹿の洗革であった可能性がありましょう。

2）燻革

革の表面に糊あるいは臘で紋様を描いて防染し，燻煙によって地をいぶし，その後防染剤を洗い落とせば，紋様が白く浮きあがります。これが燻革であるという説と，革を煙でふすべて鞣したものが熏革であるとする説，の両様があります。正倉院には該当するものがありません。

3）染革

染めて色や模様をつけた革。『国家珍宝帳』には，洗皮・白皮のほかに，黒皮・紫皮の懸と帯執や緋皮接扇が出てきます。

鞍褥（中倉12馬鞍第５号〜第７号）　麻布・絁を芯として表裏染革貼，屧脊では縁取として染革を使用している（屧脊の縁取は第８号・第９号も，図24−1）。

東大寺に「葡萄唐草文染韋」と呼ばれる革製品があります。１枚の鞣した鹿革を箱の展開図の形に裁断してあります。縁に針穴が巡っているので，長方形の箱を包んでいたのでしょう。表面には，糊などで防染し，燻煙によっていぶしたあと防染剤を洗い落としてつくり出した，淡褐色の地に白く葡萄唐草紋と高士弾琴などの図柄が白く浮きあがっています（図24−2)。大仏開眼1250年特別展図録『東大寺のすべて』（朝日新聞社，2002年）のキャプションは「染韋」とあるのに，解説は燻革説を採っています。染革でありましょう。66.7×76.7cmの大型品です。

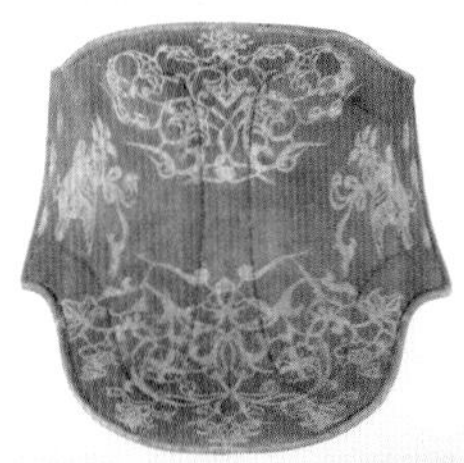
1　鞍褥（中倉12第５号）

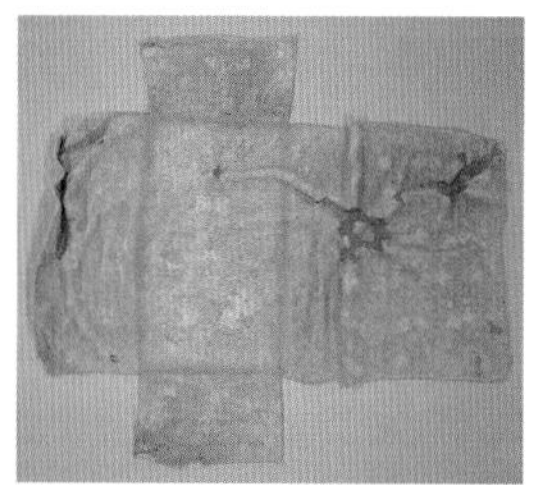
2　葡萄唐草文染韋（東大寺蔵）

図24　染革

4）皺皮

皺皮は揉み加工した革で，皺がよっています。

鉾（中倉第15号）　把を皺皮巻とする。

3 漆　皮　箱

1）正倉院の漆皮箱

漆皮箱については，小林行雄「皮革」(『古代の技術』塙書房，1962年）と，岡田譲「漆皮箱について」(正倉院事務所『正倉院の漆工』平凡社，1975年）という2篇の重要な論考があります。小林によると，「一枚革を木型にはめて形をつくるので，縫目のないことを特長とし，外面，あるいは内外両面に布をはって，漆で塗り固めてある」のが漆皮箱です。

正倉院にあるのは，残欠を含めて39点，それらの属性を表にとりまとめました。

表2　正倉院の漆皮箱一覧

単位：cm

名称（内容物）	宝物番号	形	布着/縁	長辺	短辺	径	高	蓋	加飾
金銀絵漆皮箱（献物）	中倉137第3号	方	なし/紐3	32.0	28.5		8.2	被蓋造	金銀泥絵
漆皮箱残欠	南倉175其1	方	なし	42.0	35.0		11.5	身のみ	
漆皮箱残欠	南倉175其2	方	なし	42.0	36.1		11.5	蓋のみ	
漆皮箱（献物）	中倉136第1号	方	なし/皮	43.5	34.0		11.4	被蓋造	
漆皮箱（献物）	中倉136第2号	方	なし/布2	22.8	22.5		6.1	被蓋造	
漆皮箱（誦珠）	南倉57	方	なし/布	13.2	8.3		4.7	被蓋造	
漆皮箱（筆）	中倉39第2号	方	口のみ/布	33.0	11.8		6.9	被蓋造	
漆皮箱（筆）	中倉39第3号	方	外/皮	36.2	27.7		5.8	被蓋造	
漆皮箱（練金）	**北倉**147	方	外/布2	39.4	35.8		9.5	被蓋造	
漆皮箱（裹衣香）	中倉81	方	外/布2	35.6	27.0		6.7	被蓋造	
密陀絵漆皮箱（献物）	中倉139	方	外	22.6	22.6		5.4	被蓋造	密陀絵
双六子箱	**北倉**18	方	外/布	21.0	13.0		5.7	被蓋造	
漆皮箱残欠	南倉175其3	方	あり	34.5	25.8		8.6	身か	
御袈裟箱	**北倉**1第3号	方	内外/皮	42.3	37.0		11.9	被蓋造	
漆皮箱（筆）	中倉39第1号	方	内外/皮	28.9	14.9		7.3	被蓋造	
漆皮箱（雑帯残片）	中倉94	方	内外/布	61.0	39.5		10.7	被蓋造	

御袈裟箱	**北倉**１第２号	方	内外／布２	46.0	40.0		12.1	被蓋造	
御袈裟箱	**北倉**１第１号	方	内外／布２	44.5	38.6		12.4	被蓋造	
金銀平脱皮箱（献物）	中倉138第４号	方	内外／布？	33.0	27.0		8.6	被蓋造	金銀平脱
金銀平脱皮箱（献物）	中倉138第５号	方	内外／布？	33.0	27.0		8.6	被蓋造	金銀平脱
漆皮箱（鏡）	南倉70第10号	方	内外／不明	24.4	24.4		4.2	被蓋造	
漆皮箱（鏡）	**北倉**42第６号	円	内外／布			43.8	5.0	被蓋造	
漆皮箱（鏡）	**北倉**42第７号	円	なし／皮			35.5	6.0	被蓋造	
漆皮箱（鏡）	**北倉**42第18号	円	なし／布			31.3	7.2	被蓋造	
漆皮箱（鏡）	**北倉**42第15号	円	身外／皮			35.5	6.4	被蓋造	
漆皮箱（鏡）	**北倉**42第16号	円	蓋外／布			34.7	5.9	被蓋造	
漆皮箱（鏡）	南倉70第３号	円	外／布２			33.5	7.3	被蓋造	
漆皮箱（鏡）	**北倉**42第８号	円	外			31.7	5.5	印籠蓋造	
漆皮箱（鏡）	**北倉**42第17号	円	外			31.7	3.7	印籠蓋造	
漆皮箱（鏡）	南倉70第７号	円	外			29.7	3.8	印籠蓋造	
漆皮箱（鏡）	南倉70第８号	円	外			28.7	4.4	印籠蓋造	
漆皮箱（鏡）	**北倉**42第10号	円	外			28.6	4.3	印籠蓋造	
漆皮箱（鏡）	**北倉**42第９号	円	外			28.3	3.5	印籠蓋造	
銀平脱八角鏡箱	南倉71第１号	八稜	外			36.5	10.5	印籠蓋造	銀平脱
漆皮箱（鏡）	**北倉**42第13号	八角	外／不明			34.3	4.9	被蓋造	金銀泥絵
漆皮箱（鏡）	南倉70第６号	八角	外／不明			22.5	4.2	被蓋造	
漆皮八角鏡箱	南倉71第３号	八角	あり／不明			41.5	8.3	被蓋造	
漆皮八角鏡箱	南倉71第４号	八角	あり			21.0	3.5	被蓋造	金銀泥絵
亀甲形漆箱（誦珠）	南倉55	亀甲	外＋口／不明			11.2	3.8	被蓋造	
漆皮箱断片	中倉23	断片							

正倉院の漆皮箱は，蓋・身が揃って１合をなすものがほとんどですが，残欠とした３点は蓋身のいずれかしか遺っておりません。表では，内外ともに布着せしてあるばあいは「内外」，外面にのみ布を被（かず）けたものは「外」，布を着せずにいきなり漆を塗っているものを「なし」と表現しました。口縁部外側を肥厚させるのに，細幅の布を重ねたばあいを「布」，皮であれば「皮」，中倉137だ

けは縒り紐を３段巻きつけてあり，「紐」と表現しました。粗い塗りを施してから黒漆を塗り，研いだ後さらに透漆を塗ります。漆の塗り方は，４回塗る入念なばあいがある一方，中には下地を施さず，革に直接に漆をかけたものもあります。また，蓋身とも皮を２枚あわせて素地とし，身の立ちあがりの部分のみ１枚とした金銀絵漆皮箱のようなものもあります。

平面形には長方形，円形，八角形，八稜形と亀甲形がありますが，小林が指摘したように，１枚革を木型にはめるのですから，どのような形でもつくれるわけです。方形・八角形はすべて被蓋造であるのに対して，円形には印籠蓋造が多いといえます。

稜角の部分を面取するばあいや，さらに銀平脱や金銀泥絵などで加飾したものもあります。

『延喜式』「内匠寮式」の記事によると，大小20合の革筥に対し牛皮10張・鹿皮10張が必要で，１枚の皮で蓋と身の１合分がとれる計算になり，大型の箱には牛皮，小型には鹿皮を使用したと思われます。全面に漆がかかっているため，内側の革種の判定は難しく，北倉１の御袈裟箱第１号と北倉42漆皮箱第７号の２点が「牛皮？」と判定されました。ほかに「猪皮」と同定されたものが１点あります。中倉23の漆皮箱断片です。

古墳出土の革盾や革甲も，漆で塗り固めることによって革製品の強度を増している点では，漆皮箱と同様です。しかし，異なる点もあって，革盾や革甲は布着せをしていませんし，漆塗りに先んじて紋様を刺し縫いによってあらわす，というもうひとつの特徴があるのです。小林は，「両者は，革細工としてはちがった系統の技法であったと考えるべきであるかもしれぬ」と述べています。漆皮は新しい技法なのでしょう。岡田譲が，新村撰吉による製作法の復原を紹介していますので（「漆皮箱について」前掲），ご参照下さい。

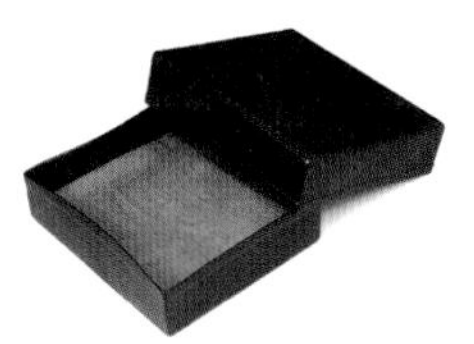

1　御袈裟箱(北倉1第2号)

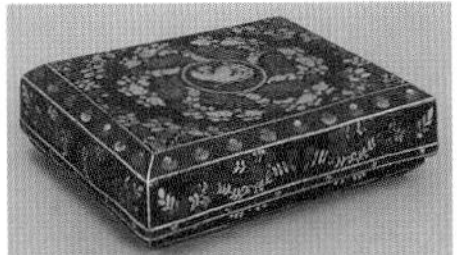

4　金銀平脱皮箱
(中倉138第5号)

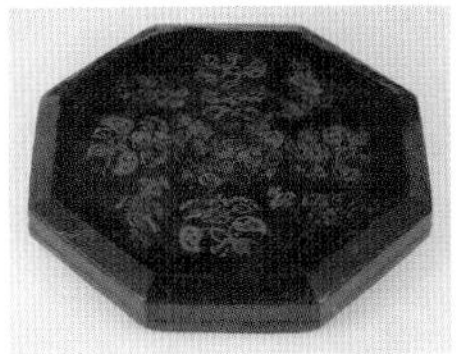

7　漆皮箱(北倉42第13号)

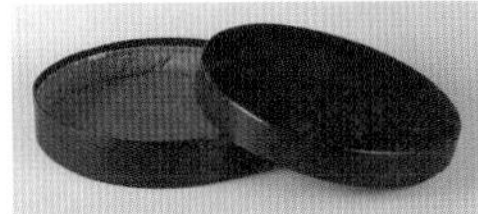

2　漆皮箱(北倉42第7号)

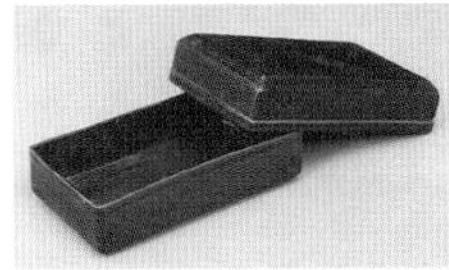

5　双六子箱(北倉18)

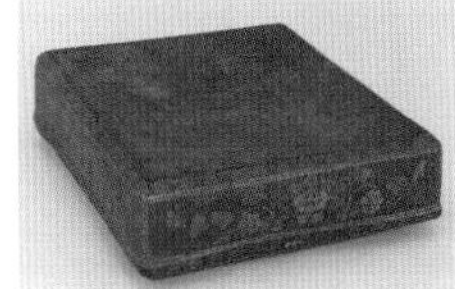

8　金銀絵漆皮箱
(中倉137第3号)

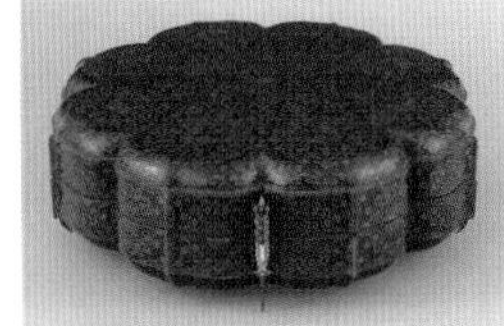

3　銀平脱八稜鏡箱
(南倉71第1号)

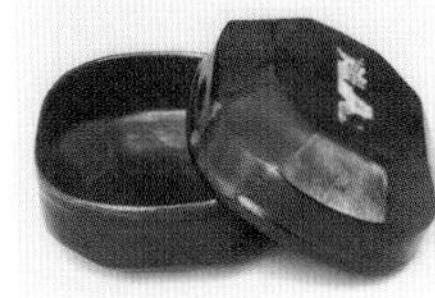

6　亀甲形漆箱(南倉55)

図25　正倉院の漆皮箱

2）正倉院以外の漆皮箱

漆皮箱は，法隆寺献納宝物に7点あるほか，四天王寺などの所蔵にかかる数点が知られます。次ページに一覧表示しましょう。

岡田によると，献納宝物のうち，N49とN91は正倉院のものとつくりが同じですが，ほかは正倉院より先行する要素があるそうです。布着せをほとんどせず，縁を肥厚させるのに縒り紐を巻いているところなどです。宮内庁蔵品はさらに遡るかもしれません。

『延喜式』「内匠寮式」に革筥の製作に関する記事があるので，平安時代の初期までは盛んにつくったと思われますが，その後漆皮箱の製作は急速に衰え，伝統は途絶えました。干割れや歪みが生じやすいことと木製素地が発達したため，と考えられています。

表３　正倉院以外の漆皮箱（形はすべて長方形）

単位：cm

名称	所在	布着／縁	長辺	短辺	高	蓋	加飾
漆皮箱	宮内庁	外／紐３				被蓋造	
瑞花蝶鳥金銀絵漆皮箱	法隆寺献納宝物（N90）	なし／紐４	33.2	30.2	7.2	蓋のみ	金銀泥絵
草花蝶鳥金銀絵漆皮箱	法隆寺献納宝物（N301-1）	なし／紐４	31.8	28.9	7.5	身のみ	金銀泥絵
草花金銀絵漆皮箱	法隆寺献納宝物（N301-2）	なし／紐４	32.9	30.1	7.0	蓋のみ	金銀泥絵
漆皮箱	法隆寺献納宝物（N302）	なし／紐４	45.0	36.2	8.5	被蓋造	
漆皮箱	法隆寺献納宝物（N303）	なし／紐４	32.9	27.5	7.8	被蓋造	
漆皮箱	四天王寺	外／紐４	32.0	27.5	8.0	被蓋造	
漆皮箱	畠山記念館	外／紐	30.7	26.2	5.7	蓋のみ	
漆皮箱	東京芸術大学	外／紐＋布	44.3	36.3	9.3	身のみ	
漆皮箱	法隆寺献納宝物（N49）	内外／布	18.5	9.2	3.2	被蓋造	
漆皮箱	法隆寺献納宝物（N91）	内外／布	33.6	28.1	6.5	被蓋造	

なお，正倉院には，竹を器胎にした「籃胎（らんたい）」は漆胡瓶（しっこへい）や塗縁籧篨双六局龕などとして存在しますが，布を器胎にした「乾漆（かんしつ）（塼）」や紙を器胎にした「紙（し）胎（たい）（夾苧（きょうちょ））」はありません。

3）若干の考察

i　型か枠か

革を成形して箱形にする際，小林行雄も岡田譲も，「木型」にはめて形をつくるとしましたが，使用したのは着脱可能な「枠」であったのではないでしょうか。新村の復原では，「木型は一枚木ではなく，長方形の五個を寄せた割り型で，しかも五個とも上下を枘（ほぞ）で留める重層とし，貼られた皮が漆で塗り固められ，木型を締めつけても中央部から木型を順次抜き取ることができるようにしておく」という工夫を凝らしました。木は檜の柾目（まさめ）材を用いましたが，檜は軽くて扱いやすく，かつこれを水分を含む皮で長時間覆っても狂いの出ることが少ないからだそうです。

ii　２個１組

形も寸法もほぼ同じ２個体が存在するばあいがあります。南倉175其１と５

共2，中倉136第４号と第５号，北倉42第７号と北倉42第15号，南倉70第８号と北倉42第10号です。中倉136第４号と第５号は金銀平脱で紋様も同一であります。こういったばあいは２個１セットで用いたのでしょうね。そして同じ型で成形した可能性が高いでしょう。

玉石と瑠璃

正倉院宝物に含まれる石製品と玉類については，材質調査がなされ，その報告が発表されました。益富寿之助・山崎一雄・藤原卓「石製宝物の材質調査報告」（『正倉院年報』10，1988年）です。この報告では，

①石製品

②独立した玉類

③器物に嵌入された玉類

に分けて記述していますが，本書では材質ごとにまとめ，そして瑠璃（ガラス）を加えます。

1｜石

1）青斑石と蛇紋岩

青斑石とは薄褐色の異剝輝石の混じった蛇紋岩のこと。蛇紋岩自体は緑ないし黒の脂肪色ですから，薄褐色が模様となって散らばり，装飾用に適しています。

黒棊子（**北倉**25）　黒色の蛇紋岩製の碁石，現存するのは119枚。対になる白棊子は石英製である。

彫石横笛（**北倉**33，図26－1）　灰緑色の蛇紋岩製，全体として滑石化が進んでいる。１節の竹管を象り，表面には花鳥などを浮彫であらわしている。唐楽系の７孔のもの。長37.1cm。

彫石尺八（**北倉**34，図26－2）　横笛と同じ蛇紋岩製，本来竹でつくることにならって，３節の竹形に彫り整えてある。外面全体に，雲・草花・蝶・鳥などを彫り，孔の周りを花弁で飾る。長35.9cm。

青斑鎮石（**北倉**155第１号～第10号，図26－3）　几帳や敷物などの裾をおさえる重し。異剝輝石橄欖岩の蛇紋岩化した石材を方柱形に加工してある。長36.8cm，幅7.3cm，厚さ5.8cm。表面四周に面取を施し，底面を除いて磨いてある。

青斑石硯（中倉49，図26－4）　須恵器の風字硯を，淡褐色の異剝輝石を含む蛇紋岩化した橄欖岩を４個組み合わせた六角形の床石に嵌めこみ，紫檀木画の台に据えたもの。台の長径30.5cm。

青斑石鼈合子（中倉50）　八稜形の皿にスッポンの形をした蓋をかぶせた被蓋造の合子。石は斑糲岩質橄欖岩，蛇紋岩ともいえる。眼に琥珀玉を嵌入，スッポンの背に北斗七星が刻んである。

青石把漆鞘金銀鈿荘刀子（中倉131第１号）　透明感のある薄青緑色の斑がある軟質の蛇紋岩で把をつくる。

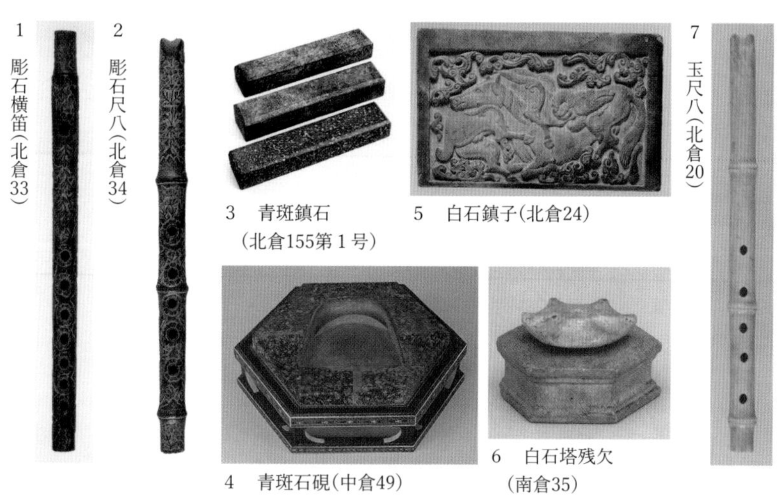

1　彫石横笛（北倉33）

2　彫石尺八（北倉34）

3　青斑鎮石（北倉155第１号）

4　青斑石硯（中倉49）

5　白石鎮子（北倉24）

6　白石塔残欠（南倉35）

7　玉尺八（北倉20）

図26　青斑石と大理石

2）大理石

大理石は，方解石（炭酸カルシウム）の結晶が集合した結晶質石灰岩，乳白色で艶があります。

玉尺八（**北倉**20，図26−7）『平成元年　正倉院展』は「近年行われた材質調査によると，玉ではなく葉蠟石であることがわかった。葉蠟石は中国では山東産のものが古来有名であるとされる」と解説していたが，X線回折分析の結果，大理石製であることが判明した（益富ほか「石製宝物の材質調査報告」前掲)。３節の竹管を象ってある。長34.4cm。

白石鎮子（**北倉**24，図26−5）　横30cm×縦21cm，厚さ５cmほどの長方形の大理石に，四神と十二支の動物を２頭ずつ組み合わせ半肉彫したもの。計８個伝来する。裏面がザラザラなので，鎮子とは考えがたい。

白石火舎（中倉165第１・２号，Ⅱ章図27−1）　第１・２号ともに粗粒の大理石製。脚は青銅鍍金によって獅子を表現している。

白石塔残欠（南倉35，図26−6）　大理石製の六角形小塔であるが，いまは屋根の１枚と基壇を残すのみ。中心に小孔を穿って心柱を通し，全体を塔形にまとめるようになっていた。

3）ラピスラズリ

ラピスラズリ，すなわち紺玉は深青色を呈する貴石の一種で，青金石ともいいます。アフガニスタン東北部のバダフシャン地方で産することが知られています。益富報告には出てきません。

紺玉帯残欠（中倉88，Ⅰ章図16）　ラピスラズリ製の帯飾りをつけた黒漆塗の革帯。裏座は銀製である。

破玉（中倉207）　第６号包の中の２枚のうち，１枚はラピスラズリの丸玉である。

4）トルコ石

銅・アルミニウム・燐などを含む鉱物。青ないし青緑色を呈します。イランおよび中央アジアで産するといわれています。

正倉院には製品はなく，螺鈿鏡の地の部分に，伏彩色を施した上にその細片が貼りつけられているだけです。Ⅲ章「宝飾鏡」の節で扱いました。

5）瑪瑙

瑪瑙は玉髄（石英の微小結晶の集合体）の１種で，特に斑紋のあるものを指します。軟玉ではありません。

楽毅論（**北倉３**）　光明皇太后の自筆本。軸木は杉，軸端が瑪瑙である。

瑪瑙坏（中倉77）　大（長径17.0cm，図27－1）と小（長径10.2cm，図27－2）の２口が伝わる。大は外形が葉形で，一端に葉柄をつくり出し，内側には８条の葉脈を浮彫であらわす。小は卵を半裁した形。どちらも黄褐色で黒斑が入る。

瑪瑙玉（中倉100，図27－4）　瑪瑙の丸玉。半透明，黄褐色。

曲玉（中倉179第１号～第６号・第８号～第11号）　11連に整理されており，総数291枚を数える。正倉院には，このほかにも，南倉164第４号の金銅杏葉形裁文に繫着した瑪瑙・翡翠・碧玉の曲玉が28枚ある。

軸端（中倉56第１号）　軸に未造着か，あるいは軸から脱落した軸端。

以上の瑪瑙は島根県玉造花仙山の産と推定されています。中国の瑪瑙製品，たとえば，

陝西省西安何家村窖蔵「瑪瑙長杯」（図30－3）

陝西省西安沙坡青塼廠出土「瑪瑙鉢」（図27－3）

と比すると，色や鮮やかさの点で劣ります。

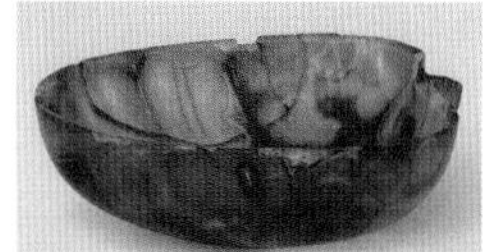
1　瑪瑙坏　大(中倉77)

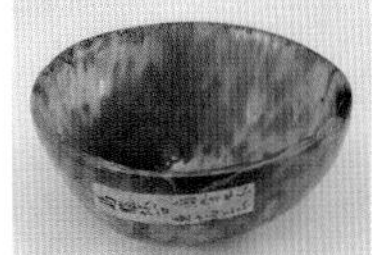
2　瑪瑙坏　小（中倉77）

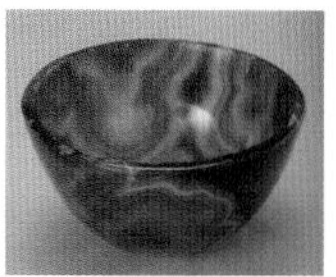
3　瑪瑙鉢（沙坡青塼廠出土）

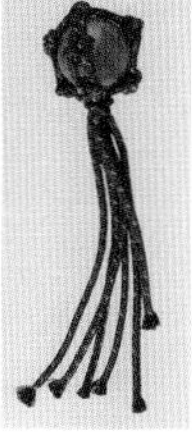
4　瑪瑙玉（中倉100）

図27　紺玉と瑪瑙

6）琥珀

樹脂などが地中に埋没して生じた化石の１種。黄色を帯びた赤色で半透明，光沢に富むので，加工して杯などの製品とするか，器物の表面に象嵌されました。

正倉院に伝わる琥珀は深紅色でヒビが多く，長波の紫外線をあてるとやや赤い蛍光色を発するのに対して，千葉県銚子（ちょうし）産の琥珀は強く白い蛍光を，また岩手県久慈（くじ）産の琥珀は弱い黄～橙色の蛍光を発するそうです。正倉院の琥珀はどちらにも該当しないため，ミャンマー北部の産と推定されています。

雑玉双六子（ざつぎょくのすごろくし）（**北倉**18，図31－1）　双六用の駒。総数85枚残るうちの12枚が琥珀製で，水晶製の白と対になる。

黒棊子（**北倉**25）

礼服御冠残欠（**北倉**157）

琥珀玉（中倉129）

琥碧誦数（こはくのじゅず）（南倉55第１号～第13号，図28）

南倉には琥碧誦数13条，雑玉誦数（ざつぎょくのじゅず）１条，水精誦数（すいしょうのじゅず）５条，菩提子誦数（ぼだいしのじゅず）１条，残欠５条が伝わります。琥珀誦数の玉数は128から105と一定ではなく，他種の玉を混じたものもあります。

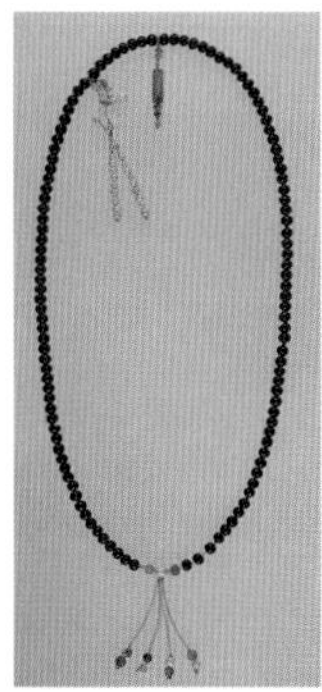

図28　琥碧誦数（南倉55第１号）

7）水精

水精は水晶のことで，無色透明な石英です。微量の他元素を混ずると，黒・紫などの色がつきます。

水精双六子（北倉18）　碁石に似た平玉であるが，上下に平坦面をつくってある。６枚残る。

梵網経軸端（中倉34）

軸端（中倉56第３号）　軸に未造着かあるいは軸から脱落した軸端。

水精玉（中倉78，中倉107，127，178第１号～第６号，図29－1）　178は６連に整理されている。第５号は俵形の玉を集めてある。107・127は水晶玉を小分けにし，網袋に連ねて入れてある。腰佩として帯に吊り下げたものであろう。

水精長合子（中倉102）　八角形の蓋と筒の一部断片のみが残存。良質の無色透明の水晶を用いている。

魚形（中倉128第６号）

雑玉誦数（南倉56）　通珠が36で，水晶玉の中に青瑠璃玉を一定間隔に配している。母珠１は琥珀である。

水精誦数（南倉57第15号～第19号）

8）その他

i　石英

白棊子（**北倉**18）　白の碁石，14枚ある。

白棊子（**北倉**25）　白の碁石，145枚ある。

ii　碧玉

碧玉という名ですが，玉ではなく不純物を含む石英であります。緻密・不透明で，酸化鉄を含むものは緑色ないし紅色，水酸化鉄を含むと黄褐色となるそうです。日本では佐渡の赤玉と島根県花仙山で産した緑色のものが知られます。

曲玉（中倉179第7号，図29－2）　濃緑色の7枚。

金銅杏葉形裁文（南倉164第4号，図29－3）　金銅杏葉形裁文1連は，金銅製の雲形1枚の下に杏葉形を7枚連ねたもので，瑪瑙，翡翠，碧玉の曲玉28個で飾られている。そのうち6個が碧玉製。

iii　孔雀石

孔雀石とは銅の含水炭酸塩鉱物マラカイトのこと。鮮緑色で光沢があり，孔雀の羽に似るところからこの名で呼ばれます。

平螺鈿背円鏡（**北倉**42第10号）

斑犀如意（南倉51）　把につけられた花紋の花弁に孔雀石の玉がある。

1 水精玉（中倉178）

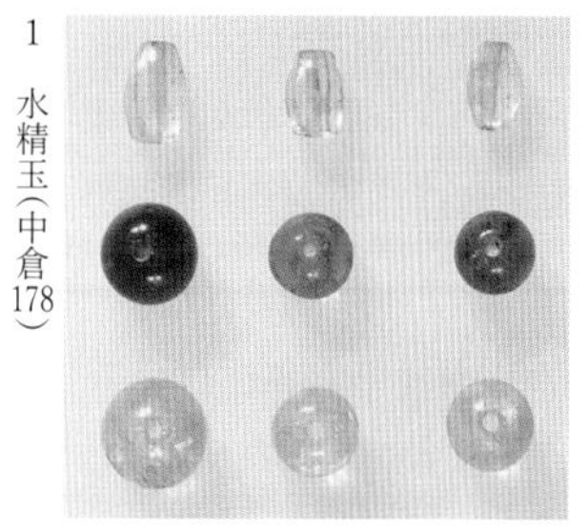

2 曲玉（中倉179）

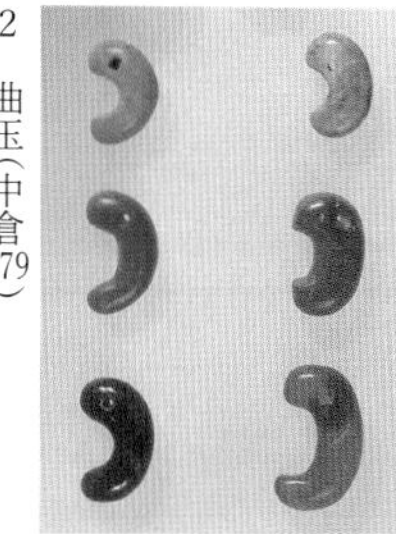

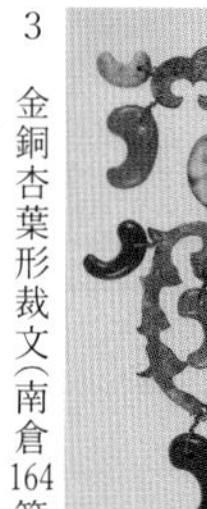

3 金銅杏葉形裁文（南倉164第4号）

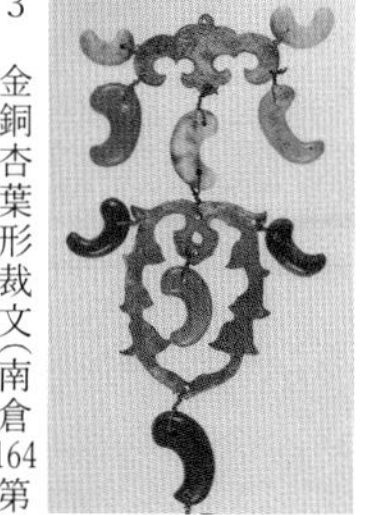

図29　水晶玉と曲玉

以上のほか，中倉194には嚢に収めた「金剛砂」があります。分析の結果，鉄，石榴石（ざくろいし）の粗大な結晶であると判明しました。これは硬度が高く（7.5），その粉末は水晶や瑪瑙を研磨するのに利用できるそうです。

2｜玉

玉とは色や光沢が美しい鉱物のことで，硬玉と軟玉を区別することがあります。硬玉は硬度6.5～7.0で，緑・紫・白色を呈し，ガラス光沢があります。日本では翡翠の別称。軟玉は硬度6.0～6.5で，白・緑・褐・紫・黒色などを呈します。中国では硬玉は産せず，「玉」といえば，ミャンマーからの輸入が始まる18世紀までは，軟玉を指します。

1）翡翠

翡翠は鮮やかな翠緑色をした光沢のある硬玉。ミャンマー・チベット・メキシコなどに産し，日本では新潟県糸魚川（いといがわ）流域の小滝（こたき）産が知られます。

曲玉（中倉179第7号）　淡緑色の5枚が翡翠である。
幢幡鉸具（どうばんこうぐ）（南倉164第4号）

2）軟玉

軟玉とは透閃石（とうせんせき）の亜種で，灰白色・半透明・緻密な石質ゆえに，中国人が大変愛好します。主要産地はパミール高原や崑崙（こんろん）山脈で，ホータンあたりからシルクロードを通って中国にもたらされたので，「崑崙の玉」と呼んで珍重しました。玉門関（ぎょくもんかん）はこの通商路に設けた関所があったところです。

正倉院に玉製品は2点のみしかありません。玉尺八（**北倉**20）は玉製ではなく，大理石製なのでした。

玉 長坏（ぎょくのながつき）（中倉73，図30－1）　平面が長楕円形の舟形を呈する杯。厚さ3mmほどの口縁はゆるやかに反る。底部には楕円形の高台をつくり出している。石材は半透明，乳白色の軟玉。長径17.6cm。

玉器（中倉74，図30－2）　半透明，乳白色の軟玉製。平面形は舟形で，中央に長方形の孔が穿たれている。用途は不明。長9.0cm。

この種の口縁が彎曲しない楕円形の長杯は中国でも３件しか知られていません。

陝西省西安何家村窖蔵出土「瑪瑙長杯」２件（瑪瑙の項で既出，図30－3)

故宮博物院蔵「青玉人物図楕円形杯」

です。ほかに銀製・銅製の長杯がいくつか知られますが，いずれもササン朝かポスト・ササンのもので，玉長杯や瑪瑙長杯はこれらの影響によって生まれたと思われます。たとえば，以下を挙げておきましょう。

内蒙古敖漢旗李家営子出土「楕円銀杯」

グラック・コレクション「鳥獣魚紋銀製舟形杯」(図30－4)　シムルグを中心に周囲に多数の魚・水鳥をあらわしてある。長径20.5cm。ササン朝。

岡山市立オリエント美術館蔵「鳥紋銀舟形杯」　長径20.1cm，ササン朝。槌起された紋様を見ると，長杯は縦位置にして用いたと思われる。

鍍金孔雀人物紋銀舟形杯　長径21.3cm，ポスト・ササン。これは孔雀紋鍍金白銅舟形杯（個人蔵，長径17.2cm）と，材質も径も違っているが，同一物であろう。

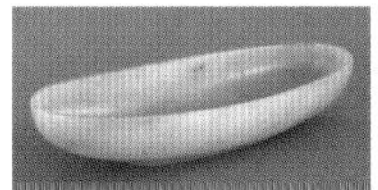

1　玉長坏(中倉73)

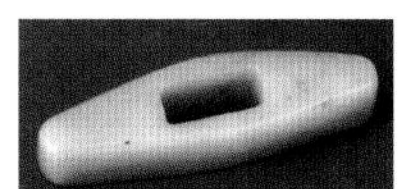

2　玉器(中倉74)

3　瑪瑙長杯(何家村窖蔵出土)

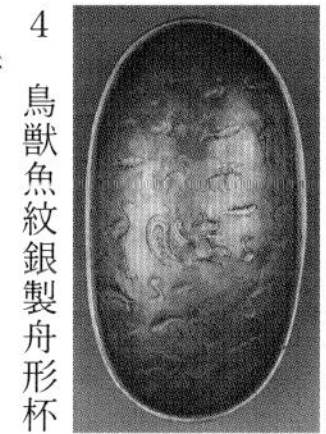

4　鳥獣魚紋銀製舟形杯（グラック・コレクション）

図30　玉器と長杯

3 瑠　　璃

瑠璃（ガラス）に関しては，成分分析が盛んにおこなわれ，その素材の原産地がわかりつつあります。しかし，原産地＝製作地と短絡するのは危険。ガラスはできあがった製品を再度溶融して別な製品につくり直すことができますから，第２・第３の製作地もあり得るのです。

正倉院には多様なガラス製品が伝存しますが，圧倒的に多数を占めるのは玉類です。まず，どのような種類のガラス製品があるのかを確認しましょう。

1）容器

以下は，図録等で皆さんお馴染みでしょうから，図は掲げません。

白瑠璃碗（中倉68）　アルカリ石灰ガラス製の切子碗である。無色透明。外面に１段18個の切子を互い違いに４段刻む。底面にも中央の１個を囲む７個が施され，計80個の切子がある。

白瑠璃瓶（中倉69）　把手つきの水差し。アルカリ石灰ガラス製で，透明，わずかに淡緑色を帯びる。

瑠璃坏（中倉70）　紺色のコップ形ガラス容器。身の外側には，同質のガラス環を上・中段に各８個，下段に６個貼り巡らしてある。

瑠璃壺（中倉71）　紺色の唾壺形のガラス容器。頸が細く，口縁が漏斗状に大きく開く。身は球形。アルカリ石灰ガラスで，紺色はコバルトによる発色。

緑瑠璃十二曲長坏（中倉72）　口縁に12個の弧をつくった楕円形の杯。緑色の鉛ガラス製。底部から短側面にかけての外面に，襞に沿わせて草を刻み，長側の口縁近くに兎のような動物を刻んでいる。

白瑠璃高坏（中倉76）　無色透明のアルカリ石灰ガラス製高坏。

2）双六子

雑玉双六子（**北倉**18，図31－1） もと169枚あったが，現存するのは85枚。そのうち46枚がガラス製で，色の割合は藍１，浅緑15，黄15，緑15。双六の駒といっても，チェスのコマのように立体的ではなく，碁石のように扁平である。

これを双六子とするのは『国家珍宝帳』に赤漆文欟木御厨子（せきしつぶんかんぼくのおんずし）の納物として「雑玉双六子六百六十九」とあり，その細目として「水精卅五　琥珀卅五　黄瑠璃廿　藍色瑠璃廿　浅緑瑠璃十五　緑瑠璃十五」と記しているからなのですが，これらは本当に双六の駒なのでしょうか。

はじめ双六子は円形でしたが，宋時代に入って砧（きぬた）形になったといわれます。ところが，西安東郊隋墓出土（陝西歴史博物館蔵）の「瑪瑙碁石・瑠璃碁石」は径2.7cm，高2.4cmの円錐形であります（図31－2）。これこそが，碁石ではなく，双六子なのではないでしょうか。隋代のものです。

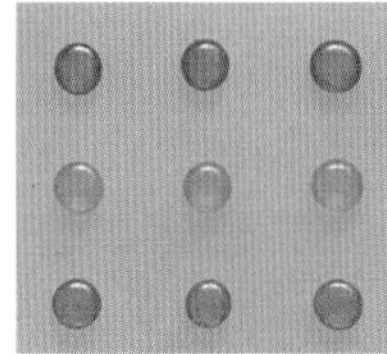

1　雑玉双六子（北倉18）

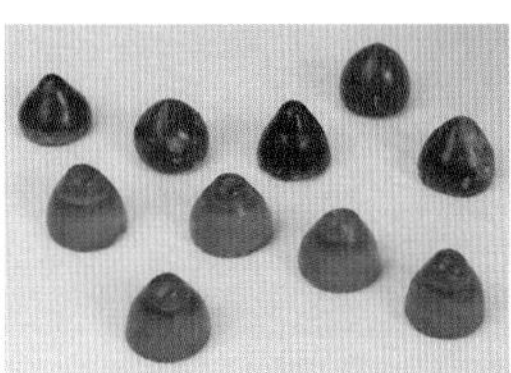

2　瑪瑙碁石・瑠璃碁石（西安東郊隋墓出土）

図31　双六子

3）軸端

巻子本の巻末に取りつける軸の上下端につけるのが軸端。瑪瑙製・水晶製などのほかガラス製のものが多数あります。軸木の両端をやや細くして枘状とするかあるいはやや掘りくぼめてそこに軸端を被せます。巻物になっているばあいと，未造着軸，そして軸端だけが遊離しているものの３様があります。後者には軸木に着装する前のものと着装後に脱落したものとがあり得ます。

未造着軸（中倉55第１号～第４号）　書巻や経巻に取りつけていない軸，成巻後に離脱した例も含む。総計220枚と残欠６枚があるが，そのうちガラスの軸端は第１号黄色ガラス104枚，第２号茶色ガラス５枚，第３号紺色ガラス60枚，第４号緑色ガラス19枚である。第５号～第７号は木製。

軸端（中倉56第２号）　総数57具，58隻が伝わる。なお，第１号は瑪瑙製，第３号は水晶製，第４号～第６号は木製である。

4）腰佩

魚形（中倉106，128第１号～第６号）

小尺（中倉111～114）　長さ３寸の短い尺で，一端に１孔があり，ここに紐を通して腰佩としたもの。黄瑠璃製２と碧瑠璃製２である。

5）誦数

誦数は数珠のこと。琥珀，水晶，ボダイジュ属植物の実や蓮実などでつくった玉を連ねたものが多いのですが，一部にガラス製を用いたものもあります。たとえば，

琥碧誦数（南倉55第10号・第13号，図28）

雑玉誦数（南倉56）

です。

6）玉類

ほとんどが中倉に収納されていますので，種類と収蔵番号を列挙しておきます。

露玉（中倉180），碧瑠璃（中倉181），雑色瑠璃（中倉182第１号～12号，図32－1），深黄瑠璃（中倉183第１号～第43号），黄瑠璃（中倉184第１号～第69号），緑瑠璃（中倉185第１号～第62号），碧瑠璃（中倉186第１号～第25号），黒瑠璃（中倉187第１号～第41号），雑色瑠璃（中倉188第１号～第11号），雑色瑠

璃（中倉189第１号〜第３号），荘玉剥落（中倉190），未用荘玉（中倉191），破玉（中倉192），瑠璃玉原料（中倉193），金剛砂（中倉194），鈴鐸類（れいたくるい）（中倉195，図32－2）

南倉に納められた幡関係宝物の一部にも，ガラス玉は使用されています。

雑玉幡残欠（南倉157第１号・第２号，図32－3）　色ガラスの玉を銀線で貫き通した玉紐を，籠目に編んで円形にしたもの。用途はわからない。

幢幡鉸具（南倉165第２号）　金銅花形裁文（こんどうのはながたさいもん）。

幢幡鉸具（南倉165第32号）　雑玉鈴連貫飾。

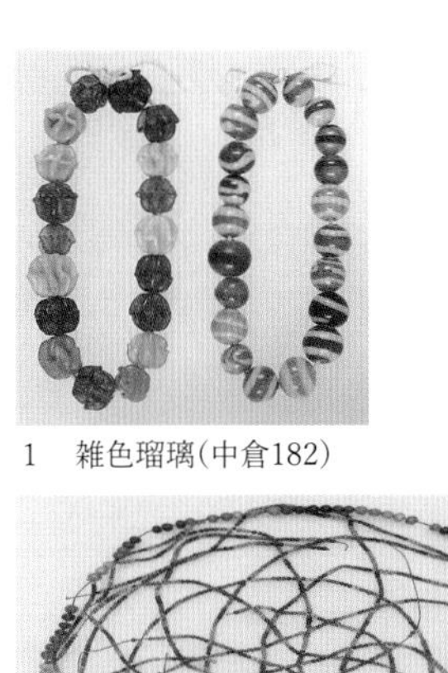

1　雑色瑠璃（中倉182）

3　雑玉幡残欠（南倉157第２号）

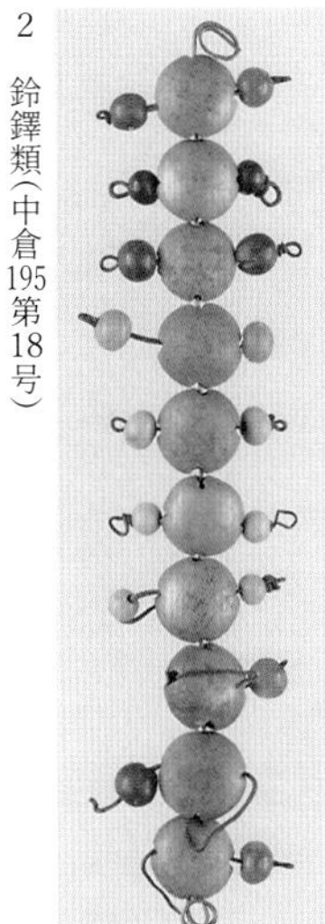

2　鈴鐸類（中倉195第18号）

図32　ガラス玉類

V章　鈴・鐸と鼓

正倉院中倉には「鈴」や「鐸」の仲間が多数収蔵されています。鈴，鈴を吊り下げた裁文垂飾・金銅幡，鎮鐸などです。いずれも楽器ではありませんが，振ると音を発する，という共通点があります。

鈴の基本的な形態は球形で，銅製中空の半球形を上下合わせ，上半部の頂に孔をあけて鈕を臘付けし，下半部に鰐口様の鈴口をあけています。接合する前に内部に鉄製の「丸」を入れ，振ると丸が壁にあたって音を発します。

これに対して，鐸は下底部が開いていて，天井から棒のような「舌」を吊し，振ると舌が壁にあたって音を発するのです。

「磬」や「響」は，音階を表現できる打楽器の一種ですが，仏教に取り入れられると梵音具となりました。ほかに叩いて音を出す打楽器として，鼓，タンバリン，シンバルなども思いうかびます。正倉院には鉄磬と方響，そして鼓胴があります。

1　鈴

正倉院中倉195にはさまざまな形の鈴が集められています。大きさもいろいろですが，材質はすべて青銅に鍍金をほどこした金銅です。

唐草文鈴（中倉195第1号，図1－1）　身には唐草を線刻し，地に魚々子を施している。全体に鍍金。鈴身の中に小鉄塊を入れてある。728口あり，明治の宝物整理の際に10口ずつまとめて銅線でくくった。径1.4～3.2cm。

子持鈴（中倉195第2号，図1－2）　小さな鈴を4個付けた親玉を縦に連ねてある。親玉の胴の四方に鐶を設けて子鈴を付けている。14口あるが，子鈴が完備したものはない。親玉の径1.5cm。

梔子形鈴（中倉195第4号，図1－3）　下部が丸く膨らみ上部ほど細くなり，断面が6稜形をした鈴。梔子の実に形が似る。14口あり，長さは1.7cm～1.8cm。

玉飾梔子形鈴（中倉195第5・12号，図1－4・5）　八花状に縦方向にくぼませた半球形の部分を上下に臘付けした金銅の鈴。合わせ目に八花形の

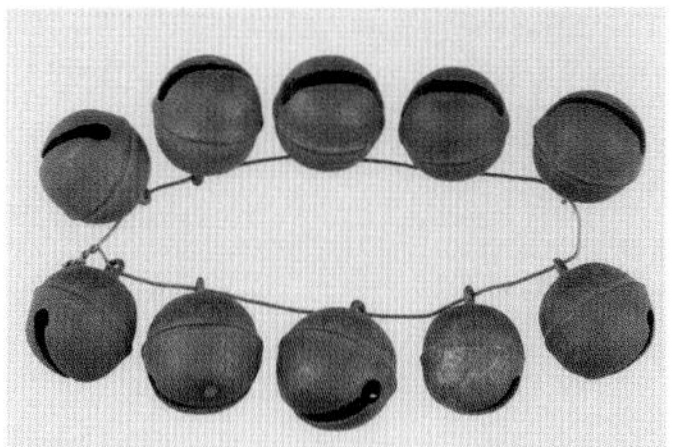
1　唐草文鈴(中倉195第１号)

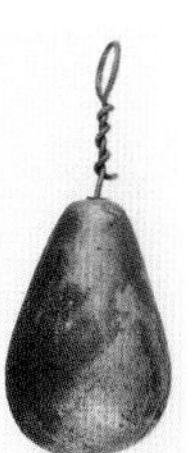
5　露形鈴(同第３号)

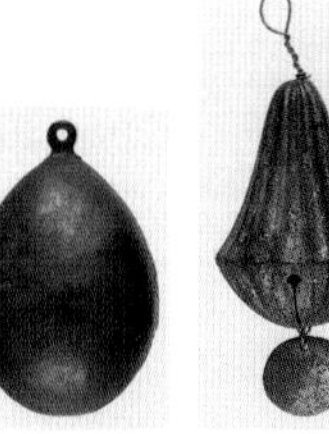
6　杏仁形鈴(同第７号)

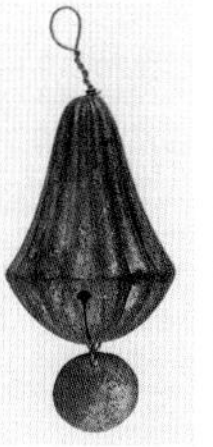
7　瓜形鈴(同第８号)

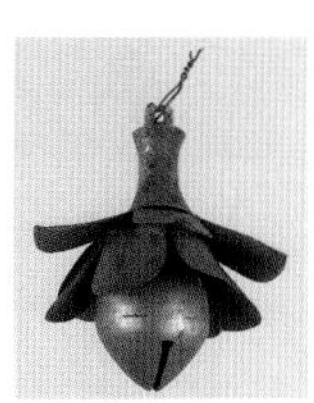
8　蓮華形鈴(同第９号)

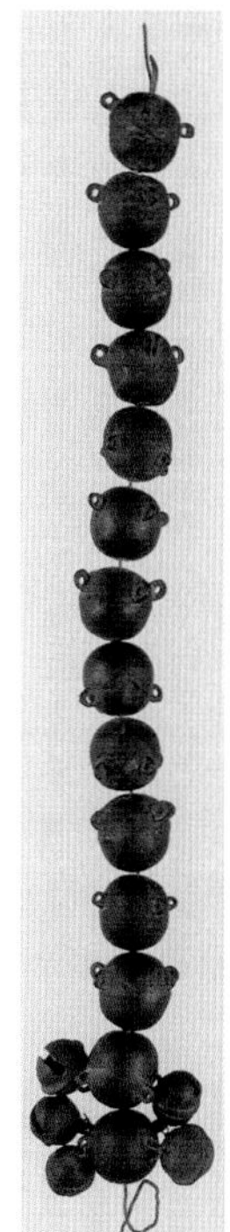
2　子持鈴(同第２号)

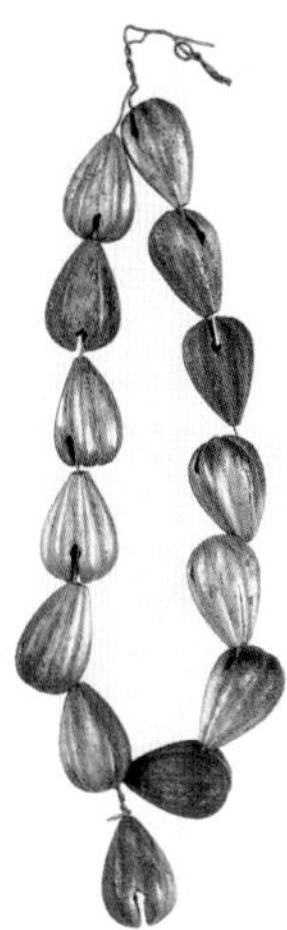
3　梔子形鈴(同第４号)

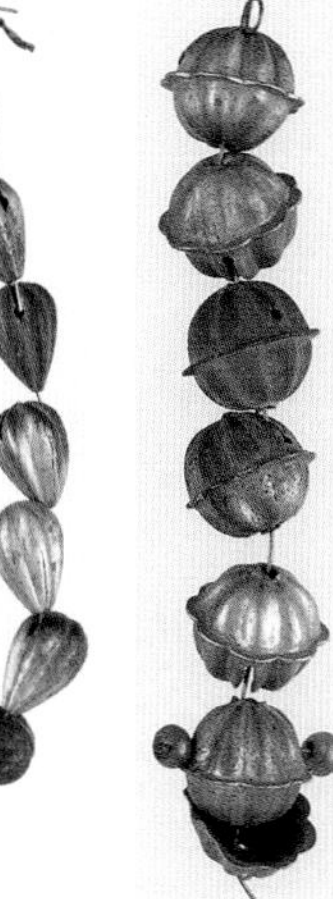
4　瑠璃玉飾梔子形鈴(同第５号)

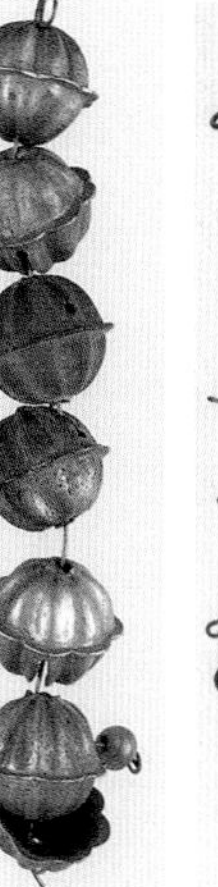
9　瑠璃玉付玉(同第11号)

12　杏葉形裁文(同第15号)

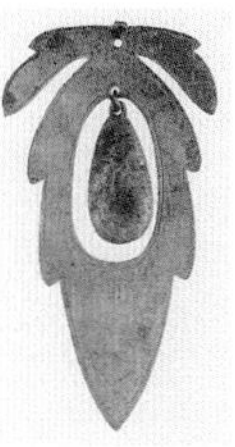
13　垂葉形裁文(同第16号)

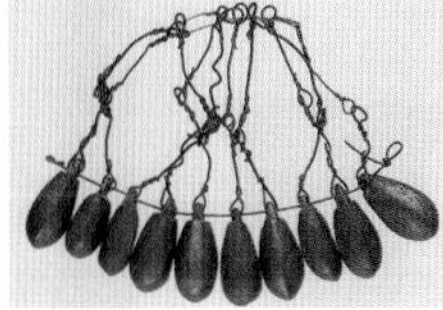
10　露玉(同第13号)

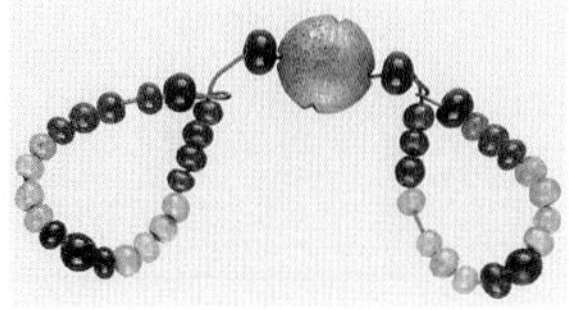
11　雑玉鈴連貫飾(同第20号)

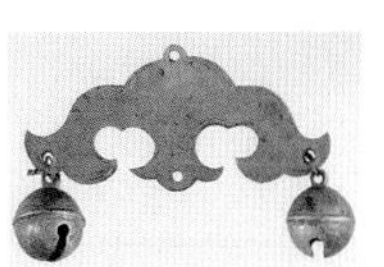
14　磬形裁文(同第17号)

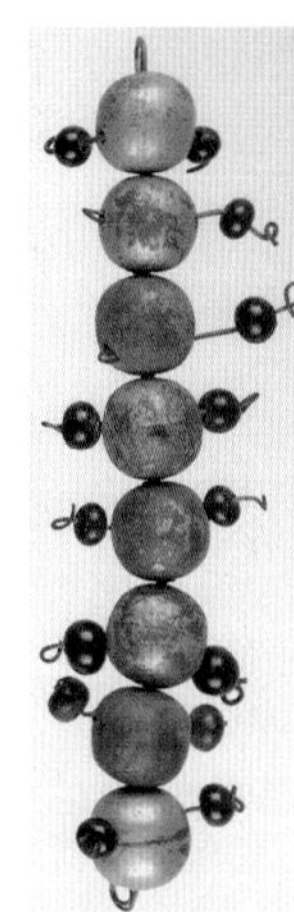

図１　鈴

鐔がある。第5号として6口，第12号として78口と1片が伝来する。径2.9cm～3.2cm。連ねている銅線は新補。

杏仁形鈴（中倉195第7号，図1－6）長7.3cm，杏仁形をした銅製の鈴。1口のみが伝わる。

瓜形鈴（中倉195第8号，図1－7）下端近くに最大径があり，上下双方に縦方向にくぼみをつけ，断面を18稜形にした金銅製の鈴。全体として糸瓜に似る。金銅製の小円盤の瓔珞を下げる。1口のみが伝わる。長6.2cm。

蓮華形鈴（中倉195第9号，図1－8）宝珠形の花芯の元に5枚の花弁を二重に取りつけ，それらを鼓形の萼でまとめてある。上端に鈕を設けて吊す。金銅製で総長8.9cm。同形のものが32口伝わる。

瑠璃玉付玉（中倉195第10・11・18号，図1－9）銅製の半球形を接合し，総体を鍍金した鈴形の飾り玉。左右に各1個穿った孔に銅線を通し，小さなガラス玉を付してある。第10号として335個，第11号として94口，第18号として500口，総計929口伝来しており，大きさは1.5cmから3.2cm。大きさごとにまとめ，3個から10個ずつ銅線で連ねてある。

露玉（中倉195第13号，図1－10）銅鋳造製のやや扁平な雫形をした露玉で，10口ある。これは内実で鈴ではない。幡の足下などに吊り下げ，鎮として用いたのであろう。

雑玉鈴連（中倉195第20号，図1－11，南倉165第32号）雑玉を銅線で綴じて丸め，顔と両耳のような形につくったもの。額の部分に鈴を1個嵌めこむ。中倉195第20号に1連，南倉165第32号其1－1～8，其2－1～5の計14連が伝わる。

2　裁　文

裁文とは金属などの板材を紋様の形に裁断したもので，その多くは鈴をぶら下げています。鈴類の多くが中倉に収蔵されているのに対して，裁文類はすべて南倉に収められています。

幢幡鉸具　金銅杏葉形裁文（南倉164第３号・第４号）　中央に鈴を吊り下げた杏葉形７枚を針金で連ねた金銅製の垂飾。第４号は鈴ではなく翡翠・碧玉・瑪瑙製の曲玉を吊す。第３号は10連あり総長77.0cm～87.8cm，第４号は１連のみで，長99.7cm。

幢幡鉸具　鈴（南倉164第５号・第６号）　分離して単体となった金銅鈴を集めたもの。第５号には９口，第６号には135口ある。

幢幡鉸具　金銅華鬘形裁文（南倉165第１号，図２−１）　鍛造した薄い銅板を切り透し，中央に対向する鳳凰をあらわし，その翻る長い尾が上方に内彎しつつ伸び，頭上に置いた花紋に接する。足元にも大きな花紋を配し，その下から左右に伸びる蔓草が尾の元へ接し，全体として円環形を形成している。細部を毛彫によってあらわす。鳳凰の頭上と周縁の下部に各２個の鈴を吊し，上下の花紋の芯には水晶玉を取りつけてある。其１から其17まであり，いずれも縦30cm×横33cm内外，その形状や大きさから，本品は仏殿の長押などに懸けて荘厳する華鬘として使用された，と推定される。

金銅花形裁文（南倉165第２号，図２−２）　鍛造した薄い銅板に花紋を切り透したもの。

中央に花弁に小円孔を空けた14弁の円形花紋を置き，その周囲に同様の花紋を６個連続的に旋回させている。中央の花中央に円孔を空けて鈴を吊り，その周りに配された９枚の葉には刺金を切り残した円孔を設けて緑色ガラス玉を取りつけている。周囲の花紋にも同様に水晶玉が取りつけられている。其１から其16までと残欠があり，大きさは縦30cm×横28cm前後，これも華鬘であろう。

金銅磬形裁文（南倉165第５号～第７号，図２−３）　切り透して唐花を中心に，その左右に唐草をあらわした磬形の金銅板。内部の空間には３ヵ所で水晶を嵌め，下辺に鈴を吊り下げる。第５号は幅39cmくらいで６枚，第６号は幅39cmほどで23枚，第７号は幅44cm前後で12枚ある。

金銅杏葉（南倉165第８号・第９号，図２−４）　銅板を切り透し杏葉の形にしたもの。中央の空間に鈴を１個吊り下げる。第８号に56枚，縦

13.3cm～12.0cm，があり，第９号に54枚，縦8.7cm～9.2cm，と残片がある。

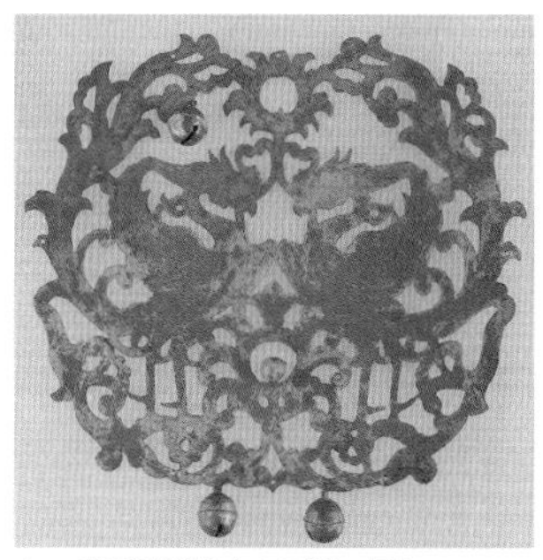
1　華鬘形(南倉165第１号)

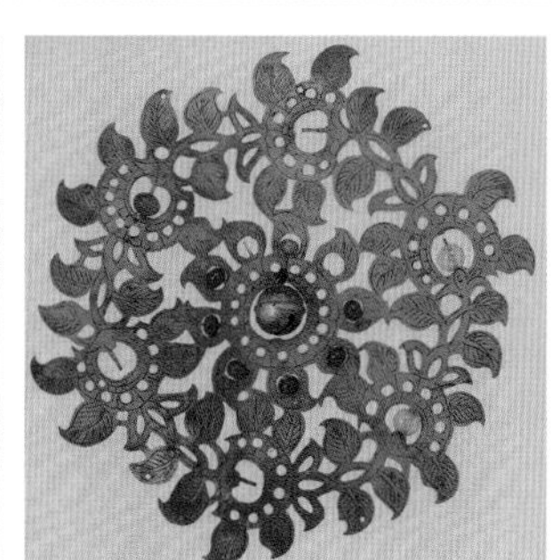
2　花形(同第２号)

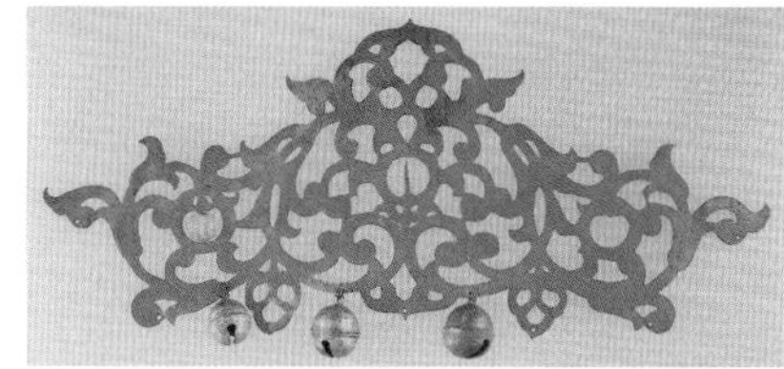
3　磬形(同第７号)

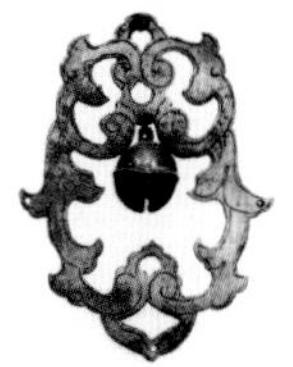
4　杏葉形(同第８号)

図2　裁文

3　金　銅　幡

幡はふつう布帛(ふはく)製ですが，宝庫には金銅製の幡が４旒伝わります。

金銅幡（南倉156第１号～第４号，図3－1）長175.0cmの長大なもの。銅板４枚を蝶番(ちょうつがい)でつなぎ，切り透かして紋様をあらわしてある。幡身の上から第１坪は唐草，第２坪は亀甲，第３坪は中央に花卉(かき)，その上下に直線と花紋の組み合せ，第４坪は連珠や対鳥で飾ってある。切り透かした空間には鈴や葉形の垂飾が取りつけられている。

4 | 鎮　　　鐸

鎮鐸は，幡などの下に重しとして吊り下げる，風鐸（ふうたく）の一種です。舌に吊した「風招（かぜおき）」に風があたると，舌が内壁にあたって音を発する仕組みになっています。

金銅鎮鐸（こんどうのちんたく）（南倉164第１号，図3－2）　聖武（しょうむ）天皇の一周忌の法会（ほうえ）に用いた風鐸。鐸身は銅製で，鋳造した後に鍍金している。風招は，銅板２枚を花葉形に切り抜き，折り曲げて臘付けし十字形に作られている。内部には風招と繋がる十字形の金具があり，風招が風を受けるとこの金具が鐸の内壁にあたり，音を鳴らす。身高163cm内外。11具のほか残欠がいくつかある。

金銅鎮鐸（南倉164第２号，図3－3）　鐸身の上部４ヵ所に正方形の区画をつくり，その内部に３個３列の乳を配し，下部４ヵ所には縦長長方形の区画をつくる。風招は扁平で，中央部に２穴をつくり，そこに鈴を吊している。身高17cm前後。８具残存。

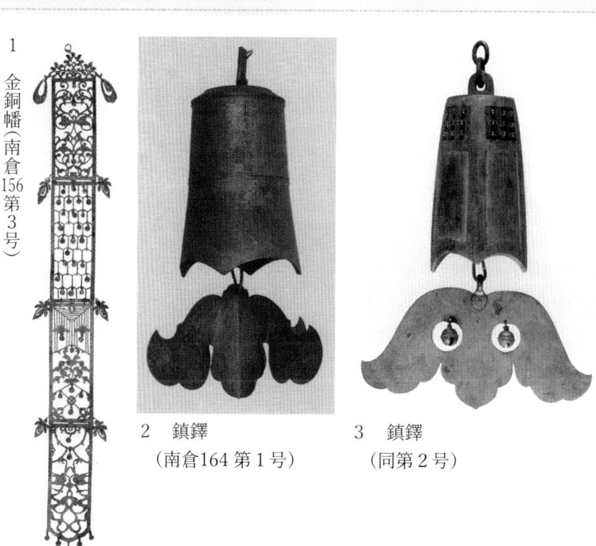
1　金銅幡（南倉156第３号）

2　鎮鐸（南倉164 第１号）

3　鎮鐸（同第２号）

図3　金銅幡と鎮鐸

5　鉄磬と方響

磬(けい)は吊り下げ，撞木(しゅもく)で打ち鳴らす「へ」字形をした楽器です。大きさの異なる磬を16枚架木(ほこぎ)に懸け並べ演奏しました。秦漢時代には板石あるいは青銅製でしたが，仏具として用いられるようになると鉄製となりました。勤行(ごんぎょう)の際，礼盤の脇の磬架にかけ打ち鳴らします。吉備真備(きびのまきび)が唐から持ち帰った文物に「鉄如方響」が含まれていました。

器物残材雑塵　鉄磬（南倉178，図4－1）　鉄鍛造，今は破損して一端を失っている。残存長28.7cm。

鉄方響（南倉113，図4－2）　方響は，上縁を緩い弧状にした鉄鍛造の長方形板状の楽器。鉄製のものは唐代に入って広まりを見せたようで，音律順に大きさや厚みをかえた16枚を，中央やや上方に穿った角孔に紐を通して上下2段の架木に吊り下げ，2本の桴(ばち)で打ち鳴らした。少しずつ大きさの違う9枚が遺る。縦10.4～14.4cm，横4.5～5.0cm，厚0.4～0.6cm。

これらは本来は楽器でありますが，梵音具として使われました。

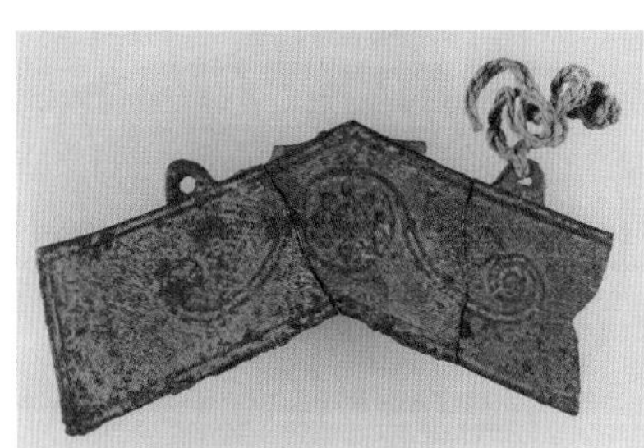

1　鉄磬(南倉178)

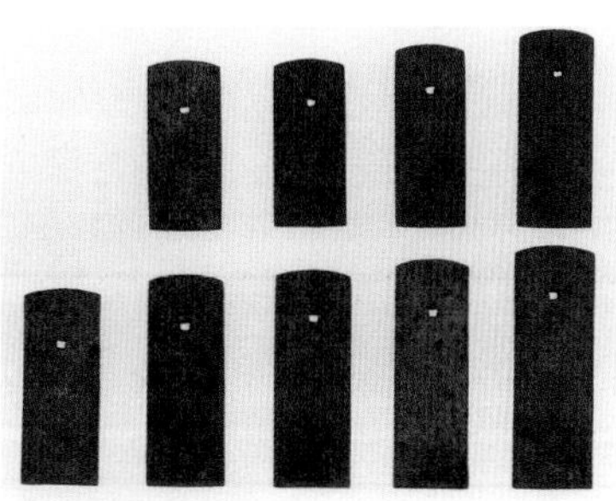

2　方響(南倉113)

図4　鉄磬と方響

6｜鼓

正倉院に収められた楽装束には，大歌，唐古楽，狛楽，度羅楽，呉楽，林邑楽のものがあります。

大歌はわが国古来の宮廷歌謡といわれ，大仏開眼会で最初に演じられた楽舞です。

唐代の俗楽には古楽，中楽，散楽がありました。以前からあった中国在来の楽が古楽，中楽は唐代に成立した楽，散楽は舞踊・曲芸・手品などの雑伎であります。

狛楽は高麗，すなわち高句麗から伝来した楽，度羅楽はタイの１地方の，あるいは済州島の楽，呉楽は伎楽のことで，仮面劇であります。面がたくさん収蔵されています。林邑楽はヴェトナムの楽ですね。

これらの楽で用いる装束に違いがあるとすれば，楽器にも違いがあるのでしょうか。

『正倉院の楽器』（日本経済新聞社，1967年）によると，正倉院には18種75点の楽器が伝えられています。弦楽器と吹奏楽器については，古代東アジア世界にあったと考えられるものがほとんど揃っているのです。

弦楽器：琴，倭琴，新羅琴，瑟，箏，七絃楽器，琵琶，五絃琵琶，阮咸，箜篌

吹奏楽器：尺八，横笛，笙，竽，簫

打楽器：鉄磬，方響，鼓胴（磁鼓と漆鼓），鼓皮残欠

しかし，少々気にかかるところがあります。ひとつは篳篥を欠くこと，もうひとつは打楽器部門の品目がいささか弱いように思える点です。正倉院に遺る打楽器は，先の鉄磬・方響を除くと，鼓胴と鼓皮残欠しかありません。

磁鼓（南倉114，図5－1）　三彩陶製の鼓胴。胴が大きくくびれる。正倉院の三彩陶器はすべて日本製であると見る向きがあるが，本品は中国製である。

漆鼓（南倉115第１～22号，図5－2）　欅の一木から轆轤挽きで成形した鼓胴。同形同大のもの20口と同形だがやや小型のもの２口が遺っている。

大型のもの１口には彩絵を施した痕跡が残る。

いずれも腰鼓(くれつづみ)の胴です。このように胴に大きなくびれをつけた鼓は，唐楽に用いる細腰鼓の一種で，インドに起源があるとされます。

鼓皮残欠（南倉116第１号～第５号，図5－3）　鼓本体の形状はわからないが，皮の残るもの２双，鉄製の縁輪のみのものが３双分と４枚残る。

陝西(せんせい)省礼泉(れいせい)県昭陵牛進達(しょうりょうぎゅうしんたつ)墓(ぼ)から出土した「加彩腰鼓女俑」は，腰鼓を演奏する娘の姿をあらわしています（図5－4）。

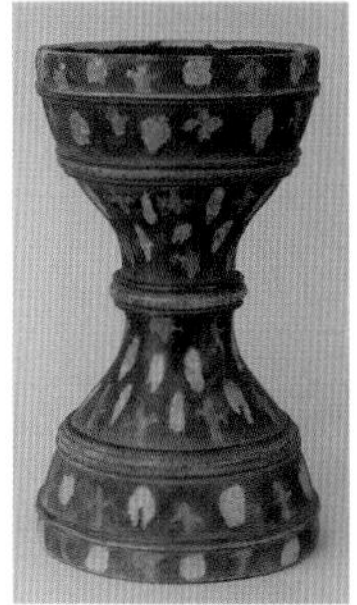

1　磁鼓(南倉114)

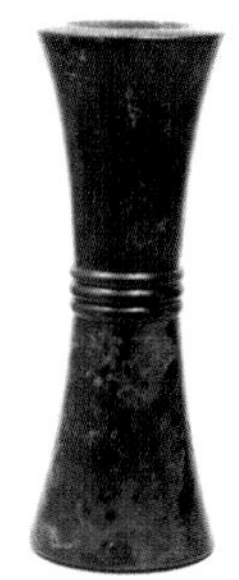

2　漆鼓（南倉115第３号）

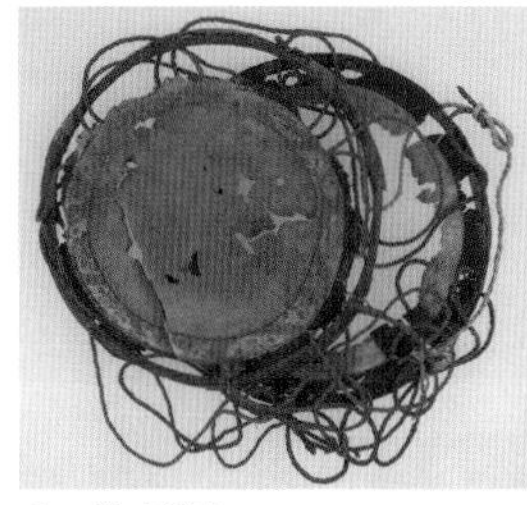

3　鼓皮残欠（南倉116第１号）

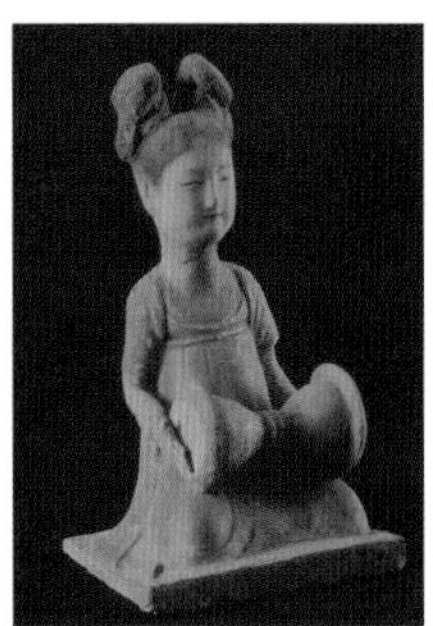

4　加彩腰鼓女俑（牛進達墓出土）

図5　鼓

7 | 中国との違い

陝西省三原県焦村で発見された李寿墓(りじゅぼ)の石槨内外には，多数の線刻画が描かれています。そのうち槨内東壁と北壁に，多数の女性による演奏場面が見えます（図６，ほかに楽舞図，侍女図がある）。李寿は高祖の従弟で淮安靖王，貞観５年（631）に葬られました。

北壁の画像は坐位の４女が３段，12人がそれぞれ楽器を持って演奏しています。東壁には立位の女性奏者が４人１組，３段に分かれて演奏，都合24人が槨内で大合奏しているのです。

登場しているのはすべて若い女性です。後宮の侍女たちが楽団を編成したのか，あるいは外部から招いたのでしょう。この画像については孫機による分析があり（「唐李寿墓石槨線刻《侍女図》,《楽舞図》散記（下）」『文物』1996年第6期），これは女性だけで演奏する「女楽」にあたるそうです。

演奏している楽器を左上から挙げると，

東壁：笙，排簫，大篳篥，銅鈸，横笛，小篳篥，雲和2，琵琶2，五絃，竪箜篌

北壁：竪箜篌，五絃，琵琶，箏，笙，横笛，排簫，篳篥，銅鈸，槃鞞，腰鼓，貝

となります。雲和は琴のこと，大小がありました。篳篥にも大小があります。

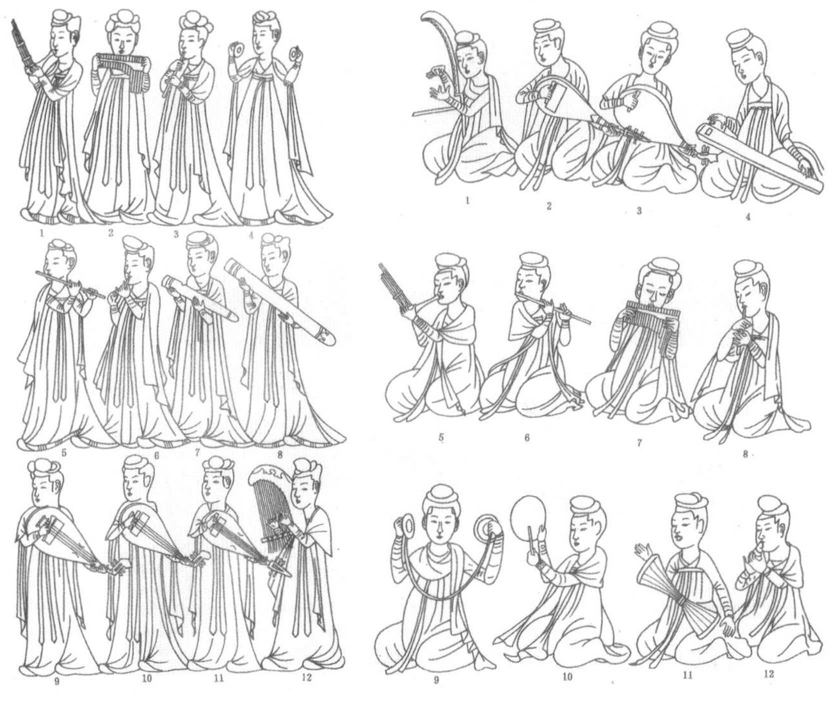

1　東壁　　　2　北壁

図6　李寿墓石槨線刻

槃鞞は板状円形の拍板，貝は貝でつくった笛のようです。ほとんどが正倉院に存在する中で，篳篥と銅鈸・槃鞞・貝が欠けています。それにしても，正倉院に篳篥がないのは不思議ですね。逆に正倉院にあって李寿墓の壁画にないのが尺八。

念のためもう2例，蘇思勗墓壁画と敦煌莫高窟第445窟南壁壁画を見てみましょう。

蘇思勗墓壁画は男性ばかり。中央に胡騰舞を舞う者が1人，左右に分かれて11人の奏者があらわされています。そのうち左右各1人は楽器を持たず，指揮者のように片手をあげているので，9人が以下のような楽器を演奏していることになります。

ささら？，横笛，銅鈸，笙，琵琶，簫，箜篌，琴，篳篥

莫高窟第445窟は12人の奏者がすべて女性で，2群に分かれます。

横笛，箜篌，琵琶，簫，笙，鐃

羯鼓，答臘鼓，鼗鼓，鶏婁鼓，横笛，鐃

やはり尺八がありません。「鐃」は小型のシンバル，つまり銅鈸と同じですから，ほとんどの場面に使われていることになります。篳篥も同じ。正倉院にはこの2つが欠けているのです。

VI章　年中行事と仏事

奈良時代，宮中ではさまざまな年中行事がおこなわれました。たとえば，元旦朝賀，七草，子日，白馬，踏歌，上巳，端午，乞巧奠，重陽，冬至，追儺などです。仏教に関わる行事として釈奠，仏生会，盂蘭盆会などがあり，庚申は道教の行事とされますが，これらが古来の伝統行事なのか，仏教的なものなのか，道教的なものなのかは，よく判りません。

正倉院には，こうした行事や仏事に際して用いられた物品が，多数収蔵されています。

1｜年中行事

年中行事に用いられた品々とは，人勝，卯杖，手辛鋤，目利箒，百索縷軸，乞巧針，撥鏤尺などで，人勝と百索縷軸以外は，南倉に収められています。

1）人勝

人日（正月7日のこと）に，色絹や金箔などを切り抜いて人や花の形をつくり，これを屏風に貼り，疫病を祓い，子孫繁栄を願う習俗が中国唐代に流行しました。これが奈良時代に日本に伝わり，宮中でもおこなわれました。

人勝残欠雑帳（**北倉**156，図1－1）　斉衡3年（856）「雑財物実録」の記録によると，天平宝字元年（757）に人勝2枚が奉献されたことがわかる。本品はその残欠を1枚にまとめて黄色の羅に貼りつけたもの。中央部右上の吉祥句をあらわした断片がその1，周囲の金箔を切り抜いた紋様帯と樹や草花，童子，小動物などがその2と考えられる。

2）卯杖

正月初卯の日に，杖をつくって悪鬼を祓う習俗が，中国から伝わりました。『日本書紀』持統天皇3年（689）春正月条に「乙卯，大学寮献杖八十枚」との記述があります。外来の年中行事なので，このときは大学寮がおこない，後に大舎人寮・左右兵衛府の管轄となりました。正倉院にはこの行事に用いた卯杖が2点残っています。

卯杖（南倉65第４号・第５号，図1−7）　椿の皮つきの幹でつくられ，黄・緑・褐色で斑に塗り，金銀泥で界を施す。杖頭と石突は三角錘形に切り，緑青を塗ってある。長さ159.0cm。天平宝字２年（758）正月に孝謙天皇が使用したもの。

3）子日手辛鋤・目利箒

中国では，正月初子の日に，天子みずから豊穣を祈願して田を耕し，皇后が蚕室を掃いて蚕神を祀る儀式がありました。これが奈良時代に日本に伝わり，孝謙天皇が初めてとりおこないました。その際に使用した鋤と箒が２セット，天平宝字２年（758）東大寺に献じられ，正倉院に収められています。孝謙天皇には皇后がおりませんから，天皇役と皇后役を兼務したのでしょうか。

子日目利箒（南倉75第１号，図1−4）　目利箒という名称は，箒の素材が萩の１種であるトメハギであると考えたからだが，実際にはキク科のコウヤボウキである。その茎を束ねている。把には紫色の染皮を巻き，その上からさらに金糸をぐるぐる巻いて縛ってある。

子日手辛鋤（南倉79第１号，図1−5）　柄，鋤平，鐔，鋤先の４材よりなる。柄は環状の材を弓状に削り，手元に横木をつける。先を角材とし，別材の鋤平をつけ，枘で固定する。双方とも鐔の角孔に挿しこまれている。全体を淡紅色に塗り，蘇芳色で木理を描いてある。鋤先は鉄製漆塗で，金銀泥絵で蔓草や花鳥を描いてある。全長131.0cm。柄の鐔に接する箇所に「子日献　東大寺　天平宝字二年正月」の墨書がある。

4）百索縷軸

端午の節句の日（５月５日）に，赤・青・白・黒・黄の５色の糸を腕につけ，邪気を祓い長寿を祈る風習が後漢のころからあり，これが奈良時代にわが国に伝わりました。その糸を百索縷，あるいは長命縷などといいます。軸はその色糸を巻きつけるためのものです。

百索縷軸（**北倉**19，図1−2）　本品は5色の糸を巻いた軸。木製で轆轤を用いて成形，軸は2材を中央で接いでいる。

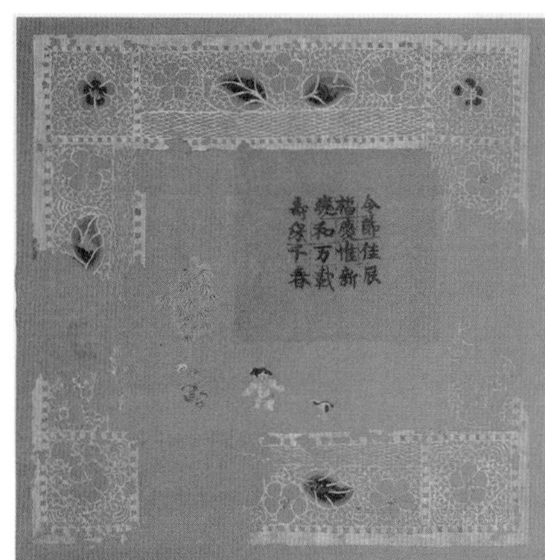

1　人勝残欠雑帳(北倉156)

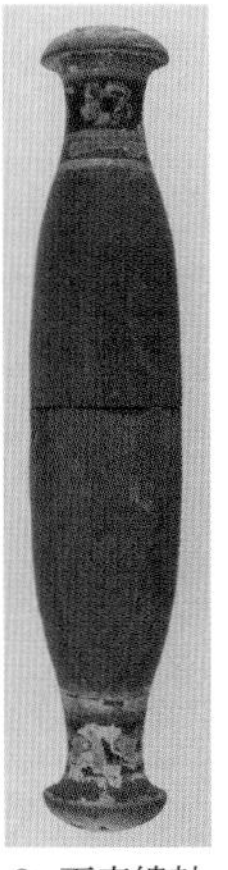

2　百索縷軸(北倉19)

3　乞巧針(南倉84)

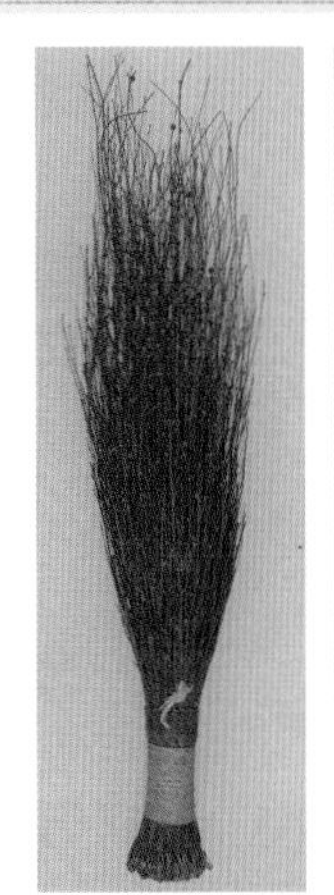

4　子日目利箒(南倉75第1号)

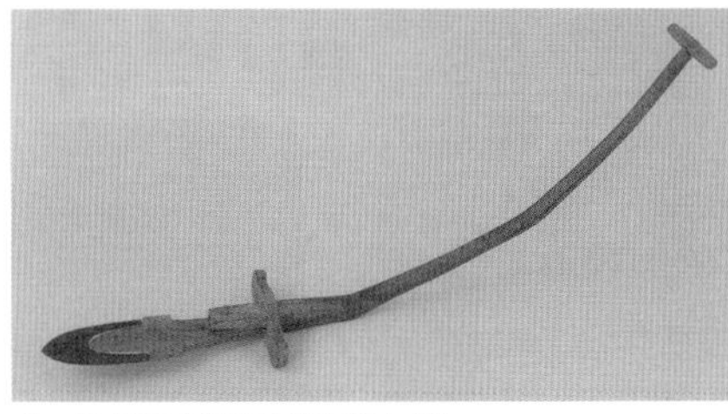

5　子日手辛鋤(南倉79第１号)

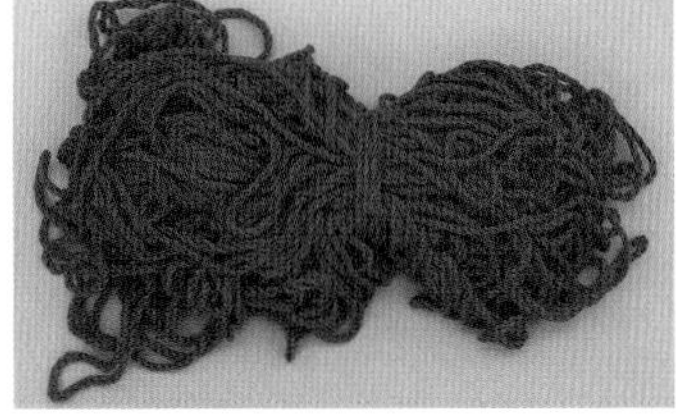

6　縷(南倉82第４号)

7　卯杖(南倉65第4号)

図1　年中行事に用いた品々

5）乞巧針・縷

陰暦7月7日の夜におこなわれる乞巧奠は，機織りに巧みな織女にあやかって，婦女が針仕事の技術向上を祈願する行事です。その起源は中国古代の習俗にあり，のちに七夕として定着しますが，七夕を「たなばた」と読むのは棚機に由来します。また，牽牛織女2星が相会う故事にもとづいて，恋愛の成就を祈る習わしも生まれました。

縷（南倉82第２号・第４号・第５号，図1−6）　第２号は白，第４号は赤，第５号は黄色の絹の練糸３束を撚って綱にしたもの。乞巧奠の儀式に用いられた可能性が指摘されている。

乞巧針（南倉84，図１－３）　正倉院に伝わる針７本は，大（銀・銅・鉄各1，長さ約35cm）と小（銀・鉄各２，長さ約20cm）の２群に分けられる。もちろん実用ではなく，すべて乞巧奠の際に瓜果７品とともに供えたもので，孔に彩縷（色糸）の断片が残る。

6）尺

尺は物差のこと。正倉院には14枚の尺と５枚の小尺が収められています。基本的に天平尺１尺（29.7cm）の長さで，木尺のみが１尺５寸です。大半は，すでに「Ⅳ章　材質」で紹介済みですので，それらについては宝物名だけ挙げます。

紅牙撥鏤尺　２枚（**北倉**13，図2−1・2）
緑牙撥鏤尺　２枚（**北倉**14，図2−7・8）
白牙尺　２枚（**北倉**15，図2−10）
紅牙撥鏤尺　４枚（中倉51，図2−3〜6）
斑犀尺　１枚（中倉52，図2−9）
木尺　１枚（中倉53，図2−11）　ビャクダンか，と思われる散孔材製。長さ44.5cm，つまり１尺５寸ある。表面に３条の線を縦方向に刻み，横方向には１寸の目盛りを刻す。その３寸ごとに左右交互に５分と１分の目盛りを刻んでいる。また，５寸ごとの交点に花鳥円紋と花蝶円紋が銀泥で描かれている。
未造了牙尺　２枚（中倉54）

尺は文房具ですから，どうしてここに出てくるのか不審に思われるかもしれません。木尺は実用でしょうが，少なくとも撥鏤尺は儀式用であったと考えられるのです。というのも，撥鏤尺には寸単位の区画は設けられていますが（５寸ぶんしかないもの２枚あり），分単位の目盛りはないので，ものを測るには不向きであるのがひとつの理由。また，『大唐六典』中尚署令に，毎年２月２日に臣下から鏤牙尺と木画紫檀尺を皇帝に献ずる儀式がおこなわれた，とあるのが第２点。その一部が日本にもたらされたのではないでしょうか。白牙尺・斑犀尺も貴重なものですから，実用ではないでしょう。木尺でさえビャクダン製ですから貴重品です。

もうひとつの理由は，北倉の撥鏤尺と白牙尺計６枚が，赤漆文欟木御厨子に納めて奉献された，『国家珍宝帳』記載の帳内宝物であること。貴重品扱いをしているのです。

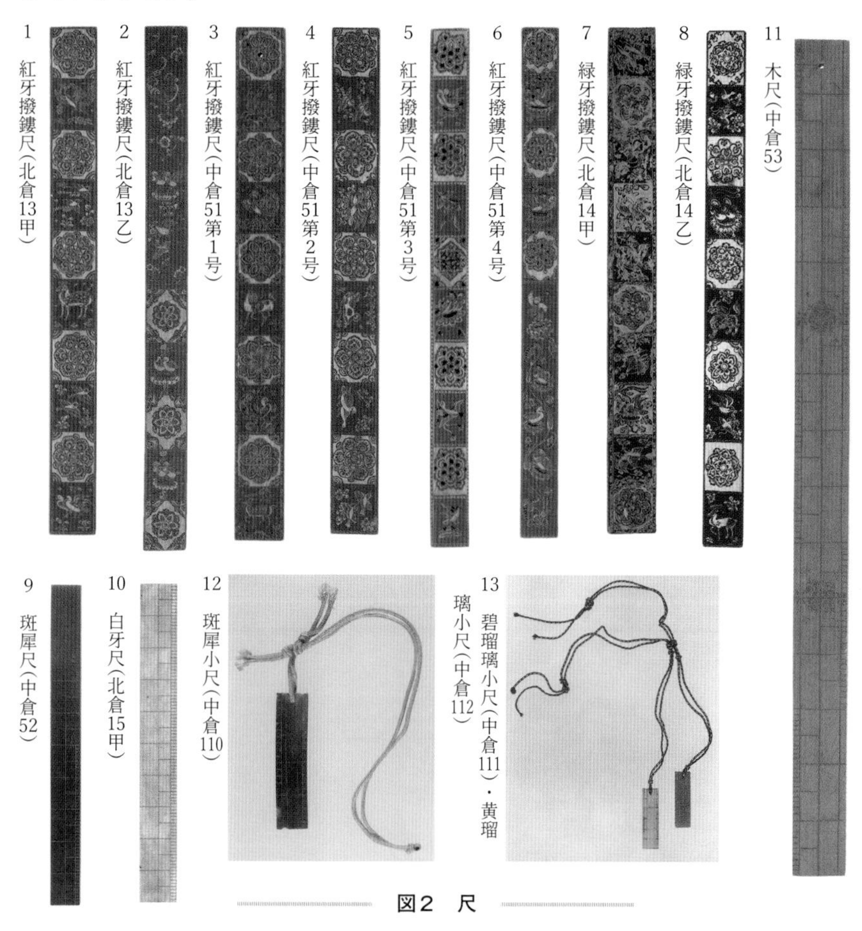

図2　尺

小尺は官僚が正装するときに帯びた佩飾品で，長２寸（5.9cm）。一端に小さな穴が穿たれており，ここに紐を通して帯に結びつけました。５枚伝蔵されています。

斑犀小尺　１枚（中倉110，図2－12）
碧瑠璃小尺　２枚（中倉111・113，図2－13右）
黄瑠璃小尺　２枚（中倉112・114，図2－13左）

法隆寺献納宝物にも紅牙撥鏤尺が１枚あります。長29.6cm。平城宮・京跡からは木尺が出土しています。

2 | 仏　　具

正倉院には仏教関係の用具類は少ないと思っていましたが，意外に多いのです。仏像型，仏座，仏龕，天蓋，幡，華鬘，銀鉢，銀壺，水瓶，磬，袈裟，錫杖，如意，麈尾，払子，誦数，三鈷，柄香炉，花籠，香印座，経筒，経帙，献物箱，献物几などで，ほとんどが南倉に収められています。

1）麈尾

麈尾は経典の講義などの際に手に持って威儀を示す仏具で，もとは塵払いでした。正倉院には４具の麈尾がありますが，原型を留めているのは柿柄の第１号のみです。

柿柄麈尾（南倉50第１号，図3－6）　ナガスクジラのひげを細長い板で挟んで左右に扇状に広げ，これに黒柿の柄をつけたもの。長61.0cm。
玳瑁柄麈尾（南倉50第２号）　長78.5cm。
漆柄麈尾（南倉50第３号，図3－7）　長58.0cm。
金銅柄麈尾（南倉50第４号）　長57.0cm。

2）如意

如意は僧侶が儀式において威儀を正すのに用いる僧具，その原型は孫の手であります。南倉に9枚の如意が収蔵されています。

玳瑁竹形如意（南倉51第1号，IV章図7－1）　長60.9cm
玳瑁竹形如意（南倉51第2号）　長59.8cm
玳瑁如意（南倉51第3号）　長49.8cm
玳瑁如意（南倉51第4号）　長41.2cm
犀角如意（南倉51第5号，図3－1）　長58.0cm
斑犀如意（南倉51第6号，図3－2）　長77.0cm
犀角銀絵如意（南倉51第7号）　長54.2cm
斑犀如意（南倉51第8号）　長78.3cm
鯨鬚金銀絵如意（南倉51第9号）　長58.5cm

材質は玳瑁が4枚，犀角と斑犀が各2枚，そして鯨鬚1枚で，長さは78.3cmから41.2cmまで，すなわち2尺3寸から1尺4寸まであり，ばらばらです。

3）払子

関根真隆『正倉院への道―天平美術への招待―』（吉川弘文館，1991年）は，正倉院宝物「仏具」の一として払子がある，と指摘しています。毎日新聞社『正倉院宝物』を隅から隅まで見たのですが，どこにも載っていません。

4）三鈷杵

三鈷杵は密教の修法に用いられた法具です。煩悩を打破する，あるいは修法の場を結界する機能が付与されており，古代インドの武器が祖型とされます。ただし，「鈷」は火熨斗のことです。

三鈷（南倉53，図3－8・9）　銅鋳造と鉄鍛造の2個がある。断面八角の把の両端にそれぞれ中央の鈷と脇鈷をつくり出してある。先端は鋭く尖り，重厚なものである。

5）誦数

誦数は数珠のこと。『国家珍宝帳』には「念珠」とあります。108個あるいは54個など，一定数の珠を紐に通したものです。陀羅尼や念仏を唱えるとき回数を数えるのに用い，また祈禱時に手に持ちます。南倉に琥碧誦数13，雑玉誦数１，水精誦数５，菩提子誦数１，誦数残欠５の25条の数珠が伝わります。

琥碧誦数（南倉55第１号，Ⅳ章図28）　25連の数珠のうちもっとも多くの種類の珠を使った豪華な数珠で，琥珀の珠を中心に，紫水晶，真珠，瑪瑙などを用いている。東大寺大仏の開眼会に奉納された。

雑玉誦数（南倉56第14号）　琥珀，水晶，ガラスの珠を配色を考えて36個連ねた数珠。大仏開眼会における献物品である。

6）錫杖

錫杖は僧侶が遊行するときに持ち歩いた杖。杖頭に数個の遊鐶がはめられていて，ゆすったり石突で地を突いたりすると，これらが打ち合って音を発し，来意を告げたりすることができます。正倉院には３枚の錫杖が伝わります。

錫杖（南倉64第１号～第３号，図3－3～5）　第１号と第２号は頭部・石突を白銅製，杖部を鉄製とする。第３号は全体を鉄鍛造でつくる。

7）散華

緑金箋（中倉48，図3－10）　蓮弁の形に裁断した緑色の麻紙で，片面に金箔の細片を散りばめてある。寺院の法会において散華に用いたと考えられる。

花籠（南倉42）　花籠は散華に用いる花あるいは花形に切った紙片などを盛るための器。竹の薄板を編んでつくった笊で，566口が伝わる。形状には深さ12～14cmの深いものと，８cm前後の浅いものとがある。

8）蓮花

蓮華残欠（南倉174，図3－11）　蓮池に咲く蓮を象ったつくりもの。ホオの一材の内部を刳り抜いて池とし，周囲を一段高く残して堤と岩をつくる。池中央を十字形の州浜とし，そこから蓮が生えている。蓮は金銅製の茎に木製の花弁や蕾を固定している。仏堂内に安置された荘厳具あるいは供養具と考えられる。

類例として，法門寺地宮後室に収められていた銀製蓮華が挙げられます。

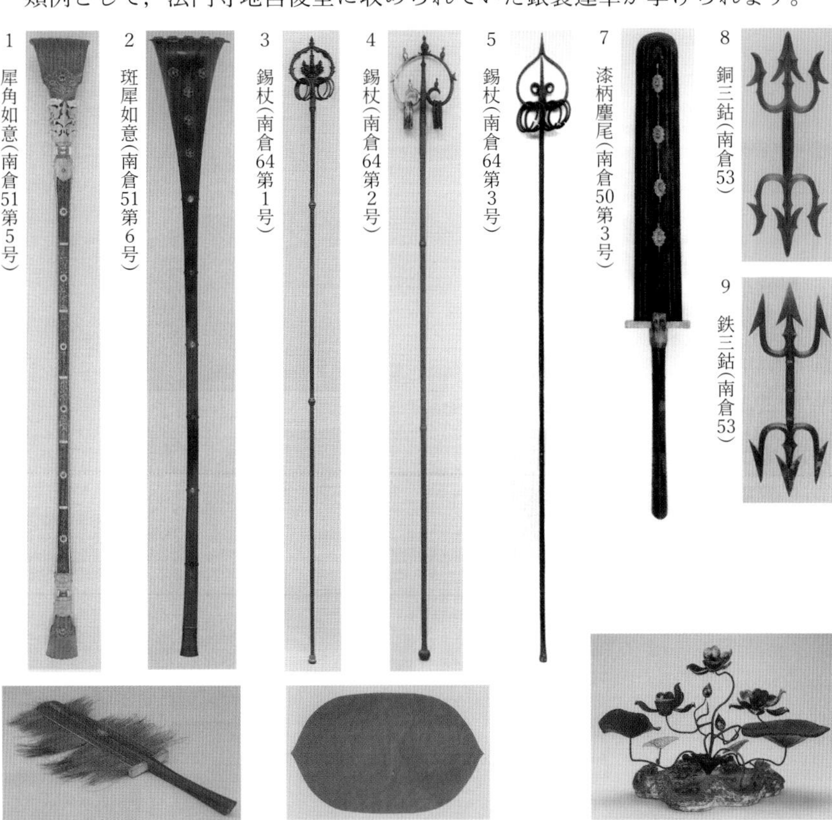

1　犀角如意（南倉51第5号）
2　斑犀如意（南倉51第6号）
3　錫杖（南倉64第1号）
4　錫杖（南倉64第2号）
5　錫杖（南倉64第3号）
7　漆柄麈尾（南倉50第3号）
8　銅三鈷（南倉53）
9　鉄三鈷（南倉53）
6　柿柄麈尾（南倉50第1号）
10　緑金箋（中倉48）
11　蓮華残欠（南倉174）

図3　仏具

9）柄香炉

柄香炉は，法会の際などに僧侶が手に持って，仏前で香供養するのに用いる仏具です。正倉院には黄銅製1口，赤銅製2口，白銅製1口と紫檀製の豪華なもの1口の，あわせて5口があります。

赤銅柄香炉（南倉52第2号，図4−1） 鵲尾形柄香炉で，これは六朝時代に完成を見たとされる。長36.0cm。

他の4口は唐代に盛行した獅子鎮柄香炉です。

紫檀金鈿柄香炉（南倉52第5号，図4−2） 外炉や柄などを紫檀でつくり，その全面を金銀珠玉で飾った豪華なもの。長39.5cm。

黄銅柄香炉（南倉52第1号，図4−3） 長39.6cm。

赤銅柄香炉（南倉52第3号，図4−4） 長44.0cm。

白銅柄香炉（南倉52第4号） 長28.0cm。

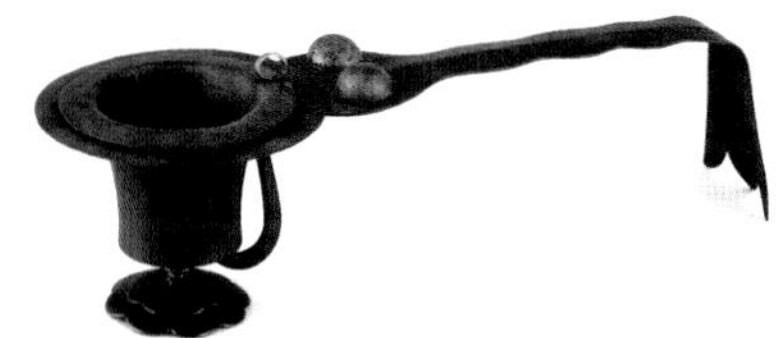

1　赤銅柄香炉(南倉52第2号)

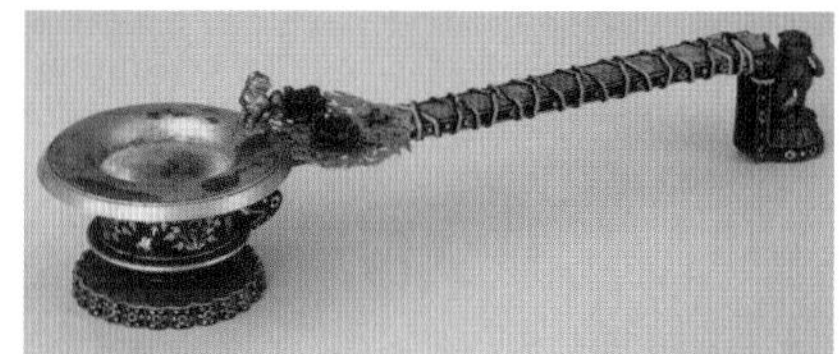

2　紫檀金鈿柄香炉(南倉銅柄52第5号)

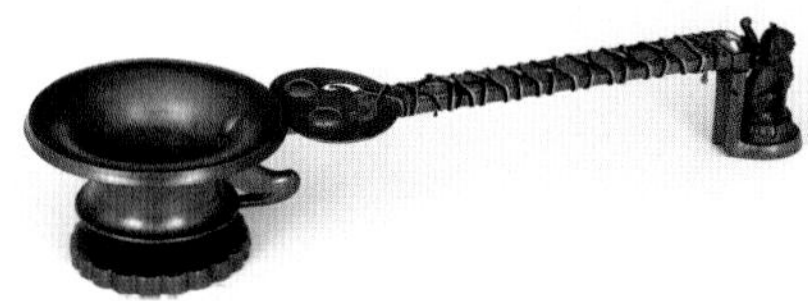

3　黄銅柄香炉(南倉52第1号)

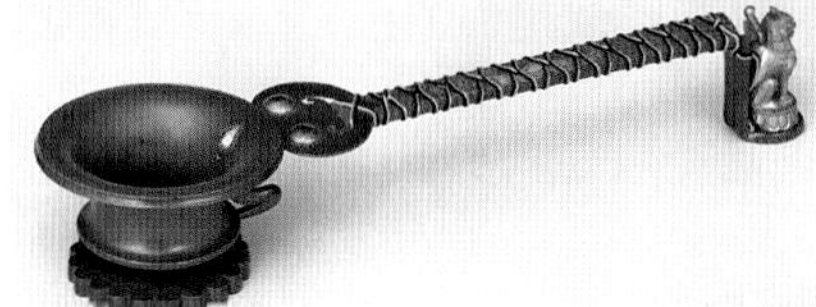

4　赤銅柄香炉(南倉52第3号)

図4　柄香炉

10）塔形

磁塔残欠（南倉34，図5－1）　層塔を模した三彩の塔で，基台・基壇と7枚の屋蓋から成る。それぞれ6角形で，中央に穿った小孔に銅芯を通して各層の屋蓋を固定する。屋根の色は最下層が緑釉，その上が黄釉の順に色を変えてある。頂部に相輪があったはずだが，失われた。現高21.0cm。

白石塔残欠（南倉35，Ⅳ章図26－6）　大理石でつくった塔の基壇と初層だけが遺る。

金銀絵小合子（中倉115）　高3.0cmと極めて小型の塔鋺形の合子。ツゲに似た木材を轆轤で挽き出し，蘇芳色に染めてある。

金銅大合子（南倉27第1号～第4号，図5－5）　銅造鍍金。胴部の中程で蓋と身にわかれる。蓋には3重の相輪形の鈕を，身には高台をつけている。このような合子は「塔鋺」と呼び，香合に用いたとされる。高28～29cm。

金銅合子（南倉28，図5－7）

赤銅合子（南倉29第1号・第2号，図5－6）　鈕は塔形でない。

赤銅合子（南倉29第3号，図5－2）　7重の相輪形のつまみを持つ赤銅製の容器。高15.0cm。

黄銅合子（南倉30，図5－3）　5重の相輪形つまみを持つ黄銅製の容器。高15.9cm。

佐波理合子（南倉31，図5－4）　高10.9cm。

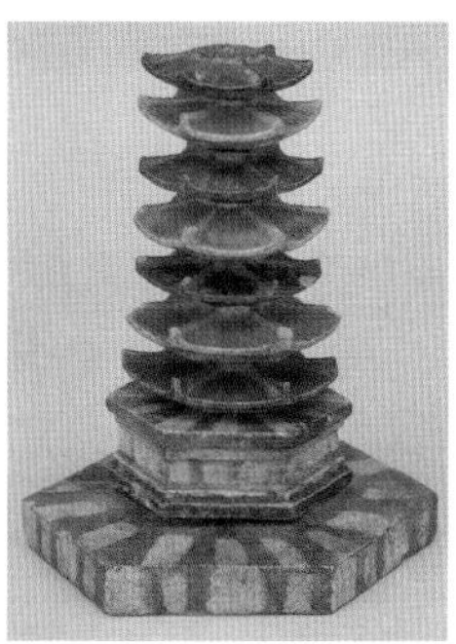
1　磁塔残欠（南倉34）

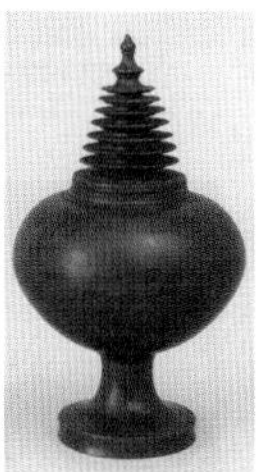
2　赤銅合子（南倉29第３号）

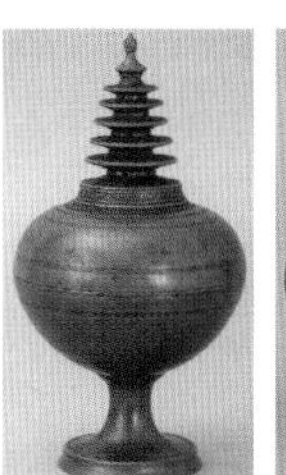
3　黄銅合子（南倉30）

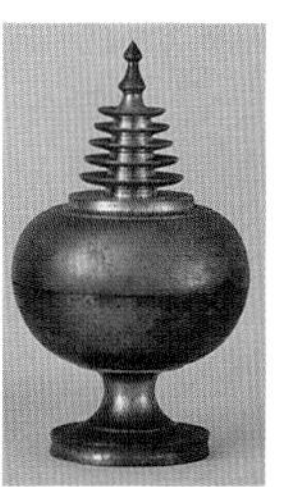
4　佐波理合子（南倉31）

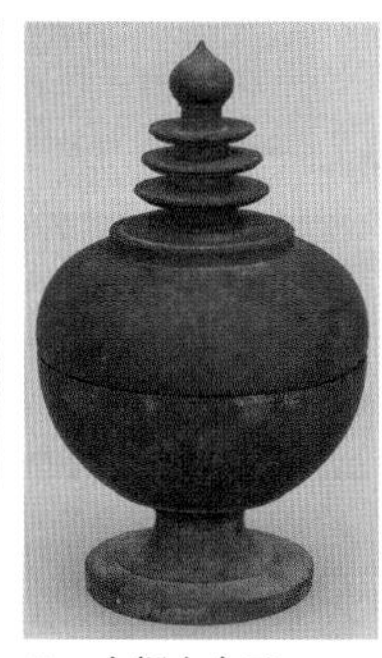
5　金銅大合子（南倉27第１号）

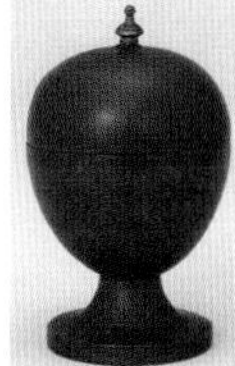
6　赤銅合子（南倉29第１号）

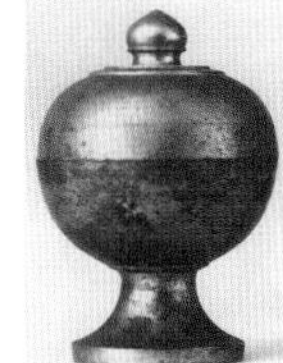
7　金銅合子（南倉28）

図５　塔形

11）仏像

正倉院には，仏像ないしその付属品が７点遺ります。いずれも南倉に所属します。

黄楊木仏座（つげのきぶつざ）（南倉63，図6－6）　八角基壇の一隅に金銅蓮華座（こんどうれんげざ）を置き，その上に円柱を建て，八角宝蓋（ほうがい）を支え，宝蓋の各角から瓔珞（えいらく）を垂らす。基壇と柱は後補。

仏像型（ぶつぞうのかた）（南倉153第２号，図6－2）　押出仏（おしだしぶつ）をつくるための原型である。長方形の厚い銅板と半肉彫の仏坐像とを鋳造してある。３面あるが，いずれにも実用に供した痕跡はない。

墨画仏像（すみえのぶつぞう）（南倉154，図6－1）　２枚の麻布を上下に継ぎあわせ，天衣を翻して雲に坐す菩薩を墨一色で描いたもの。

彩絵仏像幡（さいえのぶつぞうばん）（南倉155，図6－4）　４坪からなる幡で，各坪に菩薩形を彩色で描く。全長2.37m。幡については後述するが，彩色によるものは本品のみである。

漆仏龕扉（南倉158，図6－3）　厨子の向かって左扉板1枚が遺存。ヒノキ材で表裏に黒漆を塗り，外面には神将像を中心に，飛天，岩塊などを金銀絵で描く。内面には如来形の押出仏を6列3段に打ちつける。

刻彫蓮花仏座（南倉161第2号，図6－5）　ビャクダン製。楕円形の蓮肉・仰蓮・反花から成る蓮華部と，長六稜形の框座2段が別に彫刻され，底面から2本の鉄心で接合している。同形のものがもう1例あり，本来1具をなしていたと考えられる。径22.5cm。

葛形飛炎裁文金銅仏背（南倉166第52号其1～其8，図6－7）

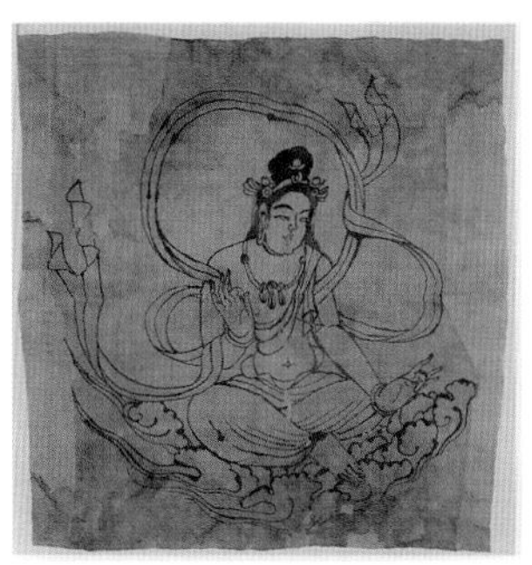

1　墨絵菩薩像(南倉154)

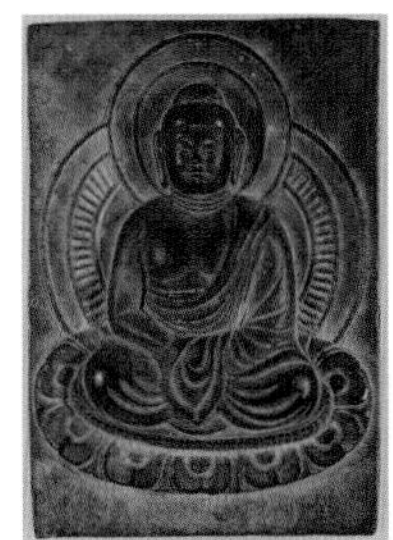

2　仏像型(南倉153第2号)

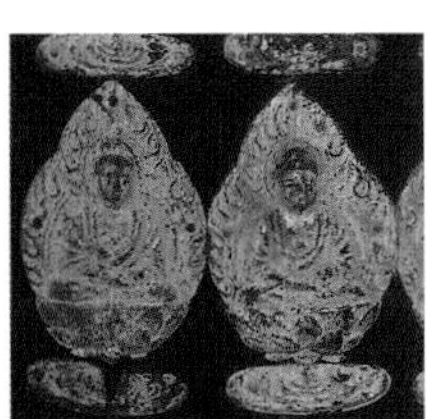

3　漆仏龕扉(南倉158)

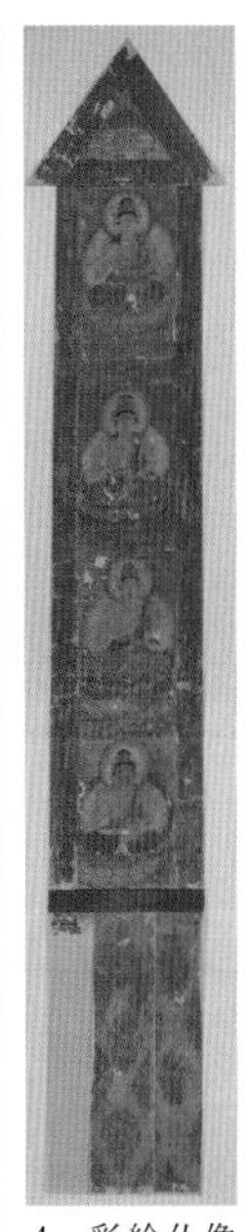

4　彩絵仏像幡(南倉155)

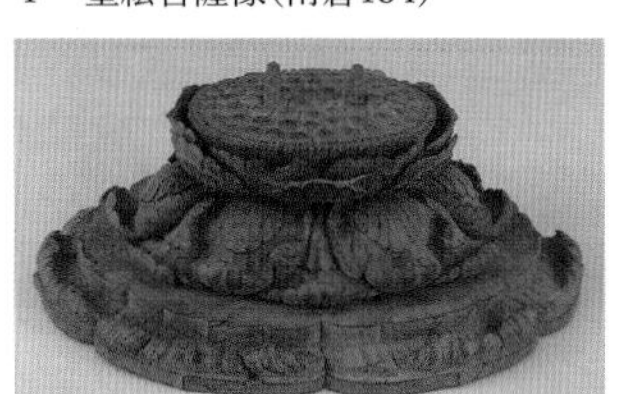

5　刻彫蓮花仏座(南倉161第2号)

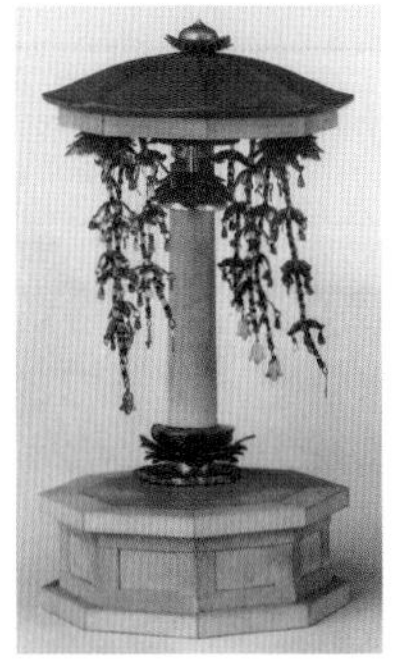

6　黄楊木仏座(南倉63)

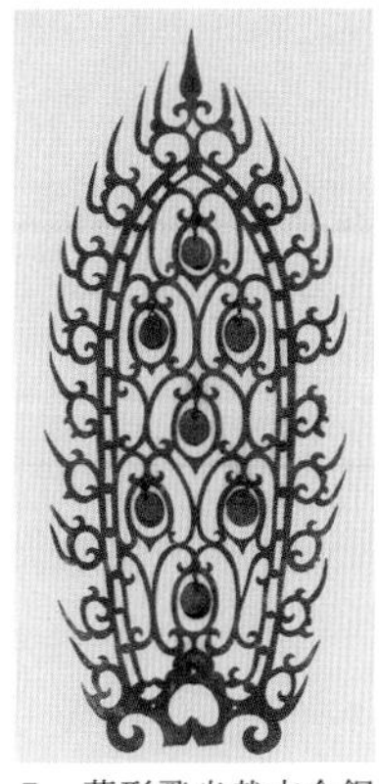

7　葛形飛炎裁文金銅仏背(南倉166第52号)

図6　仏像

12) 経と経筒・経帙

沈香末塗経筒（じんこうまつぬりのきょうづつ）（中倉33，図7－1） 八角柱形の両端を八角錐形に尖らせた，巻子を納める箱。長37.2cm，高8.5cm。檜の指物でつくった箱を縦に挽割って蓋と身に分け，身の内側に立上りをつけて付印籠蓋造としてある。外面には沈香の粉末を漆で練って塗り，マメ科植物の種子と丁字香（ちょうじこう）を網目状に，半肉に埋めこんである。本来経筒であったか否かは不明で，今は『詩序』の容器にあてられている。

梵網経（ぼんもうきょう）（中倉34） 梵網経は東大寺にとって根本的な経典である。もと上下２巻から成っていたものを，１巻に合装。表の紫紙には金銀泥で岩石，草木，鳥，蝶，遠山などを，裏にも５ないし６の小花弁を格子状に描いてある。本経には，檜の一木を刳り出してつくった，円筒形の「檜金銀絵経筒（ひのききんぎんえのきょうづつ）」が付属する。長28.6cm，径6.0cm。蓋は新造。

経帙とは，巻子装の経巻を数巻単位で巻包み，保管するための外包みです。正倉院には，竹ひごを色糸で簀編（すのこあみ）したもの，紙製，藺編（いぐさあみ）の３種が残ります。

最勝王経帙（さいしょうおうきょうのちつ）（中倉57） 金字金光明最勝王経１部10巻を包むための帙である。縦30.0cm，横53.0cm。編物の１種で，竹ひごを緯（よこいと）の芯とし，経（たていと）に紫と白の絹糸を用いて捩り編み，紋様と文字をあらわしてある。主紋は葡萄唐草（ぶどうからくさ）で囲んだ円内に迦陵頻伽（かりょうびんが）を納めたもので，これをふたつ並べてある。その周囲に，それぞれ「依天平十四年歳在壬午春二月十四日勅」，「天下諸国毎塔安置金字金光明最勝王経」の文字を回す。

竹帙（じす）（中倉58・62，図7－2） 竹帙は58に５枚，62に１枚残る。竹ひごでつくった簀に色糸を編みこんで縞目をあらわし，錦の縁をつけてある。縦30cm前後，横42.5～50.0cm。

華厳経論帙（けごんきょうろんのちつ）（中倉59） １枚。芯は麻布で，表は楮紙（こうぞがみ），裏には新羅（しらぎ）の公文書の反古（ほご）を用いている。縦29.5cm，横58.0cm。

大乗雑経帙（だいじょうざつきょうのちつ）（中倉60） ２枚。カヤツリグサ科の藺を染め，これを編んで斑紋様をあらわしてある。縦31.0cm×横54.5cmと31.5cm×60.0cm。

小乗雑経帙（中倉61）　竹ひごが見えないほど色糸を編み詰めてある。縦30.0cm×横47.2cm。

斑藺帙（中倉63）　２枚あり，ともに染めた藺を編んで，斑紋をつくってある。

これらの大きさを見ると，経帙の幅は１尺が標準で，長さはさまざまだったようです。

なお，もと東大寺尊勝院の経蔵である「聖語蔵」に伝わっていた四千九百数十巻におよぶ経巻が，建物ごと明治26年に皇室へ献納され，翌年，正倉院の敷地に移設されました。『正倉院聖語蔵経巻目録』は「隋経」，「唐経」，「五月一日経（光明皇后御願経）」，「神護景雲二年御願経（称徳天皇勅願経）」などと分類しています。

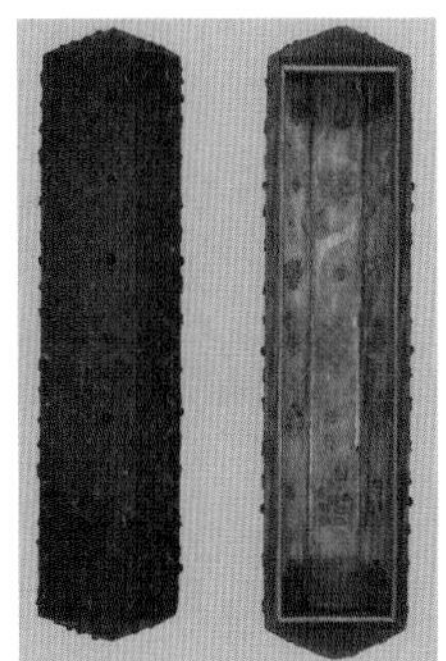

1　沈香末塗経筒(中倉33)

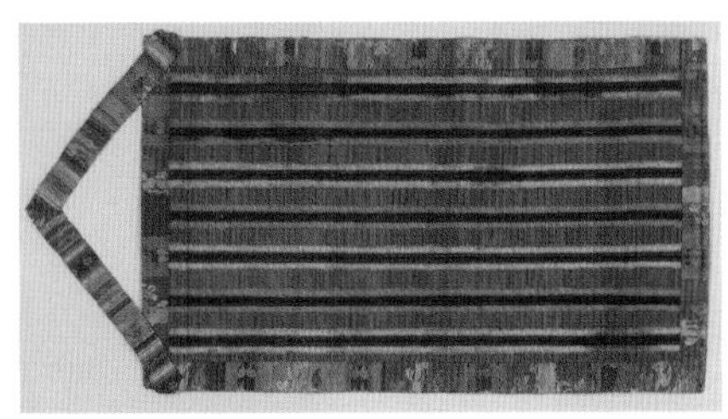

2　竹帙(中倉58第５号)

図7　経筒と経帙

3｜袈　　裟

「袈裟」とは，壊色を意味する梵語カーサーヤーの漢訳で，僧がまとう衣服でありました。用途によって，仕事着の安陀会，日常着の鬱多羅僧，晴れ着の僧伽梨の３種に分類されます。普通，袈裟は信者より施された布を裁断し，刺し縫いで接ぎ合わせて，葉と呼ぶ重ね合わせの条列をそろえて仕立てます。この条列の数から，安陀会は五条袈裟，鬱多羅僧は七条袈裟，僧伽梨は九条から二十五条袈裟とするのが一般的です。

正倉院には，聖武天皇が出家ののちに愛用したと考えられる袈裟が９領伝存します。九条が１，七条が８の割合。緑，紫，赤，青，白などの色の平絹を，不規則な形に切って重ねあわせてつくりました。これらは，『国家珍宝帳』が筆頭にあげているように，天皇にとって重要な品でありました。

九条刺納樹皮色袈裟（**北倉**１第１号，図８）　縦147.0cm，横253.0cm

七条褐色紬袈裟（**北倉**１第２号）　縦134.0cm，横297.0cm

七条織成樹皮色袈裟（**北倉**１第３号）　縦139.0cm，横245.0cm

納樹皮色袈裟（**北倉**１第４号～第９号）　縦145.0cm，横247.0cm

以上のほかに，中倉に麻布製の七条袈裟１領（中倉202）と，南倉に紫絁でつくられた二十五条，二十三条，二十一条，十七条の袈裟が各１領，腐朽のため条数不明の平絹の袈裟が３領あります（南倉95）。

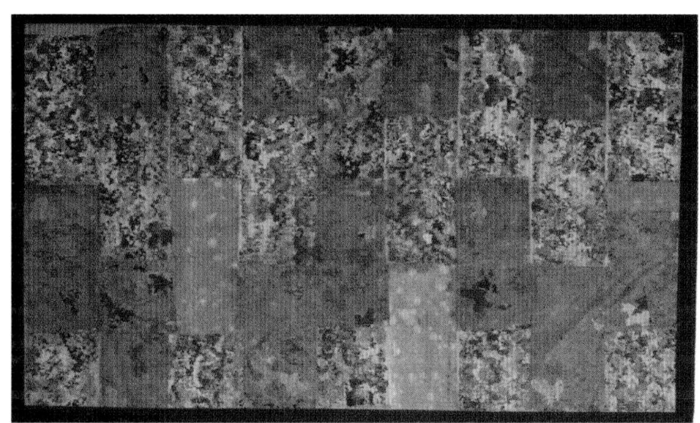

図８　九条刺納樹皮色袈裟（北倉１第１号）

4｜幡と天蓋

「幡」とは仏事または延命や死者への追善供養などに用い，仏・菩薩や法要の場を荘厳供養する縦長の旗です。幡の訓は「はた」であり，戦国時代の武将たちが掲げた旗指物に近いものです。三角形の幡頭と幡身・幡手，幡足より成り，普通は布製，まれに金銅製があります。

「天蓋」は，もとインドでは，貴人にさしかける傘でした。仏教に取り入れられると，須弥壇などの上方に懸ける荘厳具となり，また法会の際，導師らの頭上にかざすようになりました。

下で触れる『日本書紀』仏教公伝の記載に「幡蓋」と出てくるように，少なくとも灌頂幡(かんじょうばん)のばあいは，幡を天蓋の下に吊したのではないでしょうか。

1）西域と中国の幡

中国における幡の変遷については，沢田むつ代が詳しく検討し，幡の変化は幡頭と坪の形によくあらわれていることを明らかにしました（『染織（原始・古代編）』日本の美術No.263，至文堂，1988年）。

紀年を有する幡の遺品としては，開元13年（725）の発願文(ほつがんもん)を記した彩色平絹幡が最も古く，かつ唯一の実物資料です。より古い幡は図像資料に散見できるだけで，敦煌莫高窟(とんこうばっこうくつ)の壁画によると，

北魏：257窟「仏三尊図(ぶつさんぞんず)」・「沙弥守戒自殺因縁図(しゃみしゅかいじさついんねんず)」　長い1坪のまま。

北周：428窟「金剛宝座塔(こんごうほうざとう)」　4あるいは5に区画する。各坪は縦長。

隋：302窟「仏説法図(ぶつせつぼうず)」，305窟「仏説法図」　縁を1条巡らせた5坪の幡と，縁を2条につくった4坪の幡。

ここまでの幡頭は帯紐を三角形状につくってあり，図像で見る限り，塔の相輪頂部から懸け下げてあります。

初唐：幡頭が三角形となり，紐状の幡頭手と舌を付ける。各坪は正方形に近くなり，縁と坪境を1条にする。

などの順に展開し，こうして先述の開元13年の盛唐幡に至ったのだといいます。この沢田説に異論はありません。

2）日本の幡

日本における幡の文献上の初見は，『日本書紀』欽明天皇13年（552）冬10月，いわゆる「仏教公伝」の条であります。

冬十月，百済聖明王，更名聖王。遣西部姫氏達率怒唎斯致契等，献釈迦仏金銅像一軀・幡蓋若干・経論若干巻。

百済(くだら)の聖明王(せいめいおう)が，釈迦仏金銅像や経論などとともに幡蓋(はたきぬがさ)を献じた，と記しています。西部姫氏(せいほうきし)が姓，達率(たつそつ)は官位（二品），怒唎斯致契(ぬりしちけい)が名だとする説と，怒唎が姓，斯致契が名だとする異説があり，この仏教を伝えた使者の名には，後世の造作が加えられた可能性が高いようです。この条自体が事物起源説話にす

ぎないとする説さえあります。

『日本書紀』推古天皇31年（623）になると，記述がもっと詳しくなります。

> 秋七月，新羅遣大使奈末智洗爾，任那遣達率奈末智，並来朝。仍貢仏像一具及金塔幷舎利。且大灌頂幡一具・小幡十二条。即仏像居於葛野秦寺。以余舎利金塔灌頂幡等，皆納于四天王寺。

灌頂幡１具と小幡12条などが新羅・任那（みまな）からもたらされ，それらを四天王寺に納めた，というのです。このように幡は，当初は朝鮮半島からやって来たものでありました。灌頂幡を１具，小幡を12条と数えているところに注目です。灌頂幡は天蓋をともなっていたから「具」と数えたのではないでしょうか。それにしても，新羅大使の姓が「奈末智」，任那から派遣された人の姓も「奈末智」です。奇妙な一致ですね。

3）法隆寺の幡

法隆寺には，「蜀江錦綾幡（しよつこうきんあやばん）」と呼ばれるものをはじめとして，飛鳥時代の幡が何流か伝蔵されています。昭和資材帳調査によって新たに発見されたもので，完形品はありませんが，ほとんど褪色していません。また，明治初頭に法隆寺から皇室に献上された「法隆寺献納宝物」の中にも多くの幡が含まれており，灌頂幡が著名です。

幡の研究は，染織品の一部として，先述の沢田むつ代のほか，松本包夫らによって進められ，法隆寺の古段階（隋）から正倉院の新段階（盛唐）へと，その形が変化したことを明らかにするなど，かなりの成果をもたらしました。もっとも変化が著しいのは幡頭の形態と，幡身を縦長につなぐ方法です。

法隆寺幡の第１の特徴は，幡頭を帯紐で縦長の三角形状につくり，紐で囲まれた内部は空間になっているところ。また，幡身の坪は縦長の長方形で，その周りに１条または２条の縁を巡らせてあります。これらは中国の隋代の特徴と一致します。

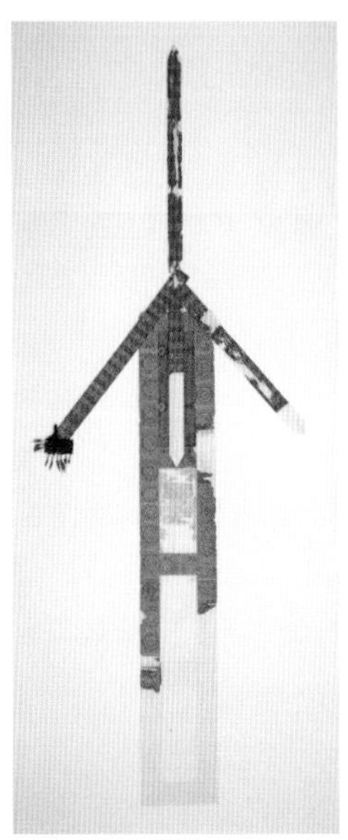
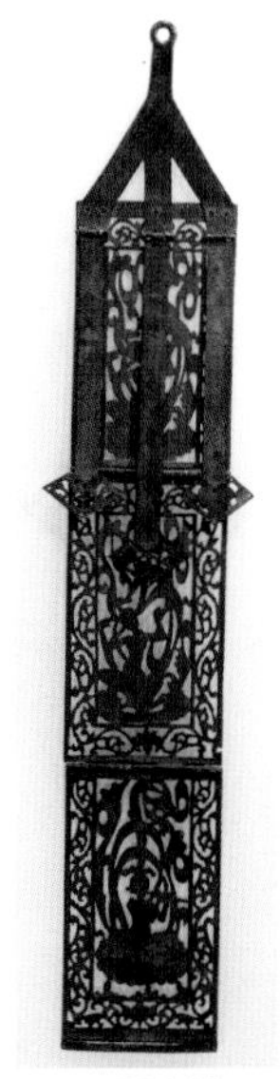

1　蜀江錦綾幡
（法隆寺献納宝物N26－1）

2　四隅小幡
（灌頂幡，法隆寺献納宝物N58）

図９　法隆寺の幡

戊子年銘命過幡の戊子年は持統２年（688）と考えられますが，この段階になると三角形の空間を布で塞ぐようになりました。三角形はまだ鋭角です。

次に触れる正倉院幡になると，幡頭が平たく頂角がほぼ直角になり，坪が正方形となります。

法隆寺には，斎場を荘厳するための道場幡のほか，「命過幡」，「誓願幡」が多数伝存します。臨終に臨んでおこなう命過幡燈法に際して用いたのが命過幡であります。白布製で，願文を墨書してあります。最下の坪に誓願を記したのが「誓願幡」。これらについては狩野久「法隆寺幡の年代について」（『伊珂留我』第３号，小学館，1986年）を参照して下さい。

４）正倉院の幡

正倉院には約1,000旒の幡が残り，そのほとんどは聖武天皇一周忌斉会で使用したものです。

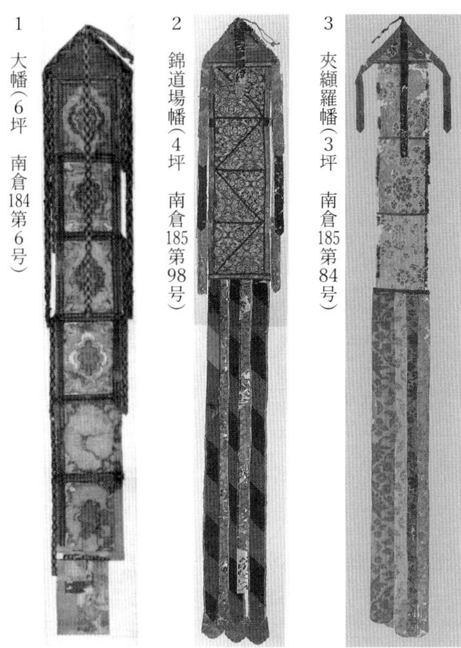

図10　正倉院の幡

金銅幡（南倉156第3号，Ⅴ章図3－1）　透彫した金銅板を蝶番で縦に4坪連ねた幡である。花唐草紋をあらわした幡頭以下，第1坪花唐草，第2坪亀甲，第3坪直線と草花，第4坪連珠と含綬双鳥を透彫し，線刻を加えてある。それらの隙間に金銅製の鈴や花葉形の垂飾を吊す。総長170.0cm。4旒ある。

大幡（南倉184第6号，図10－1）　6旒あり，第6号のみ完形に近い。残長8.13mを測る大型の幡で，幡身は6坪より成り，幡脚は12条ある。元は天蓋をともなって1具となっていたのであろう。分離した垂脚百数十条があるので，もっと多くの大幡が存在したと推定される。

道場幡（中倉202・南倉185，図10－2・3）　1,000旒ある道場幡のうち850が南倉185に，残りの大部分が中倉202に所属する。幡身に錦を用いた錦製が約400点，羅製が200数十点，ほかに綾製，絁製などがある。錦製には身の坪区画が４坪のものと５坪とがあり，その数は350対50の割合，総長は300.0cmと327.0cmで，５坪の方が長い。羅のばあいは４坪のみで，大きさは錦と同じである。なお，綾の幡には３坪，布や絁の幡には１坪のものがある。

5）正倉院の天蓋

天蓋は，仏あるいは菩薩などの頭上を飾る荘厳具であり，元々は，日除けのために貴人に差しかける蓋でした。正倉院には天蓋の残欠13点分と天蓋を支える骨（轂と腕木）22点分が残ります。

灌頂天蓋骨（中倉196第１号～第３号，第４号其１・其２，第６号，第７号，第８号其１・其２，第９号其１～其９，第10号，図11−1）　天蓋の骨である轂と腕木は，ほとんどが欅製，轆轤挽きで，黒漆塗り，赤漆塗り，白色顔料塗りの３種がある。胴は秤の重りのように大きく３つにくびれ，中央の膨らみに腕木を挿す方形孔を４ないし６個あけ，上下あるいは上部だけに鐶をつける。

下部に鐶のあるものが灌頂幡用，ない方が普通の幡用でしょう。ただし，灌頂幡は南倉にあるのに天蓋は中倉に収蔵されています。これはいったいどうしたことでしょうか。

灌頂幡以外は，南倉に，３つに分けて収められています。方形と八角形とに分類したのは明治の整理の際でした。

吉字刺繡飾方形天蓋残欠（南倉181第７号～第12号）

方形天蓋残欠（南倉182第１号～第３号，第13号，第15号～第19号，図11−2～4）　９張分が集められている。

八角天蓋残欠（南倉183第４号～第６号，第14号，図11−5）　３張分が残る。

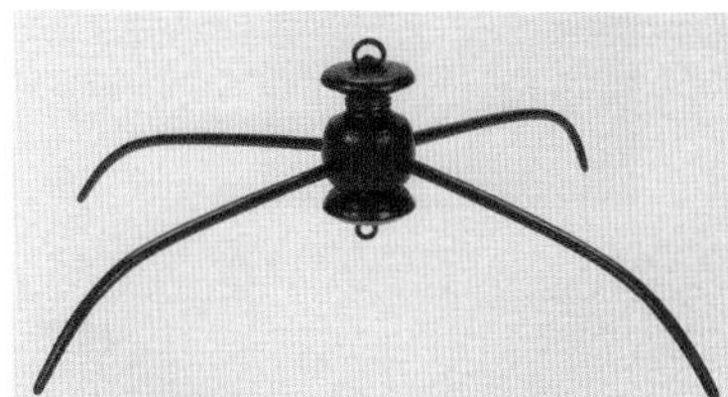
1　灌頂天蓋骨(中倉196)

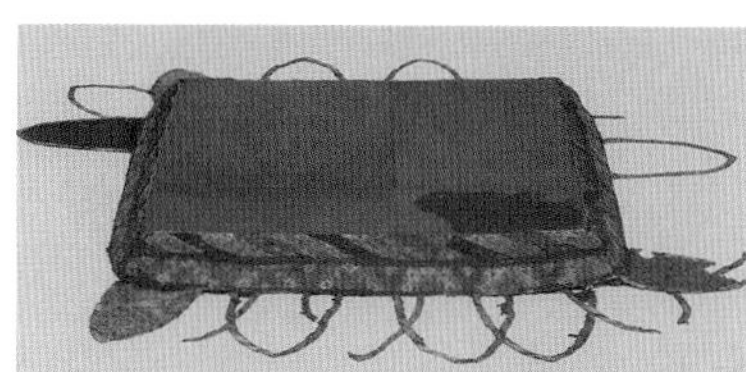
2　方形天蓋残欠(南倉182第15号)

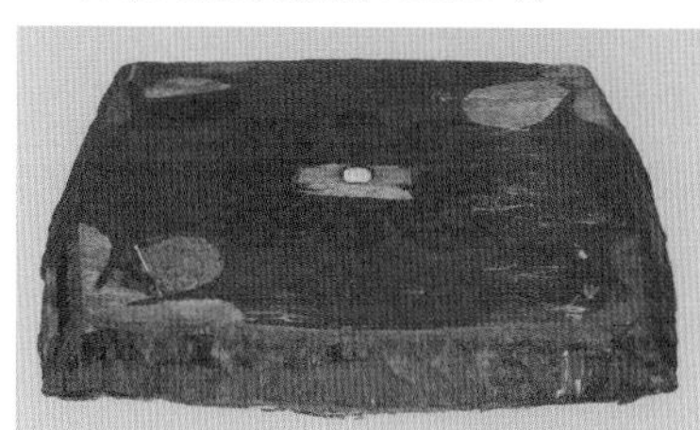
3　方形天蓋残欠(南倉182第１号)

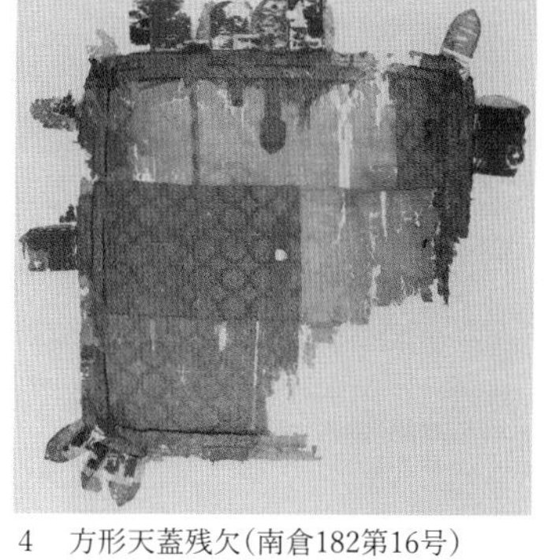
4　方形天蓋残欠(南倉182第16号)

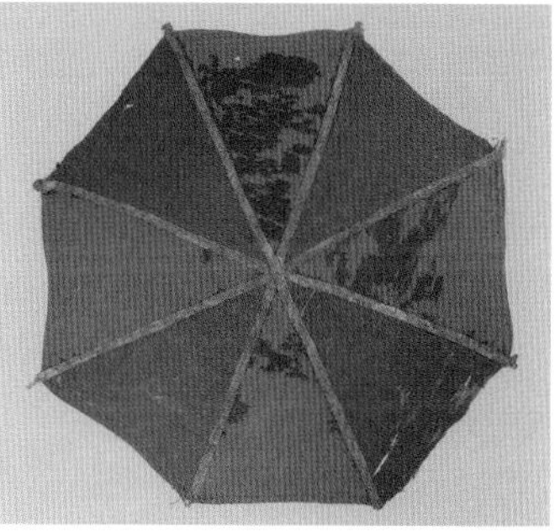
5　八角天蓋残欠(南倉183第４号)

図11　天蓋

付論　櫃

はじめに

正倉院には，櫃・箱・合子のような蓋物のほかに，袋物が結構あります。これらは物品を収納する容器である，という点が共通します。

櫃・箱と合子は，身と蓋から成るところは同じです。ただ，違いもあるようで，『広辞苑』で【櫃】を引くと，

　什器の一。大型の匣（はこ）の類で，上に向かって蓋の開くもの。

と定義しています。大型であることと上に向かって蓋が開くことを重視していますが，字義からすれば貴重品を入れる木製の収納具でありましょう。什器とは何か，という新しい疑問が発生しました。

これに対して【箱・函・筥・匣・篋】は，

　物を納めておく器。普通，角型で木または紙，竹などで作る。

こちらも字義からいえば，本来は物を入れる竹製の器の謂いでしょう。「筥」は円形の箱，「篋」は長方形の箱，「匣」は小さな箱の意があるそうですから，角型であるか否かは問わないはず。材質も木材，金属，漆皮，編物など多様なものがあります。何より蓋の有無に言及していないところが気にかかります。

では【合子】とは何でしょう。

　身と蓋とから成る小さい容器。蓋物・香合の類。

だそうで，「合」ですから当然身と蓋から成り，小さいので「子」がつくのですね。木製のほか，金属製・陶磁製・石製などが知られます。

1｜資料の提示と分類

正倉院には206合の櫃が現存し，これらは２種類に分けられます。

①奈良時代から伝わる天平古櫃166合に，慶長櫃，元禄櫃，興福寺古材櫃などと称する新しい櫃を加え，本来の目的である容器と見なされている類。

②「赤漆古櫃納青斑石」，「漆櫃密陀絵雲鳥草形」などと呼ばれ，他の宝物と同列と見なされている櫃。14合あるというが，見つけ得たのは次の７合のみである（表１）。

これらのうち「檜墨絵花鳥櫃」は平安・鎌倉時代の作とされますが，残りは

表１　櫃　分類②一覧

（空欄は不明・なし）単位：cm

番外	倉	形状	正面	側面	総高	樹種	装飾	金具
漆櫃蜜陀絵雲鳥草形	南倉168 第１号	四脚	89.5	57.3	43.5	杉	黒漆塗白彩	銅・鉄
漆櫃蜜陀絵龍虎形	南倉168 第２号	四脚	106.0	65.8	46.3	杉	黒漆塗白彩	鉄
漆小櫃	南倉169	四脚	55.0	45.8	33.5		黒漆塗	鉄
赤漆櫃蜜陀絵雲兎形	南倉170 第１号	四脚	100.0	69.5	48.5	杉	赤漆塗緑彩	
赤漆櫃第２号	南倉170 第２号	四脚	95.0	65.0	51.0	杉	赤漆塗緑彩	
檜彩絵花鳥櫃	南倉171	四脚	57.8	43.3	27.3	檜	墨画彩色	鉄
檜墨絵花鳥櫃	南倉172		104.0	72.0	34.8	檜	墨画	鉄

次に触れる天平古櫃の四脚式の仲間です。表面を黒漆塗（くろうるしぬり）としたり，紋飾を加えたところは別扱いにふさわしいかもしれませんが，この①と②に分ける分類は不要でしょう。

天平古櫃については，関根真隆「正倉院古櫃考」（『正倉院の木工』日本経済新聞社，1978年，のち『正倉院への道—天平美術への招待—』〈吉川弘文館，1991年〉に再録）が詳しく論じました。

天平古櫃は，ほぼ奈良朝の製作であるにもかかわらず，容器という性格のために，従来からめだたない存在でした。しかしながら，奈良朝木工品の基本的資料であり，調査・研究の対象とすべきとの観点から，関根は機会を捉えてデータを集めました。その調査成果を整理したのが関根の論考です。なお，天平古櫃166合に慶長櫃，元和櫃（げんなき），興福寺古材櫃などをあわせて，１から206までの番号を書いた小木札がつけられました。明治16年のことで，この番号にさしたる意味はありませんが，便利なので本書でも使います。

天平古櫃をさらに以下の３種に分類するのが一般的で，関根もそれを踏襲しました。

四脚式：本体の箱形の身の両長側に脚を各２本ずつ，計４本取りつけたもの。112合。

　赤漆塗，白木のまま，薄墨塗（うすずみ）の３種に分かれる。

横桟式：身の両長側に各１本の横桟（よこざん）（手懸桟（てかけざん））を打ちつけたもの。45合。

箱式：脚がなく，また横桟もない，箱形のもの。8合。

本体はいずれも杉製で，これに欅，槻などの堅い木を脚または桟として取りつけました。四脚式が文献に出て来る「唐櫃」，横桟式が「和櫃」に相当するとの説もありますが，奈良時代にそのような区別があったとの確証はなく，ともに「辛櫃」とあるものに相当するでしょう。

蓋はすべて被蓋式で，蓋と身には正面各1ヵ所に壺金具をつけ，これに鏁子という鍵をかけるようになっています。また反対面にも肘金具と壺金具をつけ，これを蝶番としています。

四脚式は，蓋・身をともに赤漆塗としたもの60合と，塗のない白木のもの51合，薄墨塗とするもの1合に分けられます。赤漆塗のばあい，脚には黒漆を塗り，また蓋身の稜角も黒漆塗としてあります（稜角だけを別色とすることを「蔭切」という）。後者は蓋も身も白木のままですが，蔭切だけは施してあります。

横桟式は44合あり，すべて白木のままで，蔭切のみを加えています。

箱式とは，脚や桟をつけない，たんなる箱形のもの。わずか9合のみが存在し，赤く塗ったもの2に対して白木のまま7の割合です。

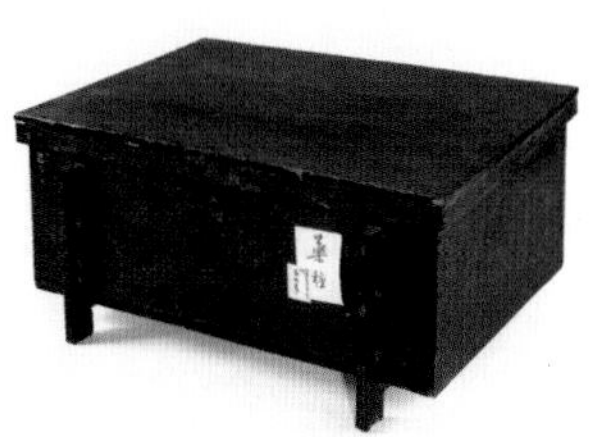

1　四脚式（北倉178第4号）

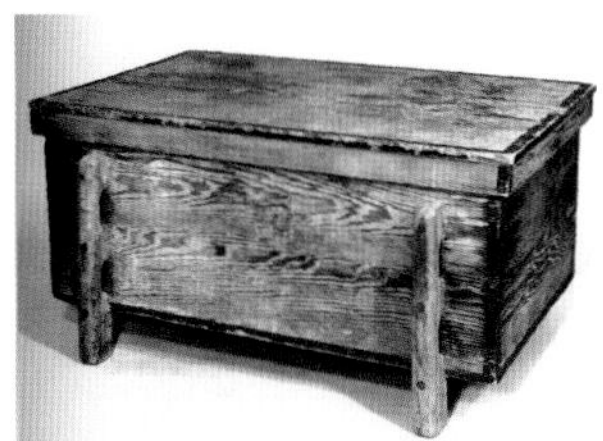

2　四脚式（北倉178第5号）

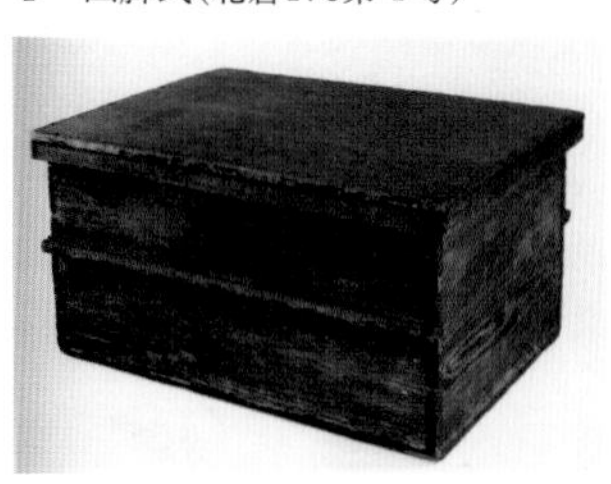

3　横桟式（北倉178第3号）

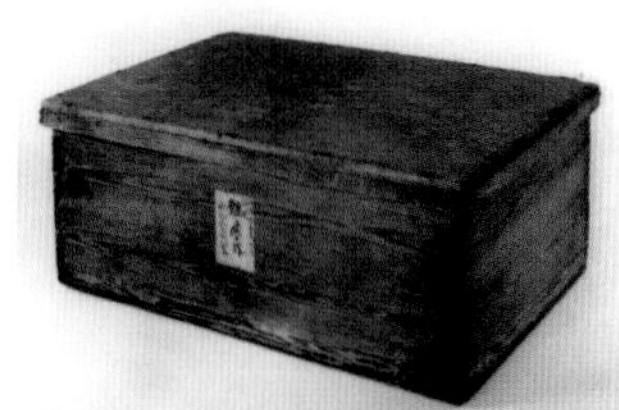

4　箱式（中倉202第92号）

図1　櫃4種

関根は，「まずこれら古櫃の用材であるが，いずれの形式も蓋・身の各部分ともそれぞれ厚さ2cm前後の榲（すぎ）（杉）の一枚板で製作している」と指摘します。そして，身側面の組方を第1類から第15類までに分類し，その結果を表にまとめました。第9類54合，第5類27合，第12類23合，第3類13合，第11類12例の順で，第8類，第14類・第15類は1例，1類・2類は2例しか実例がありません。

倉ごとに構成が異なるか，大きさの差に意味があるか，時代差・工房（工人）の違いを表しているかなどに関して，特筆するような方向性は見えてきません。倉別，大きさ，蓙切の有無などとあわせて，分類の指標とはならないことを示しているでしょう。

そこで，四脚赤・四脚白・横桟の分類に戻して，表を再編してみました（表2）。

表2　正倉院櫃一覧

（関根1991の表7を改変）単位：cm

番号	倉	種類	組方	正面	側面	総高	材質/脚	金具	備考
164	中202	四脚赤	第3類	96.1	66.8	43.2			
191	南74	四脚赤	第4類	107.2	73.0	51.3	杉	鉄	蓙切・脚黒漆塗
61	中199	四脚赤	第4類	106.8	72.9	49.6	杉	鉄	蓙切・脚黒漆塗
194	南74	四脚赤	第4類	100.8	71.3	50.4	杉	金銅	
64	中24	四脚赤	第5類	119.5	81.0	55.5	杉	鉄	蓙切・脚黒漆塗
182	南74	四脚赤	第5類	106.1	71.2	50.4	杉	金銅	蓙切
190	南74	四脚赤	第5類	103.3	70.5	51.5	杉	金銅・鉄	蓙切・脚黒漆塗
179	南74	四脚赤	第5類	103.0	69.3	48.8	杉	金銅・鉄	蓙切・脚黒漆塗
24	北183	四脚赤	第5類	102.4	69.0	50.6	杉	鉄	
66	中24	四脚赤	第5類	102.3	71.3	54.8	杉	金銅・鉄	蓙切・脚黒漆塗
6	北178	四脚赤	第5類	102.3	71.0	50.5	杉	金銅	蓙切・脚黒漆塗

番号	倉	種類	組方	正面	側面	総高	材質/脚	金具	備考
177	南74	四脚赤	第5類	102.2	69.0	49.0	杉	金銅・鉄	蔭切・脚黒漆塗
51	北183	四脚赤	第5類	102.0	70.0	50.0	杉	金銅	
54	北183	四脚赤	第5類	102.0	69.8	49.5	杉	金銅・鉄	蔭切・脚黒漆塗
65	中24	四脚赤	第5類	101.8	69.3	47.5	杉	金銅	
201	南174	四脚赤	第5類	99.8	70.2	53.1	杉/桜	金銅・鉄	蔭切
8	北178	四脚赤	第6類	151.5	75.3	53.4	杉	鉄	蔭切・脚黒漆塗
139	中202	四脚赤	第6類	137.1	83.4	46.6		金銅	
163	中202	四脚赤	第6類	97.8	65.5	41.6			
1	北178	四脚赤	第7類	95.5	64.7	52.0	杉	鉄	蔭切・脚黒漆塗
38	北183	四脚赤	第9類	116.7	77.5	53.0	杉	鉄	蔭切
98	中202	四脚赤	第9類	114.5	76.5	51.0	杉	鉄	蔭切・脚黒漆塗
200	中202	四脚赤	第9類	113.7	75.8	50.7	杉	鉄	蔭切
48	北183	四脚赤	第9類	113.5	77.8	51.8	杉	鉄	蔭切・脚黒漆塗
52	北183	四脚赤	第9類	102.5	69.5	49.0	杉	金銅	蔭切・脚黒漆塗
176	南74	四脚赤	第9類	102.5	69.5	51.0	杉	金銅	蔭切・脚黒漆塗
199	南174	四脚赤	第9類	102.3	71.0	50.0	杉	金銅・鉄	蔭切・脚黒漆塗
45	北183	四脚赤	第9類	101.8	70.0	49.0	杉	鉄	蔭切・脚黒漆塗
7	北178	四脚赤	第9類	99.5	69.5	53.5	杉	鉄	蔭切・脚黒漆塗
26	北183	四脚赤	第9類	99.5	69.0	51.3	杉	鉄	
120	中202	四脚赤	第9類	99.0	69.0	53.0	杉	鉄	蔭切
68	中24	四脚赤	第9類	98.8	68.3	52.4	杉	鉄	蔭切・脚赤漆塗
94	中202	四脚赤	第9類	98.5	69.5	51.5	杉	金銅	蔭切・脚黒漆塗

番号	倉	種類	組方	正面	側面	総高	材質/脚	金具	備考
22	北183	四脚赤	第9類	98.5	69.2	53.0	杉	鉄	蔭切・脚黒漆塗
69	中24	四脚赤	第9類	98.2	65.8	48.5	杉	鉄	蔭切・脚黒漆塗
43	北183	四脚赤	第9類	96.4	66.6	46.0	杉	鉄	蔭切・脚黒漆塗
184	南74	四脚赤	第9類	96.1	67.0	45.7	杉	鉄	蔭切・脚黒漆塗
27	北183	四脚赤	第9類	96.0	67.5	47.0	杉	鉄	蔭切・脚黒漆塗
188	南74	四脚赤	第9類	96.0	67.0	46.0	杉	鉄	蔭切・脚黒漆塗
4	北178	四脚赤	第9類	95.8	69.1	46.4	杉	鉄	蔭切・脚黒漆塗
31	北183	四脚赤	第9類	95.8	65.5	44.8	杉	鉄	蔭切・脚黒漆塗
175	南74	四脚赤	第9類	96.0	66.5	50.3	杉	鉄	蔭切・脚黒漆塗
121	中202	四脚赤	第9類	95.5	66.6	51.0	杉	鉄	蔭切・脚黒漆塗
49	北183	四脚赤	第9類	95.0	64.5	51.0	杉	鉄	蔭切・脚黒漆塗
60	中199	四脚赤	第9類	95.0	65.1	51.4	杉	鉄	蔭切・脚黒漆塗
187	南74	四脚赤	第9類	94.8	65.0	51.2	杉	鉄	蔭切・脚黒漆塗
67	中24	四脚赤	第9類	94.6	64.7	51.2	杉	鉄	蔭切・脚黒漆塗
198	南174	四脚赤	第9類	94.3	64.4	44.8	杉	鉄	蔭切
127	中202	四脚赤	第10類	124.5	73.0	47.5			
171	中202	四脚赤	第10類	98.8	65.9	36.5			
196	南74	四脚赤	第11類	104.8	71.3	50.4	杉	鉄	蔭切・脚黒漆塗
21	北183	四脚赤	第11類	103.0	69.0	50.5	杉	鉄	
110	中202	四脚赤	第11類	102.5	69.0	50.5	杉	鉄	蔭切・脚黒漆塗

番号	倉	種類	組方	正面	側面	総高	材質/脚	金具	備考
195	南74	四脚赤	第11類	102.0	69.5	51.7	杉	鉄	蔭切・脚黒漆塗
133	中202	四脚赤	第12類	142.4	89.2	42.8	金銅		
181	中202	四脚赤	第12類	109.8	76.3	49.4	杉	鉄	蔭切・脚黒漆塗
56	中199	四脚赤	第12類	109.5	76.5	49.8	杉	鉄	蔭切・脚黒漆塗
168	中202	四脚赤	第12類	98.2	66.1	41.2			
124	中202	四脚赤	第14類	101.5	70.0	49.0	杉	鉄	蔭切・脚黒漆塗
111	中202	四脚赤		113.0	76.5	49.0	杉	鉄	蔭切・脚黒漆塗
	南74	四脚赤		106.8	72.9	49.6	杉	鉄	蔭切・脚黒漆塗
172	中202	四脚白	第2類	102.4	68.1	43.7			
169	中202	四脚白	第3類	83.1	53.3	30.7			
174	南74	（四脚白）	第3類	88.0	55.0	45.5	杉	鉄	蔭切
23	北183	四脚白	第4類	103.3	69.5	52.0	杉	鉄	
153	中202	四脚白	第4類	100.4	70.7	40.3			
146	中202	四脚白	第4類	99.6	67.1	45.2			
149	中202	四脚白	第4類	96.5	64.7	44.5			
183	南74	四脚白	第5類	116.8	72.7	56.4	杉	鉄	蔭切
58	中199	四脚白	第5類	115.5	71.2	62.0	杉	鉄	蔭切
189	南74	四脚白	第5類	112.9	76.2	50.6	杉	鉄	蔭切
193	南74	四脚白	第5類	112.0	76.7	54.0	杉	鉄	蔭切
131	中202	四脚白	第5類	111.0	72.8	54.8			
34	北183	四脚白	第5類	108.7	73.0	48.8	杉	鉄	蔭切・脚黒漆塗
143	中202	四脚白	第5類	107.5	72.0	42.5			
50ヵ		四脚白	第5類	107.4	71.9	42.4			
204	南174	四脚白	第5類	106.5	71.0	59.5	杉	鉄	蔭切
202	南174	四脚白	第6類	136.0	77.8	64.0	杉	鉄	蔭切
20	北183	四脚白	第6類	115.0	77.0	58.0	杉	鉄	蔭切
140	中202	四脚白	第6類	113.5	72.1	51.8			

番号	倉	種類	組方	正面	側面	総高	材質/脚	金具	備考
138	中202	(四脚白)	第6類	111.0	68.3	47.0			
5	北178	四脚白	第6類	104.3	69.0	52.8	杉	鉄	蔭切
28	北183	四脚白	第7類	115.0	70.0	62.0	杉	鉄	蔭切・脚黒漆塗
63	中24	四脚白	第8類	116.6	75.6	59.9	杉	鉄	蔭切・脚黒漆塗
9	北178	四脚白	第9類	159.5	83.8	74.2	杉	鉄	蔭切
203	南174	四脚白	第9類	157.0	82.5	72.7	杉	鉄	蔭切
161	中202	四脚白	第9類	125.8	72.6	55.3			
103	中202	四脚白	第9類	118.5	77.0	56.0	杉	鉄	蔭切
132	中202	(四脚白)	第9類	114.5	71.0	54.1			
160	中202	四脚白	第9類	113.8	70.8	52.0			
32	北183	四脚白	第9類	106.4	74.1	60.2	杉	鉄	蔭切・脚黒漆塗
30	北183	四脚白	第9類	103.6	66.7	48.5	杉	鉄	蔭切
178	南74	四脚白	第9類	102.3	66.7	49.5	杉	鉄	蔭切
47	北183	四脚白	第9類	100.5	68.5	54.0	杉	鉄	蔭切・脚黒漆塗
173	中202	四脚白	第9類	100.5	62.0	43.0			
95	中202	四脚白	第10類	157.0	81.5	65.0	杉	鉄	
197	南174	四脚白	第11類	136.0	77.5	66.0	杉	鉄	蔭切
14	北183	四脚白	第11類	119.2	74.7	51.6	杉	鉄	蔭切
11	北183	四脚白	第11類	117.0	72.5	64.9	杉	鉄	蔭切
166	中202	四脚白	第11類	113.5	70.5	45.8			
206	南174	四脚白	第12類	133.5	68.5	63.8	杉	鉄	蔭切・脚端黒漆塗
205	南174	四脚白	第12類	132.5	79.0	53.8	杉	鉄	蔭切
17	北183	四脚白	第12類	125.4	73.7	55.2	杉	鉄	蔭切
192	南74	四脚白	第12類	123.4	73.7	57.6	杉	鉄	蔭切
154	中202	四脚白	第12類	123.0	65.5	48.5			
111	中202	四脚白	第12類	113.0	76.5	49.0	杉	鉄	
165	中202	四脚白	第12類	112.0	70.2	52.8			
137	中202	四脚白	第12類	111.5	64.0	48.0			
142	中202	四脚白	第12類	110.8	71.5	53.5			

番号	倉	種類	組方	正面	側面	総高	材質/脚	金具	備考
125	中202	四脚白	第12類						
57	中199	四脚白	第15類	134.5	80.0	64.5	杉	鉄	蔭切
108	中202	六脚白		122.0	59.0	43.6	杉		
59	中199	四脚黒		86.7	57.2	38.2	檜	鉄	全面黒塗
151	中202	横桟	第1類	97.3	66.0	46.8			
122	中202	横桟	第1類	93.0	63.2	45.3	杉	鉄	蔭切
135	中202	横桟	第2類	83.4	65.0	32.6			
118	中202	横桟	第3類	98.3	67.5	46.7	杉	鉄	蔭切
44	北183	横桟	第3類	97.5	67.0	47.5	杉	鉄	蔭切
42	北183	横桟	第3類	97.2	70.6	46.0	杉	鉄	蔭切
53	北183	横桟	第3類	96.5	66.8	47.0	杉	鉄	蔭切
29	北183	横桟	第3類	96.5	68.0	42.0	杉	鉄	蔭切
37	北183	横桟	第3類	118.0	74.0	51.0	杉	鉄	蔭切
13	北183	横桟	第3類	103.8	70.8	49.0	杉	鉄	蔭切
25カ	北183	横桟	第5類	126.0	81.0	59.5	杉	鉄	目下空番
3	北178	横桟	第5類	100.5	71.8	53.5	杉	鉄	蔭切
185	南74	横桟	第5類	97.8	67.3	43.2	杉	鉄	蔭切
155	中202	横桟	第7類	95.5	69.5	56.6			
19	北183	横桟	第9類	128.5	73.3	53.4	杉	鉄	蔭切
2	北178	横桟	第9類	127.5	73.0	52.5	杉	鉄	蔭切
167	中202	横桟	第9類	123.0	70.0	51.5			
129	中202	横桟	第9類	122.0	69.0	50.5			
33	北183	横桟	第9類	119.5	78.0	55.4	杉	鉄	蔭切
134	中202	横桟	第9類	119.0	69.0	49.5			
35	北183	横桟	第9類	116.5	78.0	55.5	杉	鉄	蔭切
74	中202	横桟	第9類	116.5	76.5	55.5	杉	鉄	蔭切
147	中202	横桟	第9類	101.9	64.2	41.6			
186	南74	横桟	第9類	97.0	66.8	47.0	杉	鉄	蔭切
152	中202	横桟	第9類	93.8	63.5	44.5			
156	中202	横桟	第10類	93.8	63.7	45.5			
128	中202	横桟	第10類	112.0	69.3	50.5			
180	中202	横桟	第11類	139.1	73.8	59.6	杉	鉄	蔭切

番号	倉	種類	組方	正面	側面	総高	材質/脚	金具	備考
55	北183	横桟	第11類	132.0	78.9	59.1	杉	鉄	蔭切
158	中202	横桟	第11類	114.1	72.5	55.4			
159	中202	横桟	第11類	112.1	70.4	53.2			
50	北183	横桟	第12類	117.3	70.6	47.0	杉	鉄	蔭切
157	中202	横桟	第12類	115.0	69.5	48.0			
39	北183	横桟	第12類	111.0	74.5	42.0	杉	鉄	蔭切
18	北183	横桟	第12類	110.7	73.8	41.5	杉	鉄	蔭切
10	北183	横桟	第12類	109.1	72.5	41.5	杉	鉄	蔭切
46	北183	横桟	第12類	109.0	73.0	42.0	杉	鉄	蔭切
15	北183	横桟	第12類	108.5	72.0	42.2	杉	鉄	蔭切
36	北183	横桟	第12類	108.0	73.0	42.0	杉	鉄	蔭切
148	中202	横桟	第12類	104.4	69.0	39.2			
170	中202	横桟	第13類	108.0	69.2	54.8			
16	北183	横桟	第13類	127.0	75.0	58.0	杉	鉄	蔭切
62	中24	横桟	第13類	138.0	79.7	55.5	杉	鉄	蔭切
109	中202	横桟	第13類	137.5	83.0	61.0	杉	鉄	蔭切
70	中24	箱式赤	第10類	78.6	56.8	42.3	杉	鉄	蔭切
73	中202	箱式赤	第13類	114.1	71.4	64.7	杉	鉄	蔭切
92カ	中202	箱式白	第5類	107.5	71.3	42.6			目下空番
123	中202	箱式白	第5類	107.3	72.0	39.0	杉	鉄	
145	中202	箱式白	第5類	85.4	59.2	33.8			改修後
162	中202	箱式白	第6類	148.8	73.9	56.0			
136	中202	箱式白	第9類	110.5	69.5	50.0			
12	北183	箱式白		80.8	61.5	36.0	杉		
40	北183	箱式白	第13類	130.0	76.8	55.4	杉	鉄	蔭切

2｜鏁子と色

櫃には大抵のばあい，正面蓋と身に合するように壺金具がついています。ここに鏁子(さす)をかけ，裏面につけた壺金具を蝶番として身と蓋とを繋いだのです。鏁子はいずれも牝金具(めすかなぐ)，牡(おす)金具，匙によって構成され（図2），表1で金具の欄が空欄なのは鏁子がつかないものです。ついているものはそれだけ格が高かったのではないでしょうか。なかでも金銅製の星形・花菱(はなびし)形の鋲(びょう)を使用したものが17合あります。これらはすべて四脚式赤に属し，しかもそれらは長側100cmを若干超える中型・大型櫃です。

今日，正倉院には櫃や箱に付属した鏁子のほか，単独で43具が伝わります（南倉167)。銀製が１具（第１号)，金銅製が13具（第２号～第14号)，鉄製が28具（第16号～第43号）あります。都合，銀製１具・金銅製30具が高級ランクに位置づけ得ることになります（ただし，牡金具につくピンセット状のバネだけは鍛鉄(たんてつ)製です)。

なお，正倉院古鑰(こちゆう)（南倉166第75号）と鑰匙(ちゆうのさじ)（南倉166第76号）は江戸時代の製作です。

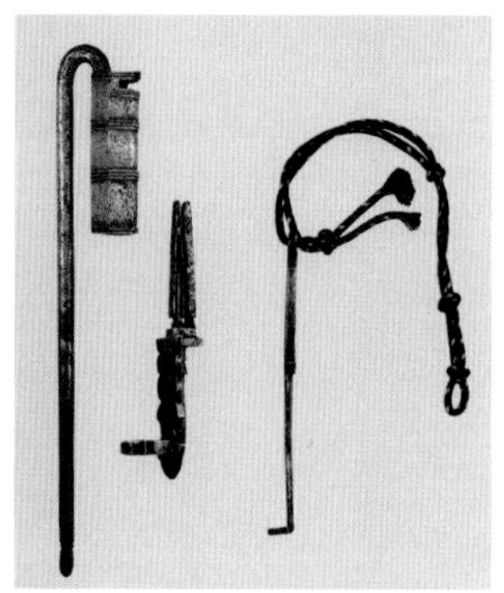

図２　鏁子（南倉167第11号）

四脚式と箱式にさらに赤・白の違いを設けましたが，これも収納物のランクを示しているのではないでしょうか。赤が上級と考えられていたことは確実でしょう。横桟式に赤白の区別がないのはなぜか，という疑問が生じてきますが。

木材の樹種については，唯一の例外である59を除き，すべて杉に統一されています。59は檜製で四脚式，全面を黒塗りとした特異なもので，大きさも小さい。次の「特殊な櫃」の仲間と捉えるべきであります。脚の樹種には桜，欅，槻などがあり，何らかの傾向を見せるのではないかと期待を持たせますが，あいにく樹種の同定が行き渡っていません。

3｜特殊な櫃

番号が付されずに「小櫃（しょうき）」とか「細長櫃」と名づけられ，櫃とは別扱いされたものがありますので，一覧表示しましょう（表3）。

表3　特殊な櫃一覧

単位：cm

番外	倉	形状	正面	側面	総高	樹種/脚	装飾	金具	納物
新羅琴櫃	北倉175第1号	細長櫃	199.0	43.0	23.5	杉			琴
新羅琴櫃	北倉175第2号	細長櫃	187.5	43.8	24.0	杉			琴
細長櫃	北倉179第1号	細長櫃	178.0	17.7	12.0	檜	蔭切	鉄	杖刀
細長櫃	北倉179第2号	細長櫃	133.5	24.0	16.6	檜	蔭切	鉄	金銀鈿荘唐大刀
細長櫃	中倉27第3号	細長櫃	109.8	31.5	18.8	杉	蔭切	鉄	
細長櫃	中倉27第2号	細長櫃	98.8	26.4	17.0	杉	蔭切	鉄	
細長櫃	中倉27第1号	細長櫃	96.0	23.5	21.5	杉	蔭切	鉄	
赤漆八角小櫃	北倉157	八角形	55.5		49.0	杉	漆塗蔭切		冕冠
赤漆六角小櫃	北倉157	六角形	50.5		46.4	杉	漆塗蔭切		冕冠
赤漆小櫃	北倉180第2号	小櫃	48.9	38.5	23.9	杉	赤漆塗蔭切	鉄	御床覆
赤漆小櫃	北倉180第1号	小櫃	47.5	38.9	33.0	檜	赤漆塗蔭切	鉄	青斑鎮石
赤漆小櫃	北倉180第3号	小櫃	47.0	38.0		檜	赤漆塗蔭切		
小櫃	北倉148	小櫃	49.0	30.4	22.0	杉	蔭切	蓋欠失	丹
杉小櫃	中倉30第2号	小櫃	39.6	32.1	21.6	杉	蔭切	鉄黒漆塗	
杉小櫃	中倉30第1号	小櫃	39.3	31.7	21.7	杉	蔭切	鉄黒漆塗	
杉小櫃	中倉30第3号	小櫃	39.2	31.5	21.6	杉	蔭切	鉄黒漆塗	
杉小櫃	中倉30第4号	小櫃	39.6	32.1	21.3	杉	蔭切	鉄黒漆塗	

番外	倉	形状	正面	側面	総高	樹種/脚	装飾	金具	納物
杉小櫃	中倉30 第5号	小櫃	39.5	31.8	21.7	杉	蔭切	鉄黒漆塗	
杉小櫃	中倉30 第6号	小櫃	39.4	32.4	21.6	杉	蔭切	鉄黒漆塗	
赤漆欟木小櫃	中倉25	四脚赤	51.8	36.3	28.5	欅/黒柿	赤漆塗	なし	
赤漆小櫃	中倉26	箱形	43.8	43.7	31.5	杉	赤漆塗	鉄	
漆小櫃附漆小几	中倉79	箱形	44.8	33.0	24.8	木	黒漆塗	鉄黒漆塗	
漆小櫃附漆小几	中倉92	箱形	43.0	30.0	24.4	木	黒漆塗		
赤漆欟木小櫃	中倉83	箱形	45.1	15.0	31.5	欅	赤漆塗		
黒柿蘇芳染小櫃	中倉84	箱形	24.8	15.0	14.5	黒柿	蘇芳染	銀	
紫檀小櫃	中倉144 第16号	箱形	22.5	16.4	12.5	紫檀	蘇芳塗	銅製鍍金	
赤漆桐小櫃	中倉200		64.0	39.2	28.7	桐	赤漆塗 蔭切	銅製漆塗	

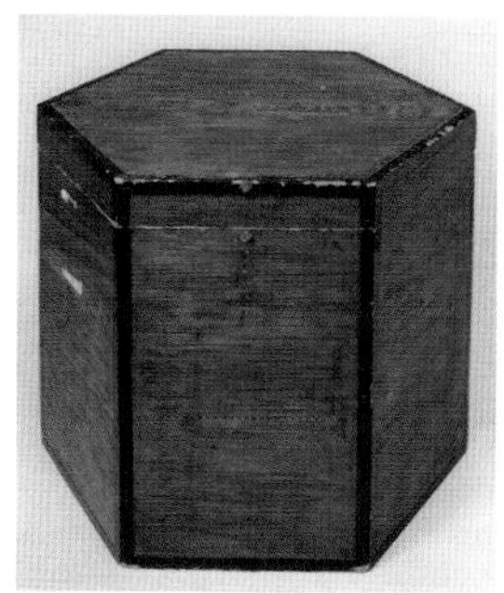
1　赤漆六角小櫃(北倉157)

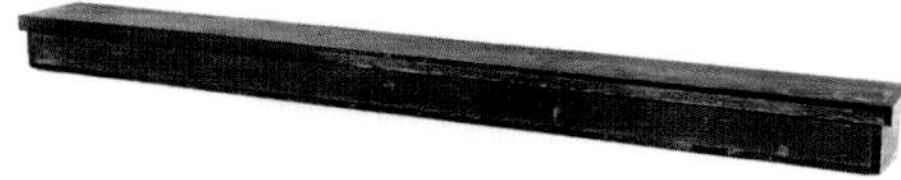
2　細長櫃(北倉179第2号)

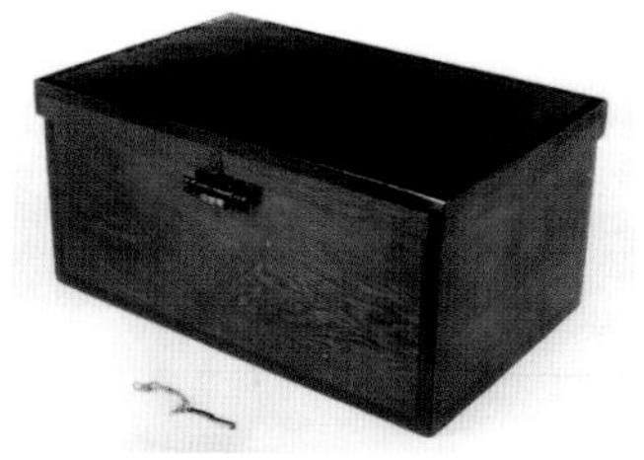
3　赤漆桐小櫃(中倉200)

図3　特殊な櫃

本体の樹種は櫃と同様，杉が多いのですが，檜6，欅2，黒柿・桐・紫檀(したん)各1が11例認められます。ほかにも銀金具をつけた小櫃や鏁子をともなうものが多いのは，高級品が多い証拠でありましょう。

なお，いくつかの寺院が所蔵する櫃と出土品が知られ，後者については鵜山まりが検討しています（「櫃―その系譜と展開―」『古事　天理大学考古学研究室紀要』第2冊，1998年）。それによると，当時知られていた出土品は次の6例。

京都府相楽郡瓦谷遺跡　　横桟式の身　奈良時代
大阪府羽曳野市野々上遺跡　　横桟式の身　奈良時代
奈良県天理市武蔵遺跡　　横桟式
長岡京跡左京2条2坊6町　　四脚式の脚
平安京跡右京2条8坊　　長櫃
兵庫県豊岡市袴狭遺跡　　長櫃の脚

4｜榻　足　几

榻足几は櫃などを載せるための台机です。現在残っているのは23脚とされますが，以下の20脚しか確認できませんでした。

北倉176第1号～第6号
中倉202榻足几第1号～第7号
南倉173榻足几第1号～第7号

檜製の天板の大きさは長100cm×幅60cm内外に統一されていますが，高さは40cmから60cmを超えるものまで多様です。

榻足几はすべての櫃についていたわけではありません。四脚式は脚によって櫃底部が浮きますから台机は不要でしょう。横桟式と箱式とは底部が床に接してしまいますから，几を必要としたのではないでしょうか。ちなみに，小櫃には2例において漆小几が付属します。

あとがき

東大寺での研究会の帰路，正倉院宝物の紹介を書くことになったと山本先生から唐突な話をお聞きした。ちょっと照れくさそうに，いつもの論文を書き始められる時のように，そのデッサンを語られる癖がある。おそらく頭の中であでもないこうでもないと構想が整理されて組み立てられる先生の妄想なのである。それを楽しんでおられるからこそ，これまでの執筆に至る筋書きができていると言うものである。

そのタイトル「正倉院宝物を10倍楽しむ」は，この時に生まれた。10回くらいは続けられそうと言いながら，本心はそれでは終わらない構想ができあがり，100倍楽しめることを最初から考えられていたのである。執筆がすすむともうどうにも止まらない。2013年12月（第65巻第3号）にはじまった連載は，足掛け7年，2020年3月（第70巻第4号）まで続けられた。本当に楽しまれたのは先生だった。

先生は，国際基督教大学から京都大学大学院文学研究科博士課程を経て，奈良国立文化財研究所研究員として過ごされた。その在任中に『日本考古学用語英訳辞典（稿本）』（1988年）を出版（『［和英対照］日本考古学用語辞典』東京美術，2001年）され，その業績は高く評価されている。その後，天理大学教授として教壇に立たれ若い研究者を育ててこられた。こうした中ライフワークとしての『日中美術考古学研究』（吉川弘文館，2008年），『高松塚・キトラ古墳の謎』（吉川弘文館，2010年）など次々と著作を重ねられた。しかも正倉院宝物の研究は，自身が学生時代に美術史を学ばれたことに基因しているとお聞きしたが，特に遺物に対する造形美や，鋳造や印紋様などに描かれた細かい部分を鋭く解析される視点は，他では見られない研究姿勢であった。

正倉院宝物という誰もが魅了させられる遺物，ましてや自身で開拓されてきた美術考古学という分野での研究に，執筆テーマが尽きることはなかったはずである。宝物を文字では書き尽くせないという部分を平易にわかりやすく，理解できるように書かれた手法は，ややもすると学術性を追求するあまり，固い研究論文になりがちだった内容を十分，10倍楽しむように工夫されたと思っている。特にこの十数年は，古鏡の図像紋にこだわり，追究されてこられた成果もあり，芸術的な洞察力があってこその文章になっている。

2019年，先生の逝去により連載の中止は余儀なくされたが，このたびオールカラー版で再編集して，出版されることになった。特にⅡ章「正倉院は空想動物園である」は，的を射た物語になっている。正倉院宝物の中でなかなか気づきにくい生き物が，その描かれた動きや表情を資料などから導き出された解釈で表現されており，実際に展示宝物から紋様を探し出すのも楽しみのひとつとなるだろう。

なお，連載では「Ⅶ　蓋物と袋物」として執筆が予定されていたが未完に終わったため，本書では「付論　櫃」として収録されている。

奇しくもウクライナ侵略，彼の地の博物館や文化施設が破壊されていることを残念に思うが，かつて正倉院宝物は太平洋戦争での戦禍を免れ，シルクロードを通して文化移入してきた宝物が，時空を超越して守られてきた。それが今日，私たちの叡智を深め，学ばせ，目を楽しませている。

おわりに，先生はおそらく臥床にあって，ラグビーで鍛えた体が衰えていく辛さ以上に，飽くことを知らない探求心と，尽きることのない種が書けないと言うもどかしさと，満つる気持ちが，情けなかったに違いない。それでも今，こうしてみなさんが本書を手にとって，正倉院宝物を10倍，100倍，楽しんでくださっていることを思えば，喜んでいらっしゃるに違いない。

2022年8月23日

辻尾　榮市

図版目録

Ⅰ章				
図版名称		所蔵	正倉院宝物番号	出典
図1	蘇芳地金銀絵箱	正倉院	中倉152第28号	
図2	密陀絵雲兎形赤漆櫃	正倉院	南倉170第1号	
図3	金銀絵木理箱	正倉院	中倉149第22号	
図4	桑木木画棊局	正倉院	中倉174第1号	
図5	仮作黒柿長方几	正倉院	中倉177第16号	
図6	筆	正倉院	中倉37第3号	
図7	天平宝物筆	正倉院	中倉35	
図8	紫檀木画双六局	正倉院	中倉172	
図9	檳榔木画箱	正倉院	中倉147第20号	
図10	金銀花盤	正倉院	南倉18	
図11	金銅製品			
	1 金銅六角盤	正倉院	南倉23	
	2 金銅水瓶	正倉院	南倉24	
図12	重鋺タイプ			
	1 皇龍寺			慶州古蹟発掘調査団『皇龍寺遺蹟発掘調査報告書』(ソウル, 1983年), 挿図15。
	2 将軍山古墳			埼玉県教育委員会『将軍山古墳　史跡埼玉古墳群整備事業報告書』(浦和, 1997年), 図76。
	3 横大道第8号墳			「竹原周辺の考古学的考察」(『竹原市史』第2巻, 竹原, 1963年)。
	4 正倉院南倉47第18号-1	正倉院	南倉47第18号－1	
図13	加盤タイプ	正倉院	南倉47第1号	
図14	加盤とその模倣器			
	1 正倉院　佐波理加盤第1号	正倉院	南倉47第1号	
	2 法隆寺献納宝物　蓋鋺	東京国立博物館(法隆寺献納宝物)		東京国立博物館『特別展　法隆寺献納宝物』(1996年), 278
	3 何家村窖蔵出土素面折腹銀碗			中国歴史博物館他『花舞大唐春　何家村遺寶精粋』(2003年), 16
	4 雁鴨池出土鋺			慶州古蹟発掘調査団『雁鴨池発掘調査報告書』(1978年), 564
	5 永泰公主墓出土緑釉			兵庫県立歴史博物館・朝日新聞社『大唐王朝の華—都・長安の女性たち』(「大唐王朝の華—都・長安の女性たち」展実行委員会, 1996年), 32
	6 永泰公主墓出土三彩			東京国立博物館他『遣唐使と唐の美術』(2005年), 63
	7 黄冶窯出土白磁			奈良文化財研究所『黄冶唐三彩窯の考古新発見』(2006年), 20
	8 李貞墓出土三彩			『花舞大唐春』前掲
	9 平城京跡出土須恵器			金子裕之『古代の都と村』(講談社, 1989年), 165
図15	蓋付三足罐			
	1 西安国棉五廠65号墓出土(銀)			『遣唐使と唐の美術』前掲
	2 西安郊区唐墓出土(三彩)			京都文化博物館『大唐長安展』(1994年), 49
図16	紺玉帯残欠	正倉院	中倉88	
図17	深斑玉帯(何家村窖蔵出土)	中国・陝西歴史博物館		『花舞大唐春』前掲

図18	奈良三彩と唐三彩			
	1 磁鉢	正倉院	南倉9丙第3号	
	2 磁鼓	正倉院	南倉114	
図19	書見台	正倉院	南倉174　古櫃第206号	
図20	献物几			
	1 金銅小盤	正倉院	南倉22	
	2 黒柿蘇芳染金絵長花形几	正倉院	中倉177第4号	
図21	木簡	正倉院	中倉21　雑札第3号	
図22	ササンとソグドの魚々子			
	1 魚紋銀製八曲長杯(ササン)			古代オリエント博物館『シルクロードの貴金属工芸　正倉院文化の源流』(古代オリエント博物館,1981年)19
	2 鍍金銀製高脚杯(ポスト・ササン)			『シルクロードの貴金属工芸』前掲,43
	3 山羊文様杯(ソグド)			『シルクロードの貴金属工芸』前掲,130
図23	魚々子の分類			
	1 a類:金銀山水八卦背八角鏡	正倉院	南倉70第1号	
	2 b類:投壺	正倉院	中倉170	
	3 c類:金銅六曲花形杯	正倉院	南倉21	
図24	正倉院以外の魚々子			
	1 a類:狩猟紋高足銀杯(何家村出土)			『花舞大唐春』前掲,1
	2 b類:矩形唐草文金具	薬師寺		薬師寺『薬師寺　白鳳再建への道』(1986年),73-3
	3 b類:銀製鍍金狩猟文小壺	東大寺		東京国立博物館他『東大寺展』(1980年),105
	4 c類:銅板法華説相図	長谷寺		蔵田蔵「金工」(『染色・漆工・金工』原色日本の美術第24巻,1969年),7
	5 c類:双蜂団花紋薫球	法門寺		新潟県立近代美術館他『唐皇帝からの贈り物展』(1999年),112
図25	正倉院の踏み返し鏡			
	1 仙人花虫背八角鏡	正倉院	南倉70第34号	
	2 花背六角鏡	正倉院	南倉70第37号	
Ⅱ章				
	図版名称	所蔵	正倉院宝物番号	出典
図1	象			
	1 銀平脱合子	正倉院	北倉25第4号	
	2 象木臈纈屛風	正倉院	北倉44	
	3 赤紫地象文錦	正倉院	中倉202第90号	
	4 螺鈿楓琵琶	正倉院	南倉101第1号	セゾン美術館・日本経済新聞社『シルクロードの都　長安の秘宝』(セゾン美術館・日本経済新聞社,1992年),84
	5 都管七国人物紋六花形盒(西安交通大学出土)			東京国立博物館・NHK・NHKプロモーション『宮廷の栄華　唐の女帝・則天武后とその時代展』(NHK・NHKプロモーション,1998年),61
	6 象形座付壺(西安製薬廠出土)			
図2	駱駝			
	1 三彩楽人騎駝俑(西安中堡村唐墓出土)			『大唐王朝の華』前掲,42
	2 螺鈿紫檀五絃琵琶	正倉院	北倉29	
図3	木画紫檀棊局	正倉院	北倉36	
図4	犀			
	1 平螺鈿背円鏡	正倉院	南倉70第5号	

	2 犀円紋錦	正倉院	中倉202第6号	
図5	獅子			
	1 銀壺	正倉院	南倉13	
	2 金銀荘横刀	正倉院	中倉8	
	3 曝布彩絵半臂	正倉院	南倉134第9号	
	4 銀薫炉	正倉院	北倉153	
	5 紫地獅子奏楽文錦	正倉院	中倉202第20号	
	6 白橡綾錦几褥	正倉院	南倉150第30号	
図6	虎・豹			
	1 紫檀木画槽琵琶	正倉院	南倉101第2号	
	2 紅牙撥鏤尺	正倉院	中倉51第2号	
	3 銀壺	正倉院	南倉13	
図7	山羊・羚羊			
	1 樹木羊臈纈屛風	正倉院	北倉44	
	2 銀壺	正倉院	南倉13	
	3 紫地花卉双羊文錦	正倉院	南倉179第60号-3	
図8	金薄絵馬頭	正倉院	南倉174	
図9	鹿			
	1 麟鹿草木夾纈屛風	正倉院	北倉44	
	2 漆胡瓶	正倉院	北倉43	
	3 浅緑地鹿唐花文錦大幡脚端飾	正倉院	南倉180第6号	
図10	猪			
	1 熊鷹屛風	正倉院	北倉44	
	2 銀壺	正倉院	南倉13	
図11	牛・兎・猿			
	1 牛形臈纈図	正倉院	中倉202	
	2 密陀絵雲兎形赤漆櫃	正倉院	南倉170	
	3 象木屛風	正倉院	北倉44	
図12	孔雀			
	1 金銀平文琴	正倉院	北倉26	
	2 密陀絵雲兎形赤漆櫃	正倉院	南倉170	
	3 孔雀文刺繡幡身	正倉院	南倉180第1号	
図13	鸚鵡・鸚哥			
	1 螺鈿紫檀阮咸	正倉院	北倉30	
	2 木画紫檀碁局	正倉院	北倉36	
図14	日本にいない鳥			
	1 キンケイ　紅牙撥鏤撥	正倉院	北倉28	
	2 ヤツガシラ　紫檀木画双六局	正倉院	中倉172	
	3 サンジャク　花氈	正倉院	北倉150第5号	
図15	1羽の鴛鴦			
	1 玳瑁螺鈿八角箱	正倉院	中倉146	
	2 密陀彩絵箱	正倉院	中倉143第15号	
	3 雑葛形裁文	正倉院	南倉165第27号	
図16	双鳥並列			
	1 紅牙撥鏤尺	正倉院	北倉13甲	
	2 紅牙撥鏤尺	正倉院	中倉51第4号	
	3 沈香木画箱	正倉院	中倉142第10号	
	4 漆皮八角箱	正倉院	南倉71第4号	
	5 平螺鈿背円鏡	正倉院	南倉70第5号	
	6 鴛鴦唐草文盒(韋美美墓出土)			『大唐王朝の華』前掲, 56
図17	鴛鴦対面			
	1 紺夾纈絁几褥	正倉院	南倉150第14号	

	2 赤地鴛鴦唐草文錦大幡垂飾	正倉院	南倉180	
	3 白地錦几褥	正倉院	南倉150第12号	
	4 鎏金蔓草鴛鴦紋銀觴(西安何家村出土)			『花華大唐春』前掲, 68
図18	正倉院の交頸鳥			
	1 紅牙撥鏤尺	正倉院	北倉13乙	
	2 紅牙撥鏤尺	正倉院	中倉51第3号	
図19	鏡の交頸鳥			
	1 瑞獣銘帯鏡	馮毅		浙江省博物館『古鏡今照　中国銅鏡研究会成員蔵鏡精粋』(文物出版社, 2012年), 213
	2 対鳥鏡	山東省博物館		李徑謀, 王綱懐他『唐代銅鏡與唐詩』(上海古籍出版社, 2007年), 59-2
図20	金銀器などの交頸鳥			
	1 鎏金飛鴻折枝花銀蜂盒(西安市国棉五廠65号墓出土)			韓偉『中華国宝　陝西珍貴文物集成　金銀器巻』(陝西人民教育出版社, 1998年), 101
	2 紙絵(アスターナ唐墓出土)			新疆維吾爾自治区博物館『新疆出土文物』(文物出版社, 1975年), 117
	3 青銅透彫帯飾(オルドス青銅器)			鳥恩「中国北方青銅透彫帯飾」(『考古学報』1983年第1期), 図版肆－1
図21	双鳥旋回			
	1 花鳥背八角鏡	正倉院	北倉42第14号	
	2 銀平脱鏡箱	正倉院	南倉70	
図22	その他の鳥			
	1 緑牙撥鏤把鞘刀子	正倉院	北倉5	
	2 熊鷹臈纈屏風	正倉院	北倉44第4号	
	3 鳥木石夾纈屏風	正倉院	北倉44	
	4 密陀彩絵箱	正倉院	中倉143第15号	
	5 彩絵水鳥形	正倉院	中倉117	
	6 撥鏤飛鳥形	正倉院	中倉118	
図23	爬虫類			
	1 亀甲亀花文黄綾	正倉院	中倉202第40号－1	
	2 青斑石鼈合子	正倉院	中倉50	
図24	魚形			
	1 犀角魚形	正倉院	中倉97	
	2 瑠璃魚形	正倉院	中倉106	
	3 魚形	正倉院	中倉128	
図25	唐鏡に見える昆虫			
	1 蝶(双鳳双獣八稜鏡)	根津美術館		根津美術館『村上コレクション受贈記念　中国の古鏡』(根津美術館, 2011年), 59
	2 蜂(双鳳双獣八稜鏡)	根津美術館		同上
図26	正倉院宝物に見える昆虫			
	1 銀壺	正倉院	南倉13甲	
	2 碧地金銀絵箱	正倉院	中倉151第25号	
	3 蘇芳地金銀絵箱	正倉院	中倉152第27号　底裏	
	4 呉竹竿	正倉院	南倉108第1号	
	5 檜彩絵花鳥櫃	正倉院	南倉171	
	6 蘇芳地金銀絵箱	正倉院	中倉152第26号　底裏	
図27	火舎と薫炉			
	1 白石火舎	正倉院	中倉165第2号	
	2 金銅火舎	正倉院	中倉165第3号	
	3 白銅火舎	正倉院	中倉165第4号	
	4 鎏銀虎腿獣面環銅薫炉(慶山寺出土)			『宮廷の栄華』前掲, 40

図28	柄香炉の鎮			
	1 紫檀金鈿柄香炉	正倉院	南倉52第5号	
	2 黄銅柄香炉	正倉院	南倉52第1号	
	3 白銅柄香炉	正倉院	南倉52第4号	
図29	鳳凰			
	1 紫地鳳形錦御軾	正倉院	北倉47第1号	
	2 銀薫炉	正倉院	北倉153	
	3 礼服御冠残欠	正倉院	北倉157	
	4 金銀平脱皮箱	正倉院	中倉138第5号	
	5 漆背金銀平脱八角鏡	正倉院	北倉42第12号	
	6 紅牙撥鏤尺	正倉院	北倉13乙	
	7 赤地鳳凰唐草丸文臈纈絁	正倉院	南倉148第63号－1	
	8 蘇芳地金銀絵箱	正倉院	中倉152第27号	
	9 金銅鳳形裁文	正倉院	南倉163	
図30	含綬鳥　緑牙撥鏤尺	正倉院	北倉14乙	
図31	花喰鳥　紅牙・紺牙撥鏤棊子	正倉院	北倉25	
図32	正倉院の人面鳥			
	1 螺鈿紫檀琵琶	正倉院	北倉27	
	2 紅牙撥鏤尺	正倉院	中倉51第4号	
	3 金光明最勝王経帙	正倉院	中倉57	
	4 呉竹竿	正倉院	南倉108第1号	
	5 漆金薄絵盤	正倉院	南倉37甲・乙	
図33	唐鏡の人面鳥			
	1 初唐鏡	李径謀		『唐代銅鏡與唐詩』前掲, 6
	2 盛唐鏡	五島美術館		五島美術館, 泉屋博古館『唐鏡』(泉屋博古館, 2006年), 60
図34	蹄脚鳥			
	1 紅牙撥鏤撥	正倉院	北倉28	
	2 徐顕秀墓石門			太原市文物考古研究所『北斉徐顕秀墓』(文物出版社, 2005年) 13
図35	唐代金銀器の蹄脚鳥			
	1 鎏金飛廉紋六曲銀盤(何家村窖蔵出土)			『花舞大唐春』前掲, 25・22
	2 鎏金線刻飛廉紋銀盒			『花舞大唐春』前掲, 25・22
図36	天馬			
	1 錦道場幡	正倉院	南倉185第119号	
	2 白綾几褥	正倉院	中倉177第18号	
図37	麒麟			
	1 鳥獣背八角鏡	正倉院	北倉42第3号	
	2 紅牙撥鏤尺	正倉院	北倉13乙	
	3 紅牙撥鏤撥	正倉院	北倉28	
	4 金銀平文琴	正倉院	北倉26	
図38	龍			
	1 双龍円文綾	正倉院	南倉179第55号－1	
	2 金銀平文琴	正倉院	北倉26	
	3 金地龍花文綴錦	正倉院	中倉202第69号	
図39	白石鎮子			
	1 白石鎮子　申と酉	正倉院	北倉24	
	2 白石鎮子　戌と亥	正倉院	北倉24	
図40	動物闘争意匠			
	1 山西省虞弘墓石槨			山西省考古研究所他『太原隋虞弘墓』(文物出版社, 2005年), 52
	2 走獣葡萄紋鏡	千石唯司		難波純子『中国　王朝の粋』(大阪美術_楽部, 2004年), 73

図41	狩猟紋			
	1 鸚鳥武屛風	正倉院	北倉44	
	2 紫檀木画槽琵琶　捍撥	正倉院	南倉101第2号	
	3 銀壺	正倉院	南倉13甲	
図42	木画紫檀碁局	正倉院	北倉36	
図43	棒を持つ狩人	根津美術館		『村上コレクション受贈記念』前掲, 61
図44	鞭と思われる棒			
	1 狩猟紋菱花鏡	河南省博物館		中国青銅器全集編輯委員会『銅鏡』(青銅器全集第16巻, 文物出版社, 1998年), 158
	2 銀盒(西北国綿五廠65号墓)			冉万里『唐代金銀器文様の考古学的研究』(雄山閣, 2007年), 写真3
	3 白橡綾錦几褥	正倉院	南倉150第30号	
	4 花氈	正倉院	北倉150第3号	
図45	孫の手			
	1 永泰公主墓壁画			周天游『新城, 房陵, 永泰公主墓壁画』(文物出版社, 2002年), 48
	2 永泰公主墓石槨			『大唐王朝の華』前掲, 17

Ⅲ章

図版名称		所蔵	正倉院宝物番号	出典
図1	双鸚鵡旋回鏡			
	1 北倉第14号鏡	正倉院	北倉42	
	2 上海止水閣蔵鏡	上海止水閣		王綱懐『止水集　王綱懐銅鏡研究論集』(上海古籍出版社, 2010年), 図2
図2	対鳥鏡			
	1 北倉第1号鏡	正倉院	北倉42	
	2 北倉第3号鏡	正倉院	北倉42	
	3 晥西博物館蔵鏡	晥西博物館		安徽省文物考古研究所・六安市文物局『六安出土銅鏡』(文物出版社, 2008年), 164
図3	海磯鏡			
	1 北倉第18号鏡(外向配置)	正倉院	北倉42	
	2 南倉第4号鏡(内向配置)	正倉院	南倉70	
図4	仙騎鏡			
	1 北倉第17号鏡	正倉院	北倉42	
	2 狄秀斌蔵鏡	狄秀斌		『古鏡今照』前掲, 196
図5	花卉鏡(北倉第15号鏡)	正倉院	北倉42	
図6	走獣式			
	1 南倉第32号鏡	正倉院	南倉70	
	2 西安韓森寨出土鏡			陝西歴史博物館『千秋金_』(陝西出版集団・三秦出版社, 2012年), 308下
図7	帯圏式と棚状帯圏式			
	1 帯圏式(南倉第9号鏡)	正倉院	南倉70	
	2 棚状帯圏式(南倉第8号鏡)	正倉院	南倉70	
図8	南倉第10号鏡(方鏡)	正倉院	南倉70	
図9	同型の海獣葡萄鏡			
	1 南倉第7号鏡	正倉院	南倉70	
	2 牛子珍夫婦墓出土鏡			霍宏偉・史家珍『洛鏡銅華　洛陽銅鏡発現與研究』(文物出版社, 2013年), 196
図10	天馬のいる正倉院鏡			
	1 翼馬：南倉第9号鏡(帯圏式)	正倉院	南倉70	
	2 素馬：南倉第7号鏡(棚状帯圏式)	正倉院	南倉70	
	3 仙馬：南倉第3号鏡(棚状帯圏式)	正倉院	南倉70	
	4 仙馬：南倉第12号鏡(帯圏式)	正倉院	南倉70	

図11	瑞獣銘帯鏡の天馬	京都国立博物館		奈良国立博物館『天馬　シルクロードを翔ける夢の馬』(奈良国立博物館, 2008年), 104
図12	棚状帯圏式海獣葡萄鏡の天馬	天理大学附属天理参考館		『唐鏡』前掲, 14
図13	鳥獣旋回鏡の天馬	馬の博物館		『天馬』前掲, 113
図14	対鳥鏡の天馬	京都国立博物館		『天馬』前掲, 111
図15	対獣鏡の天馬	宏鳴斉		『唐代銅鏡與唐詩』前掲, 69
図16	翼馬と仙馬の共存(新城長公主墓石門)			陝西省考古研究所他『唐新城長公主墓発掘報告』(科学出版社, 2004年), 図102
図17	「停止」の馬			
	1 有翼馬形ブローチ	馬の博物館		『天馬』前掲, 54
	2 連珠対馬文錦	新疆ウイグル自治区博物館		『天馬』前掲, 66
図18	側対歩			
	1 囲屏石牀	個人蔵		『天馬』前掲, 101
	2 竜首水瓶	東京国立博物館(法隆寺献納宝物)		『天馬』前掲, 114
	3 双馬八花鏡	西安博物院		『天馬』前掲, 110
図19	舞馬			
	1 瑞獣八稜鏡	河北省文物研究所		『天馬』前掲, 112
	2 天馬瑞獣葡萄紋鏡	丁方忠		『千秋金鑒』前掲, 282下
	3 キリンビール商標			
図20	奔駆			
	1 双鳳天馬八稜鏡	根津美術館		『村上コレクション受贈記念』前掲, 58
	2 金郷県主墓出土「墓誌蓋」			西安市文物保護考古所『唐金郷県主墓』(文物出版社, 2002年), 134
	3 走馬八稜鏡	馬の博物館		『天馬』前掲, 113
図21	有角の馬			
	1 紅牙撥鏤尺	正倉院	北倉13乙	
	2 紅牙撥鏤撥	正倉院	北倉28	
	3 張説墓誌蓋			『天馬』前掲, 111
図22	ハラム鏡の天馬			秋山光夫「土耳古に於ける稀大の唐鏡に就いて」(『寶雲』第5号, 1933年)
図23	四神十二支鏡	正倉院	南倉70	
図24	交頸双龍鏡			
	1 北倉第16号鏡	正倉院	北倉42	
	2 双龍八卦紋八弁葵花鏡	施翠峰		施翠峰『中国歴代銅鏡鑑賞』(台湾省立博物館, 1990年), 112
図25	双龍鏡			
	1 昇龍相対	張宏林		『古鏡今照』前掲, 204
	2 昇龍背反	尉建祥		『古鏡今照』前掲, 203
	3 盤龍走龍	狄秀斌		『古鏡今照』前掲, 205 ／『洛鏡銅華』前掲, 258
図26	正倉院の螺鈿鏡			
	1 北倉第9号鏡	正倉院	北倉42	
	2 北倉第10号鏡	正倉院	北倉42	
	3 北倉第11号鏡	正倉院	北倉42	
	4 北倉第7号鏡	正倉院	北倉42	
	5 北倉第8号鏡	正倉院	北倉42	
	6 北倉第13号鏡	正倉院	北倉42	
	7 南倉第2号鏡	正倉院	南倉70	
	8 南倉第5号鏡	正倉院	南倉70	
図27	中国・朝鮮の螺鈿鏡			

	図版名称	所蔵	正倉院宝物番号	出典
	1 河南省洛陽6工区76号墓出土鏡			段書安編『銅鏡』中国青銅器全集16（文物出版社, 1998年）, 114
	2 河南省陝県後河出土鏡			『銅鏡』前掲, 117
	3 湖厳美術館蔵鏡	湖厳美術館		成瀬正和『正倉院の宝飾鏡』日本の美術522（ぎょうせい, 2009年）, 76
図28	平脱鏡			
	1 北倉第12号鏡	正倉院	北倉42	
	2 馮毅蔵鏡	馮毅		『古鏡今照』前掲, 226
図29	南倉第1号鏡と舞龍	正倉院	南倉70	
	Ⅳ章			
	図版名称	所蔵	正倉院宝物番号	出典
図1	箭			
	1 赤漆葛胡禄	正倉院	中倉4第19号	
	2 箭　鵰染羽	正倉院	中倉6第5号	
	3 竹鏃	正倉院	中倉6第65号	
図2	筆			
	1 中倉37第2号（斑竹）	正倉院	中倉37第2号	
	2 中倉37第7号（斑竹）	正倉院	中倉37第7号	
図3	楽器			
	1 樺纏尺八	正倉院	北倉22	
	2 刻彫尺八	正倉院	北倉23	
	3 尺八	正倉院	南倉110第1号	
	4 横笛	正倉院	南倉111第1号	
	5 横笛	正倉院	南倉111第2号	
	6 竽	正倉院	南倉108第1号	
	7 笙	正倉院	南倉109第1号	
	8 甘竹簫	正倉院	南倉112	
図4	籠			
	1 花籠（深形）	正倉院	南倉42	
	2 花籠（浅形）	正倉院	南倉42	
図5	竹帙			
	1 最勝王経帙	正倉院	中倉57	
	2 小乗雑経帙	正倉院	中倉61	
図6	竹を用いた正倉院宝物			
	1 呉竹鞘御杖刀	正倉院	北倉39	
	2 仮斑竹杖	正倉院	南倉65第3号	
	3 冠架	正倉院	北倉157	
	4 仮斑竹箱	正倉院	中倉43	
	5 鉾	正倉院	中倉11第15号	
	6 墨絵弾弓	正倉院	中倉169第1号	
図7	竹を象った宝物			
	1 玳瑁竹形如意	正倉院	南倉51第1号	
	2 斑犀如意	正倉院	南倉51第8号	
	3 玳瑁竹形杖	正倉院	南倉65	
図8	宝物に描かれた竹			
	1 金銀平文琴	正倉院	北倉26	
	2 桑木阮咸（捍撥部分）	正倉院	南倉125第1号	
	3 紅牙撥鏤尺	正倉院	中倉51第1号	
	4 羅道場幡	正倉院	南倉185第152号	
図9	法隆寺の竹			
	1 百済観音と光背支柱	法隆寺		東京国立博物館・法隆寺『特別展 百済観音』（NHKサービスセンター, 1988年）, 16・31

	2 玉虫厨子(捨身飼虎図部分)	法隆寺		東京国立博物館他『国宝法隆寺展』(NHK, 1994年)
	3 伯牙弾琴鏡(法隆寺献納宝物N76)	東京国立博物館(法隆寺献納宝物)		『特別展 法隆寺献納宝物』前掲, 76
	4 竹厨子(法隆寺献納宝物N93)	東京国立博物館(法隆寺献納宝物)		『特別展 法隆寺献納宝物』前掲, 116
図10	柳箱と柳筰			
	1 赤漆塗柳箱	正倉院	中倉23　箱第1号	
	2 柳箱	正倉院	中倉91	
	3 柳筰	正倉院	中倉23　筰第1号	
図11	胡禄と葛箱			
	1 赤漆葛胡禄	正倉院	中倉4第23号	
	2 白葛胡禄	正倉院	中倉5第30号	
	3 赤漆葛箱	正倉院	中倉44	
	4 白葛箱	正倉院	中倉38	
図12	塗縁籧篨双六局龕	正倉院	北倉37	
図13	藺莚	正倉院	南倉151第2号	
図14	椰子			
	1 斑藺箱蓋	正倉院	中倉134	
	2 藺箱	正倉院	南倉72	
	3 椰子実	正倉院	南倉174	
図15	紫檀・黒檀・白檀			
	1 紫檀木画箱	正倉院	中倉145第17号	
	2 紫檀小櫃	正倉院	中倉144第16号	
	3 朽木菱形木画箱	正倉院	中倉148第21号	
	4 白檀八角箱	正倉院	中倉159第35号	
	5 紫檀小架	正倉院	南倉54	
	6 琵琶撥	正倉院	南倉102	
	7 双六筒	正倉院	中倉173	
	8 紫檀銀絵小墨斗	正倉院	中倉116	
図16	沈香と檳榔			
	1 沈香木画箱	正倉院	中倉142第11号	
	2 沈香木画箱	正倉院	中倉142第12号	
	3 沈香末塗経筒	正倉院	中倉33	
	4 沈香木画双六局	正倉院	中倉172第2号	
	5 沈香把鞘金銀珠玉荘刀子	正倉院	中倉131第5号	
図17	象牙製品			
	1 通天牙笏	正倉院	北倉11	
	2 牙櫛	正倉院	中倉123	
	3 双六頭	正倉院	北倉17	
	4 象牙	正倉院	南倉174	
	5 斑犀把白牙鞘刀子	正倉院	中倉131第30号	
	6 緑牙撥鏤把鞘刀子	正倉院	北倉5	
	7 牙牌	正倉院	北倉63第1号	
図18	角製品			
	1 犀角坏	正倉院	北倉16甲	
	2 犀角坏	正倉院	北倉16乙	
	3 犀角坏	正倉院	中倉75	
	4 犀角器	正倉院	北倉50	
	5 斑犀把金銀鞘刀子	正倉院	中倉131第9号	
	6 紫檀螺鈿把斑犀鞘金銀荘刀子	正倉院	中倉131第23号	
	7 斑犀偃鼠皮御帯残欠	正倉院	北倉4	

図19	漆槽箜篌の支柱	正倉院	南倉73	
図20	玳瑁と骨製品			
	1 玳瑁如意	正倉院	南倉51第3号	
	2 大魚骨笏	正倉院	北倉12	
	3 玳瑁竹形杖	正倉院	南倉65第2号	
	4 玳瑁螺鈿八角箱	正倉院	中倉146第19号	
図21	貝・鬚製品			
	1 斑貝鞊鞢御帯残欠	正倉院	北倉6	
	2 貝玦	正倉院	中倉124	
	3 貝環	正倉院	中倉125	
	4 貝匙	正倉院	南倉49第1号	
	5 鯨鬚金銀絵如意	正倉院	南倉51第9号	
図22	皮革製品			
	1 衲御礼履	正倉院	南倉66	
	2 履	正倉院	南倉143第10号	
	3 革帯	正倉院	中倉90第1号	
	4 鼓皮残欠	正倉院	南倉116第1号	
	5 鞆	正倉院	中倉3第5号	
	6 鞆	正倉院	中倉3第4号	
	7 馬鞍	正倉院	中倉12第5号	
	8 鐙	正倉院	中倉12第1号	
	9 尻繋	正倉院	中倉12第2号	
図23	鮫皮巻			
	1 金銀鈿荘唐大刀	正倉院	北倉38	
	2 黄金荘大刀	正倉院	中倉8第1号	
	3 金銀鈿荘唐大刀	正倉院	中倉8第3号	
図24	染革			
	1 鞍褥	正倉院	中倉12第5号	
	2 葡萄唐草文染韋	東大寺		奈良国立博物館・東大寺・朝日新聞社『大仏開眼1250年 東大寺のすべて』(朝日新聞社, 2002年), 25
図25	正倉院の漆皮箱			
	1 御袈裟箱	正倉院	北倉1第2号	
	2 漆皮箱	正倉院	北倉42第7号	
	3 銀平脱八稜鏡箱	正倉院	南倉71第1号	
	4 金銀平脱皮箱	正倉院	中倉138第5号	
	5 双六子箱	正倉院	北倉18	
	6 亀甲形漆箱	正倉院	南倉55	
	7 漆皮箱	正倉院	北倉42第13号	
	8 金銀絵漆皮箱	正倉院	中倉137第3号	
図26	青斑石と大理石			
	1 彫石横笛	正倉院	北倉33	
	2 彫石尺八	正倉院	北倉34	
	3 青斑鎮石	正倉院	北倉155第1号	
	4 青斑石硯	正倉院	中倉49	
	5 白石鎮子	正倉院	北倉24	
	6 白石塔残欠	正倉院	南倉35	
	7 玉尺八	正倉院	北倉20	
図27	紺玉と瑪瑙			
	1 瑪瑙坏　大	正倉院	中倉77	
	2 瑪瑙坏　小	正倉院	中倉77	

	3 瑪瑙鉢(沙坡青塼廠出土)			新潟県立近代美術館他『唐皇帝からの贈り物展』(新潟県立近代美術館, 1999年), 119
	4 瑪瑙玉	正倉院	中倉100	
図28	琥碧誦数	正倉院	南倉55第1号	
図29	水晶玉と曲玉			
	1 水精玉	正倉院	中倉178	
	2 曲玉	正倉院	中倉179	
	3 金銅杏葉形裁文	正倉院	南倉164第4号	
図30	玉器と長杯			
	1 玉長坏	正倉院	中倉73	
	2 玉器	正倉院	中倉74	
	3 瑪瑙長杯(何家村窖蔵出土)			『花舞大唐春』前掲, 9
	4 鳥獣魚紋銀製舟形杯	グラック・コレクション		岡山市立オリエント博物館『特別展「シルクロードと正倉院文化」図録』(特別展「シルクロードと正倉院文化」実行委員会, 1984年), 79
図31	双六子			
	1 雑玉双六子	正倉院	北倉18	
	2 瑪瑙碁石・瑠璃碁石(西安東郊隋墓出土)			『大唐王朝の華』前掲, 112
図32	ガラス玉類			
	1 雑色瑠璃	正倉院	中倉182	
	2 鈴鐸類	正倉院	中倉195第18号	
	3 雑玉幡残欠	正倉院	南倉157第2号	
			V 章	
	図版名称	所蔵	正倉院宝物番号	出典
図1	鈴			
	1 唐草文鈴	正倉院	中倉195第1号	
	2 子持鈴	正倉院	中倉195第2号	
	3 梔子形鈴	正倉院	中倉195第4号	
	4 瑠璃玉飾梔子形鈴	正倉院	中倉195第5号	
	5 露形鈴	正倉院	中倉195第3号	
	6 杏仁形鈴	正倉院	中倉195第7号	
	7 瓜形鈴	正倉院	中倉195第8号	
	8 蓮華形鈴	正倉院	中倉195第9号	
	9 瑠璃玉付玉	正倉院	中倉195第11号	
	10 露玉	正倉院	中倉195第13号	
	11 雑玉鈴連貫飾	正倉院	中倉195第20号	
	12 杏葉形裁文	正倉院	中倉195第15号	
	13 垂葉形裁文	正倉院	中倉195第16号	
	14 磬形裁文	正倉院	中倉195第17号	
図2	裁文			
	1 華鬘形	正倉院	南倉165第1号	
	2 花形	正倉院	南倉165第2号	
	3 磬形	正倉院	南倉165第7号	
	4 杏葉形	正倉院	南倉165第8号	
図3	金銅幡と鎮鐸			
	1 金銅幡	正倉院	南倉156第3号	
	2 鎮鐸	正倉院	南倉164第1号	
	3 鎮鐸	正倉院	南倉164第2号	
図4	鉄磬と方響			
	鉄磬	正倉院	南倉178	
	方響	正倉院	南倉113	

図5	鼓			
	1 磁鼓	正倉院	南倉114	
	2 漆鼓	正倉院	南倉115第3号	
	3 鼓皮残欠	正倉院	南倉116第1号	
	4 加彩腰鼓女俑(牛進達墓出土)			『シルクロードの都　長安の秘宝』前掲, 36
図6	李寿墓石槨線刻			
	1 東壁			孫機「唐李寿墓石槨線刻《侍女図》,《楽舞図》散記(下)」(『文物』1996年第6期, 文物出版社, 1996年)
	2 北壁			同上

Ⅵ章

	図版名称	所蔵	正倉院宝物番号	出典
図1	年中行事に用いた品々			
	1 人勝残欠雑帳	正倉院	北倉156	
	2 百索縷軸	正倉院	北倉19	
	3 乞巧針	正倉院	南倉84	
	4 子日目利箒	正倉院	南倉75第1号	
	5 子日手辛鋤	正倉院	南倉79第1号	
	6 縷	正倉院	南倉82第4号	
	7 卯杖	正倉院	南倉65第4号	
図2	尺			
	1 紅牙撥鏤尺	正倉院	北倉13甲	
	2 紅牙撥鏤尺	正倉院	北倉13乙	
	3 紅牙撥鏤尺	正倉院	中倉51第1号	
	4 紅牙撥鏤尺	正倉院	中倉51第2号	
	5 紅牙撥鏤尺	正倉院	中倉51第3号	
	6 紅牙撥鏤尺	正倉院	中倉51第4号	
	7 緑牙撥鏤尺	正倉院	北倉14甲	
	8 緑牙撥鏤尺	正倉院	北倉14乙	
	9 斑犀尺	正倉院	中倉52	
	10 白牙尺	正倉院	北倉15甲	
	11 木尺	正倉院	中倉53	
	12 斑犀小尺	正倉院	中倉110	
	13 碧瑠璃小尺・黄瑠璃小尺	正倉院	中倉111・112	
図3	仏具			
	1 犀角如意	正倉院	南倉51第5号	
	2 斑犀如意	正倉院	南倉51第6号	
	3 錫杖	正倉院	南倉64第1号	
	4 錫杖	正倉院	南倉64第2号	
	5 錫杖	正倉院	南倉64第3号	
	6 柿柄麈尾	正倉院	南倉50第1号	
	7 漆柄麈尾	正倉院	南倉50第3号	
	8 銅三鈷	正倉院	南倉53	
	9 鉄三鈷	正倉院	南倉53	
	10 緑金箋	正倉院	中倉48	
	11 蓮華残欠	正倉院	南倉174	
図4	柄香炉			
	1 赤銅柄香炉	正倉院	南倉52第2号	
	2 紫檀金鈿柄香炉	正倉院	南倉52第5号	
	3 黄銅柄香炉	正倉院	南倉52第1号	
	4 赤銅柄香炉	正倉院	南倉52第3号	
図5	塔形			

	1 磁塔残欠	正倉院	南倉34	
	2 赤銅合子	正倉院	南倉29第3号	
	3 黄銅合子	正倉院	南倉30	
	4 佐波理合子	正倉院	南倉31	
	5 金銅大合子	正倉院	南倉27第1号	
	6 赤銅合子	正倉院	南倉29第1号	
	7 金銅合子	正倉院	南倉28	
図6	仏像			
	1 墨絵菩薩像	正倉院	南倉154	
	2 仏像型	正倉院	南倉153第2号	
	3 漆仏龕扉	正倉院	南倉158	
	4 彩絵仏像幡	正倉院	南倉155	
	5 刻彫蓮花仏座	正倉院	南倉161第2号	
	6 黄楊木仏座	正倉院	南倉63	
	7 葛形飛炎裁文金銅仏背	正倉院	南倉166第52号	
図7	経筒と経帙			
	1 沈香末塗経筒	正倉院	中倉33	
	2 竹帙	正倉院	中倉58第5号	
図8	九条刺納樹皮色袈裟	正倉院	北倉1第1号	
図9	法隆寺の幡			
	1 蜀江錦綾幡(法隆寺献納宝物N26－1)	東京国立博物館(法隆寺献納宝物)		
	2 四隅小幡(灌頂幡, 法隆寺献納宝物N58)	東京国立博物館(法隆寺献納宝物)		『特別展 法隆寺献納宝物』前掲, 22・129
図10	正倉院の幡			
	1 大幡(6坪)	正倉院	南倉184第6号	
	2 錦道場幡(4坪)	正倉院	南倉185第98号	
	3 夾纈羅幡(3坪)	正倉院	南倉185第84号	
図11	天蓋			
	1 灌頂天蓋骨	正倉院	中倉196	
	2 方形天蓋残欠	正倉院	南倉182第15号	
	3 方形天蓋残欠	正倉院	南倉182第1号	
	4 方形天蓋残欠	正倉院	南倉182第16号	
	5 八角天蓋残欠	正倉院	南倉183第4号	

付論

図版名称		所蔵	正倉院宝物番号	出典
図1	櫃4種			
	1 四脚式	正倉院	北倉178第4号	
	2 四脚式	正倉院	北倉178第5号	
	3 横桟式	正倉院	北倉178第3号	
	4 箱式	正倉院	中倉202第92号	
図2	鏁子	正倉院	南倉167第11号	
図3	特殊な櫃			
	1 赤漆六角小櫃	正倉院	北倉157	
	2 細長櫃	正倉院	北倉179第2号	
	3 赤漆桐小櫃	正倉院	中倉200	

〔著者紹介〕
1943年，東京に生まれる
1967年，国際基督教大学教養学部人文科学科卒業
1972年，京都大学大学院文学研究科博士課程考古学専攻単位取得退学
奈良国立文化財研究所研究員，天理大学文学部教授を歴任
2019年没

〔主要著書〕
『唐草紋』（『日本の美術』358号，編，至文堂，1996年）
『鬼瓦』（『日本の美術』391号，編，至文堂，1998年）
『日英対照 日本考古学用語辞典』（東京美術，2001年）
『日中美術考古学研究』（吉川弘文館，2008年）
『高松塚・キトラ古墳の謎』（吉川弘文館，2010年）

正倉院宝物を10倍楽しむ

2022年（令和4）11月1日　第1刷発行

著　者　山本忠尚
発行者　吉川道郎
発行所　株式会社 吉川弘文館
〒113-0033 東京都文京区本郷7-2-8
電話 03-3813-9151
振替口座 00100-5-244
http://www.yoshikawa-k.co.jp/

組版・装幀＝朝日メディアインターナショナル株式会社
印刷・製本＝藤原印刷株式会社

ISBN978-4-642-08418-5